GROUP

中国建投｜远见成就未来

中国建投研究丛书·报告系列

JIC Institute of Investment Research Books · Report

中国传媒投资发展报告

(2019)

ANNUAL REPORT ON THE DEVELOPMENT OF CHINA'S MEDIA INVESTMENT (2019)

主编 / 建投华文投资有限责任公司　人民日报社企业监管部

社会科学文献出版社

SOCIAL SCIENCES ACADEMIC PRESS (CHINA)

总　序

　　一千多年前，维京海盗抢掠的足迹遍及整个欧洲。南临红海，西到北美，东至巴格达，所到之处无不让人闻风丧胆，所经之地无不血流成河。这个在欧洲大陆肆虐整整三个世纪的悍匪民族却在公元1100年偃旗息鼓，过起了恬然安定的和平生活。个中缘由一直为后人猜测、追寻，对历史的敬畏与求索从未间歇。2007年，维京一个山洞出土大笔财富，其中有当时俄罗斯、伊拉克、伊朗、印度、埃及等国的多种货币，货币发行时间相差半年，"维京之谜"似因这考古圈的重大发现而略窥一斑——他们的财富经营方式改变了，由掠夺走向交换；他们懂得了市场，学会了贸易，学会了资金的融通与衍生——而资金的融通与衍生改变了一个民族的文明。

　　投资，并非现代社会的产物；借贷早在公元前1200～公元前500年的古代奴隶社会帝国的建立时期便已出现。从十字军东征到维京海盗从良，从宋代的交子到犹太人的高利贷，从郁金香泡沫带给荷兰的痛殇到南海泡沫树立英国政府的诚信丰碑，历史撰写着金融发展的巨篇。随着现代科学的进步，资金的融通与衍生逐渐成为一国发展乃至世界发展的重要线索。这些事件背后的规律与启示、经验与教训值得孜孜探究与不辍研习，为个人、企业乃至国家的发展提供历久弥新的助力。

　　所幸更有一批乐于思考、心怀热忱的求知之士勤力于经济、金融、投资、管理等领域的研究。于经典理论，心怀敬畏，不惧求索；于实践探索，尊重规律，图求创新。此思索不停的精神、实践不息的勇气当为勉励，实践与思索的成果更应为有识之士批判借鉴、互勉共享。

　　调与金石谐，思逐风云上。《中国建投研究丛书》是中国建银投资有限责任公司组织内外部专家在回顾历史与展望未来的进程中，深入地体察和研究市场发展及经济、金融之本性、趋向和后果，结合自己的职业活动，精制而成。《丛书》企望提供对现代经济管理与金融投资多角度的认知、借鉴与参考。如果能够引起读者的兴趣，进而收获思想的启迪，即是编者的荣幸。

是为序。

张睦伦
2012 年 8 月

编辑说明

中国建银投资有限责任公司（简称"集团"）是一家综合性投资集团，投资覆盖金融服务、工业制造、文化消费及信息技术等领域，横跨多层次资本市场及境内外区域。集团下设的投资研究院（以下简称"建投研究院"）重点围绕国内外宏观经济发展趋势、新兴产业投资领域，组织开展理论与应用研究，促进学术交流，培养专业人才，提供优秀的研究成果，为投资研究和经济社会发展贡献才智。

《中国建投研究丛书》（简称《丛书》）收录建投研究院内外部专家的重要研究成果，根据系列化、规范化和品牌化运营的原则，按照研究成果的方向、定位、内容和形式等将《丛书》分为报告系列、论文系列、专著系列和案例系列。报告系列为行业年度综合性出版物，汇集集团各层次的研究团队对相关行业和领域发展态势的分析和预测，对外发表年度观点。论文系列为建投研究院组织业界知名专家围绕备受市场关注的热点或主题展开深度探讨，强调前沿性、专业性和理论性。专著系列为内外部专家针对某些细分行业或领域进行体系化的深度研究，强调系统性、思想性和市场深度。案例系列为建投研究院对国内外投资领域案例的分析、总结和提炼，强调创新性和实用性。希望通过《丛书》的编写和出版，为政府相关部门、企业、研究机构以及社会各界读者提供参考。

本研究丛书仅代表作者本人或研究团队的独立观点，不代表中国建投集团的商业立场。文中不妥及错漏之处，欢迎广大读者批评指正。

建投华文投资有限责任公司简介

　　建投华文投资有限责任公司（简称"建投华文"）是中国建投在文化传媒、消费品及服务、医疗健康领域进行战略布局的专业投资和运营平台，成立于 2013 年 10 月，总部位于北京。

　　建投华文遵循价值投资核心理念，把握中国消费升级的投资主线，坚持做根植本土、布局全球、持续整合、提升价值的战略性投资，加强在文化传媒、消费品及服务、医疗健康等领域的基础产业布局的同时，助推中国产业转型升级。

人民日报社企业监管部简介

　　《人民日报》是中国共产党中央委员会机关报，是中国第一大报，1992 年被联合国教科文组织评为世界十大报纸之一。1948 年 6 月 15 日创刊于河北省平山县里庄，毛泽东同志亲笔为《人民日报》题写报名。

　　经过 70 年的发展，《人民日报》已由过去的一张报纸，发展成为拥有报纸、杂志、网站、网络电视、网络广播、电子屏、手机报、微博、微信、客户端等 10 多种载体，400 多个媒体平台，报网端微用户共计 7.8 亿的全媒体形态的新型媒体集团。其报刊矩阵包括《人民日报》、《人民日报》（海外版）、《人民日报》（藏文版）、《环球时报》、《中国汽车报》、《中国能源报》、《健康时报》、《证券时报》、《国际金融报》、《生命时报》、《中国基金报》、《中国城市报》、《新闻战线》、《人民论坛》、《环球人物》、《新安全》、《中国经济周刊》、《民生周刊》、《国家人文历史》、《学术前沿》、《国家治理》等 32 种报刊。人民日报新媒体矩阵以两微两端为代表，覆盖用户总量超过 4 亿。其中，人民日报客户端累计下载量已突破 2.5 亿，活跃度在主流媒体创办的新闻客户端中保持领先；人民日报微博粉丝总数超过 1.3 亿，在中国媒体微博中居第一位；人民日报微信公众号关注人数超过 2500 万，影响力居各类微信公众号之首。

　　人民日报社企业监管部是人民日报社社属企业的监督管理部门，代表人民日报社对社属企业履行出资人职责。

序 言

传媒发展的资本视角：
中国传媒业投资的航标灯

喻国明[*]

自人类进入互联网商业化发展时代以来，相继经历了从 PC 互联网到移动互联网的大周期迭代，并正在阔步挺进智能物联网时代。其间，传媒产业正以日新月异的加速度变化和发展着，如人们接触新媒体的终端形态、新媒体内容的呈现方式和传播路径与场景、新媒体具体的业务应用形态和产业格局几乎每天都在发生变化，互联网技术革命促使新媒体每天都在发生眼花缭乱的变化，这既让站在互联网"潮头"的创新者感到欣喜不已，也让所谓时代的"落伍者"感到迷茫和压力：伴随着新媒体的快速变化，前所未有地感到对传播范式、传播格局"难以驾驭"，对新技术、新格局"无所适从"。

"这是一个最好的年代，也是一个最坏的年代；这是一个智慧的年代，也是一个愚昧的年代。"狄更斯在其小说《双城记》开篇语中这句宿命式的名言，似乎适用于每一个发展变化中的大时代。就中国传媒业的当前发展而言，人们普遍的心结是，无法判断这是一个最好的年代，还是一个最坏的年代，但几乎人人都可以确认的是——这是一个充满迷宫式选择与错愕的纠结年代。显然，中国传媒业所处的阶段，从历史发展的坐标来看，恰处在一个必须做出某种重大抉择的"紧要关头"。如果说，在非"紧要

---

* 喻国明：教育部长江学者特聘教授、北京师范大学新闻传播学院执行院长，中国新闻史学会传媒经济与管理专业委员会会长。

关头"时，我们尚可以将关注的重点放在"如何做"（即把事情做正确）这类战术性问题上，那么在"紧要关头"时，我们必须将关注的重点放在"在哪做"、"做什么"（即做正确的事）这类战略性的问题上，因为它是"系好衬衣的第一个纽扣"。正是在这个意义上，我们说，做正确的事比把事情做正确更重要，方向比速度更重要。

然而，时下中国传媒业的研究如同一个寓言所描述的：在黑夜里，有一个醉汉丢了钱，他在路灯下一圈一圈地寻找，直到倒卧在地。勤奋的记者们完整再现了醉汉是如何转了一圈又一圈，并且采访了他的家属，甚至追溯了他的童年；专家们则争吵不休，有人说他应该再多转一圈，有人说他应该转得更快一点，有人说他为什么醉酒带钱走夜路呢——要么策略有问题要么背后有阴谋，还有人说这"本质上"是一个法治问题，加强酒后理财机制建设势在必行。这个寓言几乎成了传媒领域问题公共讨论的"标准模板"：几乎人人都是在"醉汉逻辑"框定的范式内寻找答案。其实，真相是，钱并不在路灯下，只是醉汉觉得灯下最明亮、最便利。这也正是我们目前应对发展中的危机与困境时的真实状态——短视、自欺、直觉主义、饶舌和隔靴搔痒。远见卓识缺位，整体性的理解力丧失，很多事情流于虚浮和泡沫，最终被一盏路灯、一条新闻或一句断言遮蔽了。必须指出的是，在当前的"紧要关头"，理论研究者需要竭力呼唤理论的超越意识和批判力，重归时代思想者的关键位置。而战略选择大智慧的第一要义是：我们所面对的外部环境究竟发生了哪些深刻的变化？这些变化对于我们意味着什么？接下来，需要做的就是——"有勇气来改变可以改变的事情，有胸怀来接受不可改变的事情，有智慧来分辨两者的不同"。这便是当代传媒人的责任和担当，而《中国传媒投资发展报告》正是站在时代发展的制高点上，以资本的视角，为人们廓清视野、厘清发展脉络，提供了一个解决战略性问题的独特研究范本。

《中国传媒投资发展报告》是国内第一部公开出版的全面反映中国文化传媒业发展与投融资状况的研究报告，自2015年起已连续4年发布。报告旨在为致力于文化传媒行业发展的政界、学界、产业界以及投资界的各方人士提供最新的理论与实践探索，搭建各方协同的平台，积累产业发展的演进素材，为行业的发展与投融资提供持续的、多角度的认知、借鉴与参考。

本报告具有如下突出的特色和研究性的创新点。

1. 它是行业内首部全面反映行业发展与投融资情况的报告集。本年度报告主编方为人民日报社企业监管部与建投华文投资有限责任公司，是主流媒体和资本方共同打造的，兼具实体产业发展和股权投资双重视角的案例报告集。报告分为"总报告"、"中国传媒企业案例篇"、"中国传媒投资企业案例篇"和"附录"四个部分，从行业发展、政策跟踪、投融资表现、实体企业案例、投资企业案例及重大市场动态等方面审视与解析传媒产业。

2. 它深入行业与投资界一线发掘一手案例素材。尤其是 2019 年的报告，采用了大量来自一线企业的一手材料，力求对传媒企业运营管理、业务发展及投资趋势给出最切合实际与可操作性强的启示与建议。

3. 在本报告中，企业入围筛选标准秉持三个原则：产业与投资并重、细分行业覆盖全面、行业龙头与成长期企业兼顾。

（1）产业与投资并重：报告收录的企业案例既有文化传媒企业，又有文化传媒领域的投资公司。

（2）细分行业覆盖全面：报告关注影视、营销、院线、游戏、动漫、教育、出版等众多文化传媒细分行业的公司。

（3）行业龙头与成长期企业兼顾：报告收录的企业既有目前已经成为文化传媒行业龙头的企业及投资公司，同时也有虽然目前规模较小但成长速度较快、具有创新发展特点的潜力企业及投资公司。

4. 它从资本的视角为传媒产业发展提供借鉴。通过对投资类企业的投资理念、投资逻辑、投资方法论的展现，为传媒企业更好地理解资本力量和资本逻辑提供助力，同时为传媒类企业和文化投资类企业搭建沟通合作的桥梁。

本报告汇集了通过调查获得的来自实践一线的大量情况、数据与案例，对于我们真切认识从传统媒体到智能媒体转型进程中的传媒业状况和深层次原因具有重要的学术价值和决策参考意义。概言之，本报告所采用的研究方法与研究视角相互补充，构建起一幅完整的我国媒体业的现实图景，从而反映现阶段传媒业的运营发展状况，并为把握传媒业未来变化趋势提供了可靠依据。希望这些来自实践一线的情况、数据、案例和研究性文字能够对中国传媒业的发展起到正本清源、开拓未来的积极作用。

目　录

总报告

中国传媒企业案例篇

中国传媒投资企业案例篇

附　录

总报告

中国文化传媒行业政策分析与展望

董少鹏

董少鹏，证券日报社常务副总编辑，中国证监会专家顾问，华夏新供给经济学研究院研究员，中国人民大学重阳金融研究院高级研究员，中国经济传媒协会常务理事，中央广播电视总台、北京电视台、凤凰卫视中文台评论员

2018 年是我国文化传媒行业巨变发轫之年。长期以来,我国文化传媒行业存在宏观管理、市场竞争、社会责任和中外交融等多层次多方面的矛盾。破解这些矛盾,成为新时代的重大课题。需要在意识形态建设和社会功能塑造两方面同时发力变革。

党的十九大明确指出,我国社会主要矛盾是人民日益增长的美好生活需要和不平衡不充分的发展之间的矛盾,这是破解文化传媒行业改革难题、推动文化传媒行业做大做强的有力思想武器。从行业的意识形态属性而言,满足人民对多层次文化传媒产品和服务的需要,必须牢牢坚持、不断巩固社会主义核心价值观;从行业的社会功能、经济功能而言,必须不断解放和发展文化传媒生产力,改革完善有关体制机制,在文化传媒供给上有大作为。

新时代中国特色社会主义的意识形态是为民的、包容的、奋进的、开放的,新时代的文化传媒生产、传播、消费在这样的底色上不断发展升级,并与全社会所有生产消费活动相互作用、相互协调。

2018 年文化传媒行业的政策走势充分展示了这一基本发展逻辑。

一 具有划时代意义的机构改革

2018 年 3 月,中共中央印发《深化党和国家机构改革方案》,对涉及文化传媒行业的机构设置做出重大部署和安排。这一重大改革对文化传媒行业发展具有深远影响。

1. 按照方案,中共中央宣传部统一管理新闻出版工作和电影工作,原国家新闻出版广电总局的新闻出版管理职责和电影管理职责划入中宣部。中央宣传部对外加挂国家新闻出版署(国家版权局)牌子和国家电影局牌子。

在国家新闻出版广电总局广播电视管理职责的基础上组建国家广播电

视总局，作为国务院直属机构，不再保留国家新闻出版广电总局。整合中央电视台（中国国际电视台）、中央人民广播电台、中国国际广播电台，组建中央广播电视总台，作为国务院直属事业单位，归口中央宣传部领导。撤销中央电视台（中国国际电视台）、中央人民广播电台、中国国际广播电台建制。对内保留原呼号，对外统一呼号为"中国之声"。

中央宣传部既"顶天"又"立地"，统一管理新闻出版和电影工作，领导广播电视、网信工作，有助于深化改革、提高工作效率、形成发展合力、提升发展质量，具有划时代的意义。

2. 组建文化和旅游部（简称文旅部）是又一项重大改革举措。文旅部负责统筹规划文化事业、文化产业、旅游业发展，深入实施文化惠民工程，组织实施文化资源普查、挖掘和保护工作，维护各类文化市场包括旅游市场秩序，加强对外文化交流，推动中华文化"走出去"等。设立文旅部后，不再保留文化部、国家旅游局。

文旅部职能的界定，向文化旅游行业发出重大信号：文艺要"动"起来、"行走"起来，要走出殿堂，走向社会；旅游要与文化传承、交融、开放、发展结合起来。

3. 优化中央网络安全和信息化委员会办公室（简称中央网信办）职责，进一步完善网信事业和网信产业管理体制。原来由工业和信息化部管理的国家计算机网络与信息安全管理中心，划归中央网信办管理。这一举措将网络空间的内容安全与技术安全统一起来，实现了网信行业全链条一体化管理。

4. 组建中央教育工作领导小组，作为党中央决策议事协调机构。中央教育工作领导小组秘书组设在教育部。

教育是文化传承和发展的根基，关乎文化传媒行业改革发展的方向和道路。组建中央教育工作领导小组，由其负责研究部署教育领域思想政治、意识形态工作，审议国家教育发展战略、中长期规划及教育重大政策和体制改革方案，协调解决教育工作重大问题，等等，对文化传媒行业长远发展具有重大影响。

上述机构的设立或调整，直接关系到文化传媒行业的战略定位、目标方向、结构布局、改革发展路径、市场机制、宏观管理等，对政策的制定实施和实际工作具有长期影响。

二 推进融媒体建设和结构调整

2018 年，党中央、国务院大力推进融媒体建设，各地各部门推出了一系列举措，主流媒体单位加快转型，融媒体建设进入"加速期"。

（一）积极推动纸媒压减、融媒体担纲的战略进程

互联网时代，报纸、杂志等纸媒因出版周期长、发行时效差等原因，呈现加快萎缩态势。从 2014 年开始，纸媒减版、合并、停刊等压减进程加速，从业人员向互联网媒体转移。主流纸媒均加大投入，加强网站、客户端建设，并向微信和其他算法端口转移。

2018 年，纸媒压减、融媒体担纲的进程显著加快。部分中央级纸媒也压缩了版面，将更多的人力、物力、财力投入融媒体建设上。北京市市属媒体加快调整，具有政策示范导向作用。

8 月，《北京晨报》宣布纸质版于 2018 年底停刊。8 月 21 日，已经于 2017 年 1 月 1 日休刊的《京华时报》的微信公众号整体迁移至微信公众号"长安街知事"，"京华时报"名号退出历史舞台。10 月 31 日，《新京报》新闻客户端上线。北京市推进《新京报》、千龙网、《北京晨报》三家媒体深度整合，集中资源打造"京"字号新闻网站和移动客户端。随后，《法制晚报》公告于 2019 年 1 月 1 日起休刊，《法制晚报》采编团队与上级单位北京青年报社采编团队进行有机整合，集中精力打造北京青年报社融媒

体平台——"北京头条"客户端。

北京先行，天津随后跟进。2018年六七月间，天津日报新媒体中心团队并入天津广电大院的新闻中央厨房媒体融合项目"津云"平台。之后，《天津日报》及子报编辑部门也集体迁至天津广电大院。11月13日，天津海河传媒中心正式宣布成立，为市委直属事业单位，不再保留天津日报社、今晚报社、天津广播电视台、天津广播电视传媒集团有限公司、天津报业印务中心、中国技术市场报社。

为了鼓励传统纸媒转型，国家网信办、省级网信办依据《互联网新闻信息服务管理规定》，向纸媒网站发放《互联网新闻信息服务许可证》，多数纸媒获得了相关资质。这一政策措施为纸媒转型提供了制度支撑。

截至2018年12月31日，经各级网信部门审批的互联网新闻信息服务单位总计761家，从具体服务形式来看，包括互联网站743个、应用程序563个、论坛119个、博客23个、微博客3个、公众账号2285个、即时通信工具1个、网络直播13个、其他15个，共计3765个服务项。

为了顺应融媒体变革大趋势，媒体主管部门和行业协会对新闻评奖机制也进行了调整。2018年7月，中国记协新媒体专业委员会在京成立，中国新闻奖增设媒体融合奖。该奖共设立6个评选项目，分别为短视频新闻、移动直播、新媒体创意互动、新媒体品牌栏目、新媒体报道界面和融合创新，共50个奖数。

同时，加强新闻报道著作权保护工作。一是树立判例。2018年10月，江苏省高级人民法院做出终审判决，今日头条（属北京字节跳动科技有限公司）因未经授权转载《现代快报》4篇稿件，依法赔偿经济损失10万元及相关合理费用1.01万元。法院判决指出，字节跳动公司现有证据不足以证明今日头条仅提供了链接服务；即使其仅提供了链接服务，也不能完全免责。

二是完善相关机制。2018年4月，北京市高级人民法院颁布《北京市高级人民法院侵害著作权案件审理指南》。12月，最高人民法院发布《最高人民法院关于审查知识产权纠纷行为保全案件适用法律若干问题的规定》，包括程序性规则、实体性规则、行为保全申请错误认定与处理、行为保全措施的解除4个方面内容。国家和地方出台一系列司法规定，对提升包括版权在内的知识产权案件的审判质量具有重要意义。

7月至12月，国家版权局、国家互联网信息办公室、工业和信息化部、公安部开展"剑网2018"专项行动，针对新兴短视频领域中的版权问题多措并举、重拳出击，重点整治短视频领域各类侵权盗版行为。

12月15日，30多家主流财经媒体发起成立"中国财经媒体版权保护联盟"，共同抵制未经授权擅自转载新闻作品的行为，提高对作品转载的议价能力，推动实现常态化监控和维权、市场化交易等。

（二）引导新兴融媒体机构和"自媒体"发展

近年来，不仅新浪、腾讯、网易等原有以互联网技术为强势竞争手段的融媒体继续吸引着广大的用户，还诞生了字节跳动、快手、一点资讯等新的融媒体公司。

至2018年6月底，字节跳动旗下全线产品国内日活跃用户（DAU）总计超过4亿，月活跃用户（MAU）超过8亿；抖音DAU已破2.5亿，MAU破5亿，其独立App总使用时长已超百度系和阿里系，位居第二，仅次于腾讯；2018年11月底，快手的DAU达1.3亿，日均使用时长超过60分钟，日均产出用户原创内容（UGC）1500多万条，原创短视频库存70亿条；一点资讯MAU为2.8亿，安装量为6.4亿，单人日均使用时长为60分钟。

同时，以微信公众号为代表的自媒体平台形式日新月异，规模迅速壮大。不过，笔者认为，所谓"自媒体"的定义其实是不准确的。媒体的功能应当包括信息获得、选取、过滤、编辑、制作等。自媒体也是媒体，是个性化、小规模、自审核的，非机构化的，以互联网账号为发布平台的信息发布体。并不是只要有了技术平台，个人注册一个号段，可以贴文、贴图、发音频视频片段，就算是办了一个自媒体——那只能叫作"个人电子笔记本"。

对这些新兴融媒体机构和"自媒体"群体，需要依法实施行政管理和行业自律管理。目前已经在这方面加强工作，但仍有不少制度短板。

（三）有重点、分阶段治理网络媒体和网络平台乱象

2018 年，管理部门出台了一系列规定，补上了制度短板。2 月，国家互联网信息办公室公布《微博客信息服务管理规定》；8 月，全国"扫黄打非"工作小组办公室、工业和信息化部及公安部联合发布《关于加强网络直播服务管理工作的通知》，提出了多项治理措施。12 月，针对金融信息服务领域的乱象，国家互联网信息办公室发布《金融信息服务管理规定》，明确了金融信息服务提供者从事互联网新闻信息服务、法定特许或者应予以备案的金融业务应当取得相应资质，并接受有关主管部门的监督管理等。

为了加强刑事打击和行政监管的有效衔接，进一步发挥公安机关网络安全监管职能，规范监督检查行为，2018 年公安部出台《公安机关互联网安全监督检查规定》；公安部联合中央网信办制定并发布《具有舆论和社会动员功能的互联网信息服务网络安全评估规定》，要求各互联网信息服务提供者自行或者委托第三方开展安全评估。

从保护未成年人的角度出发，2018 年 4 月 20 日，教育部办公厅印发《教育部办公厅关于做好预防中小学生沉迷网络教育引导工作的紧急通知》；8 月 24 日，国家广播电视总局起草形成《未成年人节目管理规定（征求意见稿）》；此前，在 5 月，《未成年人网络保护条例（送审稿）》已形成。

中央媒体发声，加强舆论引导。2018 年 10 月 23 日至 26 日，人民网

连发 4 篇文章批评"自媒体账号乱象",呼吁让自媒体空间回归健康有序。10 月 23 日至 25 日,新华社刊发三篇文章揭露自媒体地下"洗稿"产业链、保险自媒体"割韭菜"、自媒体"黑公关"等乱象。11 月 10 日,央视《焦点访谈》《新闻联播》报道,自媒体存在低俗色情、标题党、谣言、黑公关、刷量、伪原创六大问题。

管理部门有重点、分阶段,依法对各类网站、移动客户端、论坛贴吧、即时通信工具、直播平台等进行了整治。

自 2018 年 3 月起,国家互联网信息办公室展开专项整治行动,依法关停 70 款涉黄涉赌直播类应用程序;相关平台累计封禁涉未成年人主播账号近 5000 个,删除相关短视频约 30 万条。

2018 年 11 月 12 日,国家互联网信息办公室发布自媒体账号集中清理整治专项行动情况,依法依规全网处置"唐纳德说""傅首尔""紫竹张先生""有束光""万能福利吧""野史秘闻""深夜视频"等 9800 多个自媒体账号。

国家互联网信息办公室列举了自媒体存在的五方面问题:①传播政治有害信息,恶意篡改党史国史、诋毁英雄人物、抹黑国家形象;②制造谣言,传播虚假信息,充当"标题党",以谣获利、以假吸睛,扰乱正常社会秩序;③肆意传播低俗色情信息,违背公序良俗,挑战道德底线,损害广大青少年健康成长;④利用手中掌握的大量自媒体账号恶意营销,大搞"黑公关",敲诈勒索,侵害正常企业或个人合法权益,挑战法律底线;⑤肆意抄袭侵权,大肆洗稿圈粉,构建虚假流量,破坏正常的传播秩序。

国家互联网信息办公室还依法约谈腾讯微信、新浪微博等自媒体平台,对其主体责任缺失、疏于管理、放任野蛮生长、造成种种乱象,提出严重警告。腾讯微信、新浪微博相关负责人表示将认真接受群众和舆论监督,自查自纠,积极整改,严格管理。

公安机关持续组织开展一系列专项打击整治行动,并开展网上巡查执法工作。重点打击窃取、买卖公民个人信息,黑客攻击,非法利用互联网实施有偿发帖、删帖，甚至敲诈勒索的"网络水军"等团伙犯罪。

2018 年 2 月，公安部部署全国公安机关开展为期 10 个月的"净网2018"专项行动。组织侦破各类网络犯罪案件 5.7 万余起，抓获犯罪嫌疑人 8.3 万余名，行政处罚互联网企业及联网单位 3.4 万余家次，清理违法犯罪信息 429 万余条，依法清理下架具有恶意程序、恶意行为的 App 3.5万余款。

部省两级公安机关对百度音乐、新浪微博、搜狗图片、网易博客、360搜索等 365 家传播涉枪涉爆、假证、银行卡、假发票、网络招嫖等违法犯罪信息的网站栏目挂牌督办整治。

针对网络游戏、网络直播、网络短视频、网络自媒体等重点领域，组织开展集中打击和安全整治工作，全国共摸排纳管相关企业 8.1 万家，与1.6 万余家签订了安全责任承诺书，依法查处其中违法违规企业 104 家。

公安部"净网 2018"专项行动办公室公布了 10 个典型案例：一是上海华住酒店集团信息被窃取案；二是辽宁铁岭黄某等人侵犯公民个人信息案；三是江苏南通王某军等人组织考试舞弊案；四是北京赵某等人网络组织招嫖案；五是浙江嘉兴"MAX"App 传播淫秽物品案；六是江苏徐州登辰网络技术有限公司提供侵入、破坏计算机信息系统程序案；七是江苏常州陈某等人跨国开设网络赌场案；八是四川达州冯某海侵犯公民个人信息案；九是山东济宁赵某勇侵犯公民个人信息案；十是福建莆田刘某炜"网络水军"团伙寻衅滋事案。

（四）推动融媒体参与社会治理

融媒体的特质是互联网化，而互联网已不仅仅是传播信息和开展商务等活动的渠道与工具，而且是嵌入社会生活方方面面的重要元素和重要部件。所以，融媒体不仅局限在内容传播层面，更是作为社会治理的一部分而存在。

为此，党和政府高度重视融媒体参与社会治理的实践。一是支持融媒体参与智慧城市建设。在很多城市，融媒体与市民云、服务热线等市政信息系统连接，与交通、消防、水电、卫生等智慧城市的端口相通。融媒体与社会治理平台对接，不仅给资讯发布、政务服务、非政府管理的公共服务等提供了便利，还拓宽了政府与民众互动的通道，有利于提高决策和服务水平。

二是加快县级融媒体中心建设。按照中央部署，从 2018 年 8 月开始，县级融媒体中心建设渐次推进。9 月 20 日至 21 日，中宣部在浙江省湖州市召开县级融媒体中心建设现场推进会，明确了 2020 年底基本实现在全国全覆盖的目标。2018 年先行启动 600 个县级融媒体中心建设工作。

11 月 14 日，中央全面深化改革委员会第五次会议审议通过了《关于加强县级融媒体中心建设的意见》（以下简称《意见》），要求深化机构、人事、财政、薪酬等方面改革，调整优化媒体布局，推进融合发展，不断提高县级媒体传播力、引导力、影响力。《意见》发布后，县级融媒体中心建设速度明显加快。

县级融媒体中心既是文化工程，也是传媒工程，对于加强和改进基层宣传思想工作、满足县域居民对文化传媒服务的需求，具有基础性功能、战略性作用。

在融媒体时代，媒体作为信息采集、加工、传播的载体，本身就是政府与民众互动的桥梁与中介。民众可以通过各种媒体平台发表意见，参与社会事务。政府则要善用媒体，提升社会治理效果。

近年来，部分省市建立了省域"云"平台，域内媒体资源可实现统一调度，不仅整合提升了发布政策和权威信息的渠道，也为舆情分析研判、处置应对提供了重要支撑。

融媒体参与社会治理，有助于社会的"数据化管理"。通过对大量全样本用户数据的深入分析和挖掘，可以精准地了解用户的行为特征，为其提供更精准的服务。这也可以为政府决策、治理、服务提供有力支撑。比如，金融监管部门通过对交易数据的分析，可以为投资者群体画像，改善监管和服务。

三 推出一系列夯实文化之"根"的举措

教育是文化之"根"。文化传媒行业与教育行业密不可分。2018年，党和政府对教育工作做出重大部署，出台了一系列不同于以往的政策措施，纠正了长期存在的一些偏差，补上了制度短板，其中有的措施具有开创性。

2018年，习近平总书记先后两次就教育工作发表重要讲话，为新时代教育工作提供了遵循：5月2日，习近平在北京大学师生座谈会上指出，"走内涵式发展道路是我国高等教育发展的必由之路""我们的教育要培养德智体美全面发展的社会主义建设者和接班人"。9月10日，习近平总书记在全国教育大会上发表重要讲话，系统回答了关于教育现代化的重大理论和实践问题，发出了加快教育现代化的动员令。

2018年，党中央、国务院和有关部门出台了一系列政策措施。

➢2月，中共中央、国务院颁布了《关于全面深化新时代教师队伍建设改革的意见》。

➢6月，新时代全国高等学校本科教育工作会议举行，提出了新时代高等教育改革发展"四个回归"的基本遵循。回归初心，就是高等学校要倾心培养建设者和接班人；回归常识，就是学生要刻苦读书学习；回归本分，就是教师要潜心教书育人；回归梦想，就是高等教育要倾力实现教育报国、教育强国梦。

➢7月，中共教育部党组印发了《高等学校学生心理健康教育指导纲要》。

➢8月，教育部、财政部、国家发展改革委联合印发《关于高等学校加快"双一流"建设的指导意见》（"双一流"是指一流大学和一流学科），明确"双一流"建设走内涵式发展道路，核心是坚持中国特色世界一流，主线是服务需求、提高质量，根本任务是立德树人。

➤ 8月，《国务院办公厅关于规范校外培训机构发展的意见》颁布。

➤ 10月，教育部印发《关于加快建设高水平本科教育 全面提高人才培养能力的意见》（简称"新时代高教40条"）。

同时，决定实施"六卓越一拔尖"计划2.0。"六卓越"是卓越工程师教育培养计划、卓越医生教育培养计划、卓越农林人才教育培养计划、卓越法治人才教育培养计划、卓越新闻传播人才教育培养计划和卓越教师培养计划；"一拔尖"就是基础学科拔尖学生培养计划。

为实施好"六卓越一拔尖"计划2.0，教育部与相关部门还印发了《教育部等六部门关于实施基础学科拔尖学生培养计划2.0的意见》《教育部 农业农村部 国家林业和草原局关于加强农科教结合实施卓越农林人才教育培养计划2.0的意见》《教育部 工业和信息化部 中国工程院关于加快建设发展新工科实施卓越工程师教育培养计划2.0的意见》《教育部 中央政法委关于坚持德法兼修实施卓越法治人才教育培养计划2.0的意见》《教育部 中共中央宣传部关于提高高校新闻传播人才培养能力实施卓越新闻传播人才教育培养计划2.0的意见》《教育部 国家卫生健康委员会 国家中医药管理局关于加强医教协同实施卓越医生教育培养计划2.0的意见》等文件，对文、理、工、农、医、教等领域提高人才培养质量做出具体安排，明确了"六卓越一拔尖"计划2.0的总体思路、目标要求、改革任务和重点举措。

➤ 11月，《中共中央 国务院关于学前教育深化改革规范发展的若干意见》发布。

➤ 11月，教育部正式印发并实施《新时代高校教师职业行为十项准则》《新时代中小学教师职业行为十项准则》《新时代幼儿园教师职业行为十项准则》及《关于高校教师师德失范行为处理的指导意见》《中小学教师违反职业道德行为处理办法（2018年修订）》《幼儿园教师违反职业道德行为处理办法》等文件。

➤ 11 月，中央全面深化改革委员会会议审议通过了《国家职业教育改革实施方案》（2019 年 2 月印发）。

➤ 12 月，教育部、中共中央宣传部联合印发了《关于加强中小学影视教育的指导意见》。通过加强中小学影视教育，着力在坚定理想信念、厚植爱国主义情怀、加强品德修养、增长知识见识、培养奋斗精神、增强综合素质上下功夫。明确力争用 3～5 年时间，全国中小学影视教育基本普及，形式多样、资源丰富、常态开展的中小学影视教育工作机制基本建立。

2019 年 2 月，中共中央、国务院印发了《中国教育现代化 2035》，中共中央办公厅、国务院办公厅印发了《加快推进教育现代化实施方案（2018～2022 年）》，强调扎根中国、融通中外、立足时代、面向未来，从我国优秀教育传统中汲取营养，积极吸收借鉴国际先进经验，以新的发展理念和教育思想指导教育现代化。

上述关于教育改革发展的政策措施，涉及教育基本定位、教师队伍建设、学生心理健康、高校发展规划、本科教育、优才专才培养、学前教育、影视教育等方方面面。出台文件密度之大、范围之广为近年之最。

深化教育改革和完善教育体系，对于引领文化传承交流、推动文化创新发展、引导传媒内容生产和模式变革、促进文化旅游产品和服务升级，都有不同程度的影响，或者是即时性的影响，或者是潜移默化的影响。

其中，学前教育、"双一流"建设、优才专才培养、价值观教育、影视教育等政策措施，对文化传媒市场的供给变革有重大影响。相关产品和服务的提供者须遵循这些政策引导。

四　出台一系列政策措施，丰富文化旅游产品和服务

满足人民日益增长的文化旅游需要，打造多元化优质平台，生产更丰

富优质产品，提供更贴心优质服务，让生活更有创意，让文化旅游消费更有味道，是新时代文化旅游供给的基本原则。

中国市场已是全球市场的重要组成部分，中国的文旅产品和服务要面向中外两个消费人群，必然要同其他国家的市场展开竞争，为此，丰富中国本土风范的优质旅游产品和服务成为时代课题。2018 年，这项工作得到有力推进。

（一）出台了一系列支持鼓励文化产业发展的政策措施

（1）中央部署基本公共服务建设，包含文化传媒事务。

7 月，中央全面深化改革委员会审议通过了《关于建立健全基本公共服务标准体系的指导意见》（以下简称《指导意见》）。12 月，中共中央办公厅、国务院办公厅正式印发了《指导意见》。

《指导意见》以幼有所育、学有所教、劳有所得、病有所医、老有所养、住有所居、弱有所扶等为统领，提出了涵盖公共教育、劳动就业创业、社会保险、医疗卫生、社会服务、住房保障、公共文化体育、优抚安置、残疾人服务等 9 个领域的国家基本公共服务质量要求。其中，公共教育、社会服务、公共文化体育等都涉及文化传媒事务。

（2）4 月，国家发改委等五部门联合印发了《关于规范主题公园建设发展的指导意见》，针对主题公园建设发展中概念不清、盲目建设、模仿抄袭、低水平重复等问题，以及有些地区出现的地方债务风险和房地产化倾向，提出具体要求，强调聚焦主业，即充分发挥主题公园集文化、旅游、科技、娱乐为一体的特点，以满足人民群众文化旅游需要为核心目标，打造优秀的文化旅游产品，合理控制主题公园周边配套产业规模，防止变形走样、借主题公园大搞房地产开发。支持创新发展，即创新主题公园发展业态和经营模式，不断提高科技含量、丰富文化内涵、提升建设水平和服务质量，实现多样化、特色化、差异化、内涵式发展，防止模仿抄袭、低水平重复建设。

（3）5月，《文化和旅游部—工业和信息化部关于发布第一批国家传统工艺振兴目录的通知》印发，全国共计14个门类的383个传统工艺项目入选。公布传统工艺振兴目录，是依据2017年3月国务院办公厅转发文化和旅游部等制定的《中国传统工艺振兴计划》展开的。

（4）6月，国家发展改革委印发了《关于完善国有景区门票价格形成机制 降低重点国有景区门票价格的指导意见》，其中指出，风景名胜区、自然保护区、文物保护单位、国家公园等是全民所有的公共资源，既具有经济属性，也有较强的社会属性、生态属性。利用这些公共资源建设的景区应该为全民提供服务，应当充分体现社会效益，坚持社会效益和经济效益相统一。要扭转一些景区过度追求经济效益，重开发、轻保护，忽视社会效益和生态效益的局面，逐步向更加注重社会属性、生态属性转变，回归公共资源景区的本质。

（5）7月，中共中央办公厅、国务院办公厅印发《关于实施革命文物保护利用工程（2018～2022年）的意见》，提出继续扩大革命博物馆、纪念馆免费开放，加强革命文物创意产品的开发，鼓励支持文化文物单位和社会力量参与革命文物创意产品的开发，并提高红色旅游发展质量，包括推出更多以红色文化为主题的研学旅行、体验旅游、休闲旅游项目等。

（6）10月，中共中央办公厅、国务院办公厅印发《关于加强文物保护利用改革的若干意见》。

（7）11月，《文化和旅游部 财政部关于在文化领域推广政府和社会资本合作模式的指导意见》颁布，鼓励社会需求稳定、具有可经营性、能够实现按效付费、公共属性较强的文化项目采用PPP模式。

（8）11月，文化和旅游部等17部门印发《关于促进乡村旅游可持续发展的指导意见》，要求提升乡村旅游基础设施，完善乡村旅游公共服务体系，丰富乡村旅游产品类型，提高乡村旅游服务管理水平，培育构建乡村旅游品牌体系，创新乡村旅游营销模式等。

（9）12月，国务院办公厅发布《关于加快发展体育竞赛表演产业的指导意见》。以竞赛表演为主的观赏性体育具有文化产业属性。该指导意见针对我国竞赛表演数量不足、质量不高的现实问题，提出要丰富赛事活动，完善赛事体系，同时壮大市场主体，优化市场环境。要支持相关企业的发展，鼓励体育竞赛表演企业做大做强；营造良好的环境，鼓励社会各界创新创业；培育中介机构，积极提供相关服务；引导消费理念，进一步提升全社会体育消费意愿；进一步完善相关服务体系，改善体育消费条件。提出了可量化的体育竞赛表演产业发展目标：到2025年，体育竞赛表演产业总规模达到2万亿元，建设若干具有较大影响力的体育赛事城市和体育竞赛表演产业集聚区，推出100项具有较大知名度的体育精品赛事，打造100个具有自主知识产权的体育竞赛表演品牌，培育一批具有较强市场竞争力的体育竞赛表演企业。2016年至2025年，我们设定平均年增长率为14%。照此推算，到2025年，体育竞赛表演产业总规模要超过2万亿元。

（10）在2017年10月出台《社会领域产业专项债券发行指引》的基础上，2018年国家发展改革委采取措施落实相关要求，鼓励大型文化企业发行债券，降低融资成本，优化财务结构，同时释放出宝贵的信贷资源给中小文化企业。2018年5月，文化产业专项债券及产业基金融资对接交流活动在深圳举行。

（11）12月，国务院办公厅印发《文化体制改革中经营性文化事业单位转制为企业的规定》和《进一步支持文化企业发展的规定》，明确经营性文化事业单位转制为企业后，5年内免征企业所得税；2018年12月31日之前已完成转制的企业，自2019年1月1日起可继续免征五年企业所得税。

（12）12月，文化和旅游部颁布《国家级文化生态保护区管理办法》，自2019年3月1日起正式施行。

（13）2018 年，中央财政向中央文化企业注资 15 亿元，比上年增长 25%，支持中国出版集团公司等一批中央文化企业增加国家资本金。

上述涉及文化旅游行业发展的政策措施，重点强调公共文化旅游资源的公共性，注重优秀传统文化、优秀民族文化、红色文化的传承，鼓励创新投资模式、运营模式，扶持优秀文化企业发展壮大，鼓励中外交流合作，引导市场规范化运行，纠正"向钱看""乱开发"倾向。

（二）实施振兴文旅示范性工程

（1）用优质文旅活动提升传统节日的向心力和感召力。

深入实施中国传统节日振兴工程，加强对传统节日文化活动的组织引导，采取政策措施，践行节俭、安全、祥和、大众化节日文化活动理念，引导公众在积极参与中体验节日习俗、展现中国精神、增进文化自信。强调示范引领，在传统节日及相关传说起源地等区域打造一批传统节日活动示范点，以点带面、多点成线，整体推动传统节日文化活动提升水平，让热爱传统文化、创新发展当代中华文化蔚然成风。

在政府引导支持下，各地在丰富传统节日文旅活动供给方面取得进步，主要是：将非遗内容、民间文化项目、特色旅游项目引入节日消费，充分发挥文化馆、图书馆、美术馆、博物馆等文化载体的作用，提升景区景点文化内涵，增加文化向心力、感召力、亲和力。

（2）设立中国农民丰收节，丰富中国色彩的节日种类。

2018 年农历秋分日，首个中国农民丰收节成功举办。为丰富以农业丰收为主题的文化旅游活动，有关部门汇集社会建议，形成了"5 个 100"的活动指引，包括 100 个品牌农产品，促进农产品实现优质优价；100 个特色村寨，提升特色旅游产品；100 个乡村文化活动，促进各地优秀传统文化传承；100 个乡村美食，促进"家乡味道"传承和品牌营销；100 个乡村旅游线路，促进乡土休闲旅游。

（3）用好公共文旅资源，提升公众文旅体验。

按照"在保护中发展，在发展中保护"的思路，国家文物局等部门加大了工作力度。一是实施中华文物全媒体传播计划，与中央电视台合作的《如果国宝会说话》《国家宝藏》受到公众欢迎。二是落实落细社会参与的相关改革举措和配套政策，探索社会力量参与国有不可移动文物利用的方式和管理模式，同时鼓励和支持各地对文物合理利用进行差别化探索与实践。三是着力推进革命文物保护利用工程。四是开展文物外展精品工程，打造文物外交品牌；依托国家海外文化阵地和国外文物机构，搭建多层次、机制性的文物交流合作平台，讲好中国故事，传播中国声音。

将文物展示与公众参与结合起来。2018年9月在山东省济南市举办的第五届中国非物质文化遗产博览会上，设置了织绣印染、陶冶烧造、编织扎制、制茶酿造、印刷刻绘、家具文房、中药炮制、雕刻塑造等8个主题，公众均可不同程度地参与，这也成为一个范例。

又如，2018年暑期，《清明上河图3.0》在故宫博物院展演。故宫博物院与凤凰卫视联手，借助8K超高清数字技术、4D动感影像，让文化和科技相融合，将《清明上河图》打造成可沉浸体验、可传播分享的新型艺术展演，备受观众称赞。2019年春节期间"紫禁城里过大年"系列活动一票难求，"紫禁城上元之夜"文化活动异常火热，让故宫官方预订网站应接不暇。

博物馆日"文物戏精"的抖音短视频、"网红景点"直播等新的展示方式和参与方式，点燃了年轻人对传统文化的热情。

（4）开展旅游提质升级行动。

对5A级旅游景区实行优胜劣汰。2018年新推出了山西洪洞大槐树寻根祭祖园、内蒙古赤峰市克什克腾石阵等9家5A级旅游景区，以5A级旅游精品景区为代表的优质旅游供给能力得到进一步提升。同时，加强对景区的动态管理，有进有出，10月集中公布了11家受到取消等级处理的4A级旅游景区。

开展了旅游生态保护、旅游资源开发提升、新型旅游线路目的地建设、旅游营销创新和旅游公共服务提升等五大行动。坚持以创建国家全域旅游示范区为抓手，通过实施"旅游+"战略，引导全域旅游纵深发展。

全面推进红色旅游规范健康发展。至2018年，中办、国办先后印发三期《全国红色旅游发展规划纲要》，以红色旅游弘扬红色精神、光大红色文化资源、助力经济社会发展。

通过深入挖掘红色文化内涵，着力培育红色旅游经典景区体系、做大红色旅游市场主体、开发红色旅游特色商品、促进红色旅游融合发展。

增加有效供给，丰富旅游新业态产品。一是推出一批国家级旅游度假区；二是推出一批体育旅游精品线路。

（5）丰富文化演出活动。

2018年，继续实施国家舞台艺术精品创作扶持工程、西部及少数民族地区艺术创作提升计划、中国民族歌剧传承发展工程。扎实推进戏曲振兴工程，继续实施中国京剧像音像工程、剧本扶持工程、戏曲剧本孵化计划。启动"时代交响——中国交响音乐作品创作扶持计划"。组织实施国家美术作品收藏和捐赠奖励项目，开展全国美术馆馆藏精品展出季活动。

组织开展全国舞台艺术优秀剧目展演和全国优秀民族歌剧展演、全国优秀现实题材舞台艺术作品展演、全国基层院团戏曲会演、国家艺术院团演出季。举办2018年戏曲百戏（昆山）盛典和昆剧、越剧、黄梅戏、评剧等艺术节。完成全国舞蹈、声乐、音乐剧、民族乐团展演和第三届中国设计大展及公共艺术专题展等系列艺术活动。通过这些活动展示优秀作品，丰富人民文化生活。

采取多项措施加强对现实题材艺术作品创作工作的引导。在国家舞台艺术精品创作扶持工程、中国民族歌剧传承发展工程等重大项目中，加大对现实题材作品的扶持力度。在全国基层院团戏曲会演、国家艺术院团演出季等重大艺术活动中，不断加大现实题材作品的比例。

公益性文化活动均倡导市民化服务，规定低价票必须占一定比例，让市民用低价就能欣赏到精品剧目。

五　对文化领域导向和合法性问题"亮剑"

2018 年，政府加强了文化产业内容导向和行业规范管理，同时对优质文化内容、优秀文化企业予以支持。

（一）整顿影视从业人员纳税问题

按照中宣部等五部门有关通知要求，2018 年 10 月起，开展规范影视行业税收秩序工作。影视行业纳税人认真开展了自查自纠。截至 2018 年底，自查申报税款 117.47 亿元，已入库 115.53 亿元。自查自纠阶段结束后，规范工作转入督促纠正阶段。

规范影视行业税收秩序，有效针对影视行业的突出问题，补齐发展短板，化解行业风险，教育从业人员，为行业持续健康发展创造了更加有利的环境和条件。

（二）对艺德、私德有较严重问题的从业人员予以处理

部分演艺人员因婚姻、金钱、生活圈子等问题，吸引社会各界的眼球，屡屡成为社会热点话题；有的公司和创作者以电影为跳板，谋取不法利益和特权。针对这些问题，相关方面展开整治，自律组织加强自律管理。

2018 年 8 月 11 日，爱奇艺、优酷、腾讯三大视频网站联合正午阳光、

华策影视等六大影视公司，共同发布声明，表示将抵制不合理片酬，明确演员的总片酬最高不得超过 5000 万元人民币。

9 月 8 日，人民日报主管的"人民微评"发表短评《压缩问题艺人逍遥的空间》，明确指出，北京演艺界承诺不用涉"黄赌毒"艺人，立场鲜明；提出既然是公众人物，就应该严格要求自己；强调不给问题艺人表演舞台，不让问题艺人招摇于世，不让问题艺人误导青少年，应有更多机构发声。这个短文被认为具有导向性。

主管部门要求，影视作品要把更多普通群众而不是影视明星作为作品的主角、节目的主角，以真挚的情感刻画最美人物，展示当代中国人的精神风采，着力讲好新时代百姓身边日常故事，留下普通人追梦中国、追求幸福生活的鲜活时代影像志。要坚决打击扰乱行业生态的行为，继续保持对追星炒星、泛娱乐化、高价片酬、收视率（点击率）造假等突出问题整治的高压态势，加大惩戒力度，加大公开警示、行政处罚、联合惩戒力度。

中国文联将深入挖掘文艺工作者崇德尚艺的鲜活事例，对德高望重的老艺术家、活跃在创作一线的中青年领军人物、长期扎根基层服务群众的文艺工作者和新文艺群体中的优秀代表进行深度宣传，发挥典型的示范引领作用。

（三）鼓励出产优质影视作品

2018 年，国产电影取得 378.97 亿元的票房成绩，市场占比 62.15%，创近十年来最高。国产片《红海行动》以 36.51 亿元的票房成绩成为中国市场年度票房冠军；亚军《唐人街探案 2》票房收入 33.9 亿元，季军《我不是药神》票房收入 31 亿元。创作于 2018 年的《流浪地球》，自 2019 年 2 月 5 日（农历正月初一）全国上映以来，票房已超过 46 亿元。一批优质国产影片的诞生，标志着中国影视作品进入了高质量发展阶段。

2018 年国产电视剧收视率居前的是《恋爱先生》《娘道》《美好生活》《大江大河》；还有爆款网剧《延禧攻略》《如懿传》。这些电视剧思想性、艺术性兼具，展示了创作者的功力，是新时代文艺创作的代表。

2019 年 3 月，2018 年度电视剧引导扶持专项资金剧本扶持引导项目已评出。其中，《陇原英雄传》《新一年又一年》《大江大河》《花繁叶茂》等 8 部作品获得重点扶持证书；《江上有红船》《立秋》《那座城这家人》《花儿与歌声》等 26 部作品获得一般扶持证书。

为鼓励电影市场发展，2018 年 12 月，国务院办公厅印发《文化体制改革中经济性文化事业单位转制为企业的规定》，明确免收电影发行收入的增值税。国家电影局下发《关于加快电影院建设促进电影市场繁荣发展的意见》，提出 2020 年全国城市电影院银幕总数超过 8 万块的目标，并给出具体配套支持措施以解决影院建设不平衡不充分的问题；要求深化院线制改革，明晰电影院线准入和退出机制，鼓励院线跨地区跨所有制并购重组，并加快特色院线建设等。

六 政策和改革举措展望

文化传媒行业是集社会功能与经济功能、社会效益与经济效益于一身的行业，其发展方向、模式、路径、政策措施具有一定特殊性。我国文化传媒行业在全球范围的影响力、竞争力都处在一个"后发展"阶段，同时面临意识形态的交融与博弈，所以，未来文化传媒行业的政策措施和改革举措都要基于这个基本情况。

（一）坚持以开放心态、开放模式发展文化传媒行业

鼓励文化传媒机构、企业、组织开展对外交流合作，推进双向开放。

在开放中讲好中国故事、传播中国价值，把中国故事、中国价值融入全球故事体系、全球价值链条。

（二）把教育这个文化传媒之"根"做深做强

对教师队伍、教材、院校设施、管理制度进行深入改革，服务中国现代化发展的要求，适应全球化发展形势，构建新时代覆盖高校、中学、小学、幼儿教育的现代化教育体系，在增加和优化财政支持的同时，鼓励社会力量参与。

（三）大力发展融媒体，加强融媒体与社会治理环节对接融合

媒体作为信息聚合和传播的主渠道，联系千家万户、社会各阶层、所有生产生活环节，要建立集新闻传播、信息服务、功能融合于一体的多层次融媒体体系，服务公众和社会治理。在做大做强主流融媒体的同时，加强专业性、区域性融媒体的建设。

（四）推动和扶持图书、影视、音乐舞蹈美术、文创产品线、互联网音视频等领域出产优秀作品

鼓励各类型文化机构、企业、组织，各方文化创作、演出、设计、辅助人员，坚持正确导向，遵循市场规律，创作优质作品。要建立荣誉激励、物质奖励、代际传承、产权保护等完善的机制体制。

（五）完善全域旅游业态模式，增厚本土市场旅游内涵

扶持各类文化旅游机构、企业、组织，按照现代文旅运营理念，加强前

沿研究设计，打造优质全域旅游业态体系，植入更丰富的文化消费元素，增强本土市场竞争力。统筹内外旅游市场资源，做强中国品牌旅游骨干企业。

加强文物保护利用，加强非物质文化保护传承。

（六）文化传媒行业要充分考虑新市民和农村人口需求

各类文化传媒机构、企业、组织要根据我国城市化进程和乡村振兴战略，提供文化旅游和传媒服务，满足新市民和农村人口的文化消费需求。要将文化消费与公共教育、基础教育结合起来，既能服务基本需求，又有助于提升人口素质。

推进脱贫攻坚和乡村振兴，为文化传媒行业带来巨大市场机遇。

（七）加强支持文化传媒行业健康发展的基础建设

完善财税、金融、资本市场、科技投入、技术标准、产权保护等方面的制度建设，改革完善统计、评比、荣誉授予等制度措施，完善对公益性文化传媒项目的社会捐赠制度。

加快在各行业、各领域推进"互联网＋"，持续推动网络提速降费。

（八）推动一批骨干机构、领军企业壮大发展，加强行业社会组织建设

建立和完善长效机制，鼓励公益性文化传媒机构实现可持续发展，担当好公益性职责；推动文化传媒企业在坚持正确导向前提下开展市场化运作，服务国内市场，开展跨国合作和竞争，壮大实力，扩大影响力；进一步完善财税、金融、土地等支持政策。

加强文化传媒社会组织建设，完善监管制度，实现优胜劣汰。

（九）依法治理文化传媒领域乱象，营造健康的市场环境

加强对文化传媒机构、企业、组织、人员的违法违规行为、违反公序良俗行为的依法治理，加强互联网领域文化传媒治理。加强文化传媒领域国家安全机制建设。营造全社会为文化传媒行业健康发展一起奋斗、共享文化传媒发展成果的良好环境。

中国文化传媒行业趋势分析与展望[*]

李丹林　王　悦

李丹林，中国传媒大学法律系主任、媒体法规政策研究中心主任，
教授、博士生导师

王悦，中国传媒大学传播学专业 2018 级博士研究生

---

[*] 本报告为国家社科基金重大项目"文化法治体系研究"（14ZDC024）子项目"文化产业立法研究"的阶段性成果。

2018 年是国家"十三五"规划的第三个年头。根据国家"十三五"规划目标，到 2020 年文化产业成为国民经济支柱性产业。综观 2018 年文化产业的总体发展，文化产业确实已经呈现出国民经济支柱性产业的实力。据国家统计局对全国规模以上文化及相关产业 6 万家企业的调查，2018 年，上述企业实现营业收入 8.9257 万亿元①，约占 GDP 的 10%。随着大数据、云计算、5G 等技术的开发和应用，移动支付、"互联网＋"日益普遍，新技术、新产业、新业态和新模式成为 2018 年文化领域的关键词。本报告针对文化产业"核心领域"② 中的出版、广播电视、影视剧、网络视听、音乐、游戏、演出、旅游、广告九大行业在 2018 年的发展状况和重要问题进行研究并做相关分析。

一 出版行业发展不均衡

（一）传统出版业规模持续缩减

综观 2018 年，传统出版业呈现整体下滑的趋势。国家对书号的管控使图书出版结构发生变化，出版单位正在确立少而精的出版思路，用较少的图书品种占领更大的图书市场。在增值税优惠、专项基金等政策的引导下，期刊出版有所复苏。大量的报纸减量、缩版，无论从发行量还是印张

---

① 数据来源：国家统计局，http：//www.stats.gov.cn。
② 根据国家统计局发布的《文化及相关产业分类（2018）》，文化产业核心领域包括：1. 新闻信息服务：新闻业、报纸信息服务、广播电视信息服务、互联网信息服务；2. 内容创作生产：出版服务、广播影视节目制作、创作表演服务、数字内容服务、内容保存服务、工艺美术品制造、艺术陶瓷制造；3. 创意设计服务：广告服务、设计服务；4. 文化传播渠道：出版物发行、广播电视节目传输、广播影视发行放映、艺术表演、互联网文化娱乐平台、艺术品拍卖及代理、工艺美术品销售；5. 文化投资运营：投资与资产管理、运营管理；6. 文化娱乐休闲服务：娱乐服务、景区游览服务、休闲观光游览服务。

来看，中国报业进入缓慢下降趋势，但中央级报社和党报依然保持稳定发展态势。

图书方面。2018 年，全国各类出版单位共 585 家，出版单位共申报各类图书选题 235042 种，比 2017 年减少 212 种；图书出版总量约为 233066 种，比 2017 年缩减了 30%，2017 年图书出版总量为 332952 种，总印数为 22.74 亿册。① 2018 年，图书零售市场呈现复苏式增长态势。北京开卷信息技术有限公司发布的数据显示，2018 年，我国图书零售市场码洋规模达 894 亿元，长销书主导畅销书市场。2018 年，开卷虚构类、非虚构类、少儿类畅销书排行榜 TOP10 数据显示，在上榜的 30 本书中有 7 本是 10 年前出版的图书，占比近四分之一，且主要为虚构类和少儿类图书。②

期刊方面。2018 年，全国期刊总印数超过 25 亿份，比 2017 年略有增长，2017 年期刊总印数为 24.92 亿份。③ 其中，文学艺术类期刊在期刊总印数中占比降低，部分文学类期刊如《江河文学》《大观·诗歌》《新绿文艺》等停刊，而相比之下，哲学社会科学类与文化教育类期刊所占比重则有所提高。

报纸方面。2018 年，154 家报纸印刷单位的印刷总量是 501.19 亿对开印张，2017 年的报纸印刷总量是 548.60 亿对开印张，2018 年相比 2017 年下降 8.64%。④ 截至 2018 年底，全国共有 53 家报纸宣布停刊休刊，其中包括《法制晚报》和《北京晨报》。在停休刊报纸中，都市报占据了四分之三。⑤ 根据中国报协对全国 103 家用纸量大的报社调研的结果，有 22 家报社（占比 21.4%）2018 年用纸量比 2017 年增加，有 75 家（占比

---

① 仇英义：《版本数据中的图书出版 40 年》，《中国出版》2018 年第 22 期，第 8～10 页。
② 张文红、孙乐：《2018 年我国畅销书产业观察与分析》，《出版广角》2019 年第 4 期，第 11～15 页。
③ 张志强、杨阳：《直挂云帆济沧海——中国出版业改革开放 40 年成就回顾》，《中国出版》2018 年第 21 期，第 9～14 页。
④ 数据来源：中国报业协会《2018 年度全国报纸印刷量调查统计报告》。
⑤ 数据来源：中国报业协会，http：//www.acin.org.cn。

72.8%）用纸量减少，有 6 家（占比 5.8%）用纸量基本不变。接受调研的 103 家报社 2018 年总用纸量为 98.5 万吨，2017 年总用纸量为 105.3 万吨，2018 年同比下降 6.5%。相比之下，中央级报社继续保持稳定，2018 年用纸量增加的 22 家报社中，有 15 家中央级报社、2 家省级党报和 5 家地市级党报。①

随着新技术的不断开发利用和移动终端的普及，报纸行业的萎缩已是不争的事实。如今报纸的优势是依靠现行体制所保证的新闻采编的专有权利。未来，平面媒体将通过媒体融合进行转型升级，寻找新的发展出路。

（二）数字出版业②持续发展

2018 年，我国数字出版产业依然保持快速发展势头，整体收入规模持续扩大，传统书报刊数字化收入增长幅度总体呈下降趋势，但电子书的市场占有率稳定提高，听书逐渐成为现代人阅读的新选择。在新兴板块中，网络文学、网络动漫、网络游戏等板块持续发力，原创内容生产创作逐渐专业化，用户规模和收入占数字出版业的比重都有所增加。数字出版行业总收入超 7000 亿元，较上一年呈增长状态。其中，网络文学用户规模达 4.32 亿，较 2017 年底增加 5427 万，占网民总体的 52.1%③；

---

① 数据来源：中国报业协会，http：//www.acin.org.cn。
② 根据中国新闻出版研究院发布的《2015~2016 中国数字出版产业年度报告》，数字出版产业包括互联网期刊、电子书、数字报纸、博客、在线音乐、手机出版、网络游戏、网络动漫、互联网广告等九大行业。网络出版尚缺乏来自权威机构准确的行业细分，多数只是笼统地提到网络出版所涉及的领域。根据 2016 年出台的《网络出版服务管理规定》，网络出版包括：（一）文学、艺术、科学等领域内具有知识性、思想性的文字、图片、地图、游戏、动漫、音视频读物等原创数字化作品；（二）与已出版的图书、报纸、期刊、音像制品、电子出版物等内容相一致的数字化作品；（三）将上述作品通过选择、编排、汇集等方式形成的网络文献数据库等数字化作品；（四）国家新闻出版广电总局认定的其他类型的数字化作品。
③ 数据来源：中国新闻出版研究院《2017~2018 中国数字出版产业年度报告》。

手机网络文学用户规模达 4.10 亿，较 2017 年底增加 6666 万，占手机网民的 50.2%。①

根据第十六次全国国民阅读调查获得的信息，2018 年我国成年人人均纸质图书阅读量为 4.67 本，成年人人均电子书阅读量为 3.32 本。2018 年上半年国内有声阅读用户规模达到 2.32 亿，占网民总体的 28.9%。喜马拉雅、悦库时光、中文在线、懒人听书、一路听天下、蜻蜓 FM、考拉 FM 等都是较受欢迎的音频节目。数字阅读越来越普遍，伴随而来的是各种有益的新阅读平台的拓展，比如英大传媒集团负责运营的 "书香国网——国家电网公司职工数字阅读平台"，到 2018 年 11 月，累计访问人次已突破 1400 万，日均访问人次为 3 万~5 万，覆盖受益职工超过 75%。②

从 2018 年各上市公司三季报来看，16 家国有出版上市公司前三季度平均净利润增长 5.78%，其中，4 家净利润下滑，12 家净利润实现增长，"中国出版" 增幅最大，达到 57.08%。③ 根据上市公司阅文集团发布的财报数据，其 2018 年上半年版权运营收入同比增幅达到 103.6%，版权运营收入在整体收入中所占比例由上年同期的 8.1% 提升至 13.9%，远超同期在线阅读业务 13.3% 的营收增幅。④ 2018 年 5 月，中国出版集团公司、中国教育出版传媒集团有限公司、上海世纪出版（集团）有限公司等 13 家出版发行集团入选 "全国文化企业 30 强"，占文化企业 30 强的 43%。

2018 年，出版业整体发展平稳，但存在结构上的差异，传统出版下滑明显，新兴出版持续发展。出版传媒集团集中化趋势明显，集团规模和实力都在进一步增强。畅销书中长销书和儿童书籍的上好表现⑤说明优质内容和儿童读物依然是出版业的 "宠儿"。

---

① 数据来源：中国互联网络信息中心（CNNIC）《第 43 次中国互联网络发展状况统计报告》。
② 数据来源：中国新闻出版研究院，http://cips.chuban.cc。
③ 数据来源：2018 年上市公司三季报，中国财经信息网，http://www.cfi.cn。
④ 数据来源：CNNIC《第 43 次中国互联网络发展状况统计报告》。
⑤ 张文红、孙乐：《2018 年我国畅销书产业观察与分析》，《出版广角》2019 年第 4 期，第 11~15 页。

二 广播电视行业整体向好

广播电视行业在不同领域有不同表现，传统广播电视领域有线电视持续负增长，地面电视收视率降低，但新兴广播电视领域迎来发展机遇。

（一）传统广播电视领域努力保持发展态势

截至 2018 年底，全国广播综合人口覆盖率为 98.94%，电视综合人口覆盖率为 99.25%，比 2017 年（广播 98.71%、电视 99.07%）分别提高了 0.23 个和 0.18 个百分点。[①] 2018 年，我国家庭电视用户的平均到达率为 52.5%，较 2017 年有所下降，电视观众的实际收看时长达 251 分钟，与 2017 年实际收看分钟数持平。[②] 在收视率和到达率方面，从 CSM 媒介研究发布的数据来看，电视媒体的观众收视人数较 2017 年有所降低。根据《2018 年度中国有线电视收视市场入户调查》结果，2018 年全国地面数字电视用户规模仅占 0.8%，地面数字电视主要分布在广大农村地区。[③]

有线电视用户负增长加速，有线电视用户为 22316 万户，比 2017 年减少了 2139.6 万户，同比降幅达 8.7%（见图 1）。其中，有线数字电视用户为 19577.6 万户，数字化率为 87.7%。有线数字电视缴费用户为 14596.3 万户，而 2017 年有线数字电视缴费用户为 15299.0 万户，用户流失超 700 万户。[④]

传统电视领域，虽然地面电视用户规模很小，有线电视用户也出现了大量流失，但是技术的迭代发展所带来的智能化、高清化电视机普及率在

---

① 数据来源：国家广播电视总局《2018 年全国广播电视行业统计公报》。
② 数据来源：中广央视索福瑞媒介研究（CSM），http://www.csm.com.cn。
③ 数据来源：国家新闻出版广电总局，http://www.nrta.gov.cn/index.html。
④ 中国广播电视网络有限公司、北京格兰瑞智咨询有限公司：《2018 年第四季度中国有线电视发展公报》，《有线电视技术》2019 年第 2 期，第 18～20 页。

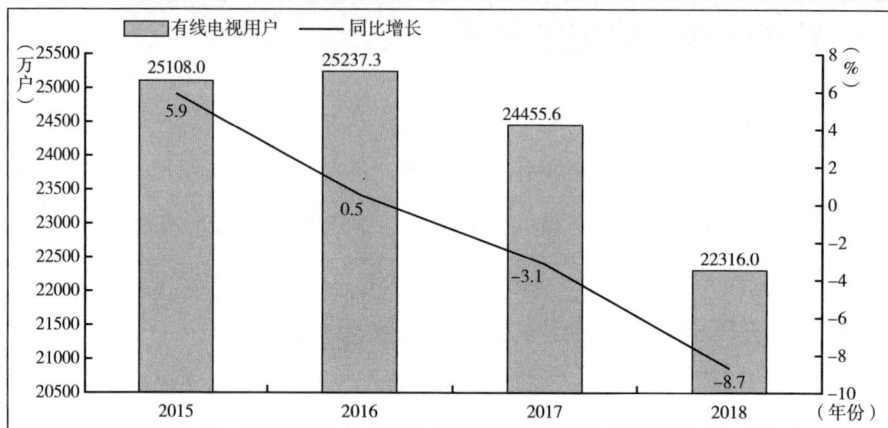

图1　2015~2018 年中国有线电视用户发展进程

资料来源：格兰研究。

提升。在有线电视用户中，高清电视用户突破 1 亿户，而高清视频和 4K 视频点播用户分别达到 6381.0 万户、1297.2 万户（见图2）。有线宽带家庭用户数量达到 3856.3 万户，年度净增 357.8 万户，但年内增速逐步放缓，2018 年下半年新增用户不足 40 万户。有线双向网覆盖用户 1.71 亿户，双向网渗透用户 9716.6 万户，双向网络覆盖范围进一步扩展。①

由于家庭宽带提速降费、智能电视价格下降，智能电视市场占有率有较大提升。2018 年全年国内智能电视用户覆盖量已超 2 亿户。② 其中，有线智能终端用户数量达到 1914.3 万户，年度净增 661.3 万户。③ 2018 年 9 月底的数据显示，智能电视覆盖终端达 3.22 亿台，激活终端 2.18 亿台，一半以上的网络视频用户通过智能电视收看网络视频节目。④ 2017 年、2018 年有线电视主要用户指标见表1。

---

① 中国广播电视网络有限公司、北京格兰瑞智咨询有限公司：《2018 年第四季度中国有线电视发展公报》，《有线电视技术》2019 年第 2 期，第 18~20 页。
② 数据来源：格兰研究（Guideline Research），http://www.sinodtv.net。
③ 中国广播电视网络有限公司、北京格兰瑞智咨询有限公司：《2018 年第四季度中国有线电视发展公报》，《有线电视技术》2019 年第 2 期，第 18~20 页。
④ 数据来源：中国网络视听节目服务协会《2018 年中国网络视听发展研究报告》。

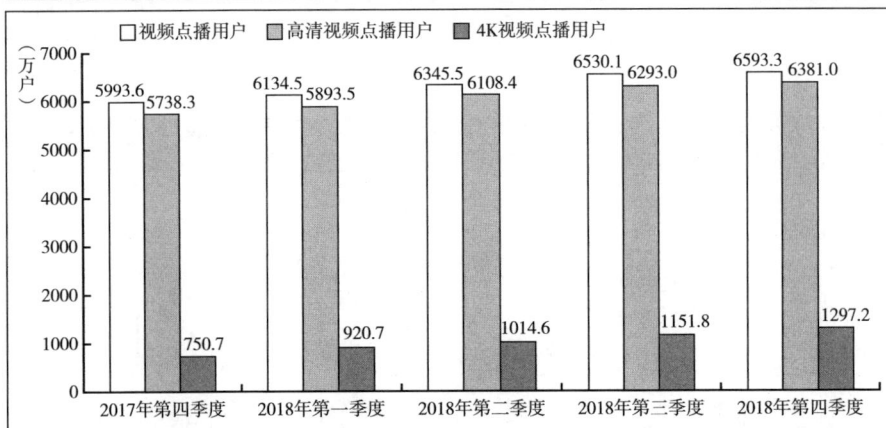

图2　2017 年第四季度至 2018 年第四季度视频点播用户、
高清视频点播用户、4K 视频点播用户情况

资料来源：格兰研究。

表1　2017 年、2018 年有线电视主要用户指标

有线电视用户主要指标	单位	2018 年	2017 年	四季度净增	年度净增
有线电视用户总数	万户	22316.0	24455.6	−393.0	−2139.6
有线数字电视用户数	万户	19577.6	20896.6	−274.9	−1319.0
有线数字化率	%，百分点	87.7	85.5	0.3	2.2
有线数字电视缴费用户	万户	14596.3	15299.0	−139.2	−702.7
有线数字电视用户缴费率	%，百分点	74.6	73.2	0.4	1.4
有线双向网覆盖用户数量	万户	17076.0	16474.9	24.0	601.1
有线双向网覆盖率	%，百分点	76.5	67.4	1.4	9.1
有线双向网渗透用户数量	万户	9716.6	8251.4	241.3	1465.2
有线双向网渗透率	%，百分点	43.5	33.7	1.8	9.8
视频点播用户数量	万户	6593.3	5993.6	63.2	599.7
视频点播渗透率	%，百分点	29.6	24.5	0.8	5.1
有线宽带家庭用户数量	万户	3856.3	3498.5	23.0	357.8
有线宽带渗透率	%，百分点	18.1	14.3	−0.8	3.8
有线高清用户数量	万户	10101.8	8902.0	158.5	1199.8
有线高清渗透率	%，百分点	45.3	36.4	1.5	8.9
有线智能终端用户数量	万户	1914.3	1253.0	185.3	661.3
有线智能终端渗透率	%，百分点	8.6	5.1	1.0	3.5

资料来源：格兰研究。

2018年直播卫星用户达到13831.5万户，较2017年增加847.5万户，增长率为6.5%（见图3）。新一代户户通直播卫星机顶盒的测试和升级稳步推进。①

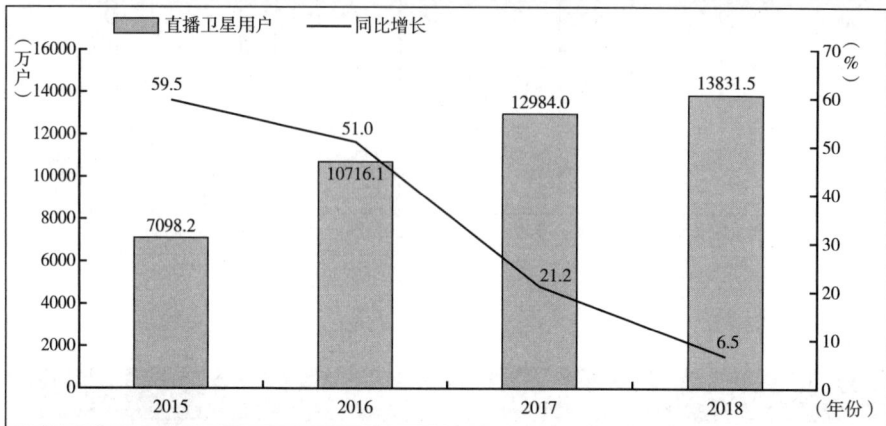

图3 2015～2018年中国直播卫星用户发展进程

资料来源：格兰研究。

（二）新兴广播电视领域竞争加剧

新兴广播电视领域指的是广播电视行业与电信领域融合以及利用互联网络而发展出的新业态，主要包括IPTV、OTT TV和手机电视。

2018年底，IPTV用户总量达到1.55亿户，净增3315.9万户，同比增长27.1%（见图4），② IPTV增加的用户占光纤接入净增用户总数的53.5%。③ 2018年6月13日，国家广播电视总局向中国移动广东分公司核

---

① 中国广播电视网络有限公司、北京格兰瑞智咨询有限公司：《2018年第四季度中国有线电视发展公报》，《有线电视技术》2019年第2期，第18～20页。
② 中国广播电视网络有限公司、北京格兰瑞智咨询有限公司：《2018年第四季度中国有线电视发展公报》，《有线电视技术》2019年第2期，第18～20页。
③ 数据来源：工信部，http：//www.miit.gov.cn。

发了 IPTV 内容传输业务许可证。此举意味着 IPTV 电视具有了更大规模扩展的条件,但内容传输服务商之间的竞争也更加激烈。

图 4　2015～2018 年中国 IPTV 用户发展进程

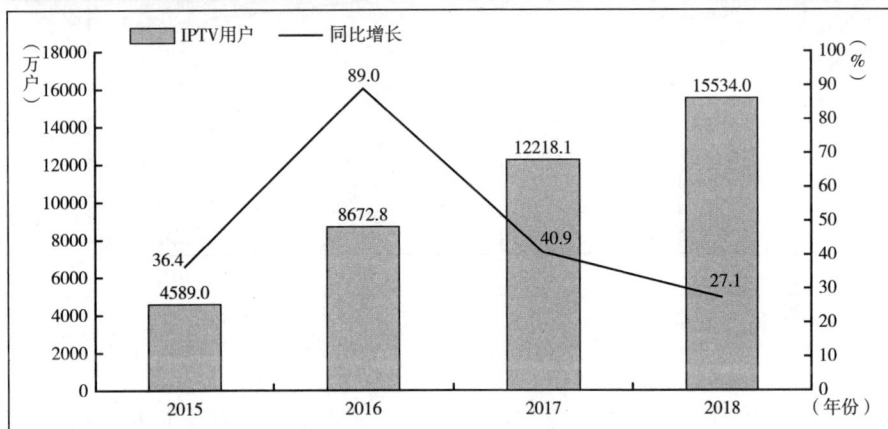

资料来源:格兰研究。

OTT TV 用户达 16352.8 万户,较上年净增超 5300 万户,同比增速 48.2%(见图 5)。中国移动固网业务发展较快,助推 OTT TV 用户快速增长。[①]

2018 年底,中央广播电视总台联合中国电信、中国移动、中国联通、华为公司,合作建设我国首个国家级 5G 新媒体平台,并推动 5G 核心技术在 4K 超高清节目传输中的技术测试和应用验证。在此前,中央广播电视总台 2019 年春晚期间,已经成功实现了深圳、长春分会场 4K 超高清电视信号通过 5G 网络的实时回传。[②]

2018 年全年,广播电视综合人口覆盖率稳步提升。传统有线电视正在从数字化向智能化转型发展,高清电视用户、视频点播用户和智能电视市

---

① 中国广播电视网络有限公司、北京格兰瑞智咨询有限公司:《2018 年第四季度中国有线电视发展公报》,《有线电视技术》2019 年第 2 期,第 18～20 页。

② 数据来源:中央广播电视总台,http://www.cctv.cn。

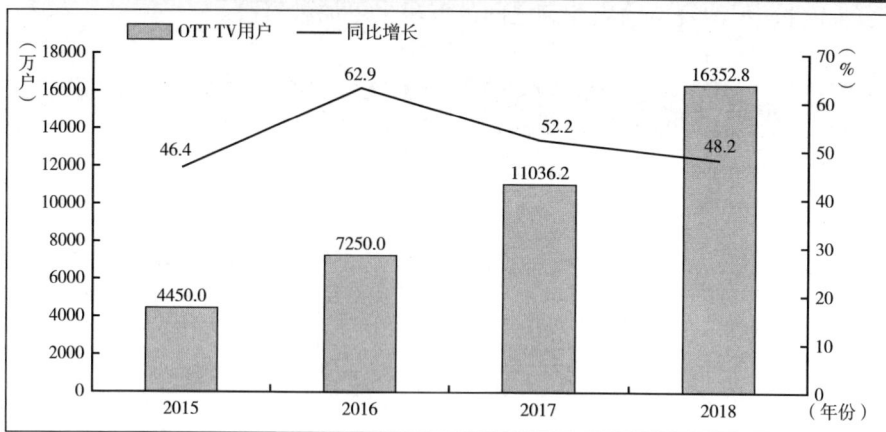

图5　2015~2018 年中国 OTT TV 用户发展进程

资料来源：格兰研究。

场占有率都有所增长。IPTV 和 OTT TV 用户不断壮大，新兴广播电视呈现出良好的发展势头。

三　影视行业实现历史性突破

（一）电影领域成绩显著

2018 年电影票房同比增长 9.06%，虽然增幅较上年有所缩小，未达到 10%，但是绝对数依然可观，达到 609.76 亿元，占全球票房总量的约 19%；且首次超过 600 亿元，这是一个历史性突破。自 2009 年至 2018 年，我国电影市场票房呈现出持续攀升的趋势，实现了从 100 亿元到 600 亿元的跨越。① 2018 年不仅是电影票房创纪录的一年，也是国产电影票房近年

---

① 数据来源：国家新闻出版广电总局电影局，http：//www. nrta. gov. cn/index. html。

来占比最高的一年，出现了《红海行动》《唐人街探案2》《我不是药神》等优秀国产影片。国产电影票房达到378.97亿元，占全国电影总票房的62.15%；进口片票房为230.79亿元，占全国电影总票房的37.85%。票房排名前4名均为国产电影，其中《红海行动》《唐人街探案2》《我不是药神》三部国产影片票房均超过30亿元，位列前三；前10名中有6部是国产电影，前20名中有11部是国产电影（见图6）。①

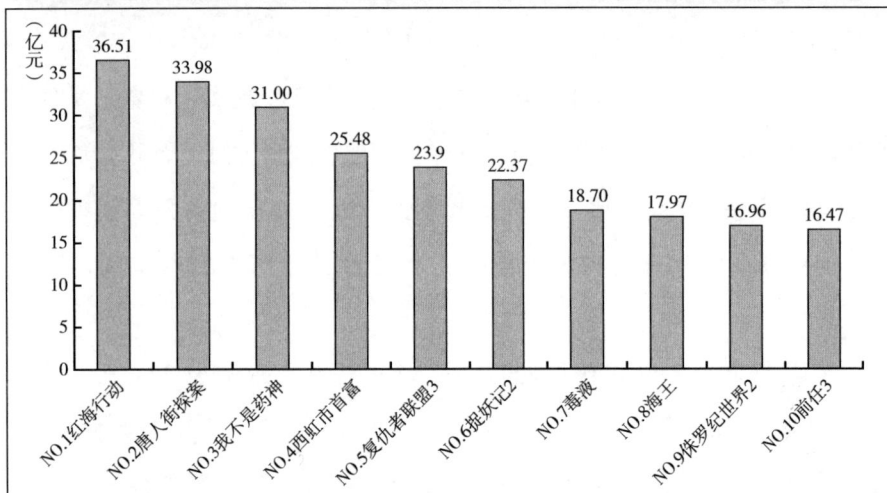

图6　2018年电影票房排行榜

资料来源：国家电影局。

电影片生产数量方面，2018年全年，我国共生产各类影片1082部，同比增长19.96%。其中，共生产电影故事片902部，动画电影51部，科教电影61部，纪录电影57部，特种电影11部。全年电影票房过亿元影片82部，其中国产电影44部，占53.7%。②

在影院及银幕数方面，2018年全国影院数达到10463家，新增影院

---

① 数据来源：国家新闻出版广电总局电影局，http：//www. nrta. gov. cn/index. html。
② 数据来源：国家新闻出版广电总局电影局，http：//www. nrta. gov. cn/index. html。

1120 家，同比增长 11.99%。银幕数达到 61071 块，新增银幕 9303 块，同比增长 17.61%。单影院年均票房 540.4 万元，同比下降 20.3 万元。单银幕年均产出 92.6 万元，同比下降 6.5 万元。2018 全年观影 17.17 亿人次，同比增长 5.9%。放映 1.1 亿场次，同比增长 17.1%，场均 15.5 人次，同比下降 1.65 人次。由于本年度票价补贴限制措施的实施，电影票价提升，平均票价为 32.95 元，同比提高 0.62 元。①

（二）电视剧行业发展平稳

2018 年电视剧总量稳中有增，在生产题材方面，现实题材数量平稳上升，历史题材和重大题材数量相应下降。在播出题材方面，都市情感、家庭题材依旧占据最大的比例。央视和五大一线卫视在剧场方面表现仍较好，但在电视收视排行榜单与电视剧网播量排行榜单上则呈现出较大差异。

2018 年生产完成并获得发行许可证的电视剧总量为 323 部，共计 13726 集，平均单部为 42.5 集，与 2017 年基本持平。在生产题材方面，现实题材依旧占据最大比重，达到 63.16%；历史题材则相应下降，占比 35.91%，重大题材由 2017 年的近 1.91% 下降到 0.93%。在播出题材方面，2018 年，央卫视收视排名 TOP 30 的热播剧中，都市情感、家庭题材依旧占据最大的比重；年代剧在播出比重和受欢迎程度上也排名靠前；古装剧的播出数量持续得到控制，且在 2018 年的电视频道中整体表现低迷。

从 2018 年央卫视收视排名 TOP 30 电视剧在各卫视的占比来看，湖南卫视的这一比例直降至 17%，而北京卫视与东方卫视则共同占据了剧

---

① 《全国电影工作座谈会在京召开》，http://www.xinhuanet.com/politics/2019 - 02/28/c_1124177456.html，2019 年 2 月 27 日。

场的半壁江山。电视收视排行榜单与电视剧网播量排行榜单呈现出较大差异，一些剧目如《扶摇》《甜蜜暴击》《凉生，我们可不可以不忧伤》等在电视端收视表现并不理想的年轻态电视剧，在网络端的播放量都排名靠前。①

2018 年全国电视节目制作投资额达 427.24 亿元，与 2017 年基本持平；电视节目国内销售额达 387.86 亿元，比 2017 年（360.37 亿元）增长7.63%。其中，电视剧国内投资额为 242.85 亿元，电视剧国内销售额为260.95 亿元，与 2017 年基本持平。②

尽管 2018 年电影行业取得了创历史新高的票房，但是受国家税务总局针对影视行业的税务整顿政策和由"天价合同"引发的"限薪令"的影响，大部分影视上市公司 2018 年业绩并不理想，存在巨额亏损、毛利下降、不及预期的状况。2018 年华谊兄弟亏损 9.86 亿元，截至 2019 年 3 月1 日，华谊兄弟市值 152.05 亿元，比巅峰时期的 800 亿元下跌 81%。光线传媒 2018 年营业利润为 19.64 亿元，比上年同期增长 192.40%，净利润为14.09 亿元，增长 72.93%；但是其盈利主要通过出售新丽传媒所得，扣除这一部分后光线传媒盈利也为负数。万达电影 2018 年实现营收 141 亿元，较上年同期增长 6.59%，净利润为 12.93 亿元，但净利润增速明显放缓，同比下降了 14.72%。

四 网络视听行业发展迅猛

本报告中的网络视听行业具体包括：网络视听节目（网络剧、网络电影、网络综艺）、网络直播、短视频。2018 年我国网络视听行业发展最为

---

① 数据来源：首都影视发展智库、首都广播电视节目制作业协会、清华大学影视传播研究中心、CC-Smart 新传智库《中国电视剧产业发展报告（2019）》。
② 数据来源：国家广播电视总局《2018 年全国广播电视行业统计公报》。

突出，各领域用户规模持续扩大，内容品质不断提升，自制内容向精品化、独播化方向发展，内容付费占比增幅明显。

截至 2018 年 12 月，网络视频用户（包括 PC 端和手机端）规模达 6.12 亿，较 2017 年底增加 3309 万，占网民总体的 73.9%。在选择终端方面，96% 的视频用户选择使用手机收看网络视频节目（见图 7）。[①]

图 7　2017 年 12 月至 2018 年 12 月网络视频、手机网络视频用户规模及使用率

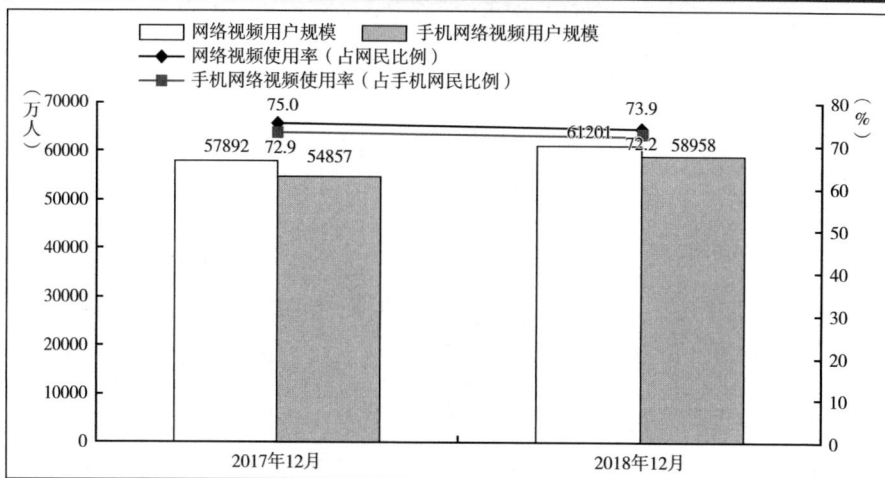

资料来源：CNNIC 中国互联网发展状况统计调查。

（一）不同网络视听节目发展状态不同

网络剧方面。2018 年网络剧制作数量约 280 部（见图 8），其中播放量 TOP50 的网络剧基本都集中在优酷、爱奇艺、腾讯、芒果四家[②]，出现

① 数据来源：中国互联网络信息中心（CNNIC）《第 43 次中国互联网络发展状况统计报告》。
② 数据来源：首都影视发展智库、首都广播电视节目制作业协会、清华大学影视传播研究中心、CC-Smart 新传智库《中国电视剧产业发展报告（2019）》。

044

《延禧攻略》《天坑猎鹰》等精品网络剧。① 在题材方面，网络剧播放量
TOP50 的剧集中，言情类占据最大比重，达 32%；玄幻类紧跟其后，成为
网络剧的第二大题材；2017 年较为火热的悬疑类，在 2018 年明显减产；
宫廷剧尽管制作数量仅占 8%，但播放量和热度最高。

图8 2012~2018 年网络剧数量

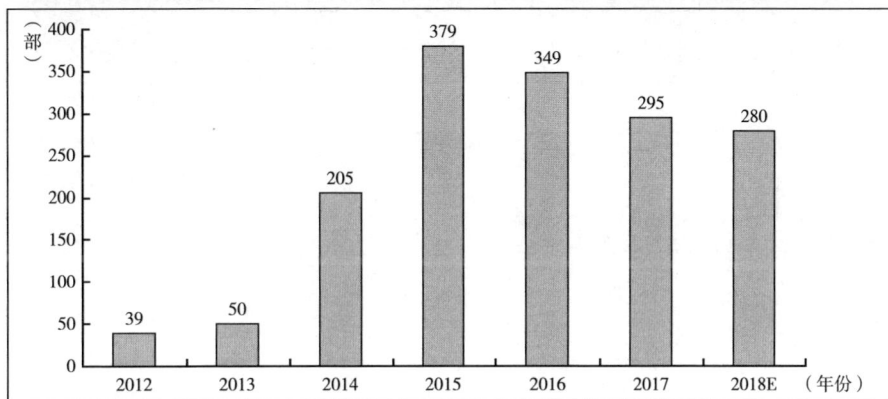

资料来源：CC-Smart 新传智库。

网络电影方面。网络电影全年生产总数为 1373 部，相比 2017 年有较
大幅缩减，降幅达 27%。截至 2018 年 10 月 31 日，网络电影的备案数量为
2141 部，但上线只有 1030 部，768 部网络电影项目流产或者拍摄完成之后
无法上线。在上线的影片中，有 95.1% 的影片选择在腾讯视频、优酷、爱
奇艺这三大平台播出，有 78.4% 的影片为付费观看。题材方面，2018 年的
网络电影以爱情、悬疑、动作、喜剧、剧情五大类型为主，这五大类型数
量占总量的 82.1%。就播放量而言，动作类电影最受欢迎，其次是悬疑类
和爱情类影片。②

网络综艺方面，2018 年，网络综艺市场规模达到 67 亿元，同比增长

---

① 数据来源：中国网络视听节目服务协会《2018 年中国网络视听发展研究报告》。
② 数据来源：中国网络视听节目服务协会《2018 年中国网络视听发展研究报告》。

39.58%（见图9）。① 网络综艺节目数量约为157部，在题材上既有突破圈层的亚文化竞技综艺，也有以真人秀为主打的偶像类、观察类综艺，如腾讯《创造101》、爱奇艺《偶像练习生》《中国新说唱》，其播放量和社会讨论度都表现出色。本年度网络综艺在内容上不断创新，取得了口碑和流量的双丰收。②

图9　2015~2018年中国网络综艺市场整体规模

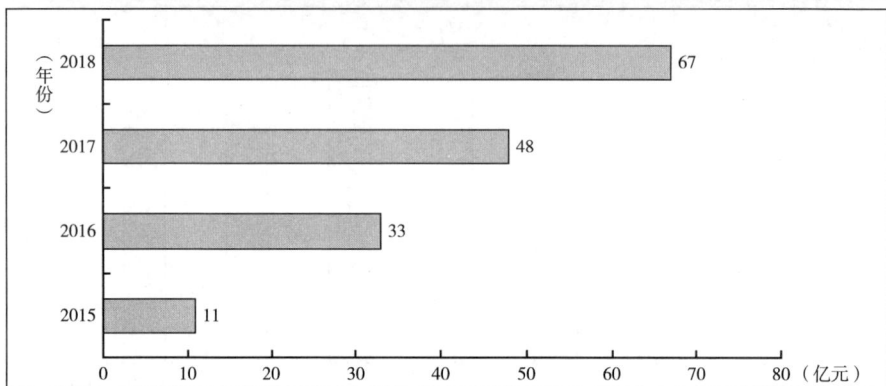

资料来源：中国网络视听节目服务协会。

（二）网络直播发展势头减弱

截至2018年12月，网络直播用户规模达3.97亿，较2017年底缩减2533万；用户使用率为47.9%，较2017年底下降6.8个百分点。从体育、游戏、真人秀、演唱会四个细分内容领域来看，游戏直播用户使用率基本稳定，体育直播用户使用率略有下降，演唱会、真人秀直播用户使用率分别下降6.2个、8.8个百分点（见图10）。③

---

① 数据来源：鲸准研究院《2018年中国网综观察报告》。
② 数据来源：中国网络视听节目服务协会《2018年中国网络视听发展研究报告》。
③ 数据来源：中国互联网络信息中心（CNNIC）《第43次中国互联网络发展状况统计报告》。

图10　2017 年 12 月、2018 年 12 月网络直播使用率

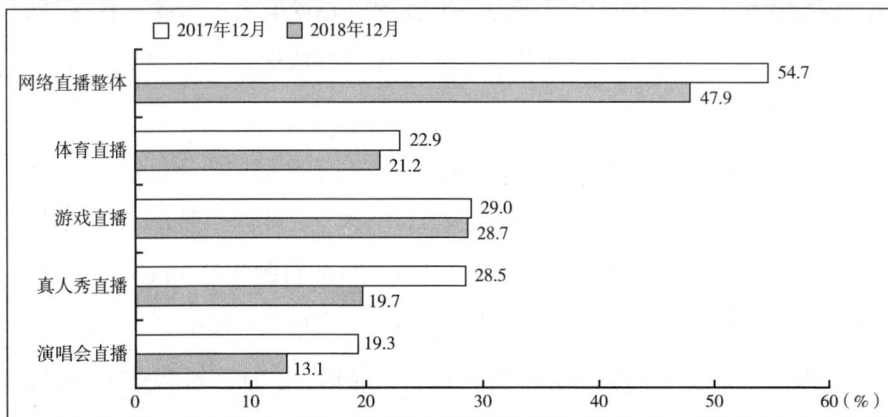

资料来源：CNNIC 中国互联网络发展状况统计调查。

　　网络直播平台成为投资新热点。2018 年 3 月，斗鱼直播、虎牙直播分别获得腾讯 6.3 亿美元、4.6 亿美元投资。5 月和 7 月，虎牙直播、映客直播先后完成上市，融资为平台的精细化运营奠定了发展的基础，行业集中度加速提升。第二梯队直播平台也相互探索寻求多种合作，以实现流量和利润最大化。例如，YY 与小米直播、花椒直播与六间房、斗鱼直播与新浪微博等或进行合并重组，或开启战略合作，以达到资源整合和流量互补。

（三）短视频呈井喷式发展

　　2018 年，短视频呈井喷式发展。截至 2018 年 12 月，我国短视频用户达到 6.48 亿，占网民总数的 78.2%；年轻化趋势明显，30 岁以下网民短视频的使用率达 80% 以上。[①]

　　2018 年，众多互联网企业竞相布局短视频，百度、腾讯、阿里巴巴、新浪微博持续在短视频领域发力，网易、搜狐等也纷纷推出新的短视频应

---

　　①　数据来源：Trustdata《2018 年短视频行业发展报告》。

用。随着短视频市场的逐步成熟，内容生产的专业度与垂直度加深，同质化内容已无法立足，优质内容成为各平台的核心竞争力。为此，各短视频平台纷纷加强与优质 MCN① 机构、达人合作，打造优质 PGC 并带动 UGC，共同生产更优质的内容。②

在市场格局方面，网络视听行业用户、内容、流量均向腾讯视频、爱奇艺、优酷三大平台集中。就用户规模而言，三大平台用户占整体网络视频用户的近九成；就内容、流量而言，2018 年新上线的自制节目八成左右在这三大平台独播，三大平台播放量占整体播放量的八成以上，集中趋势明显。

在盈利模式上，网络视听行业从过去依靠广告，向多种模式演变，内容付费、版权分销的比重越来越大。内容付费占比从 2016 年的 18.8% 上升至 2018 年的 26.6%，增幅明显，这主要得益于网络视听行业内容品质的提升和自制内容的精品化。

五 广告行业稳中有增

2018 年全年广告经营单位营业额突破 7000 亿元，增长率约为 7.23%，而 2017 年广告业营业额为 6896 亿元，增长率为 6.3%，2018 年增速有所提高。广告业营业额占 GDP 比重约为 0.78%，而 2017 年这一占比为 0.84%，2018 年占比有所下降。广告业从业人数自 2013 年以来稳定增长，2018 年广告业从业人数达到 498.21 万人，增长率约为 13.7%。③

2018 年中国广告整体收入为 5130 亿元，较上年增长 2.9%。2018 年

---

① MCN，Multi-Channel Network，多频道网络的产品形态。MCN 机构主要负责将平台下不同类型和内容的优质 PGC 或 UGC 联合起来，以平台化的运作模式为内容创作者提供运营、商务、营销等服务，帮助 PGC 或 UGC 变现。

② 数据来源：中国互联网络信息中心（CNNIC）《第 43 次中国互联网络发展状况统计报告》。

③ 数据来源：国家广播电视总局，http://www.nrta.gov.cn/index.html。

我国媒体的净广告收入（NAR）增长 12.2%。[①]

传统媒体广告收入在经历 2017 年的小幅增长之后，未能形成持续性回升走势，整体下滑 1.5%。广播广告成为传统媒体广告收入的主要拉动力，同比上涨 5.9%；电视和传统户外广告收入下滑，影响了传统媒体广告收入的整体走势。网络广告增长稳定，市场规模（含移动端）达 3717 亿元，较 2017 年增长 25.7%。[②]

（一）传统媒体广告整体继续下跌

报纸、杂志、电视广告收入都有所减少，广播广告收入则有所增长，整体而言，传统媒体在广告领域的吸引力逐渐下降。报纸广告刊例收入下滑 30.3%，相较于 2017 年的 32.5% 有所放缓；而报纸广告面积下滑达 34.1%，2017 年同期只下滑了 27.3%。杂志广告刊例收入下降 8.6%，杂志广告面积下降 14.0%，降幅较 2017 年有所收窄。

广播广告增长 5.9%，其中食品成为传统广播广告投放的新重点行业。电视媒体中，央视和省级卫视的广告收入同比上涨，省级地面和省会城市频道的广告收入下滑明显。总体上，电视广告下降 0.3%，这与电视观众收视时长下滑，总体到达率下降有关。[③]

根据 CTR《2018 年广告主调查报告》，在电视媒体的广告投放中，大多数广告主选择 OTT/IPTV 投放广告。而对于选择 OTT/IPTV 的原因，在参与调查的受访者中，49% 选择了"覆盖范围日益广泛，受众规模日益增大"，48% 选择了"精准投放，提高电视广告曝光率"，44% 选择了"能够实现多屏互动"，38% 选择了"形式多样，广告创新空间大"，33% 选择了"看好 OTT/IPTV 的前景，提前布局"。

---

① 数据来源：央视市场研究（CTR）《2018 年中国广告市场回顾》。
② 数据来源：央视市场研究（CTR）《2018 年中国广告市场回顾》。
③ 数据来源：央视市场研究（CTR）《2018 年中国广告市场回顾》。

（二）户外广告投放类型差异巨大

截至 2018 年 6 月，全国户外广告刊例收入达 761.13 亿元，与上年同期相比增长 20%。① 新型户外广告投放稳定增长，生活圈媒体广告（电梯电视、电梯海报、影院视频）总体增长，电梯电视和电梯海报则稳定增长，涨幅分别为 3% 和 6.1%。虽然影院视频广告投放涨幅相较于 2017 年和 2016 年有较大下降，但涨幅也达到了 18.8%。随着人们出行需求的增多，出行媒体广告在 2018 年得到较好发展，特别是高铁媒体，广告投放快速增长，媒体价值逐步凸显。2018 年，全国铁路旅客发送量为 33.7 亿人次，同比增长 9.4%；动车组旅客发送量达 20.05 亿人次，同比增幅为 16.8%。② 2018 年，铁路媒体广告投放达 32.7%，高铁 LED 数字媒体广告投放为 36.4%，而 2017 年铁路媒体和高铁 LED 数字媒体广告投放占比分别为 20.0% 和 22.2%。2018 年传统户外广告投放大幅度下降，较 2017 年下滑 14.2%。

（三）网络广告投放持续走高

2018 年，我国网络广告整体市场规模达 3717 亿元，同比增长 25.7%，保持稳定发展态势（见图 11）。作为互联网产业的核心商业模式之一，网络广告边界不断扩展，形式不断丰富，营销服务链条不断延伸。

信息流广告迅速发展，成为推动网络广告市场发展的主要力量。③ 信息流广告市场份额持续提升，2018 年信息流广告在网络广告市场上的份额为 23.9%，而 2016 年和 2017 年信息流广告在网络广告市场上的份额分别

① 数据来源：前瞻研究院《2018～2023 年中国户外广告行业市场前瞻与投资战略规划分析报告》。
② 数据来源：中国铁路总公司，http://www.china-railway.com.cn。
③ 数据来源：中国互联网络信息中心（CNNIC）《第 43 次中国互联网络发展状况统计报告》。

为 12.5% 和 18.4%。① 在广告投放过程中更加注重用户的互动体验，算法应用更成熟，投放效果更精准。

移动广告占据市场主流。2018 年移动端广告市场份额为 70% 左右。② 移动端应用在为网民提供各类资讯的同时，也提供高度匹配用户的广告使用场景，将用户价值变现。

2018 年资本注入广告行业的力度加大。2018 年 7 月，阿里巴巴宣布以 150 亿元战略入股户外广告商分众传媒，并且收购其 15.7% 的股份成为第二大股东。促成这一合作的动力之一就在于新型户外广告的 "数据化、精准化、智能化和互动化"。2008 年 11 月，百度宣布战略投资社区广告终端运营商新潮传媒，领投了新潮传媒此轮 21 亿元的融资。

图 11 网络广告市场规模和增长率

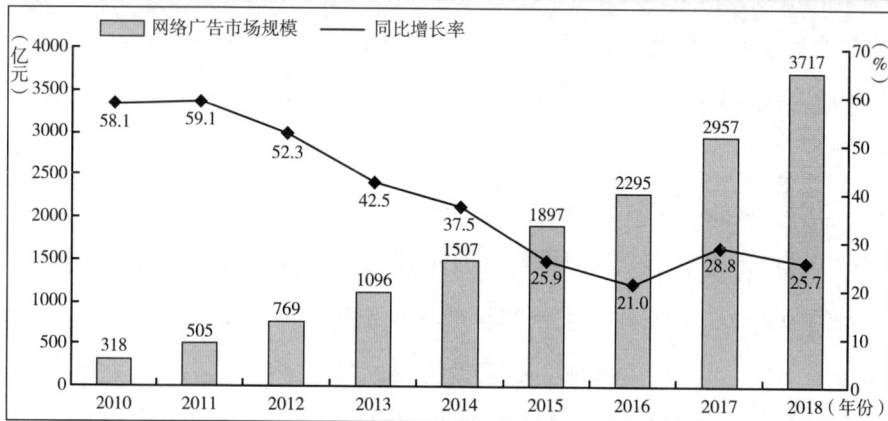

资料来源：CNNIC 中国互联网络发展状况统计调查。

2018 年广告行业存在的一大突出问题是数据/流量作弊问题。随着互联网用户的增多，互联网广告的市场规模也逐年攀升。但在互联网广告发展的同时，也滋生出巨大的流量作弊黑灰产业。虚假流量的存在，让广告

---

① 数据来源：艾瑞咨询《2018 年中国网络广告市场年度监测报告》。
② 数据来源：中国互联网络信息中心（CNNIC）《第 43 次中国互联网络发展状况统计报告》。

效果、品牌安全等方面都难以实现广告主的投放初衷，投递效果无法科学评估，直接给广告主造成经济损失，让数字广告行业遭受前所未有的信任危机。据第三方数据监测机构统计，2018 年中国互联网广告全年异常流量占比约 30%，中国品牌广告市场因异常流量造成的损失高达 200 多亿元人民币。只有 15% 的广告有可能被真正的消费者看到，网络上 60% 的流量为机器人所制造。①

六　游戏产业历经波折持续发展

随着互联网和移动终端的普及，人们不再满足于信息和娱乐的分享与获取，而是更多地希望参与和互动。游戏的主动性和操作性满足了人们实现个性、获得成就感的需求。网络游戏的社交功能逐渐显现，"80 后""90 后"成为网络游戏的主要用户，网络游戏体现出很强的市场效应和价值。

2018 年我国游戏市场销售收入达 2144.4 亿元，同比增长 5.3%，与 2017 年相比增速降低（见图 12），我国游戏市场销售收入占全球游戏市场比重约为 23.6%。自主研发网络游戏市场销售收入达 1643.9 亿元，同比增长 17.6%。其中，移动游戏市场销售收入 1339.6 亿元，占我国游戏市场比重创新高，达到 62.5%；客户端游戏市场销售收入 619.6 亿元，所占份额为 28.9%，同比有所降低；网页游戏市场销售收入 126.5 亿元，所占份额为 5.9%，同比大幅降低；家庭游戏机游戏市场销售收入 10.5 亿元，占比为 0.5%。②

---

① 《传漾积极投入力量参与流量质量共建 DIF 联盟链》，https：//www.adsame.com/article/news_201903181498.html，2019 年 3 月 18 日。
② 数据来源：中国音数协游戏工委（GPC）& 伽马数据（CNG）《2018 年中国游戏产业报告》。

图12　2008～2018年中国游戏市场实际销售收入

资料来源：伽马数据（CNG）。

2018年11月3日，在电子竞技游戏比赛中，中国队LPL赛区的IG战队在2018年英雄联盟全球总决赛中夺得总冠军。电子竞技游戏成为一个新的价值创造领域，这一点在2018年更加凸显。2018年中国电子竞技游戏市场销售收入达834.4亿元，同比增长14.2%。电子竞技游戏市场销售收入占中国游戏市场比重达38.9%。①电子竞技游戏，作为新兴的文化业态，目前已建立了相对完整的产业链，产生了游戏开发、版权分销、赛事运营、赛事衍生内容制作、电竞电商等细分市场，并逐步体现出更加独立的产业特点和产业价值。

2018年，国内主要游戏企业，如实力和资本较为雄厚的腾讯、网易、三七互娱、游族网络等积极收购海外研发和发行公司，与海外游戏开发商的合作日益密切，布局全球市场。腾讯、网易、完美世界等国内游戏厂商在2018年分别与育碧（Ubisoft）、威尔乌（Valve）等海外游戏开发商达成

---

① 数据来源：中国音数协游戏工委（GPC）＆伽马数据（CNG）《2018年中国游戏产业报告》。

战略合作。①

2018 年上半年，公司总部位于我国的游戏类应用在海外总下载量由上年同期的 11 亿次增长至 15 亿次；海外用户在这些游戏上的支出达 26 亿美元，同比增长超 40%。② 截至 2018 年底，中国自主研发的网络游戏产品在海外市场的实际销售收入已经达到 95.9 亿美元，同比增长超过 15%。③

2018 年监管部门推出的相关政策要求，对游戏行业发展产生了极大的影响。2018 年 3 月，原国家新闻出版广电总局发布《游戏申报审批重要事项通知》，宣布暂停游戏版号的申请工作。控制版号的目的在于：一方面，控制游戏总量和企业数量，提高游戏内涵和内容质量，预防游戏对未成年人可能造成的不良影响；另一方面，防止企业把持版号申请渠道甚至买卖版号的行为，进一步规范市场经营行为。直到 2018 年 12 月 21 日举行的 2018 年度中国游戏产业年会，中宣部出版局副局长冯士新才在会上表示，首批送审游戏已经完成审核，将抓紧核发版号。重新开展的游戏审批工作将在保证市场正常需求的基础上向精品原创游戏予以倾斜，并更加注重社会效益。

2018 年 8 月，国家新闻出版署、教育部、国家卫生健康委员会、国家体育总局等八部委共同印发《综合防控儿童青少年近视实施方案》，要求对国内网络游戏总量和新增网络游戏商务运营数量进行调控；并称将探索符合我国国情的适龄提示制度来限制未成年人用于网络游戏的时间。由此，多款正在运营的网络游戏启用了"最严格"的防沉迷机制以约束青少年的游戏时长。如腾讯公司《王者荣耀》推出"安全锁模"，使 13 岁以下未成年人必须在其监护人完成解锁认证的情况下才能进入游戏。与此同时，《王者荣耀》接入公安权威系统，该系统能校验玩家是否为未成年人。

---

① 数据来源：中国互联网络信息中心（CNNIC）《第 43 次中国互联网络发展状况统计报告》。

② 数据来源：App Annie，https：//www.appannie.com/cn/insights/market - data/china_ game_ publishers_ going_ abroad_ 2018/。

③ 数据来源：App Annie，https：//www.appannie.com/cn/insights/market - data/china_ game_ publishers_ going_ abroad_ 2018/。

2018 年底,腾讯还开展了小规模人脸识别测试,玩家需要通过人脸校对信息才能进入游戏,如果被识别为 12 岁以下则被直接拒绝。

2018 年政策环境对一些游戏企业产生较大影响,但这是产业健康发展所必需。虽然游戏市场销售收入增速放缓,但我国自主研发网络游戏市场发展迅猛,在世界网络游戏市场上开始占据一席之地。总体来说,游戏产业呈现出坚挺的发展势头。

七 音乐市场走向成熟和完善

数字革命使音乐存储方式实现全面数字化,互联网的移动化使移动端涌现出一大批新型音乐平台,可以满足人们多场景的收听需求,音乐市场规模逐渐扩大。2018 年音乐产业市场规模约 3760 亿元,同比增长约 7%。[1] 在音乐产业的核心层中[2],传统的音乐图书与音像规模趋于下滑,以音乐演出、数字音乐为核心的音乐消费活力进一步彰显。2018 年,中国数字音乐市场规模为 76.3 亿元,整体保持较快增长的趋势。[3] 艾媒咨询数据显示,2018 年中国音乐客户端用户规模累计达 5.43 亿人。[4]

2018 年,音乐行业利益分配走向规范有序,版权收入有较大提升。中国音乐著作权协会许可总收入突破 3 亿元,达到 3.16 亿元,比 2017 年增长约 46.23%,再创历史新高。其中,广播权许可收入 3750 万元,表演权许可收入 8982 万元,复制权许可收入 1094 万元,信息网络传播权许可收入 1.69 亿元,海外协会转来许可收入 824 万元。据国际作者和作曲者协会联合会(CISAC)发布的《全球版税报告(2018)》,中国音著协已成为亚

---

① 数据来源:中商产业研究院《2018 年中国数字音乐产业市场前景研究报告》。
② 包括音乐图书与音像、音乐演出、音乐版权经纪与管理、数字音乐四板块。
③ 数据来源:艾瑞咨询《2019 年中国数字音乐产业研究报告》。
④ 数据来源:艾媒咨询《2018~2019 中国文化创意产业现状及发展趋势》。

太地区收费第四高的协会。①

2018 年，支撑音乐市场更好发展的举措也有亮点。2018 年 8 月，深圳文化产权交易所和中国音像与数字出版协会音乐产业促进工作委员会联合发起我国首个音乐资产托管平台。音乐行业产业链长，关联产业多，音乐资产托管平台可以打通音乐产业链生产制作、出版发行、衍生开发全环节，涵盖音乐资产中的有形资产、无形资产、人财产权的音乐产业全要素，整合金融类和非金融类服务产品，促进"音乐＋"业态的融合，打造音乐产业的综合服务体系。

2018 年，中国音乐行业迎来一轮投融资高潮。音乐产业投融资数量为 84 起，增长率为 11%（见图 13）。② 6 月，太合音乐集团完成 10 亿元的新一轮融资；11 月，网易云音乐完成 6 亿美元 B 轮融资；12 月，腾讯音乐娱乐集团在美国纽约证券交易所挂牌上市并在当日收盘市值达到 229 亿美元，这成为中国音乐产业投融资发展里程碑式的事件。③ 国内大型网络音乐平台持续通过融资扩大竞争优势，并体现出强劲的营收能力。

图13　2011～2018 年中国音乐产业投融资事件数量统计

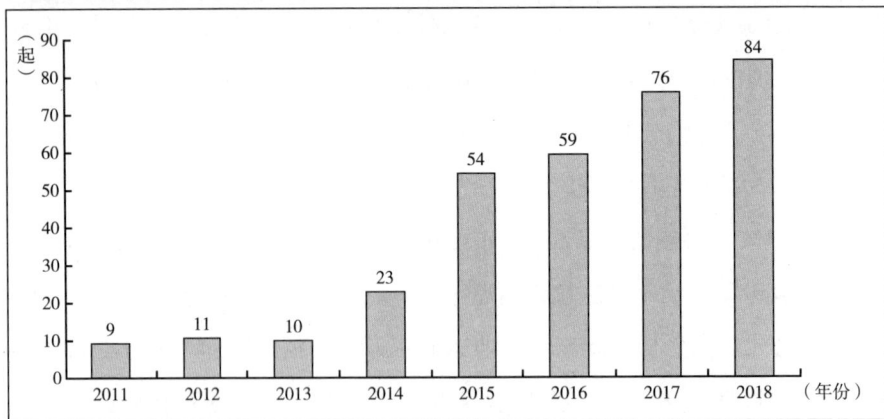

资料来源：艾瑞咨询。

---

① 数据来源：中国音乐著作权协会，http：//www. mcsc. com. cn。
② 数据来源：艾瑞咨询《2019 年中国数字音乐产业研究报告》。
③ 数据来源：中国传媒大学音乐产业研究院《2018 中国音乐产业发展报告》。

2018 年，短视频井喷式发展，短视频作为网络音乐的新型传播形式也受到各大音乐平台的青睐，网络音乐企业与短视频企业的跨界融合进一步加深，各大平台均陆续推出了挖掘和扶持原创短视频音乐作者的激励计划。自 2018 年 1 月开始，抖音启动"看见音乐计划"，通过音乐人认证、推广资源、导师指导、单曲制作奖金、订制 MV 等方式对音乐人进行多维度支持，并与摩登天空、太合音乐等唱片公司和音乐机构合作，扶持了 20 余位原创音乐人。

八　演出行业发展势头强劲

2018 年中国演出市场整体发展势头强劲，全年演出市场总体规模达 469.22 亿元，相较于 2017 年 446.59 亿元有明显的上升[①]，其中现场展览活动的增长率高达 2718.8%。[②] 专业剧场演出总场次 8.79 万场，比 2017 年增加 4.52%，总收入 149.05 亿元，比 2017 年增加 1.91%。[③]

2018 年古典文艺演出市场方面，国家大剧院全年共接待观众 92 万人，演出场次达 9641 场，演出门类更加丰富，包括交响乐、歌剧、舞剧、儿童戏剧和民族戏曲等。同时票价依然保持平稳，平均票价只有 287 元。2018 年演出票房前十名的城市分别为北京、上海、深圳、杭州、成都、广州、南京、武汉、沈阳、天津。中国演出市场正在往二、三线城市下沉。2018 年到现场观看演出的人群，以年轻女性居多，占比高达 61%，年龄上以青年人为主，18～30 岁人群占比约 63%（见图 14）。

2018 年，演出行业有一些新的模式和重要事件。"非遗+直播"模式使非遗文化的产业化发展找到新的路径。陌陌直播平台上线非物质文化遗

---

① 数据来源：中国报告网，http：//www.baogao.com。
② 数据来源：大麦网，http：//www.damai.cn。
③ 数据来源：中国报告网，http：//www.baogao.com。

图14　2018 年观演人群年龄分布

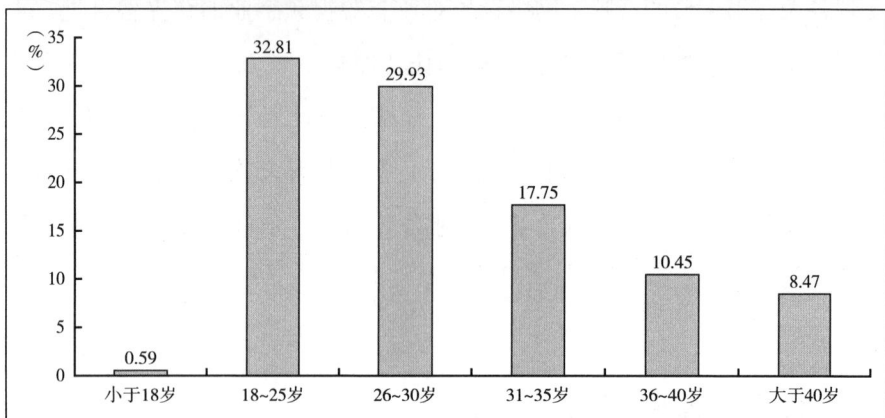

资料来源：大麦网。

产直播专场：中央民族乐团演奏家蔡阳、福建泉州南音传承人曾家阳、蒙古族歌手阿木古楞等艺术家为网友在线演奏了福建南音、蒙古长调、新疆十二木卡姆等非遗传统音乐，直播当晚观看总数达 96 万人次，同时在线观看用户近十万人。①

2018 年，旅游演艺也不断创新，一些旅游演艺将演出的观赏性、互动性、参与性充分结合起来，带给观众身、心、视、听的沉浸式体验。2018年在上海上演的《不眠之夜》、在甘肃上演的《又见敦煌》、在湖北武汉上演的《知音号》等演艺项目创新演艺手法，颠覆了传统演艺观演关系，将表演内容设在一个个不一样的场景之中。随着观众满意度的提高，旅游演艺的市场效应也逐渐显现。演艺第一股宋城演艺在全国有 9 家以上以演艺为主体的景区，宋城演艺推出的《炭河千古情》仅开业一年游客就达到400 万人次，2018 年营业收入达 1.6 亿元，宋城演艺 2018 年总营业收入为32.11 亿元，现场演艺成为其主要利润来源。

---

① 《直播让非遗与大众面对面》，http：//art. people. com. cn/n1/2018/0614/c226026 -
30057176. html。

九　旅游行业继续繁荣

2018 年旅游行业实现总收入 5.97 万亿元，同比增长 10.5%。全年全国旅游业对 GDP 的综合贡献为 9.94 万亿元，占 GDP 的 11.04%。旅游行业提供直接就业 2826 万人，提供直接和间接就业共 7991 万人，占全国就业总人口的 10.29%。① 国内旅游人数达 55.39 亿人次，比上年同期增长 10.8%。其中，城镇居民 41.19 亿人次，增长 12.0%；农村居民 14.20 亿人次，增长 7.3%。出入境旅游总人数为 2.91 亿人次，同比增长 7.8%，其中，入境外国游客人数为 4795 万人次（含相邻国家边民旅华人次）。

2018 年，在发展"全域旅游"模式②和门票价格下调③的背景下，旅游业出现了新亮点：景区吸引游客的引流作用逐渐增强，通过旅游业带动经济社会发展的作用显现。比如，2018 年上半年，黄山景区接待游客同比下降 9.94%，实际为 148.14 万人，但同期黄山市接待游客人数则增长了 12.13%。这说明景区越来越成为旅游目的地和其他业态的流量入口。④

中国旅游研究院旅游服务质量调查数据显示，2018 年游客对旅游服务质量评价有所提升。游客对旅游服务质量的综合评价指数为 77.91，较 2017 年增长 2.50%，其中，国内旅游和出境旅游服务质量保持平稳上升趋

---

① 数据来源：文化和旅游部，https：//www.mct.gov.cn。
② 2015 年 9 月，国家旅游局下发《关于开展"国家全域旅游示范区"创建工作的通知》（旅发〔2015〕182 号）。该通知指出，全域旅游是指在一定行政区域内，以旅游业为优势主导产业，实现区域资源有机整合、产业深度融合发展和社会共同参与，通过旅游业带动乃至统领经济社会全面发展的一种新的区域旅游。
③ 2018 年 6 月，国家发改委公布《关于完善国有景区门票价格形成机制降低重点国有景区门票价格的指导意见》，要求纠正景区违规不合理收支行为，降低偏高的重点国有景区门票价格。
④ 数据来源：中国旅游研究院《2018 旅游经济运行盘点系列报告：2018 年旅游经济运行分析与 2019 年发展预测》。

势，同比分别增长了 4.19% 和 2.33%，入境旅游服务质量虽同比下降 9.09%，但仍居三大市场首位。

2018 年，与旅游业相关的投资并购不断涌现。四川巴中的黄石旅游度假区获总投资逾 100 亿元；深圳华侨城西部投资有限公司 4.8 亿元收购剑门旅游 80% 股权；八爪鱼在线旅游获得蚂蚁金服领投的 C 轮战略投资，投资金额 6 亿元；云南旅游以 20.16 亿元收购文旅科技等。

十 总结和展望

2018 年文化产业发展呈现出总体繁荣、不同领域发展存在差异的特点。受 2018 年持续低迷的经济形势的影响，文化产业资本市场热潮遇冷，但可喜的是，无论是在网络文学还是网络视听领域，高品质原创内容逐渐增多，文化产品的付费意愿明显增强，带动了社会整体在内容产品领域中从"优质内容"向"兴趣内容"消费习惯的转变。从文化产业各领域的具体情形来看，缺少深刻的文化价值、仅仅满足人们浅表性感官需求的文化消费方式，以及新技术新模式更具替代性的传统领域都面临逐渐失去市场的情形。文化市场自身建设日渐成熟和规范。

在文化产业发展的大环境方面，2018 年国家推动文化产业发展的意志和决心持续增强，这表现为对文化产业促进法的立法工作进程的持续；对文化、旅游、新闻出版、广电主管部门的机构调整；对为文化产业发展提供更好支持的文化金融予以鼓励；对文化市场中妨碍市场健康发展的行为进行整顿。

从产业自身来看，2018 年是视听新媒体在中国实现突破性发展的一年，也是中国传统影视行业实现结构转型的关键一年。文化产业中的网络原生业态发展迅猛、大力融资并向海外布局。同时，优质内容、良好的用户体验是传媒产业领域的制胜法宝。传统媒体具有数字可替代性的领域继续萎缩。文旅融合、全域旅游、演艺旅游都成为新亮点。旅游行业服务质量的提升成为促进旅游产业发展的关键因素。文化企业投融资领域整体趋于理性，投资机构更关注新业态、新模式，资金向优质项目聚集。[①]

在 2018 年文化产业发展的实践中，我们仍会看到一些问题。从中得出的启示就是：在产业自身发展过程中，守法意识和行业自律不可缺少，如果任由资本逐利行为放纵、潜规则盛行、不公平不合理现象蔓延，或者企业缺乏社会责任感、对文化产品可能带来的消极影响不积极主动采取相应措施，则会面临政策收紧、监管惩处的风险。少数组织的不良行为或违法行为，有可能使整个行业发展都受到影响。

文化产业是一个特殊的领域，受到社会政治环境、经济发展、文化潮流和科技应用等因素影响，并以非常直观和感性的方式反映人们的精神文化消费趋向和社会文化追求。在此意义上，文化产业不仅贡献了经济价值，它更是特定时代人类精神追求向度的一种指征。[②] 所以，优质内容，富含文化积淀、具有强烈吸引力和沉浸式体验的文化产品和优质服务，能够满足文化个性化与多样化需求倾向的产品和服务都将持续受到消费者和投资者的青睐。

未来，国家立法和执法机关将进一步完善立法、加强管理和执法，理顺影视业等行业的税收征管标准与流程；文化产业将进一步培育行业自律意识、强化行业自律机制，进一步细化文化产品的内容标准、推进科学的适用方法，文化产业市场秩序将进一步优化，为文化产业的发展提供良好的条件。

此外，随着 5G 技术的应用推广，相关基础设施建设以及基于新技术应用带来的既有文化业务、产品的升级，新业务、新产品的开发和拓展，

---

① 范周、胡音音：《坚定文化自信，促进文化产业繁荣——2018 年我国文化产业发展回顾》，《出版广角》2019 年第 3 期，第 6~9 页。
② 张文红、孙乐：《2018 年我国畅销书产业观察与分析》，《出版广角》2019 年第 4 期，第 11~15 页。

也将会是文化产业领域新的经济增长点。传统媒体领域，在今后一段相当长的时期内，充分利用政策所给予的优势，寻找到自身特定的受众和消费群体，仍可实现良好发展。

参考文献

［1］国家广播电视总局网络视听节目管理司、国家广播电视总局发展研究中心：《中国视听新媒体发展报告（2018）》，中国广播影视出版社，2018。

［2］崔保国：《中国传媒产业发展报告（2018）》，社会科学文献出版社，2018。

［3］唐绪军主编《中国新媒体发展报告 No.9（2018）》，社会科学文献出版社，2018。

［4］仇英义：《版本数据中的图书出版40年》，《中国出版》2018年第22期。

［5］张文红、孙乐：《2018年我国畅销书产业观察与分析》，《出版广角》2019年第4期。

［6］张志强、杨阳：《直挂云帆济沧海——中国出版业改革开放40年成就回顾》，《中国出版》2018年第21期。

［7］范周、胡音音：《坚定文化自信，促进文化产业繁荣——2018年我国文化产业发展回顾》，《出版广角》2019年第3期。

［8］张文红、孙乐：《2018年我国畅销书产业观察与分析》，《出版广角》2019年第4期。

［9］中国广播电视网络有限公司、北京格兰瑞智咨询有限公司：《2018年第四季度中国有线电视发展公报》，《有线电视技术》2019年第2期。

［10］中国新闻出版研究院：《2015～2016中国数字出版产业年度报告》、《2017～2018中国数字出版产业年度报告》。

［11］中国互联网络信息中心（CNNIC）：《第42次中国互联网络发展状况统计报告》、《第43次中国互联网络发展状况统计报告》。

［12］中国网络视听节目服务协会：《2018年中国网络视听发展研究报告》。

［13］中国报业协会：《2018年度全国报纸印刷量调查统计报告》。

［14］首都影视发展智库、首都广播电视节目制作业协会、清华大学影视传播研究中心、CC-Smart新传智库：《中国电视剧产业发展报告（2019）》。

［15］鲸准研究院：《2018年中国网综观察报告》。

［16］国家广播电视总局：《2018年全国广播电视行业统计公报》。

［17］Trustdata：《2018年短视频行业发展报告》。

［18］央视市场研究（CTR）：《2018年中国广告市场回顾》。

［19］ 前瞻研究院：《2018～2023 年中国户外广告行业市场前瞻与投资战略规划分析报告》。

［20］ 中国传媒大学音乐产业研究院：《2018 中国音乐产业发展报告》。

［21］ 中国音数协游戏工委（GPC）& 伽马数据（CNG）：《2018 年中国游戏产业报告》。

［22］ 中商产业研究院：《2018 年中国数字音乐产业市场前景研究报告》。

［23］ 艾瑞咨询：《2019 年中国数字音乐产业研究报告》。

［24］ 艾瑞咨询：《2018 年中国网络广告市场年度监测报告》。

［25］ 中国旅游研究院：《2018 旅游经济运行盘点系列报告：2018 年旅游经济运行分析与 2019 年发展预测》。

［26］ 国家统计局官网，http：//www. stats. gov. cn。

［27］ 工信部官网，http：//www. miit. gov. cn。

［28］ 国家新闻出版广电总局官网，http：//www. nrta. gov. cn/index. html。

［29］ 文化和旅游部官网，https：//www. mct. gov. cn。

［30］ 中国报业协会官网，http：//www. acin. org. cn。

［31］ 中国音乐著作权协会官网，http：//www. mcsc. com. cn。

［32］ 中国新闻出版研究院官网，http：//cips. chuban. cc。

［33］ 中广央视索福瑞媒介研究（CSM）官网，http：//www. csm. com. cn。

［34］ 格兰研究官网（Guideline Research），http：//www. sinodtv. net。

［35］ 中国报告网，http：//www. baogao. com。

［36］ 大麦网，http：//www. damai. cn。

［37］ 中国财经信息网，http：//www. cfi. cn。

［38］ 中央广播电视总台官网，http：//www. cctv. cn。

［39］ 中国铁路总公司官网，http：//www. china－railway. com. cn。

中国文化
传媒投资市场
分析与展望

曹曼文

建投华文投资有限责任公司研究部

一 2018年中国文化传媒投资市场格局与特点

（一）2018年中国文化传媒资本市场概览

1. 资本市场表现连续三年下跌，平面媒体板块跌幅相对较小

根据中信传媒指数，2018年传媒板块整体下跌38.85%，全年跑输大盘和中小板、创业板，位居所有一级行业倒数第四位，同期也跑输了沪深300（-19.61%）、创业板指（-31.46%）和中小板指（-35.08%）（见图1）。

图1 2018年A股各板块涨跌幅统计

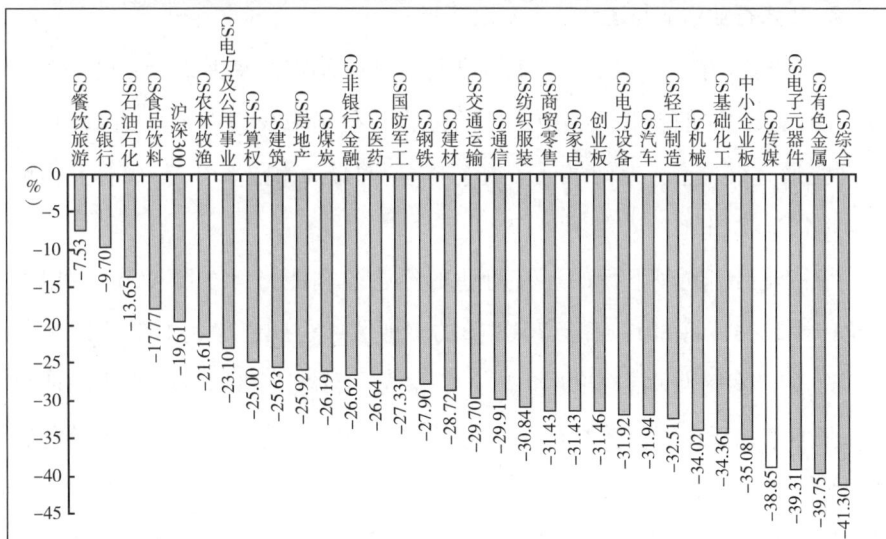

板块	涨跌幅(%)
CS餐饮旅游	-7.53
CS银行	-9.70
CS石油石化	-13.65
CS食品饮料	-17.77
沪深300	-19.61
CS农林牧渔	-21.61
CS电力及公用事业	-23.10
CS计算机	-25.00
CS建筑	-25.63
CS房地产	-25.92
CS煤炭	-26.19
CS非银行金融	-26.62
CS医药	-26.64
CS国防军工	-27.33
CS钢铁	-27.90
CS建材	-28.72
CS交通运输	-29.70
CS通信	-29.91
CS纺织服装	-30.84
CS商贸零售	-31.43
CS家电	-31.43
CS电力设备	-31.46
创业板	-31.92
CS汽车	-31.94
CS轻工制造	-32.51
CS机械	-34.02
CS基础化工	-34.36
中小企业板	-35.08
CS传媒	-38.85
CS电子元器件	-39.31
CS有色金属	-39.75
CS综合	-41.30

资料来源：Wind。

Wind数据库文化传媒板块各细分行业，除了娱乐综合（受益于芒果超媒的股价上涨），其他子行业全年跌幅均超过20%。图书和电影板块跌幅较小，跌幅最大的两个子板块为电视节目制作和有线电视，跌幅分别为47.7%和42.3%（见图2）。

图2　2018年传媒行业子板块涨跌幅

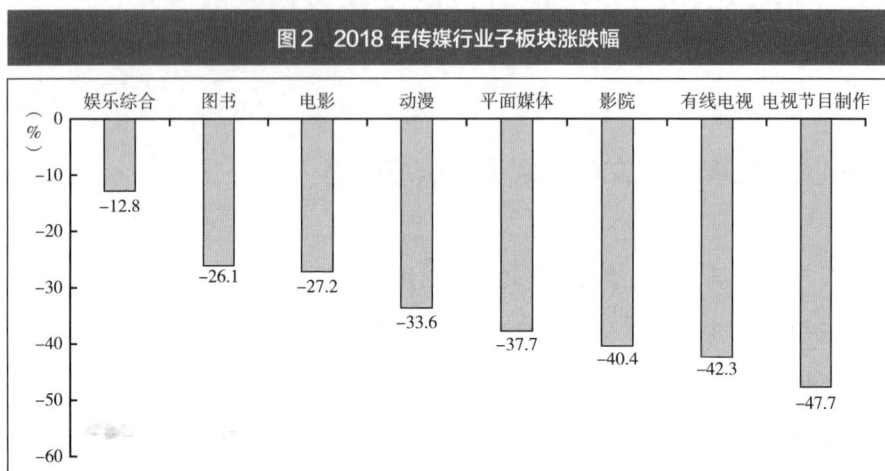

资料来源：Wind。

2. 传媒行业估值与盈利能力双双下降

截至2018年12月31日，文化传媒行业平均市盈率为25.59倍，创下2011年以来的同期新低。其中，期间最大市盈率减少力度平均达48.11%［（期间最高市盈率－期间最低市盈率）/期间最高市盈率］。传媒行业历史市盈率情况见图3。

与行业估值同时下行的还有行业的经营盈利能力：按照Wind数据库文化传媒分类，将2014年至2018年的营业收入、归母净利润对比即可发现，行业归母净利润首次出现负增长的情况，行业在整体环境恶化的情况下扩张逐渐趋于理智。传媒行业公司2014～2018年营业收入、归母净利润情况分别见图4、图5。

（二）2018年中国文化传媒投资市场细分领域扫描

1. VC/PE融资体量扩大，短视频成为最大风口

根据投中研究部发布的《2018中国文化传媒行业数据统计报告》，

图3 申万传媒行业历史市盈率

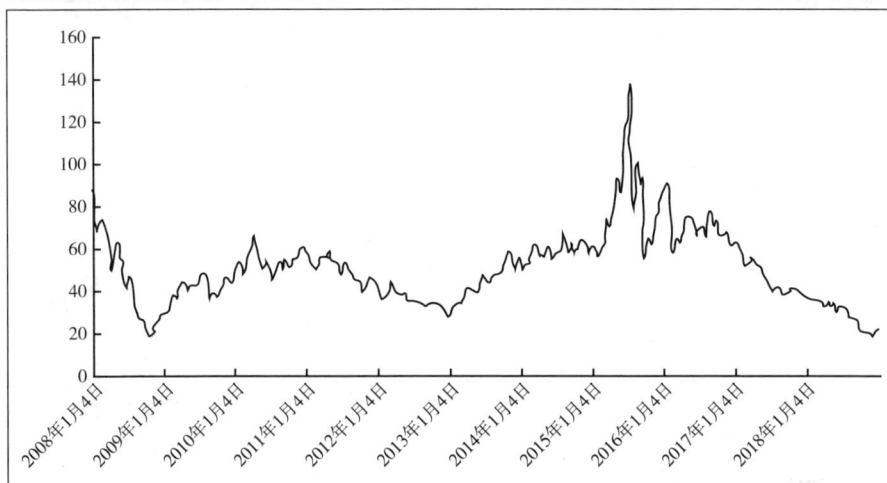

资料来源：Wind。

图4 传媒行业公司 2014~2018 年营业收入情况

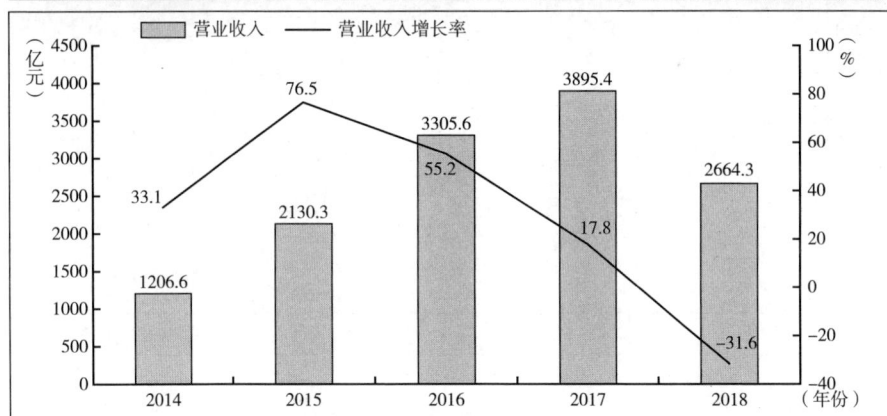

资料来源：Wind。

2018 年全年，文化传媒行业获得 VC/PE 融资案例数量下滑 19.17%，但融资规模不降反升，较 2017 年增长超 2 倍，达到近 5 年来融资规模最高值（见图 6）。

图5　传媒行业公司2014～2018年归母净利润情况

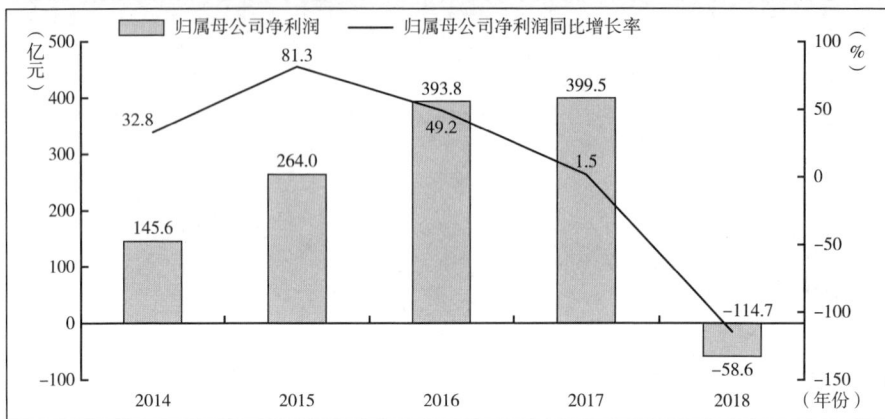

资料来源：Wind。

图6　2014～2018年文化传媒行业VC/PE融资情况

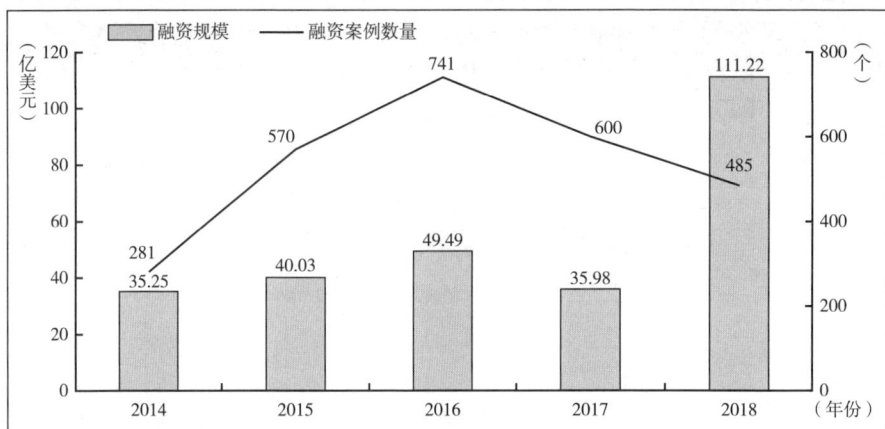

资料来源：投中研究院。

2018年文化传媒行业VC/PE融资阶段，初创公司融资机会变少，部分机构和战略投资者流向中后期阶段的头部企业。根据《2018中国文化传媒行业数据统计报告》，2018年天使轮到A+轮的融资案例数量合计下滑27.9%，中后期项目略涨1.68%；从融资规模上看，2018年融资规模远超2017年，各轮次中涨幅前三名为Pre-IPO（今日头条完成25亿美元融资）、种子轮（NewTV 完成 10 亿美元种子轮融资）和战略融资（万达电影完成 12.39 亿美元战略融资）。

2014～2018 年融资规模占比前三的领域为媒体网站、网络视频和影视音乐，2018 年以上三个领域吸引了 84.97% 的资本。2018 年短视频成为国内外风头最盛的投资领域。NewTV 是由迪士尼、梦工厂原核心人物创立的短视频流媒体服务平台，阿里巴巴作为唯一的中国战略投资者认购投资份额，这有助于其全球文娱产业的投资与布局。最大的一笔融资为今日头条完成 25 亿美元融资，成为五年来媒体网站领域规模最大的融资，也是唯一一笔 Pre-IPO 融资。此外，快手 2018 年合计完成 14 亿美元融资；腾讯连续两轮皆有投资，显示出其在短视频社交领域布局的决心。华人文化开启近五年来唯一的一轮融资，吸引了诸多战略投资者，其在影视文化、演艺经纪资源和运营方面的实力获投资方认可。新潮传媒成立于 2014 年，主要业务为商业住宅小区内部电梯广告运营，从成立之初获得天使轮以来共获得 4 轮融资，其中 2018 年获得 2 笔，分别来自成都高新产业引导基金和百度投资（见表1）。

表1　2018 年文化传媒行业 VC/PE 融资重点案例				
项目	细分领域	融资金额（亿美元）	融资轮次	投资方
今日头条	媒体网站	25	Pre-IPO	软银、美国泛大西洋投资集团等
华人文化	文化传媒其他	15.06	A	万科、阿里巴巴、招银国际、腾讯
万达电影	影视音乐	12.39	战略融资	杭州臻希投资管理有限公司
NewTV	网络视频	10	种子轮	迪士尼、阿里巴巴、NBC 环球、21 世纪福克斯等
快手	网络视频	10	E	腾讯、红衫中国
网易云音乐	影视音乐	6	B	百度、美国泛大西洋投资集团、博裕投资
新丽传媒	影视音乐	5.24	战略融资	腾讯
快手	网络视频	4	战略融资	腾讯
新潮传媒	广告营销	3.16	战略融资	成都高新区产业引导基金
新潮传媒	广告营销	3.04	战略融资	百度

资料来源：投中研究院。

2. 并购融资案例数量下滑，腾讯、阿里巴巴分别完成百亿元并购

（1）并购融资案例数量下滑，融资金额不降反升

近 5 年来，文化传媒行业并购高峰发生在 2015～2016 年，2017～2018 年完成并购案例数量持续下滑。受阿里巴巴、阅文两笔大额交易案例影响，2018 年完成并购规模不降反升（见图 7）。

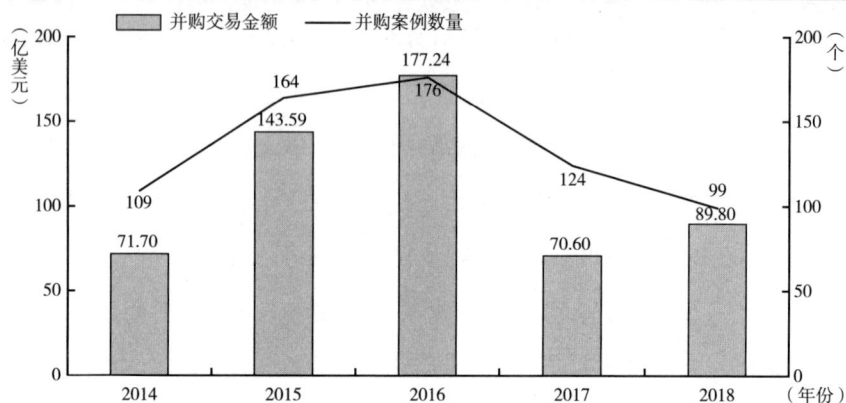

图7　2014～2018 年文化传媒行业完成并购情况

资料来源：投中研究院。

（2）阿里巴巴、腾讯分别完成百亿元并购

2018 年两起百亿元人民币的并购来自阿里巴巴和腾讯旗下的阅文。阿里巴巴和腾讯从 2014 年开始布局文娱产业，已经分别建立起相对完善的传媒板块。在行业寒冬中，拥有资金实力的产业投资者依旧加码并购，战略布局。

2018 年 7 月 18 日，阿里巴巴宣布以人民币 150 亿元入股分众传媒，合计取得股份 10.3%。阿里巴巴看重分众传媒在线下的强大流量体系，而分众传媒则需要阿里巴巴这样的战略投资者稳定股价、助力其楼宇广告业务的继续扩张。未来两家可以在技术、渠道等方面加强合作，发挥协同作用，共同探索新零售大趋势下数字营销的模式创新。此次阿里巴巴入股，对于分众传媒来说，不仅能够获得新的资金，继续巩固其龙头位置，还可

以借助阿里巴巴的平台开拓新的客户以及市场，拓展新的利润点。

2018 年 8 月 13 日，背靠腾讯的阅文集团宣布以不超过 155 亿元人民币收购影视制作公司新丽传媒 100% 股权。收购新丽传媒帮助阅文进一步深入 IP 价值链，优化其为作家和用户提供的服务，将自身内容实力向下游延展。而新丽传媒 IPO 屡次受阻，负债率节节攀升，通过此次交易很大程度上缓解了资金压力。

（3）行业重点并购集中在影视娱乐、广告营销和游戏领域

2018 年文化传媒行业已完成的重点并购案例见表 2。

表2 2018 年已完成重点并购案例

项目	细分领域	交易金额（亿元）	交易股权（%）	投资方
新丽传媒	影视娱乐	155.0	100.0	阅文传媒
分众传媒	广告营销	150.0	10.3	阿里巴巴
点点互动	游戏	69.4	100.0	世纪华通
完美世界	游戏	25.8	7.0	恒泰稳增
印记娱乐	影视娱乐	24.0	11.0	安信信托、于晓非
华录百纳	影视娱乐	18.0	17.6	盈峰投资、宁波普罗非投资
蓝色光标	广告营销	9.3	6.0	西藏耀旺网络科技有限公司
亿家传媒	广告营销	9.24	70.0	南通锻压设备股份有限公司
中文传媒	图书出版	8.8	5.0	厦门枫沐
国广东方	网络视频	4.6	35.0	中国广播电视网

资料来源：Wind。

3. 政策趋严，4 例 IPO 均在境外上市

近五年来，政策对文化传媒行业的影响较大，对于"炒作 IP""炒作流量"的拟上市排队企业，股票发行审核委员会严格把关。2018 年文化传媒行业无境内上市案例，仅 4 家企业境外实现 IPO（见表 3），这也导致了五年来 IPO 融资规模的首次下滑（见图 8）。

表3　2018 年文化传媒行业 IPO 情况

时间	项目	行业	募集资金（亿美元）	退出方
3 月 29 日	哔哩哔哩（NASDAQ：BILI）	视频网站	4.83	君联资本、IDG 资本、华人文化等
9 月 14 日	趣头条（NASDAQ：QTT）	媒体网站	0.84	腾讯控股、小米、成为资本、红点创投、华人文化、澎湃新闻
12 月 12 日	腾讯音乐（NYSE：TME）	音乐	10.66	腾讯控股、太盟投资集团、中投基金等
12 月 15 日	汇量科技（HK：01860）	广告营销	1.64	敦鸿资管、中平国瑀资管、海通创意资本、海通创世等

资料来源：投中研究院。

图8　历年文化传媒行业 IPO 融资情况

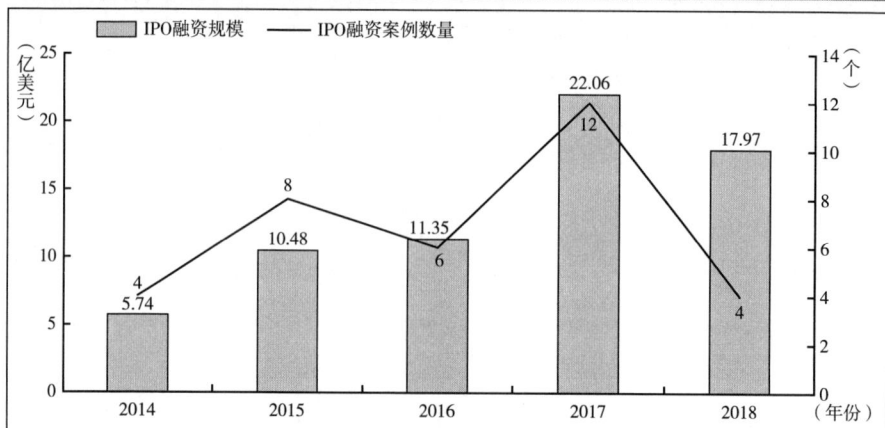

资料来源：投中研究院。

4. 资本撤离，A 股上市公司再融资困难加大

2015 年 A 股文化传媒板块活跃度达到巅峰，此后，证监会紧急颁布政策降温，有关部门也出台一系列政策加强监管。2018 年资本市场传媒板块的活跃度降至低谷，全年仅发生 4 起定增公告事件，且无一起通过（见表4、图9）。整个 2017 年，定增成功的也只有蓝色光标、慈文传媒和奥飞娱乐三家传媒类上市公司。且这些公司的融资过程都是一波三折，最初公布定增预案的时间在 2015 ~ 2016 年，价格和募资金额也是多次调整。

表4 2018 年 A 股文化传媒板块定增公告情况			
时间	证券简称	募资规模（亿元）	主承销商
3 月 28 日	中文在线	10.23	中德证券
7 月 11 日	芒果超媒	115.51	中国国际金融，财富证券
12 月 12 日	江苏有线	77.71	华泰联合证券
12 月 26 日	联创互联	5.13	东吴证券

资料来源：Wind。

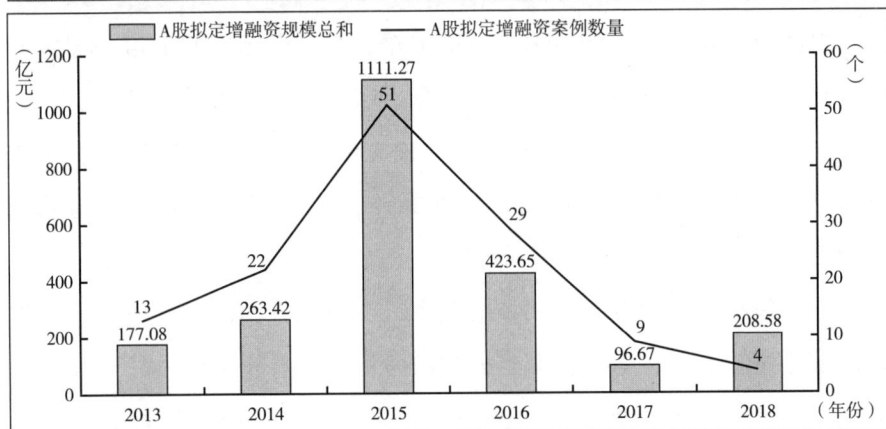

图9 历年 A 股文化传媒上市公司定增公告情况

资料来源：Wind。

2017 年 2 月 17 日，中国证监会发布"再融资新规"，主要内容包括：定增发行的股票数不得超过公司总股本的 20%、本次募资距离前次募资完成的时间不得少于 18 个月等。新规的发布让 2017 年、2018 年再融资规模都明显缩水，也给前些年疯狂融资的影视行业降温。

（三）2018年中国文化传媒投资市场特点

1. 股价向下，影视公司接连易主

2018年A股影视行业普遍利润大幅下滑，许多公司财报亏损严重，公司股价持续向下，大股东股权质押比例极高。再加上许多企业前几年溢价收购其他企业，被收购企业表现大多不如预期，拖累母公司经营状况。从2018年开始，影视公司开始了"易主"潮。

2018年4月18日，华录百纳易主美的集团创始人之子何剑峰；7月23日，当代东方将公司控制权转让给山东高速投资控股有限公司；8月，中南文化副总经理、董事会秘书陈光和董事、首席文化官刘春先后辞职；10月31日，阅文集团正式完成收购新丽传媒100%股权；11月22日，骅威文化控制权转让给杭州鼎龙企业管理有限公司。

根据2018年11月国资委披露的数据，A股市场并购上市公司控股权项目大幅增加，其中，国企并购民营上市公司项目占并购项目总量的32%。2018年7月，山东高速投资控股有限公司与厦门当代控股集团签署意向性协议，拟对当代东方（000673）进行股权投资，成为其控股股东；2019年2月，慈文传媒发布公告称，江西省出版集团公司全资子公司华章投资将成为公司控股股东，江西省人民政府将成为慈文传媒的实际控制人。在影视行业最低潮的时候，国有相关资金凭借其充沛的现金流优势正不断抄底优质传媒资产，同时，也向市场释放积极的信号。

2. 潮水退去，互联网巨头加码布局

在5000亿元规模的泛文娱行业里，阿里巴巴和腾讯两家独大，占领动画、漫画、文学、影视、游戏、音乐、体育、电竞、视频各个泛娱乐细分领域。在近几年的发展过程中，阿里巴巴和腾讯通过并购或内部孵化的方式，形成了自己的泛娱乐矩阵。如今行业潮水退去，依旧剩下阿里巴巴和

腾讯两家在围绕自己的泛文娱板块进行产业布局。

由表5、表6可以看出，腾讯以十年的社交产品基础，衍生出游戏、音乐等周边生态，再通过一系列并购组成了现在的互娱板块。阿里巴巴起初依靠并购开辟出大文娱版图，但现在越来越注重与自己传统电商业务的结合，二者形成了差异化的成长路径。腾讯最初的泛娱乐策略规划明确，提出以 IP 为核心的泛娱乐战略，此后拓宽 IP"护城河"并向下游的内容和游戏影业变现拓展；阿里巴巴则在不断的并购和新业务整合中探索出了以内容分发和衍生品销售为依托的泛娱乐模式，二者的模式都是原有优势业务的自然延伸，腾讯和阿里巴巴诞生时的基因决定了二者泛娱乐策略的差异性。在泛娱乐目前的发展趋势下，腾讯和阿里巴巴已经在泛文化娱乐领域形成事实上的垄断，依托其自身强大的用户和平台，再通过并购不断拓展新业务，如现场娱乐、户外广告等。在 A 股和港股排名靠前的文化传媒上市公司中，频现两者的身影（见表7）。其他公司已经成为大行业内的陪衬。

表5　腾讯互娱发展历程	
2011 年	1 月，腾讯成立 50 亿元的产业共赢基金，3Q 大战带来了腾讯的开放，腾讯提出泛娱乐概念； 5 月，腾讯 4.5 亿元投资华谊，次年成立"互动娱乐事业群"（IEG）
2012 年	7 月，腾讯和动视暴雪达成战略合作，独家代理 COD OL
2013 年	微信电影票上线，之后升级为微影时代。2017 年微影并入格瓦拉，成立猫眼微影
2014 年	腾讯加大第三方投资并购，投资和收购的游戏公司已达 60 多家
2015 年	3 月，腾讯文学并购盛大文学，成立阅文集团，囊括了起点中文网、创世中文网、潇湘书院、红袖添香、云起书院、QQ 阅读、中智博文、华文天下等知名网文平台； 9 月，腾讯成立了两家电影公司，腾讯影业和企鹅影业
2016 年	12 月，腾讯和阿里共同领投博纳影业 A 轮 25 亿元融资； 同时，腾讯电竞成立，与互娱旗下腾讯游戏、腾讯文学、腾讯影业、腾讯动漫一起组成泛娱乐五大业务矩阵
2017 年	QQ 音乐业务和中国音乐集团合并，更名为腾讯音乐娱乐集团； 同年，腾讯完成了对十家动画漫画公司的投资，其中包括玄机科技、动漫堂、铸梦文化、绘梦动画等； 腾讯还投资了二次元视频平台 B 站，此前投资斗鱼、映客、全民直播、龙珠直播等直播分发平台，同时投资了短视频平台快手

续表

2018 年	腾讯旗下的阅文集团百亿元并购新丽传媒； 2017 ~2018 年，腾讯分拆出内容出版和音乐业务独立上市，自此成功完成从业务线到独立数字媒体集团化的孵化。

资料来源： 网络， 由作者整理。

表6　阿里巴巴大文娱的发展历程	
2006 年	6 月，马云以 53.5 万元的价格买下华谊兄弟 10.7% 的股权，正式成为无限售股东之一
2013 年	阿里巴巴收购虾米音乐和天天动听,成立大文娱的前身——数字娱乐事业部。 同年收购的书旗小说和 UC 书城成为后来阿里文学的重要组成部分
2014 年	3 月，阿里巴巴控股文化中国，后将其更名为阿里影业； 4 月，马云和史玉柱成立的"云溪投资"，投资电视网络运营商华数传媒，布局阿里家庭娱乐的一部分 6 月，阿里巴巴成立游戏分发平台，收购 UC 旗下的 UC 九游，次年 3 月九游完成阿里游戏的整合
2015 年	3 月,阿里巴巴 24 亿元投资光线传媒,成为其第二大股东； 4 月，阿里巴巴全资收购优酷土豆,淘票票和娱乐宝资产注入阿里影业； 9 月，阿里体育成立，此前曾入股恒大
2016 年	9 月，阿里电竞成立 12 月，阿里和腾讯共同领投博纳影业 A 轮 25 亿元融资
2017 年	3 月，阿里巴巴全资收购大麦网，后宣布成立阿里文娱现场娱乐事业群，包括大麦网、MaiLive 和麦座三大业务品牌
2018 年	7 月，阿里巴巴 150 亿元成为分众传媒二股东

资料来源： 网络， 由作者整体。

表7　A 股、 港股文化传媒板块阿里巴巴、 腾讯布局		
	阿里巴巴	**腾讯**
华谊兄弟	第四大股东	第二大股东
博纳影业	第三大股东	第六大股东
光线传媒	第二大股东	
万达电影	第二大股东	
分众传媒	第二大股东	

续表

	阿里巴巴	腾讯
华数传媒	第二大股东	
阿里影业	第一大股东	
阅文集团		第一大股东
腾讯音乐		第一大股东
猫眼娱乐		第四大股东

资料来源： Wind、同花顺港股。

3. 政策支持，文化产业基金遍地开花

随着监管趋严，消费金融在不断去杠杆、挤泡沫，文化产业领域内过度投机的热度有所消退，逐渐返回理性价值投资。但与此同时，政策开始逐渐转暖，各式各样的文化产业基金遍地开花。

2018 年 4 月，第八届北京国际电影节上发布了 5 项基金，包括"之江文化旅游产业基金""东太湖影视文化产业基金"等；武汉设立了总规模为 5 亿元的众海中鸿文化产业基金，专门用于投资武汉市及全国境内影视、文化、娱乐等高增长行业内的优秀项目和公司。

2018 年 5 月，浙江省华侨基金发起成立新文化产业基金，重点关注依托互联网和移动互联网发展的影视综艺、在线音视阅、体验式文娱以及与文化相结合的 TMT 领域产业；北京朝阳区设立了总规模 100 亿元的文化创意产业发展引导基金，旗下分设"文化科技融合发展""京津冀文化产业协同发展"等 5 只子基金。

2018 年 6 月，国家发改委网站公布将与建行建立战略合作机制，共同发起设立规模约 3000 亿元的国家级战略性新兴产业发展基金，数字创意产业就处于其投资范围内；厦门市政府批准设立了 3 只与文化产业相关的引导基金。

一只新的基金从公布到落地需要经过一个漫长的募资过程，以上新基金若能募资成功，预计在接下来的三到五年进入投资期，将给文化传媒产业带来充足的资金支持。但是，观察市场上已有文化产业基金的运营现状

不难发现，在实际操盘中，绝大部分文化产业基金能募集到的资金远低于50%，真正投出去的项目更少。

从产业端看，国内文化产业整体发展不够成熟，文化产品所面临的不确定性大，文化企业商业模式不够明晰。从资金端看，基金的营利性使其更倾向于投资未来极有可能走向资本市场的成长期企业；可是，这类文化企业本身就广受投资机构青睐，资金需求反而不大。从人才端看，现阶段精通文化金融的人才仍比较稀缺。以上种种原因导致了文化产业基金与文化企业和项目之间出现了供需不平衡。

二　2019 年中国文化传媒投资趋势分析与展望

（一）2019年中国文化传媒发展趋势

文化传媒行业自身成长及资本市场表现的核心驱动要素来自三个维度：短期趋势在于监管政策，中期趋势在于技术演进，长期趋势在于消费结构变化。

1. 政策扶持未变，行业回归初心

2018 年，文化传媒行业监管部门已经对内容及行业的不良现象进行了严格的治理并出台了相关的政策规范和举措。近期政府部门出台各项扶持政策并释放积极信号，显示出文化传媒行业价值被重新审视。未来政府将利用好传媒的宣传作用并为企业创造商业价值提供相应的空间。

（1）文化企业上市和兼并重组获政策支持。国务院办公厅 2018 年 12 月 25 日印发《文化体制改革中经营性文化事业单位转制为企业的规定》和《进一步支持文化企业发展的规定》。根据上述规定，我国将推动文化企业跨地区、跨行业、跨所有制兼并重组。通过公司制改建实现投资主体

多元化的文化企业，符合条件的可申请上市。

（2）促进电影市场繁荣。2018年12月《关于加快电影院建设促进电影市场繁荣发展的意见》确立2020年银幕总数超8万块的目标，提出鼓励投资建设电影院，资助乡镇、中西部县城新建或改扩建影院，鼓励升级改造放映环境和设备设施，并给予资助等多项鼓励措施，为电影行业的良好发展提供支持。

（3）游戏版号恢复发放。自2018年3月机构调整以来，游戏版号的发放进入了停滞期，在经历了数十年的飞速发展之后，国内游戏行业在2018年陷入冰点。2018年12月29日，游戏版号停发9个月后恢复发放，游戏行业已开始复苏。

（4）政策和资金支持图书期刊出版行业发展。2018年6月《关于延续宣传文化增值税优惠政策的通知》，明确根据出版物类型不同，对出版物在出版环节执行增值税100%（或50%）先征后退的政策，免征图书批发、零售环节增值税。2018年9月《关于提高机电、文化等产品出口退税率的通知》，将书籍、报纸等产品出口退税率提高至16%。2018年国家还发布了一系列资金扶持政策，如"文化产业发展专项基金"，这项资金主要用于支持文化产业发展和媒体融合，期刊社、出版社的相关项目可申报。

2. 技术迭代升级，媒体融合为大趋势

传播媒体伴随着人类的文明而出现，传播媒体随着技术的发展而迭代升级。传媒发展从视觉、听觉再到未来的沉浸式体验，技术不停发展，传播内容并没有像技术周期中的其他行业一样消亡，而是随着技术的发展进一步向上延伸。例如，广播媒体的诞生使得报纸受到了冲击、电视的到来让电影和广播受到了冲击、互联网又让所有传统媒体受到新一轮冲击。然而旧的行业并未消失，旧媒体和新媒体并存且融合发展——电视到互联网电视，广播到互联网电台、报纸数据到数字阅读。我们当前处在第五轮媒介技术的成长期，在互联网之后，人工智能、物联网以更快的速度出现在我们的生活中，信息加速、万物互联的时代已经到来。同时，体验从听觉、视觉延伸到全方位沉浸式体验，娱乐体验极致。媒体大变革正在发生，全媒体时代已是大趋势，媒体融合是时代发展的必然结果。

2019年1月，中共中央总书记习近平在主持主题为"全媒体时代和媒体融合发展"的中共中央政治局集体学习时强调，推动媒体融合发展、建设全媒体成为我们面临的一项紧迫课题。要运用信息革命成果，推动媒体融合向纵深发展，做大做强主流舆论，巩固全党全国人民团结奋斗的共同思想基础，为实现"两个一百年"奋斗目标、实现中华民族伟大复兴的中国梦提供强大精神力量和舆论支持。

3. 人口红利接近尾声，消费能力升级

（1）经济增长放缓，居民文化娱乐消费连年增长

我国经济总量近年来仍然处于稳健增长阶段，第三产业增加值占比不断提升。2017年，我国国内生产总值达到82.77万亿元，同比增长6.9%。产业结构方面，第三产业近年来占比不断提升，2017年我国文化产业增加值达到3.47万亿元，同比增长12.8%，高于同期GDP增速；文化产业增加值占GDP比重达到4.2%，为历史最高水平。在人均消费性支出结构方面，2017年城镇居民人均文教娱乐类支出达到2846.6元，占比达到11.6%。

人口结构方面，随着"全面二胎"政策的实施，我国人口增长率开始企稳。同时，中产阶级数量正在快速增长。根据瑞士信贷《2017年全球财富报告》，2017年中国中产阶级（财富介于1万美元至10万美元）数量约为3.85亿人，在全球中产阶级中的占比由2000年的12.6%升至35%。美国文娱产业发展经验显示，当人均GDP达到7000美元时，文娱消费开始兴起。2013年中国人均GDP已达到43900元，中国文娱产业快速发展的基础条件已经具备。

中国的宏观经济仍然处于稳健阶段，三大产业均处于升级发展中。虽然国内生产总值的增速在近年来有所下降，但仍然领先全球平均水平，是

全球经济增长的最大驱动因素之一。良好的经济发展使得人们的消费能力及消费意愿不断增强，在文化娱乐方面的消费比重近年来也不断提升，为国内文化产业的发展奠定了良好的消费基础。

（2）移动互联网人口红利减弱，使用时长和用户价值争夺加剧

我国移动互联网用户规模增速放缓。根据 CNNIC，2018 年我国网民规模达到 8.29 亿人，同比增长 7%，手机网民规模 8.17 亿人，同比增长 9%。根据 Questmobile 数据，2018 年 12 月中国移动互联网月活跃用户规模为 11.31 亿人，同比增速降至 4%（见图 10）。

图10　中国移动互联网月活跃用户规模

资料来源：Questmobile。

4G 技术周期末端，在使用时长、用户价值争夺上的竞争加剧。Questmobile 数据显示，2018 年 12 月我国移动互联网人均单日使用时长逾 5 个半小时，较 2017 年 12 月同比增长逾 1 个小时。增长主要来源于碎片化时间进一步被占用，同时移动互联网向低线城市加速渗透。①短视频、直播等 App 爆发性增长，侵占碎片化时间，短视频使用时长在移动互联网使用时长中的占比由 2017 年 12 月的 5.5% 提升至 2018 年 9 月的 8.8%。②随着移动互联网向下加速渗透，四、五线城市人均使用时长增速更快。

视频网站、移动阅读、移动音乐等渠道付费渗透率逐渐提高，贯穿各电商平台的会员体系初现，可见移动互联网对用户价值的争夺加剧。

移动互联网流量需求饱满，5G 商用有望推动文娱需求再上新台阶。2018 年四季度，我国 4G 网络平均下载速度达到 22.05Mbit/s，同比增长 21%；2018 年我国移动互联网接入流量 711.1 亿 GB，同比增长 189%，增速达到 2013 年以来的新高，凸显出在提速降费背景下，居民对移动互联网流量的需求饱满。未来在 5G 规模化应用、传输速度大幅提升的条件下，将会出现渠道革新、内容革新，进而推动应用端需求的进一步释放。

（二）2019年中国文化传媒投资热点预测

1. 用户饱和，付费模式仍有广阔空间

付费经济的基石是国家版权保护的快速发展。近年来，我国在版权保护方面的政策和执法力度不断加大。在"剑网 2017"专项行动中，监管机构共检查网站 6.3 万个，关闭侵权盗版网站 2554 个，删除侵权盗版链接 71 万条，收缴侵权盗版制品 276 万件。同时针对新技术条件下新的版权问题如 VR、微信公众号、聚合盗链提供作品内容等给予及时关注和有效治理；约谈主要网络音乐服务商，要求对网络音乐作品全面授权，引导建立良好的网络音乐版权授权和运营模式。

由于采购费用飙升，以阿里巴巴、腾讯为首的互联网巨头开始在内容方面投入，找到了将会员留存在自身体系内的有效方式。在发展会员的措施方面，两大互联网巨头的方式也各不相同。腾讯依靠自身在 IP 全产业链的布局，将会员的覆盖范围扩展到旗下所有的内容；爱奇艺则重金投入自制，同时与京东 Plus 会员绑定共享、与移动运营商进行流量合作等；阿里巴巴推出了 88 会员，依据"淘气值"建立分层的会员体系，将体系内的电商平台、外卖平台、视频平台有效结合，在效率、口碑等各个角度驱动用户进行多次付费。

渠道和内容平台未来都将面临"从1到2"的战略变革。近年来随着移动互联网和付费经济的发展成熟,互联网巨头在内容生态方面的商业布局已经基本建设完毕;以头条、美团为代表的新兴互联网企业正在从某些细分领域对传统互联网巨头的市场地位发起冲击。

综上,版权保护为内容付费打下了良好的基础,结合人口结构、消费习惯的变迁,更年轻的人群更能接受互联网内容的付费,互联网平台不断改善付费的体验,为内容付费创造了更好的条件。从未来更长的时间维度来看,内容付费依然是文化传媒领域增长确定性最高的领域。

2. 政策趋严,关注国有背景出版集团

传统出版媒体的业绩反转是2018年文化行业的亮点之一。2018年前三季度,国有出版上市公司整体营收同比增速为5.0%,较2017年同期由负转正。其中,凤凰传媒前三季度归母净利润同比增长26.4%,长江传媒前三季度归母净利润同比增长21.4%,表现出优异的盈利增速。

区别于民营出版企业,一些地方国有出版企业承接了当地教材教辅的发行业务,其在这一方面的垄断地位很难被民营出版企业所打破。区别于其他传媒板块上市公司,国有出版上市公司具有估值低、分红高的特点,2017年传统出版类上市公司平均股息率为2.7%,是传媒板块整体均值的2.2倍;市盈率TTM为14.1倍,低于板块整体同期水平。因此,在风险偏好较低的市场环境下,出版类上市公司是优良的防御性投资产品。

当前,出版企业有三大优势支持其在2019年具有良好的发展前景。首先,国有出版上市公司是国家重点政策扶持的对象。2018年5月,光明日报和经济日报发布了第十届"全国文化企业30强"名单,中国出版集团公司、中国教育出版传媒集团有限公司等13家出版发行企业入选。在2018年12月初中宣部召开的全国"30强"文化企业座谈会中,中宣部副部长强调要做强做优做大骨干文化企业,助推文化产业高质量发展。

其次,我国在校人数的起底回升以及书号收紧将带动教材教辅业务营收增长。一方面,我国初中、高中在校人数在2017年呈现缓慢回升趋势,

2017 年全国普通高中在校人数达到 2374.5 万人，同比增长 0.3%；初中在校人数达到 4442.1 万人，同比增长 2.6%。初中、高中学生是教材教辅的主要使用人群，人数的回升将带动国家教育投入，为出版企业营收增长打开空间。另一方面，由于书号收紧，民营出版社的教辅供给受到影响，在一些省份如湖北，国有出版社的教辅市场占有率不断提升。

最后，纸张价格进入下行通道也有望提升出版企业整体毛利率水平。卓创资讯数据显示，2018 年 12 月以来在文化印刷用纸方面，铜版纸均价为 6000 元/吨，环比下降 3.23%，较 2017 年同期下降 16.96%；双胶纸均价为 6233 元/吨，环比下降 2.86%，较 2017 年同期下降 15.38%。随着上游原料木浆价格下行，企业订单有限，主要文化印刷用纸价格自 2018 年下半年以来持续下降。

此外，国有出版企业盈利模式稳定，现金流情况优良。截至 2018 年三季度，主要国有出版企业均有良好的现金储备，其中凤凰传媒、皖新传媒、中南传媒、中文传媒的现金及现金等价物总额分别达到 81.3 亿元、48.9 亿元、118.8 亿元和 56.5 亿元。良好的现金储备有助于其在国家政策支持下，通过外延投资来支持地方政府进行产业投资建设，在未来的主题投资趋势中占得先机。

3. 科技赋能，新一轮革命正在孕育生机

（1）AI 技术对内容制作和传播模式带来巨大影响

AI 技术驱动文化传媒行业发展，始于资讯，兴于短视频。字节跳动的快速崛起验证了 AI 技术的强大生命力和对传统业态的颠覆可能。北京字节跳动科技有限公司成立于 2012 年 3 月，是最早将人工智能技术大规模应用于移动互联网场景的公司之一。公司产品布局于移动资讯、短视频、内容社区、教育等多赛道，在其多产品矩阵中，移动资讯 App 今日头条及短视频 App 抖音表现最佳。截至 2018 年 6 月，今日头条在新闻资讯 App 中用户使用时长位居第一；抖音在移动视频 App 中用户使用时长位居第二，在短视频领域位居第一。2018 年上半年，"头条系"产品流量已占据中国互联网流量的 10.1%，跻身国内互联网流量 Top 4 阵营。截至 2017 年 4 月，公司已完成四轮融资，2018 年 10 月公司完成 Pre-IPO 融资，估值约 750 亿美元。截至 2018 年 10 月，字节跳动旗下全线产品国内总 DAU 超过 4 亿，MAU 超过 8 亿，其中，抖音国内 DAU 超过 2 亿，MAU 超过 4.5 亿。

今日头条率先把握移动端推荐算法需求，以先发优势迅速崛起。在今日头条的带动下，原来的传统新闻资讯平台也有所行动：2014 年，搜狐新闻更新为 5.0 版本，开启个性化推荐；2015 年，凤凰资讯开始投资一点资讯，腾讯新闻上线天天快报，新浪新闻增加个性化推荐比重，网易新闻推出个性化头条；2016 年，阿里发布了"UC 头条"，以算法分发为主要模式，百度推出独立产品"百度好看"，利用百度积累的用户画像及技术基础进行个性化推荐。

"头条系"的迅速崛起，改变了传统互联网聚焦头部内容、千人一面的分发方式，将个性化长尾内容精准推送给匹配人群，实现了流量的深度变现，印证了技术重构互联网内容分发时代的到来。

（2）5G 技术是文化产业在 2019 年最大的主题性投资机会

2018 年 11 月底，国家广播电视总局在贵阳召开推进全国"智慧广电"建设现场会，会上表示，工信部已经同意广电网参与 5G 建设，国网公司正在申请移动通信资质和 5G 牌照。这也标志着文化产业在政策推动下开始进入 5G 内容的规划建设阶段。预计 2019 年中国将实现 5G 的预商用，2020 年完成正式商用。

十年一代通信技术，驱动行业革新和经济发展。回顾前几代蜂窝技术，分别专注于语音（2G）、数据（3G）和移动宽带（4G）。即将到来的 5G 技术不仅仅是通信技术的升级，更是面向全新业务、智能生活、物联网的重要基础技术变革。正如 4G 时代催生了移动游戏和视频等内容端的大繁荣，随着 5G、人工智能、云计算等技术全面落地，传媒内容端在交互、效果、模式创新等层面将迎来全新变革。

相比于自动驾驶等工业领域，AR/VR 等娱乐应用领域要求比较低，技术上更便于实现，有望更早迎来投资机会。例如，2019 年 3 月 NBA 推出了一款适用于 Magic Leap 头戴设备的混合现实（mixed-reality）App，可提供沉浸式的 NBA 赛场观看效果。使用该头戴设备可在多个虚拟"屏幕"上观看实时 NBA 赛事、赛事回放及比赛亮点。

未来，文化传媒领域可能受益于以下方向。

（1）内容端。5G 推动内容演变形态越来越富媒体化，用户内容需求和消费将持续高增长，尤其在游戏、视频等领域。在电视领域，高清、超高清视频将成为未来的主流。2019 年 3 月国家出台《超高清视频产业发展行动计划》后，超高清概念成为全行业发力的重点。

（2）渠道端。5G 环境下有望出现新的流量平台。2018 年 3 月 21 日，中国广播电视网络有限公司与中信集团及阿里巴巴签署战略合作框架协议，共同推动全国有线电视网络"全国一网"向前迈进。国网公司未来也有望获得 5G 牌照，同时中国广电手握 700MHz 黄金频谱资源，未来发展超高清视频、AR/VR 内容、2B、2G 应用等具备广阔空间。

（三）2019年中国文化传媒投资风险提示

1. 宏观经济风险

中国经济处在由粗放型增长转向集约型增长的调整期，国民收入增速如不及预期则会带来一定程度的消费增速放缓、消费意愿降低，影响行业整体增长和利润率。

2. 政策监管风险

传媒行业政策监管有趋于细化、具体化的趋势，行业可能面临政策层面较大的不确定性。如果公司产品单一，那么遇到政策变动时，公司业绩可能受到较大影响。此外，文化传媒行业还有作品审查风险，影视公司筹拍的电影、电视剧，如果最终未获备案通过，则将做剧本报废处理；已经摄制完成的，经审查、修改、再审查后最终未获通过的，则须将该影视作品做报废处理；如果取得《电影片公映许可证》或《电视剧发行许可证》后被禁止发行或放（播）映，则该作品将做报废处理，同时公司还可能受到行政处罚。

3. 商誉减值风险

2018 年 11 月，中国证监会发布《会计监管风险提示第 8 号——商誉减值》。目前在 A 股所有行业中，无论是商誉规模、商誉占净资产比重，或是商誉减值规模，传媒行业均排名前列。商誉高企是传媒行业前几年大并购浪潮下的后遗症，在板块净利润增速下行的条件下，需提防商誉减值风险在 2018～2019 年集中暴露。

中国传媒企业案例篇

人民网：
网络舆论场中的"定海神针"
传媒文化上市公司中的排头兵

人民网于 1997 年 1 月 1 日正式上线，于 2012 年 4 月 27 日在上海证券交易所上市交易（股票代码为 "603000"），是《人民日报》建设的以新闻为主的大型网上信息交互平台，是人民日报社控股的传媒文化上市公司，是国际互联网上最大的综合性网络媒体之一。

党和国家领导人十分关心人民网的发展。2000 年 4 月 26 日，江泽民同志在南非出访时专门通过人民网了解报道情况。2008 年 6 月 20 日，胡锦涛同志考察人民日报社时，通过人民网强国论坛同网民在线交流。2016 年 2 月 19 日，习近平同志来到人民日报社调研，在人民网视频直播间，同两千公里之外的福建宁德赤溪村的干部群众视频连线。

人民网除中文版本外，还拥有 7 种少数民族语言及 9 种外文版本，截至 2018 年 5 月，12 次荣获中国新闻奖一等奖。作为国家重点新闻网站的排头兵和第一家上市的中央网络媒体，人民网致力于做最好内容的网站，形成了新闻采写、网络评论、在线访谈、社区互动、视频直播、移动发布互相配合的快速、权威、深度的全媒体新闻报道模式；在报道中广泛应用无人机、虚拟现实（VR）、增强现实（AR）、手机直播等新技术新形式，增强新闻报道的吸引力和感染力。

上市以来，人民网以专业、稳健的运营模式，围绕主业科学布局，在实现国有资产保值增值的同时，积极回报投资者，在中国股票市场上树立了良好的企业形象，成为同行业领军的上市公司。在多年的经营发展过程中，人民网铭记党和人民赋予的新闻舆论工作职责和使命，始终不渝地坚持正确政治方向，积极宣传党的理论路线、方针政策和重大决策部署，及时传播国内外各领域信息，充分发挥政治价值、传播价值、品牌价值、平台价值、资本价值，不断创新宣传理念和传播模式，深耕新闻品质、坚守专业价值、拓展服务渠道、探索媒体融合、布局全媒体矩阵，树立起了新时代信息传播和新闻报道的新范式，在网络舆论场中起到 "中流砥柱" "定海神针" 的重要作用。

一 战略格局清晰、发展目标明确

人民网为自身经营发展制定了清晰的战略，即以内容为主业，坚持智能化的方向；以技术和资本双轮驱动，孵化产业、掌控数据，形成两翼；打造人民党建云、地方领导留言板、人民视频三大移动端产品；建设内容原创、内容代运营、内容风控和内容聚合分发四个层次的主体业务体系。通过"一二三四"格局，实现"五大价值"，做党的主张最职业的传播者和人民利益最坚强的捍卫者，成为网络舆论的"定海神针"和"中流砥柱"，人民日报社全媒体传播的主阵地和基本盘。着力实现国际化、资本化、数据化、产业化，打造多语种、多终端、全媒体、全球化，具有强大实力的国际一流网络媒体。

公司的发展目标是新闻信息的权威性、专业性和公信力进一步提升，传播党的主张的能力和效果显著增强，成为最优质原创内容的提供者；覆盖所有主流内容传播渠道，成为互联网上最重要的内容运营平台、风控平台、聚发平台；网站经营管理更加高效，科技创新实力显著增强，成为文化传媒领域领军的科技型、智慧型上市公司。

二 公司治理规范，经营发展良好

一是，人民网严格按照《公司法》《证券法》《上市公司治理准则》和中国证监会、上海证券交易所有关要求，规范公司运作，完善公司法人治理结构，健全内控制度，加强信息披露工作。公司党委、股东大会、董事会、监事会及经理层之间权责明确，各司其职、各尽其责、相互制衡、相互协调。

2016年11月，人民网将党组织建设的相关内容写入了公司章程，并单独设立章节进行规范，确保"党建嵌入公司治理"落实到位，充分发挥党组织的政治核心作用。

二是，信息披露是资本市场发展的核心，信息披露质量直接反映着企业的规范程度和品牌形象。人民网严格按照信息披露要求，始终把"零差错"作为衡量信披工作质量的基本标准，信息披露及时准确完整，多次在信息披露考核中被上海证券交易所评为优秀。

三是，投资者关系管理是提升公司价值的重要手段。开展投资者关系管理工作，可以让市场正确理解公司价值，同时也能使上市公司及时了解市场对公司的看法，为公司各项投融资活动提供有效保障。人民网坚持"尊重每一位投资者"的理念，在投资者关系管理工作方面取得了良好的成效。多次组织开展调研活动，在会上充分介绍公司战略和运营情况，积极解答投资者疑问、就投资者关心的问题交换意见，有效增强了公司与投资者、潜在投资者及资本市场各类中介机构等之间的沟通与交流。关注资本市场变化及投资者动态，及时回应投资者关心的各项具体问题，充分利用投资者热线及交易所互动平台等渠道，满足投资者知情权与监督权，切实做好答疑解惑、澄清事实、说明情况等工作。在公司股价波动和市场低迷时，及时安抚投资者情绪，向市场传递公司正向信息，增强投资者的持股信心，维护公司良好的资本市场形象。

四是，自上市以来，人民网在公司规模不断扩大的同时持续保持良好、稳定的盈利水平，市值最高达到449亿元。2012年至2016年公司营业收入实现上市后连续4年正比例增长，虽然在2015~2017年期间受传媒行业整体环境影响，营业总收入出现一定程度的下滑，但人民网及时调整业务结构，通过强化管理、规范经营，于2018年实现业绩筑底反弹，实现了向新的发展阶段的转型。截至2018年底，人民网总资产达人民币41.30亿元，归属于上市公司股东的净资产为人民币29.91亿元（见图1），全年实现营业总收入人民币16.94亿元，较2017年增长20.96%，实现归属于上市公司股东净利润人民币2.14亿元，较2017年增长139.23%。2019年初，公司新的发展规划和创新业务模式获得市场高度认可，股价大幅回升，市值也大幅回升，最高达382亿元。

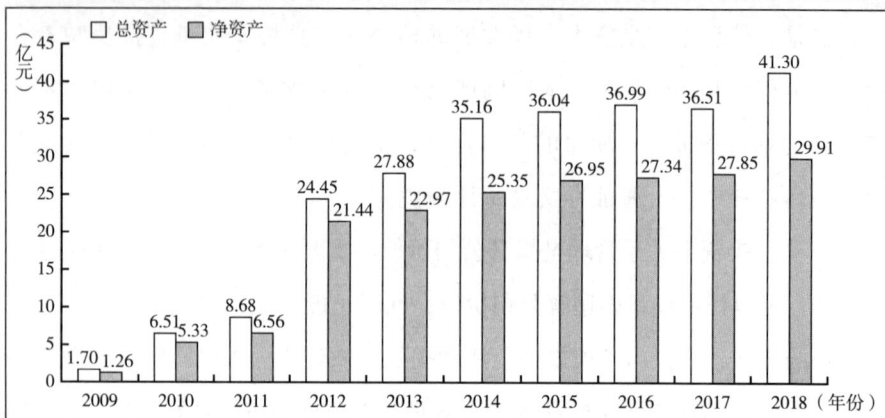

图1 2009~2018年人民网总资产、净资产增长情况

五是，人民网自上市来积极回报股东，与股东分享公司发展的经营成果，每年进行现金分红。截至2018年，公司总计分配现金红利71593.50万元，平均每年现金分红金额达到归属于上市公司股东净利润的47.8%，2013年度和2014年度还分配了两次以资本公积向全体股东每10股转10股的股票红利。连续而稳定的利润分配政策，在保护投资者合法权益的同时兼顾了公司的长远利益及公司的可持续发展，有效增强了投资者吸引力，为培育国内市场长期投资理念贡献了重要力量，在资本市场中起到了良好的示范作用。

三　企业价值充分体现、经营成果亮点纷呈

（一）五大价值展现公司优势

作为国家重点新闻网站和传媒文化上市公司中的排头兵，人民网的企

业价值和优势主要体现在政治价值、传播价值、品牌价值、平台价值、资本价值五个方面。

1. 政治价值与内容优势。人民网是党的重要执政资源和手段，坚持做"党的主张最职业的传播者、人民利益最坚强的捍卫者"。多年来，公司围绕党的思想理论、重大改革进程、重要政治生活、社会热点现象等重大主题，开展了内容丰富、形式鲜活、亮点纷呈的报道，传播效果突出，新闻内容的权威性、公信力受到广泛认可。

2. 传播价值与影响力优势。人民网积极壮大主流宣传阵地，在 31 个省区市设立地方分公司，旗下拥有人民在线、环球网、海外网、人民视讯、金台创投、人民健康、人民体育、人民视听、人民信息、人民科技等多家控股子公司，并在全球 11 个国家和地区设立了 14 个子公司或办事处，形成了拥有 PC 网站、网络视频、手机网站、手机电视、社区、博客、微博客、微信公众号、短视频账号等的新媒体布局，日常传播覆盖 2.8 亿人次，网民遍布 210 多个国家和地区。在中央网信办发布的"中国新闻网站综合传播力榜"上常年居首位。

3. 品牌价值与客户资源优势。坚持做"最好内容的网站、最好服务的平台"，人民网在新闻舆论领域建立了强大的品牌优势，吸引了以大型、知名企业和政府企事业单位为主的客户，连续多年获得"中国互联网百强企业""世界媒体 500 强"等荣誉称号。

4. 平台价值与受众优势。作为党媒、党网，人民网多年来横向连接政府、企业、社会团体、学术机构等各类主体，纵向连接世界各国政要和广大普通民众，社会的各方各面在人民网的平台上交流互动，公司的平台价值凸显。

5. 资本价值与投资优势。人民网不断利用上市公司的资本平台优势，在传媒文化领域及相关垂直领域稳步推进资本运作，推动融合发展，拓展产业机遇，在资本市场和传媒行业的影响力不断提升。

（二）引领行业发展，打造业界标杆

1999 年，人民网强国论坛开通，成为中国第一个由新闻媒体开办的中文时政论坛。2000 年，人民网日文版、英文版手机网站在日本开通，成为国内第一家实现手机上网的网站。2005 年，手机人民网正式上线，是主流媒体开办的第一个手机网站。2009 年，人民网网络视听内容建设正式起步。2010 年，人民网开始运营手机电视及相关服务，并上线新闻客户端。2014 年，人民网法人微博粉丝突破 1000 万，在国内网络媒体中首家进入"千万级"。截至 2018 年底，人民网多终端日均发稿量达万余篇；原创稿件海外落地量突破 12 万条次，同比增长 20%；合作的国外媒体数量由 80 家增至 87 家，全年共落地国外报刊 105 版次，与国外电视台合作制播节目 80 期；所刊发的作品多次荣获国家级新闻奖项，融媒体作品《两会进行时》、网络专题《56 个民族儿女寄语十九大》分获第二十八届中国新闻奖特等奖、三等奖。人民网新浪微博粉丝总数 6188 万，居新浪微博平台全国网络媒体第一名；人民网微信公众号订阅数突破 661 万；由人民网运维的人民日报海外社交媒体 6 个官方账号，粉丝总量超过 6115 万；人民网在抖音等主要短视频平台的账号粉丝总数突破 845 万。

目前人民网已拥有"强国论坛""高端访谈""一带一路全媒体平台"等品牌栏目，经中共中央批准举办了"中国共产党新闻网"；主办了"中国人大新闻网""中国政协新闻网""科普中国"等多个专业性网站，连续承办党的十七大、十八大、十九大新闻中心官方网站及十九大新闻中心微信公众号、"一带一路"国际合作高峰论坛官方网站，以及多个党的主题教育活动官方网站，并成功建设了 12 个中央部委网站。目前已有 1700 多位（次）省部级以上领导和近 3500 位（次）全国人大代表、政协委员通过人民网同网民进行过在线交流互动。俄罗斯总理梅德韦杰夫、巴基斯坦前总统扎尔达里与前总理吉拉尼、哥斯达黎加共和国前总统索利斯、柬埔寨首相洪森等国家元首接受过人民网专访，近 190 位大使在人民网做过访谈。成立 20 多年来，人民网始终坚守党网定位，在网络宣传、对外传播、媒体融合、事业发展等方面取得了显著成绩，做出了重要贡献。

（三）2018年经营再上新台阶

2018 年是贯彻党的十九大精神的开局之年，人民网以围绕中心、服务大局为根本，牢记党媒使命和社会责任，追踪社会热点、回应舆论关切，积极构建现代传播体系，主流媒体的传播力、引导力、影响力、公信力进一步增强，取得了丰厚的经营成果。

1. 举旗帜、聚民心、履职责

（1）举旗帜，大力传播习近平新时代中国特色社会主义思想

人民网把传播习近平新时代中国特色社会主义思想和解读党和国家大政方针作为宣传报道工作的重中之重。2018 年，人民网成立"新时代学习工作室"，连续推出一批有影响力的融媒体作品。"学习金句"作为其中的代表，通过从习近平总书记系列重要讲话中选取耳目一新、言近旨远的精彩话语制作系列"金句"，助力广大干部群众学习理解习近平新时代中国特色社会主义思想，如《习近平进博会演讲金句速览：要开放不要封闭，要合作不要对抗，要共赢不要独占》《习近平 G20 峰会讲话金句：坚持各方广泛协商不搞"一言堂"》等系列报道立意深远，反响热烈。《习近平新时代中国特色社会主义思想三十讲》出版发行后，人民网邀约 17 位嘉宾，连续推出 4 场网上座谈会，这是中央媒体首个全面、深入、系统地解读习近平新时代中国特色社会主义思想的访谈，被近百家媒体转载传播。2018 年，人民网开创在短视频平台发布习近平总书记讲话视频的宣传方式，引领主流媒体纷纷参与报道。人民网官方抖音账号推出的习总书记演讲金句《大海依旧在那儿，中国将永远在这儿！》播放量超过 4400 万。以《习近平讲故事》一书为基础，通过新技术进行再创作，通过新媒体进行再传

播，人民日报媒体技术股份有限公司、人民网股份有限公司和华润（集团）有限公司联合推出10集同名动画短视频。

（2）聚民心，努力做好新形势下宣传思想工作

2018年，人民网与地方频道联动，中外文同步，图文、音视频、H5、电子书等多种形式呈现，推出多个系列融媒体产品。在改革开放40周年主题报道中，移动端大型融媒体系列报道"四十年四代人"总传播量达5700多万，近百家媒体转载；联合快手制作的H5产品《我家的40年回忆》上线3天，浏览量过百万；两会期间，人民网法人微博推出话题#2018看两会#，阅读数达10.6亿，融媒直播《两会进行时》浏览量超4亿；建军节期间推出短视频《祖国"四极"哨兵送来八一祝福》，在各平台播放量超6000万次，转评赞超380万次……此外，推出"长江龙·舞起来""小城故事多"等众多有分量、有情怀的系列报道，现场感强、鲜活生动，广受关注和好评。

（3）履职责，有力引导舆论，回应社会关切

2018年，人民网以改进工作、解决问题为目的，有效开展舆论宣传，有力引导社会热点，实现舆论监督揭露问题、部门地方正面回应、采取措施解决问题的良性循环。

①有效开展舆论引导

原创评论是人民网开展舆论引导工作的有力抓手。品牌栏目"人民网评·三评"号准社会问题脉搏，切中肯綮、勇于发声，引发社会良性反思和讨论。其中，"三评浮夸自大文风"受到海内外1700多家媒体关注和报道，"三评直播答题"促使直播平台改正问题，《人民网评：奔驰，你这样做就是与中国人民为敌!》得到外交部回应并最终迫使肇事方道歉。重庆万州大巴坠桥事故发生后，人民网人民视频及时跟踪警情通报，制作模拟动画还原事发现场，对网络谣言予以有力回击，及时扭转舆情走向。此外，"求真"栏目辟谣释惑，追寻真相，如《高考满分零分作文是真的吗》一文终止了网络流言，浏览量达1300万。

②积极开展舆论监督

人民网联手人民日报，推出融媒体监督栏目"来信调查"。该栏目以人民日报"读者来信"栏目为基础，实现融媒体产品的深度打造，《"冤！太冤了！"五证齐全，何以成了违章建筑》等多篇融媒体调查报道点击量超过 4000 万。

针对行业热点、网友投诉，人民网记者通过实地调查，采写多组稿件，受到广泛关注，积极推动问题解决。如反映齐齐哈尔黑臭水体治理漏洞的舆论监督报道引发反响，央视等媒体随后进行跟踪报道；《只买门票"没法玩"景区内交通花费成游客另一大负担》等多篇调查报道也得到相关部门回应。

2. 服务大众、回馈社会

作为大众传播媒介和上市企业，人民网不断强化阵地意识，以生产优质、权威内容为核心，增强原创采写能力，同时，延展业务范围，多举措服务大众、回馈社会，2018 年在原创报道、精品栏目、活动组织等方面，均取得了较好成绩。

（1）及时发布社会民生信息，权威解读解疑释惑

充分发挥人民网权威来源特点，针对中央部委及各地政策、社会热点、重大事件主动进行报道，以迅速、专业、有深度的调查，引领行业报道方向，提供权威信息服务。如针对网购火爆的现象，组织多侧面多角度采访，撰写完成《网购乱象深度调查系列报道》，积极回应社会关切，赢得网友点赞；针对环保热点，人民网记者深入一线搜集数据和一手材料，完成《环保督察"回头看"：10 省区无一幸免 河南江西问题最多》一文，数百家媒体转载，引发社会各界强烈关注；民营经济工作座谈会召开后，第二天即推出《民营经济要走向更加广阔舞台》专题，并采访了参会的 10 余名企业家。人民网"科普中国"平台全年制作原创科普图文 2108 篇、原创科普视频 457 条、专题 15 期，用科学知识为网友解疑释惑，深受网友好评。

（2）升级网络问政平台，优化信息互动服务

人民网于 2006 年创办的"地方领导留言板"，是中国唯一一家覆盖全国的互联网政务互动平台。2018 年，全国网民在留言板上发帖 31.4 万条；有 31 个省、自治区、直辖市领导干部答复网民诉求 25.3 万件，同比增长 14%。该平台通过"两会来了，我托书记省长捎句话"、全国网民留言办理工作会议等活动，持续优化互动服务。其中，2018 年"捎句话"活动有超过 400 万人次参与，20 多个省区市对网友的建言做出回应，14 位书记省长给网民回信，回应关切。

（3）开创"互联网 + 党建"模式，云平台助推基层党建服务

人民网·中国共产党新闻网精心打造"云党课"栏目，重点收录十九大精神系列解读等相关党课视频共计 200 余部，涵盖党建、政治、经济、社会等各个领域。2014 年，推出"全国党建云平台"，目前已有全国 31 个省、自治区、直辖市的 2900 多家党组织入驻，形成了以"全国党建云平台"为主，中央和国家机关、国企、非公、高校 4 个子平台为辅的"一体四翼"发展模式，逐步建成覆盖全国的党建综合信息平台。2018 年，对"全国党建云平台"进行全面升级，"人民党建云"平台全新上线，其借助云存储和大数据分析，平台实现信息发布、学习教育、党务管理三大核心功能的有机整合。

（4）完善民生服务保障平台，提升生活服务水平

2018 年，人民网在科普、健康领域充分发挥信息服务功能，初步搭建起以大健康为主的"一老一小、一病一保、一智一好"的民生服务保障平台，网聚各类资源，实现数据融通、民生融通。"一老一小"即人民广场平台和人民幼儿健康管理平台，广泛宣传健康生活理念，提供健康管理咨询、健康生活类内容服务。"一病"即单病种"培训 + 科普"公益平台，已完成约 150 场名医科普问诊，传播覆盖近 4.5 亿人次；"一保"即人民好保险平台，是一个保险科普电商平台。"一智"即智库平台，与部委机构、行业协会、三甲医院等紧密合作，促进健康传播；"一好"即

"人民优选"服务平台，联合地方党委政府、各类公益机构与品牌企业，为贫困地区提供精准扶贫支持，为产业扶贫供需合作牵线搭桥。"人民好医生"访谈栏目 2018 年完成近 70 场名医科普问诊，累计覆盖传播近 4.5 亿人次。

3. 投身公益事业、展现人文关怀

作为媒体，人民网在新闻报道中始终以人为本，恪守职业操守、体现人文关怀、担当社会道义；作为企业，人民网积极回馈社会，筹办、建立多个公益项目，助力解决各类实际问题。

（1）新闻报道以人为本，维护正义、坚守良知

人民网持续打造民生新闻栏目，聚焦民生实事，解决民生难题，讲述温暖故事。如"网连中国"栏目针对教师节的调查报道《男教师，如何才能留下你?》被 156 家媒体转发，总点击量超过 1200 万，"男教师待遇""青少年缺乏阳刚气"等次生话题成为关注热点；通过采访多地多位妇产科医生、产妇，推出《9 城调查：无痛分娩普及之痛》，受到网友和业界广泛关注，被上百家媒体转载。

在突发事件报道中，人民网恪守新闻专业和职业精神，快速、客观地直击新闻事实。在台风"山竹"登陆的直播报道中，人民网实时跟进权威消息，发掘台风背后的动人瞬间，讲述感人故事。

（2）组织多项公益活动，弘扬美德、回馈社会

2018 年，人民网策划公益政策解读，报道公益人物故事，推动正能量充盈网络空间；积极组织公益活动，动员社会各界投身公益事业。

①拓展人民网奖学金项目。该项目至今已走过十载，2018 年在 3 所大学增设了人民网奖学金。迄今为止，已先后有 519 名学生获奖，发放奖学金超过 398 万元，其中近千件作品获得"优秀论文奖""优秀技术课题奖"等奖项。

②举办"2018 人民企业社会责任行"活动。该活动通过走访、调研积极履行社会责任的先进企业，报道成功经验、挖掘典型案例，发布《2017

年中国企业社会责任报告》，鼓励更多企业将社会责任融入发展远景。

③主办"幸福列车·从心出发""幸福回家路"等公益活动。人民网携手中华社会救助基金会联合举办"幸福列车·从心出发"公益活动，资助 33 名来自甘肃武威的留守儿童赴京与父母团聚；联合北京时间、中国铁路济南局集团有限公司主办"幸福回家路"大型公益项目，为基层劳动者和志愿者免费提供回家车票；牵手壹基金联合阿里巴巴公益、蚂蚁金服公益共同推出"2018 温暖包"公益活动，为 22 个省份的贫困生发放 10 万套过冬装备，物资金额超 4000 万元。

④开展"春蕾合唱团"大型助学公益项目。

人民网联合中国儿童少年基金会、第十四届中国国际合唱节组委会和中国移动通信集团湖北有限公司共同开展"春蕾合唱团"大型助学公益项目，为恩施土家族苗族自治州宣恩县椒园小学建立"春蕾音乐教室"和"2018 年春蕾合唱团"，通过精准的文化扶贫，塑造贫困儿童健全人格，帮助他们登上中国国际合唱节的大舞台。

⑤打造国内首档互联网公益节目《为爱下厨》。节目邀请知名爱心人士展示独家厨艺、分享美食故事、传播公益理念。活动善款全部用于建设春蕾图书室等项目。

4. 弘扬主旋律、传播正能量

2018 年人民网自觉践行社会主义核心价值观，大力弘扬主旋律，积极传播正能量，抵制低俗信息，营造健康高雅的文化氛围。

（1）举办多项活动，营造健康高雅的文化氛围

2018 年，为纪念《人民日报》创刊 70 周年暨改革开放 40 周年，人民网和中国国家画院共同主办大型创作活动，艺术家们围绕习近平新时代中国特色社会主义思想这一主题，创作两幅巨幅画作——《绿水青山》和《美丽中国》；推出融媒体文艺栏目《见证人｜致敬改革开放 40 年·文化大家讲述亲历》，邀请改革开放 40 年以来当代中国最具代表性的文化艺术大家，分享求艺之路上的思想感悟，彰显艺术作品的时代之美、信仰之

美、崇高之美；与中央美术学院共同举办 "央美百年 美美与共" 新春茶叙活动，众多知名书画家走进人民网，用笔墨共绘新时代，用丹青传递文化馨香；策划 "艺术新青年" 活动，展示多位艺术家的优秀作品。

（2）开展大型主题直播活动，展示美丽乡村风貌

在中央网信办指导下，人民网携手各地党媒、13 家直播平台及 5 家短视频资讯平台共同推出 "看美丽乡村　庆改革开放" 大型主题直播活动。该活动走进全国 25 个省区市的 49 个美丽乡村，对村容村貌、乡村变迁、村民状态、丰收成果、美景美食等新风貌进行直播，全面展现改革开放 40 年来我国乡村建设的重大成就，累计数百万网友在线观看。

（3）打造外宣短视频栏目，传播中国优秀文化

2018 年，人民网策划推出《坐标北京》《澳洲老外侃侃侃》等外宣短视频栏目，传播中国优秀文化，展示中国发展成就，在各平台的点击量和覆盖用户数突破 1 亿。其中，脱口秀《澳洲老外侃侃侃》邀请了解中国的澳大利亚人，用中文分享他们对中国的感受。节目播出后受到广泛关注，众多会说中文的澳大利亚人主动与节目组联系，表达他们对参与节目录制和推广中国文化的浓厚兴趣。

四　适应行业发展趋势、明确企业发展规划

当前，互联网不断解构传统媒体行业原有的生产、传播、互动和盈利模式，用户对象、媒体格局、舆论生态都在发生深刻变化，传媒行业面临严峻挑战。主流媒体在中央关于媒体融合发展的大战略下，逐步从产品融合、渠道融合向平台融合、生态融合迈进。随着互联网技术的迭代更新，传媒行业在内容、形式、技术等多维度的竞争不断加剧。一方面，大数据、人工智能等新兴技术成为互联网新闻信息平台的发力重点，各新闻媒体在加强对内容资源、商业资源、渠道资源布局的基础上，加大了技术研

发投入，行业内市场竞争日趋激烈；另一方面，海量的用户规模依旧蕴含着巨大的市场潜力，优质内容始终是行业的稀缺资源，内容领域主流媒体仍拥有较强的核心竞争力。随着未来5G及物联网技术的应用与普及，具有媒体属性、广泛传播资讯信息的互联网平台数量将快速增长，海量信息的内容风控需求将日益凸显，内容风控领域将孕育出新的行业和新的职业，并构建出新的业务形态和盈利模式，也为具有舆论引导能力和内容把握能力的主流媒体企业带来定义业务、引导行业、培育产业的新机遇。

为了适应行业发展趋势，增强传播力、引导力、影响力和公信力，人民网将从内容建设、平台建设、技术建设几个方面发力贯彻经营发展计划，将人民网建设成为具有强大实力的国际一流网络媒体。

1. 内容建设方面，公司将坚持内容立网、原创立网。坚持正确政治方向、舆论导向和价值取向，全力打造观点评论、深度调查、权威解读等内容原创精品。继续发挥政治优势和品牌优势，不断拓展、整合内容代运营业务，建设强大技术后台，实现各代运营网站、客户端、社交媒体账号之间的良性互动，为客户提供体系化、集约化的新媒体平台建设、内容运维以及系列增值服务的解决方案。升级第三方内容审核平台，提高对各种形态的海量内容的审核和管理能力，努力成为互联网空间的内容枢纽和闸门。运用大数据与新一代人工智能技术，全面汇聚主流媒体、各类机构的优质内容产品，开拓内容流量新入口。

2. 平台建设方面，公司将着力打造"党建平台、政务平台、人民视频"几大核心平台。充分发挥党网优势，依托智慧党建云平台，将"人民党建云"打造成"平台＋产品"的技术平台，在党建领域深度打造云产品、端产品以及未来城市的党建数据中心，组建独立团队进行党建产品技术研发和运营。依托地方领导留言板已有基础继续发力，打造具有深度服务能力和数据能力的"一站式"电子政务平台。将人民视频打造成综合性的视频内容传播＋服务平台，以资讯短视频、直播为依托，提供各种专业、垂直的内容传播、行业应用及交易服务。此外，加强垂直领域投资，打造人民健康、人民体育等互联网＋内容＋服务平台。

3. 技术建设方面，公司将在夯实技术支撑能力的同时，大力提升技术创新产品与服务的品质。通过数据化发展，为内容生产、数据增值服务、技术运维等业务提供底层的数据化服务支撑；通过技术提升内容生产效率、精准传播能力，为全媒体原创内容生产、内容代运营、内容风险管理、内容聚合分发提供智能技术支撑；通过创新应用开发，引入外部创新技术与服务，同现有平台、数据、产品、服务进行集成，形成符合特定应用场景的产品或创新服务；通过技术发展，提升人民网所有技术体系的整体安全可靠性，增强统一运维管理能力，提高风险防范能力。

未来人民网将以习近平新时代中国特色社会主义思想为指导，增强"四个意识"，坚定"四个自信"，坚决做到"两个维护"，深入学习领会2019 年 1 月 25 日习近平总书记在中央政治局集体学习时的重要讲话精神，全面贯彻落实全国宣传思想工作会议要求，坚守舆论导向、廉洁从业"两条红线"，跳出传统思维谋发展，跳出传统产业谋发展，不断增强传播力、引导力、影响力和公信力，继续为把人民网建设成为具有强大实力的国际一流网络媒体而不懈努力。

芒果 TV：
独播，独特，
再独创的媒体融合先锋军

一　导言：网络视听新模式，芒果 TV 新活法

互联网思维是最彻底的革命性思维（创新），最广泛的普惠性思维（共享），最智慧的技术性思维（智能）。在中国网络视听业界，作为新型主流媒体探索者和广播电视新媒体先行者的芒果 TV，已经成为一个独特存在。它在探索一条融合发展之路，亦在开创一种创新模式格局。

业界通常认为，芒果 TV 从"独播"起步，依靠湖南卫视的首轮内容优势"弯道超车"，以"马栏山制造"的二轮内容战略实现自身崛起，在实现"独特"的基础上走向"独创"，由此成就独具特色的视频生态闭环。短短几年内，芒果 TV 就从网络视听行业的"搅局者"，成长为业内认可的新型网络视听媒体强者，尤其是主流期许的传统媒体和新兴媒体融合发展的创新标杆。2018 年 6 月，芒果 TV 和五家兄弟企业成功重组上市，组建芒果超媒，芒果 TV 成为国内 A 股首只也是唯一一只国有控股视频平台股。经财报披露，2018 年，芒果 TV 实现总收入 56.11 亿元，净利润 7.1 亿元，连续两年成为行业内唯一实现盈利的平台。截至 2019 年 5 月，芒果 TV 手机 App 下载安装激活量超 7.35 亿，全平台日活量突破 6800 万，有效会员突破 1400 万，互联网电视终端激活用户数达 1.37 亿，运营商业务全国覆盖用户数达 1.47 亿，稳居互联网视频行业第一阵营。经财报披露，2019 年一季度，母公司芒果超媒业绩持续增长，实现营业收入 24.85 亿元，芒果 TV 继续保持快速增长的态势，营业收入增幅 44.47%，盈利态势稳健。

二　开局：看见好时光
——互联网风起云涌，视频业方兴未艾

推旧迎新一直是时代趋势。21 世纪是属于互联网的时代，互联网的出

现从上而下、由里到外改变了人类生活、生产、交易等各个领域，它不受任何时间、空间的限制，在短时间内对整个生态系统都产生了广泛而深刻的影响，推动了社会工商业、农业、服务业、金融业乃至医疗教育事业、行政司法管理等各行各业的革新变化和人类文明的发展进步。

高调来临的互联网生态，是人类争相角逐、大浪淘沙的产物，也存在众多暗波涌动。紧紧抓住新时代的瞬息变幻，又能在固有模式中成就自身独特的姿态，方能在此高地上获得一席容身之所。在这一大的时代背景下，中国一切行业生态都开始了全新的探索。这里，首先是为了生存，即"活"；而后是为了发展，即"活法"。

正是这一时代大幕刚启之时，党中央和国务院自 2014 年起，接连做出两个重大部署——"融合发展"和"互联网＋"，把媒体、IT 两个最敏感的触角——传播触角和技术触角，推进到时代最前端，赋予一切生态以勃勃生机。2019 年 1 月，习近平总书记在中共中央政治局第十二次集体学习中提出要"推动媒体融合向纵深发展，做大做强主流舆论"。媒体生态的特有画卷，就此随同时代大幕拉开。

（一）适时顺应互联网，在潮流中活出自我姿态

大环境格局下，顺应时代的转变和发展规律，在普遍生长中独树一帜，才能有所作为。随着互联网形势的愈演愈烈，人类社交形态、搜索方式、娱乐形式、消费手段，甚至日常生活都在发生着翻天覆地的变化，因而，在这样的背景下，适时改变自身发展状态，并且有独特的思维和行走，才能在大局之下依旧保有青春向上的姿态，并反向影响大局。

（二）不拘泥陈旧模式，在创新中寻找多次突破

互联网是瞬息万变的，不进则退。在这个时代里，所有人都具备了一

定的与时俱进的认知和强烈的成长进步的意识，因而在不停追赶中，要寻求模式上的突破和变革，才能时刻保有新鲜感和时代性。

互联网既作为一种独立、新兴的社会经济与文化业态而存在，又表现为一种能够与全部原有或现存的经济与文化业态相拼接的力量，而改写各行各业的走向。纵观互联网基础运营企业和直接业态主体的发展历程，可以看出创新突破的清晰步伐。

（三）注重生态和链接，在发展中共促"互联网＋"

更大的趋势，则是互联网与社会原有或现存的经济和文化业态的拼接过程，党和政府对此的定义是"互联网＋"。

大致说来，互联网内各个节点、各类要素之间正在经历一个连接、重组的过程。"互联网＋"的出现，是一种融合再造，其利用信息通信技术以及互联网平台，让互联网与传统行业进行深度融合，创造新的发展生态，将成为互联网的全新发展走向。

三 布局：全屏加速度
——融合发展开新局，芒果独播谱新篇

湖南广播电视台勇敢担当融合发展新使命和新角色，坚定响应中央"新老媒体融合发展"的战略号召，实施新型主流媒体集团建设战略，大胆采用湖南卫视和芒果 TV "一体两翼、双屏驱动"的运营模式，是一次目光远大、深思熟虑的顺应时代之行动，重新塑造了媒体融合新格局。

（一）传统电视生态格局面临的挑战

1. 互联网对传统电视生态造成的巨大影响

无疑，"互联网＋"给传统电视媒体带来了巨大的影响，"互联网＋"意味着以大数据、云计算、用户链、产品端、新思维为主要标志的互联网发展优势，将系统融入国民经济全部行当和居民生活所有侧面。面对互联网带来的不可回避的彻动乃至彻变，传统电视媒体需要在自身局势的调整和转变上多下苦功，既要捍卫住传统电视媒体正面引导宣传的地位，又要与时俱进，成为新时代新老媒体相融相促的典范。

2. 主流电视台的新机遇和新选择

在不断影响和搅动电视产业生态的同时，互联网也渗透进全社会的衣、食、住、行。电视业面对此种影响，可能会发生两种变化：一是整个行业格局的大洗牌；二是国家和各省、自治区、直辖市的主要电视台将命运艰难。2014年，中央全面深化改革领导小组形成《关于推动传统媒体和新兴媒体融合发展的指导意见》，媒体融合正式上升到国家战略层面。新老媒体融合发展的号角吹响，给予主流电视媒体创新发展最有力的政策优势，也为其开辟了最大的空间，在战略前瞻、政策开明的顶层设计和管理好原有媒体平台的条件下，建设、发展好原有媒体基础上的自有新媒体成为主流电视媒体最有力的选择。

（二）芒果独播的标准内涵和正式启动

1. 芒果独播的基本定位

"互联网＋"时代，核心不是承载资源的平台，而是平台里的内容。湖南广电的王牌战略，必须是强有力的内容IP化战略，IP用于谁，谁便掌握了核心资源。

内容 IP 化战略, 意指自有版权节目内容"360 度"无死角的知识产权开发, 也可以说是基于电视节目版权的同心产品多元化, 以求实现一个内容多个创意、一个创意多次开发、一次开发多个产品、一个产品多个形态、一次销售多个渠道、一次投入多次产出、一次产出多次增值。

2. 芒果独播的实施单位及其战略构成

芒果独播的实施单位不是单一的承办体, 而是由芒果 TV、湖南卫视和地面频道构成的"1 + 1 + X"创造性模式。

芒果独播战略的关键构成是: "一体两翼、双屏驱动"、"双独播和二联播"以及"强内容 IP"。"一体两翼、双屏驱动"是新老媒体融合最鲜明的旗帜, 它以湖南广电身躯的整体发展为支撑, 以湖南卫视的老屏和芒果 TV 的新屏共同发力, 将最强大的 IP 内容注入最新鲜的载体平台, 让最贴近用户群体的平台有了更丰富的内容传播。

3. 芒果独播的融合逻辑

从视频资源的角度, 根据播出时间、平台和方式的差异看电视节目。电视台主要是直播、首播经济; 网络电视台主要是点播、回播经济。两者相互促动: 电视台的成功首播, 能带动网络电视台的海量点播, 而网络电视台的海量点播, 又能带动电视台下一轮次的成功播放。

芒果独播的融合逻辑, 还有从头部流量到尾部流量、从总体盘子到分端运营的交错布局, 充分利用了各端口优势, 部署核心内容资源的不同形态和各类变异。融合不是简单的现有资源整合, 而是平台、渠道、业务、产品、终端之间相互激发的耦合。

(三) 芒果独播的实施过程及发展成效

1. 品牌战略实施方面

从品牌角度看, 芒果 TV 的发展可以表述为四个阶段: 第一阶段, 2010 年以前的芒果 TV, 指的是一家脱胎于金鹰网视频频道的专业视频网站；第二阶段，2011～2013 年的芒果 TV，指的是融芒果 TV 视频网站、芒果 TV 互联网电视、芒果 TV 手机电视于一体，连带发展湖南 IPTV 的多渠道、多平台、多终端的视频产品系；2014 年，芒果 TV 跨入了它的第三概念和全新发展阶段，即处于划时代变革的中国广电系对新媒体领域展开尝试性探索乃至先锋性逆袭的阶段；2018 年，芒果 TV 实现重组上市，开启资本发展新路，并始终秉承芒果价值观，主动为社会创造价值，成为一家有责任、有担当、有价值的新型主流媒体。如今的芒果 TV，是湖南广电新媒体"一云多屏"全部视频产业的总称，是湖南网络广播电视台及其全终端视频业务应用的简称，是湖南广电矢志打造的"芒果生态圈"中的重要局部——"网络生态圈"，是践行媒体融合纵深发展的绝佳展示平台。

2. 平台战略实施方面

借助资源、资质优势，芒果 TV 在广电行业、视频业界率先实现了"一云多屏、多屏合一"，架构起可支撑融媒发展的互联网综合业务平台，形成了"中心厨房"式的集成播控体系，和以内容为核心的全终端联动的聚合性产业链。芒果独播在一年多来的实际运作中，以视频网站和互联网电视为芒果 TV 的两大主营业务板块，具体包括芒果 TV 视频（包含 PC 站、PC 端、Pad 端、M 站、手机端）、芒果 TV 互联网电视、芒果 TV 手机电视、湖南 IPTV 以及移动增值业务，在全平台体系内完成优势内容共享、用户信息贯通、应用体验多元、在线互动交互，成为融合发展的成功案例。

3. 资源战略实施方面

芒果 TV 依托湖南广电的创意优势、制作团队优势等突出资源，把栏目、团队、群体的策划或者前期创意联合推广等内容层面的要素真正打通，实现湖南卫视与芒果 TV 的双向直通。一方面，直接进军网络剧市场。目前，由芒果 TV 独家自制生产的剧集已初具规模：《火王》《我的波塞冬》《彗星来的那一夜》《你好，对方辩友》先后上线；此外，芒果 TV 陆续开拍《花溶传》《少年巴比伦》《因为相爱才上演》等项目，不断壮大自制力量和自制内容规模。另一方面，择机进军自办节目要域。重点推出衍生类自制栏目，包括《歌手的秘密》《哈哈农夫 原味专享版》《少年的密码日记》《明星大侦探之头号嫌疑人》等；并且进一步强化平台的媒体属性，推出娱乐新闻类栏目《芒果捞星闻》和常规周日访谈节目《甜蜜的任务》等。

4. 产品技术方面

目前，芒果 TV 构建了一套以技术推动产品研发和促进产品创新、以产品的更新换代推动技术和平台升级的风暴创新体系，聚焦于流媒体、内容生产、CDN、大数据、云计算、信息安全等领域的前沿技术研究，并提供芒果 TV 三大业务线（互联网电视、移动视频、运营商）所涵盖的内容制作、产品研发、业务支撑和运营保障服务。最近，芒果 TV 还开启了自有大数据系统研发，融台网联动媒资系统云技术、用户行为大数据分析及深度应用于一体，有望在湖南广电旗下构建起信息全、质量高的首家大数据平台，由此推进到"智能云计算"的大数据应用阶段。

5. 营销战略实施方面

营销是解决新媒体生存发展的重中之重，稀缺的内容、忠实的用户、差异化的运营支撑起芒果 TV 以广告溢价为核心的营销体系。一方面，打通广告平台：芒果 TV 的广告系统对旗下业务全终端覆盖，真正意义上实现与用户的五屏互动及立体化传播；另一方面，精准定位广告受众：通过大数据分析，对用户喜好进行精准把握，对重大内容 IP 进行创意细分，针对性植入品牌信息，通过专题与创意互动为品牌创造更大的传播价值。例如，与搜狐拼播的网剧《奈何 boss 要娶我》自 2019 年 1 月 17 日在芒果 TV 播出以来，在全网迅速掀起了一股"奈何"青春热潮。这部低成本网剧四两拨千斤，流量一路飙升，是当季最火的网剧之一，投产比更是高达 440% 以上。

（四）芒果独播的后续发展

1. 在业界点赞中，再度清醒布局

近两年，芒果 TV 不断荣誉加身，主要包括：2017～2018 年全国重点文化出口企业；2018 年中国互联网企业百强（全国排名 30，湖南省排名第 1）；《我爱你，中国》《我的青春在丝路》入选国家广播电视总局"2018 年网络视听节目精品创作传播工程"；《赶考路上》获评 2018 年中国优秀网络视听节目"年度优秀网络纪录片"；《变形计之平行世界》被中国网络视听协会评定为"2018 年度优秀网络综艺"；"青 e 工程项目"被中国网络社会组织联合会评定为"2018 网络扶贫优秀案例"；等等。

面对巨大的竞争压力，湖南广电、芒果 TV 只能把这些荣誉迅速写进档案封存起来，没有时间再来咀嚼品味。"三个转型"成为新的使命，"独播"之上的布局已然开始。一是从服务观众向服务用户转型，二是变内容产品为 IP（知识产权、版权）资源，三是向市场生态转变。通过这三个转型，湖南广电将形成一个全新的生态体系，即芒果生态圈。这是属于中国新型电视融生大生态圈的独有的湖南广电小生态圈，在这个生态圈中，湖南卫视是全台内容创新的引擎和发动机，是龙头，而且是创收的源头；芒果 TV 是全新体制机制下最活跃的市场主体，是市场平台，是凝结用户的渠道。这样圈中带圈的生态重构，是湖南广电重构主流电视生态格局的奋斗目标。

2. 从"独播"到"独特"再到"独创"——连排战略和后续战略

自湖南广电独播战略实施以来，业界误以为芒果独播仅局限于湖南卫视，是仅属于湖南广电的独播，实则不然。芒果 TV 以"占融媒中环，纵横驰骋造内容强 IP"的面貌全新出击，在依靠湖南广电内容资源的同时也以开放的姿态寻求合作。

正是被流量即热度、黏性即持续性、口碑即未来的收看效应所鼓舞，芒果 TV 强调从"独播"到"独特"再到"独创"的发展战略，立足于三条"互联网＋"的思路：一是实现全员互联网化；二是坚持"TV＋IT"；三是重点部分重点投入。从播出平台的独特，到播出方式的独特，再到用户经营上的独特优势和内容引进的独特聚合，湖南广电、芒果 TV 正在书写从"独播"到"独特"再到"独创"的战略探索新篇章。

四 破局：奔跑炫青春
——独特路径走闭环，新兴模式树标杆

芒果 TV 已经在中国网络视频业界挺进到行业第四，已经位于乐视、搜狐视频之前，而前三位分别是 BAT 背景的爱奇艺、腾讯视频和优酷；且 OTT 业务发展也领先于同行业，已经进入并巩固了第一阵营位置。这一巨大跨越，在国内主流媒体中及融合发展过程中都是创纪录的，也因此被原国家新闻出版广电总局评价为"广电行业融合样板"和"标杆级案例"。

（一）路径开拓：从内容驱动到内容技术双驱动，打造新兴融媒体

芒果 TV 从"独播"到"独特"再到"独创"的融合发展历程，初步开辟了"视频互联网 +"的主流模式，这种显著的路径独特性，集中表现在两个方面：独特节目制作力、独特技术创新力。

1. 探索芒果 TV 节目新常态，自制发力，打造全国第一网络视听娱乐平台

（1）加强节目自制，衍生出品牌新增量

近两年，芒果 TV 加大自制大型节目投入力度，深度拓展湖南卫视黄金 IP 的融制与融播，将互联网平台的互动性更加灵活有趣地发挥。2018年，芒果 TV 更是用 10% 的成本收割了市场上 50% 的爆款，这样超高的成功率在整个行业无出其右。《妻子的浪漫旅行》《明星大侦探》《密室大逃脱》《哈哈农夫》《勇敢的世界》《野生厨房》等自制节目热力接档，取得重大传播反响和市场效应。

其中，《明星大侦探》以"零差评"的口碑引起广泛关注，被原国家新闻出版广电总局及中国网络视听协会联合评定为"年度优秀网络综艺"；

《妻子的浪漫旅行》吸引了大量年轻观众，其中白领占比达 18%，25～34岁受众人群占比高达 30%；《女儿们的恋爱》由年轻制片人操刀，一度成为 2019 年一季度全网第一网综，市场上还出现了 3～5 档模仿节目。

（2）整合平台节目内容，满足用户独特需求

在芒果 TV 看来，未来最有价值的数据是用户满意度。这一点其实与美国流媒体巨头 Netflix 不谋而合，Netflix 现在非常重视用户是不是完整且不快进地追剧，数据衡量已经从用户触达率转向用户满意度。

一般来说，能让用户满意的创作必须具备三要素。第一，"好的创意"要传递"好的价值观"，没有价值的创意，即使再奇特，也很难成为好作品。对于国有媒体来说，坚持"以人民为中心"为创作导向的节目将获得更长的生命周期。所以，芒果 TV 在主流宣传大片之外，还创作了很多有筋骨、有温度的作品，比如《变形计》《勇敢的世界》等。第二，"好的创意"要是"合适的创意"，这两者是有区别的。大数据分析显示，芒果 TV核心用户群中 60% 左右为青少年、70% 左右为女性，所以推出了《少年可期》《密室大逃脱》《明星大侦探》等节目。第三，"好的创意"要能够创"益"，芒果 TV 评估内容还有一根标尺，就是看它能否带来相匹配的经济价值。2018 年，芒果 TV 的广告和会员收入增幅分别达到了 82% 和 112%；自制节目广告收入超 20 亿元，如《妻子的浪漫旅行》中谢娜代言的护肤品牌直接卖脱销，这是好创意带来的溢价。

2. 加强融合发展"核"动力，双轮驱动，构建视频生态闭环

（1）强化基础平台建设，多屏互动，创建立体化传播格局——为融合发展提供技术支撑

一是产品体验全面提升。芒果 TV 在产品技术上不断创新，以增强用户体验。2019 年，芒果 App 客户端进一步丰富了彩色弹幕、变速播放、智能推荐等多个先进功能。同时，芒果 TV 自研视频播放器、VR（虚拟现实）、AR（增强现实）等技术产品的研发与应用，均走在国际前沿，为芒果 TV 打造了良好的用户体验。芒果 TV 通过技术赋能、数据赋能等，形成

了新的技术优势。

二是产品形态多样发展。作为独立开发的垂直应用软件，芒果直播 App 进一步丰富了芒果 TV 的客户端形态。它整合了卫视和芒果 TV 的内容资源，直播新闻和娱乐大事件等，严把内容创作、内容审核和技术创新关，打造视频业更强 PGC 与 UGC 结合的内容影响力，以差异化的发展路线打造综合性平台。

三是海外用户规模不断扩大。海外华人遍及全球，全世界中文使用者多达 15 亿人，海外互联网视听市场布局不只关乎平台本身，更关乎国家特殊战略资源。芒果 TV 一直秉承"快乐全球"的立体化传播格局，以担当社会文化和主流舆论的传播者为己任，致力于传播中国声音，讲好中国故事。

（2）抢占终端硬件市场，多元布局，建立垂直化产业链——以融合发展的成果回归用户

终端是离用户群体最近的一环，谁控制了终端，谁就掌握了用户。芒果 TV 以开放、包容的姿态实现多方合作、多渠道融合，建立起"渠道 + 内容 + 终端应用 + 用户"的垂直化产业生态体系。

一是内容合作，形成芒果家族系列产品。芒果 TV 大力统筹终端业务，从源头锁定用户，形成芒果家族系列产品，终端出货量超过 1000 万台，在终端市场上所占份额达 30% 以上。

二是运营合作，打造综合智能产品内容大平台。芒果 TV 以内容和服务为核心，加大与知名移动终端厂商的战略合作，建立起移动智能视听产品生态链，将运营渠道、内容合作、品牌合作三大核心完美结合，打造综合智能产品内容大平台。

三是自主研发，打造拥有核心知识产权的终端产品。芒果 TV 自内容驱动后的又一战略升级是技术驱动，在硬件终端也不例外。2018 年 7 月，芒果 TV 牛奶盒子硬件发布会举行，牛奶 OS 具有内容聚合、极简设计、用户关怀三大特点。

（二）模式创新：从中国视频业"搅局者"到"标杆级"融合发展新媒体，占领主阵地

从中国视频业"搅局者"到"标杆级"融合发展新媒体，芒果TV的发展成绩一方面源于传统媒体的"核能力"，另一方面源于新兴媒体的"核动力"，两者互为补充，缺一不可。

1. 坚守主阵地：明确价值底线，建设融播融控机制，树立主流格局

（1）抓实视频网站、芒果TV App、芒果直播App、芒果互联网电视等全方位主流宣传的平台和端口建设

芒果TV网站、App等均经历过数次改版和优化，新闻频道目前已经实现全端同步覆盖运营，全面拥有频道级导航入口。2018年，芒果TV进入6.X版本，宣传入口实现重大飞跃：PC网站首页首屏新增"学习时刻"；移动端首页首屏开设新闻专区，特别关注重大要闻；TV端新闻频道首页强化了"新闻"导航入口；此外，还发布了移动端国际版，提供繁体字显示，以更适合港澳台、东南亚等地用户的习惯，将中国声音、中华文化、湖湘特质传递给全世界。

（2）传播主旋律，精做标杆级的社会正能量特色节目

芒果TV坚持"以我为主"建平台，决心打造自有、自主、自控的"芒果新闻"。它是芒果TV联合都市新闻团队聚合全台优质新闻资源，打造的融媒体新闻平台。终极目标是打造一个"可控可管的新闻垂直类视听平台"，对标市场上的头部新闻客户端，通过与主平台"芒果TV"的互补，成为真正意义上强化舆论引导、传播新时代主流之声的新闻利器。

2019年全国两会期间，"芒果新闻"在芒果TV PC端、移动端、OTT端、IPTV端全端口共振，飘红"两会频道"，全端口上线"两会快递ing——2019全国两会特别报道"专题，每日重点推送芒果新闻自制的《土话情深》《芒果崽两会百科》《长安街上》等内容，运营《看"我"七

十二变》《共圆中国梦 我是助力者》《湖南这么好看》等创意互动类 H5 产品，多维度展示《十三亿份子之一》《两会甜甜圈》等代表委员专栏，社会反响热烈。

《我爱你，中国》是芒果 TV、湖南都市频道联合出品的新时代主旋律大片。该片体现的主人公之一"沙场之花"袁远，是十三届全国人大代表中最年轻的一位基层代表，节目热播不久后袁远成为国家主席习近平亲切接见的解放军女兵模范代表；节目被中宣部学习强国平台重点推荐，获得中宣部、国家广电总局的充分肯定和《人民日报》、新华社等的盛赞；节目被中国电影资料馆慕名主动收藏，成为全国第一档被国家核心艺术档案馆馆藏的融媒作品。另一部主旋律代表作《我的青春在丝路》则以充满年轻范、国际范的人物和故事为切入口，小中见大，新鲜中见主潮，展现国家"一带一路"重大倡议的海外视界精彩亮点，在网上赢得一片叫好之声。

2. 强化生命力：创新管理机制，推动人才队伍融合，赢生态效应

（1）管理机制融合创新

芒果 TV 在中国视频界快速崛起的首要利器在于作为传统媒体的湖南广播电视台主体与新生网络视听平台芒果 TV 之间的管理融合，更在于芒果 TV 本身在互联网业界内的体制机制。在"互联网 +"的新常态下，湖南广播电视台认真贯彻落实中央关于媒体融合发展的战略要求和习近平总书记系列重要讲话精神，走"以我为主、融合发展"的路子，用互联网方法、市场性原则、产业化思路，大力推进主流媒体建设，由媒体及内容公司组成"内容云"团队，做强 IP，多屏分发，形成全媒体发展的新格局。与互联网的关系由相"加"阶段迈向相"融"阶段。此阶段的芒果 TV 既有传统媒体的主流导向、平台优势，又有新媒体的进阶利剑，在机构改革重组及创新上取得重大成绩。

（2）新老媒体平台的人才流动与融合

芒果 TV 深刻认识到，"搅局"中国视频江湖的核心在于"人"的融合，要在媒体融合的浪潮中乘风前行，迅速转变观点，才能激发团队活力。何忱工作室、单丹霞工作室、李甜团队、晏吉团队等16支优秀内容自制团队，具备持续创新、持续输出优质IP的能力。此外，芒果TV用科学的激励机制激活团队内容创造性。节目考核聚焦节目本身对用户的吸引力，首先会设定反映用户喜好程度与黏性的UV和观看时长指标，达标后才进入激励环节，激励与节目产生的会员收入、CPM库存和分销收入直接挂钩，同时也会考虑鼓励创新节目，设定创新节目保底激励和加成激励。芒果TV的激励模式为：激励奖金 = （X × 会员收入 + Y × CPM库存 + Z × 分销收入）×激励系数。芒果TV还用一系列的培育和激励机制挖掘年轻人，现在芒果TV的一线骨干几乎全都由35岁以下的青年人组成。

3. 勇闯深水区：席卷上市罗盘，提升战力投放级别，进军资本蓝海

（1）合作创新：搭建最强生态朋友圈

2018年，芒果超媒正式成军，借助新媒体的发展势能和传统媒体的深度、广度，形成了贯通上下游的全媒体，推进湖南广电媒体融合向纵深发展。合作体系再向外，就是芒果TV的朋友圈：在资本市场上，中国移动成为芒果超媒的第二大股东，芒果+咪咕，MG的平方必将实现价值的裂变；在内容领域，有观达、颖立、华策、完美、蓝港等最为紧密的合作伙伴；在渠道上，有华为、咪咕等强劲有力的合伙人；在全球，还有谷歌、索尼等站在行业顶尖的朋友们。芒果TV之所以能够从无到有建立起辐射全球的强大朋友圈，是因为一直秉承着两条商业原则：第一，绝不让合作伙伴吃亏，芒果TV的合作算大账，力争每一次合作都实现共赢；第二，绝不做一锤子买卖，芒果TV对待每一次合作都是坚定的，不看眼前的利益，只要下决心做，就要与伙伴建立长远且可持续的合作关系。

（2）营销融合：互通互联创新突破

芒果TV将为广告客户提供多样解决方案，围绕强势IP进行包括线上线下、权益合作、程序化购买、精准投放、内容植入、互动投放等在内的整合营销。在实际的广告运行体系中，芒果TV将联手湖南卫视打造"超市法"——让客户能够在超市里一站式地解决品牌营销的整体诉求，打通双平台资源，实现真正意义上的台网互动，充分释放 IP 所蕴藏的能量。另外则要打通实时互动，通过手机 App 将客户引流，或将实现直接购买。卖收视、卖流量终将成为历史，未来将以内容整合营销为特点，晋升为视频网站竞争的主战场。

（3）支点撬动，充分发挥资本的燎原势能

2015 年，中共中央办公厅、国务院办公厅印发了《关于推动国有文化企业把社会效益放在首位、实现社会效益和经济效益相统一的指导意见》，为国有文化企业改革指明了方向。媒体融合发展一定要重视资本的力量，资本不仅是纽带，更是支点。湖南广播电视台加快推进以芒果 TV 为核心的新媒体业务板块资本化运作，是加快国有文化企业改革和贯彻落实习近平总书记关于"理直气壮做强做优做大国有企业""着力打造一批形态多样、手段先进、具有竞争力的新型主流媒体"等重要指示精神的具体举措，也是国有媒体占领主阵地、主动应对倚靠雄厚资本日益强势的新媒体竞争的刚性需求。

新星出版社：专注发掘类型文学的 IP 价值

21 世纪前二十年，是出版业深刻变革的二十年。国有出版社全面深化体制改革，除个别几家身份和职能特殊的出版社之外，全部实现了转企改制；中国出版日渐走向世界，中国作为主宾国亮相法兰克福书展、伦敦书展等有影响力的国际书展，集中展示了当代中国出版业的蓬勃发展。集团化、出版上市、电商崛起、融合出版，一波又一波的新潮流，让出版这个有着上千年历史的古老行业，面貌焕然一新。

改革时代，百舸争流，一批原本默默无闻的出版机构把握机遇，在竞争中脱颖而出，成为具有较高影响力的文化品牌。要观察 21 世纪波澜壮阔的出版业，新星出版社无疑是一个生动鲜活的时代样本。

新星出版社隶属中国外文局，成立于 1989 年，原本只是对外出版政府白皮书及其他外宣品的专门出版机构，并无面向国内市场开展出版工作的资质。实际上，直到 2004 年之前，新星出版社都还没有实体机构，只是中国外文局有关部门开展上述相关对外出版活动的一块"副牌"。所谓"副牌"出版社，在出版界是一种特有的历史现象，它们往往从属于某家大的出版社，不具备独立法人身份，以"副牌"——也就是不同于所属出版社的另外一副面孔——出现，承担着某些专项出版工作。许多现如今声名显赫的出版社，都是从副牌出版社发展起来的。

新星出版社的真正历史始于 2004 年。当时，中国外文局提出了包括"做大做强出版社"在内的三大改革方略，要将新星出版社由虚变实，使其成为真正的出版实体，并延聘了踌躇满志的年轻出版人谢刚来为新星开启新生。当时，新星出版社的全部资产，只是一枚椭圆形的发稿章。

经过一番难度堪比申请一家全新出版社的艰难操作，新星出版社成为一家对国内、国外均具有出版权的出版实体。而且，不同于传统体制下事业单位身份的国有出版社，此时的新星出版社从诞生之初，就注册为一家企业——这在当时出版界是极其罕见的，当时人们还无从预料数年之后出版业全面转企改制的大潮。

在体制上，新星出版社领先了一步。但在其他方面，新星出版社的资源积累极少，论资金、论人才、论选题，一切都几乎是一张白纸。从性质上说，新星出版社是典型的部委出版社，既不具备地方出版社在当地的垄断地位，也不像教育类出版社有着天然的读者与渠道。很多部委出版社凭借系统内的资源，走上了专业出版道路；但在新星，这也行不通。中国外文局是国家的对外出版机构，本身是一家综合性的对外传媒出版集团，在国内并无纵向垂直的渠道，而且外文局旗下出版社众多，很难对新生的新星出版社给予特别的支持。

摆在新星出版社面前的，只有一条路：自力更生，在大众出版中争取生存空间。

一 成长之道：新星做对了什么？

大众出版有着成熟的业务模式，即发掘和包装优质内容资源，出版图书后实现销售盈利。随着新媒体、新技术的发展，以及 IP 全产业链开发的兴起，网络出版、数字出版及 IP 运营收入逐渐成为出版社新的增长点。但放眼国内外大众出版市场，传统图书出版发行所贡献的收入仍占绝对优势。而且，传统图书业务也是各项新业务的基础，是内容衍生开发的源泉，因此在出版社各项业务中依然居于至关重要的地位。

新星出版社的业务模式和收入结构也体现了这一点。2018 年，全社图书收入首次突破亿元大关，占营业总收入的九成以上。其他收入中，尽管数字出版、版权输出等项目实现的收入有着较高的增长率，但基数较低，对整体营收的贡献率仍较为有限。此外，近年来新星出版社也有过较为成功的 IP 开发案例，个别项目实现了远超一般图书品种的收入和利润，但尚未形成稳定的收入来源和业务模式。由此可见，图书出版能力仍是出版社的核心竞争力，就新星出版社而言，至少包含以下几个方面的要求：聚焦而专注的选题布局，别致讲究的出版呈现，精准的品牌传播。新星出版社一直有着鲜明的品牌形象，甚至比很多规模远超新星的同业都更具品牌辨识度，这首先源于明确的产品战略。

（一）选题布局：深耕类型文学结硕果

选题策划是出版社一切经营工作的基础，选择什么样的选题，既体现了出版社的眼光与品位，更决定了一家出版社的气质与品牌形象。十余年来，新星出版社一直围绕类型文学构筑产品矩阵，形成了以侦探推理、科幻奇幻两大类型文学产品线为基础，社科文化、生活方式、人物传记迭有佳作的产品格局。总体而言，新星出版社的选题策划聚焦而专注。在实力薄弱的起步阶段，聚焦是务实的选择；在实力壮大的发展阶段，专注成为初心不改的产品战略。

2006 年，"午夜文库"推出了第一部作品《八百万种死法》，截至目前，该文库出书品种已经超过 600 种，分为经典系列、大师系列、日系杰作、原创系列，基本涵盖了 170 年侦探小说历史的所有流派，囊括了世界知名的侦探小说大师，也为中国的新一代推理文学创作者提供了与世界名家共舞的展示平台。

"午夜文库"带来的影响是巨大的。推理文学首次被系统地译介给中国读者，逐渐培育出了一批固定的读者和粉丝。推理文化逐渐成为流行，成为时尚，成为一个庞大的产业。时至今日，推理主题的图书仍在热销，各大高校有了推理社团，密室逃脱成为都市流行的真人游戏，以推理为题材的影视剧成为爆款。电影《唐人街探案》里主角秦风反复致敬的埃勒里·奎因，就是由"午夜文库"引入国内的推理大师；现象级网剧《白夜追凶》的编剧指纹，是"午夜文库"重点打造的原创推理作者。推理文化风靡之下，"午夜文库"编辑部曾在一年之中接到过上百家影视公司的版权合作请求。更有研究文学的学者感慨，新星出版社"午夜文库"的出版，改变了推理小说在中国出版界、文学界的地位。以往被视作地摊文学的推理小说，在"午夜文库"的持续努力下登堂入室，成为都市白领、知识分子的时尚休闲读物，也引起学界的关注。

在"午夜文库"之前，推理文学也经常有出版社涉足，但整体而言，推理文学并未得到应有的重视和肯定。阿瑟·柯南道尔笔下的福尔摩斯、阿加莎·克里斯蒂笔下的波洛和马普尔小姐，尽管也畅销，但在国内文学界和出版界眼中只是难登大雅之堂的通俗文学。很多出版社也迎合这样的认知，装帧设计极尽花哨甚至低俗艳丽，这更加深了不屑者们的刻板印象。正在寻求市场突破口的新星出版社，盯上了这个深具潜力的宝藏。尽管当时还无法预料到推理文化所能衍生的庞大产业，但专业的调研却让新星出版社认定，推理文学大有可为。原因大概有如下几个：欧美、日本等成熟的出版市场，以推理文学为代表的类型文学都形成了成熟的产品线；推理小说逻辑性强，情节紧凑、富有可读性，篇幅适中，非常适合都市白领休闲阅读。身为文学博士又是推理迷的社长谢刚，更对推理文学的文学价值进行了深入研究。雷蒙德·钱德勒等推理名家，早已用高水平的推理小说创作，征服了最挑剔的文学评论家，加缪、艾略特、钱锺书、村上春树等大作家都对他推崇有加。

瞄准推理文学这一细分市场之后，新星出版社用十余年的时间和600多部作品，证明了自己的专业眼光和初心不改。十多年来，"午夜文库"不仅持续引领国内推理文学出版，还得到了国际认可。2013年，"推理女王"阿加莎·克里斯蒂的版权继承人主动联系新星出版社，希望将"推理女王"的推理作品全都授权"午夜文库"（见图1）。从此，"午夜文库"的领先地位更加难以撼动。

2012年，凭借着在推理文学领域的成功经验，新星出版社正式推出"幻象文库"，开启了在科幻奇幻文学领域的攻城略地，并很快就得到市场的认可。时至今日，"午夜文库"已发展成为当之无愧的全球华语推理出版第一平台，"幻象文库"成为科幻奇幻文学的领先品牌，"午夜文库"与"幻象文库"这两大系列，已经成为新星出版社最具竞争力的产品线，每年为全社贡献超过六成的码洋、回款和利润。

图1　2019 年， 新星出版社出齐阿加莎·克里斯蒂侦探小说总计 85 种
3 月 12 日， 新星出版社在伦敦书展举办了出版庆典活动

2016 年，新星出版社又推出了"传记文库"，该系列专注于传记出版，以"中西并重，经典与新著并刊"为主旨，将持续推出上百种传记作品。在传记取材方面，有自传、他传、口述史、回忆录等，也包括传记理论、工具书等，最后形成传记资源库，呈现多彩的传记世界。

（二）出版呈现： 提供更好的阅读体验

从选题创意到产品呈现，这个过程考验的是出版者的操作能力。从立社之初，新星出版社就重视装帧设计、重视读者的阅读体验，并将这一做书风格一直延续至今，许多具体做法甚至领风气之先，为行业所效仿。

不如此，又何以改变推理文学在许多读者心目中地摊文学、低劣出版物的刻板印象呢？在新星出版社的规划中，推理文学应该是知识阶层、都市白领的休闲读物，不仅意味着紧张酣畅的阅读体验，也是逻辑与智力的训练，既有趣，也有益。为了匹配这样的定位，许多"讲究到任性甚至奢佟"的细节，就被用在初生的"午夜文库"上：

——在国内第一次使用1毫米厚的荷兰板做壳，要求造纸厂按照新星出版社的配方造纸，只是为了让书轻一些，品质高一些；

——开本易于携带，方便阅读，经过反复测试，拿在手里阅读最舒服，虎口不累；

——每页624字，24行、26列，基本可以不要上下左右晃动脑袋，就能把每页的文字看完。

——红壳面上烫银，更大胆地烫上红漆片，装帧设计风雅脱俗，令人印象深刻。

——译稿编辑时逐字逐句互读，既要文字优美，又要语感清越，朗朗上口。

所有这一切，构成了"午夜文库"经典的精装小红壳，极具辨识度（见图2）。现在，很多品种在二手书市场上还能升值许多倍，成为收藏者

图2 2006年，"午夜文库"推出第一部作品《八百万种死法》

的心头所爱。

然而，超前的理念起初并不为市场所接受，在小红壳出到 32 本之后，"午夜文库"被迫改作平装。即便如此，新星的个性仍在——平装开本为 145×220 毫米，比标准的国际 32 开本还是高了 10 毫米。虽然只有 10 毫米，但足以让"午夜文库"在与市面上众多图书同时亮相时显得亭亭玉立、卓尔不群了。

十年之后，自 2016 年起，新星出版社陆续将《无人生还》《向日葵不开的夏天》《希腊棺材之谜》等推理名作以经典小红壳的形式推出，立刻引起读者的关注和追捧。这也许再次证明了，当初的做法并非不够好，而只是超前于当时的市场了。这也证明，注重改善阅读体验的努力终究会得到读者的认可。

这样的例子还有不少。比如，为了让图书具有更好的摊平效果和更轻更便携的体验，新星出版社成为最早引进和使用瑞典环保纸的出版社。新星出版社还特别重视装帧设计，劳伦斯·布洛克的封面方案是从五十多个方案中选定的；阿加莎·克里斯蒂作品则采用欧洲传统的绘画手法，铅笔起稿，水彩上色，以精美雅致的封面装帧，最大限度地还原了作品中浓浓的英伦风情。直到现在，新星出版社每一本图书封面的确定，仍需要经过较为严格的讨论和审核。许多读者仅从装帧设计上，就能认出新星出版社的图书来。

（三）品牌传播：借势社交媒体走近读者

2004 年之前，新星出版社在国内市场上毫无知名度可言。对于初生的新星出版社，品牌传播的重要性远超一般同行。事实上，新星出版社也非常重视品牌传播，是国内较早设置独立部门开展品牌传播的出版社。为了传达出"午夜文库"的气质，新星出版社设计了以"m"为主体造型的文库标识。"m"，代表了 mystery 与 midnight。设计人员毫不手软地把"m"

切掉一块，既是装饰，又造成悬念，更加契合文库"阅读之前，没有真相"的气质。后来的"幻象文库"沿用了同样的传播理念，它的口号是"想象，比知识更重要"。

作为一家主要读者偏年轻化的出版社，新星出版社特别善于利用新媒体手段开展品牌传播。在社交媒体时代之前，经济实力薄弱的新星出版社就尝试开设了大侦探论坛等网站，加强与读者的直接交流，提升品牌影响力。

社交媒体兴起之后，新星出版社作为国内出版界最早的尝鲜者之一，迅速探索出一套具有新星风格的社交媒体运营模式。早在微博初兴的 2010 年，新星出版社就开设了微博与读者加强互动，而且一开就是三个："新星出版社"、"午夜文库" 和 "谢刚"。三个微博分别代表着机构、产品和个人，形成了各具特点、立体联动的传播体系。"新星出版社" 主要发布图书出版、市场营销活动、媒体声音等新闻资讯类信息，特别是在举办线下活动时同步进行线上直播，放大了活动效果；"午夜文库" 主要介绍推理小说这一主打产品，聚集粉丝，为开展运营 "午夜俱乐部" 打好基础；"谢刚" 人气最旺，粉丝中不乏社会名人、媒体、大 V，以鲜明的个人观点和魅力展示了出版人的形象，有效地开辟了一条与读者、作者、媒体互动的新型渠道。

微信时代的来临，为新星出版社的品牌传播提供了新的舞台。2018 年，在中国新闻出版传媒集团、中国全民阅读媒体联盟举办的第三届 "大众喜爱的 50 个阅读微信公众号" 推荐活动中，新星出版社微信公众号再次入选。有 15 家出版社的公众号入选该榜单，而新星出版社的出版规模在这 15 家出版社中是倒数的。能够与有着庞大读者基础的同行达到同样的传播效果，新星出版社微信公众号自有一套运营之道——有人格化的运营，但并不空洞卖萌，而是始终以推介图书、介绍文化为基础，每一篇推送的文章都有信息量和可读性，原创比例高，确保推送水准。在运营过程中，新星出版社微信公众号探索尝试了依托图书产品的栏目化操作。2016 年，新星出版社出版了《BEAMS AT HOME 2：136 个人的家与生活》，这本书以图片实景介绍了 136 个普通人的家装和生活。新星出版社在推送介绍图书的基础上，开设每周一期的专栏，通过十多期的连续报道，对社内编辑、社外生活达人的住所进行探访，迅速引起了读者的强烈共鸣和热烈反馈。这一成功策划，成为当年书业营销的知名案例。在此基础上，新星出版社将社交媒体传播成果导向直营渠道，为午夜俱乐部、天猫旗舰店聚集了一批颇具忠诚度的粉丝，产生了稳定的收入。

二　定位之辩：新星还是"小而美"吗？

2011 年，新星出版社实现了第一次融资，读者出版传媒股份有限公司成为新星出版社的新股东。2007 年，新星出版社自建了发行队伍，成为体系完整的出版机构，尽管规模还很小，但业务链条终于完整了。从此，新星出版社摆脱了发行受制于人的窘境，逐渐熬过了需要社领导抵押个人住房维持现金流的最为艰难塞困的草创时期，呈现出良好的发展势头。一系列的发展设想提上议事日程：图书出版正值上升期，需要扩大规模；刚搭建不久的有声书平台声动网是新星出版社迈进互联网世界的入口，必须利用窗口期加快投资发展。此时，出版业转企改制的改革浪潮日渐高涨，市场环境、政策环境都较为有利，新星出版社与同属出版传媒行业的读者出版传媒股份有限公司一拍即合，完成了第一次融资。这一次融资顺理成章，水到渠成。新星出版社乐观地认为，在很长一段时间内，都不必为资金发愁了。

一直以来，新星出版社都以"小而美"为发展目标，专业化、有特色、有格调、有个性，不盲目追求规模。在某些增长过快的年份，新星出版社还会主动降速，把发展节奏缓下来。

必须指出，"小而美"并非书斋文人一厢情愿、不切实际的田园牧歌式的空想。出版行业自有其特殊性，它是智力密集型行业，资本门槛相对较低。在国内外的实践中，"小而美"的出版机构都是普遍存在的。无论是我国出版史上，还是国外成熟的出版市场上，都存在大量的小型出版社，创办者们或出于志趣，或因为传承而投身出版，虽不能扩大规模，但维持生存绰绰有余。有研究出版的学者指出，一个良好的出版生态，既能容得下规模巨大的出版集团，也能让有特色的小型甚至微型出版社生存运转。正是这样的行业生态，保存了弥足珍贵的文化多样性。

如果说第一次融资更多的是解决资金不足的问题，同属出版传媒行业的读者出版传媒股份有限公司对传统出版业的发展速度和规模有充分的理解，那么，当融资机会再次来临时，新星出版社"小而美"的理念多多少少受到了挑战。2014 年，新星出版社再次融资，这一次新加入的股东是建投华文传媒投资有限责任公司，它是中国建投在文化传媒领域进行战略布局的专业投资和运营平台。再次融资，意味着将来要以更高的增长速度、更大的发展规模以及实实在在的利润分红来回报股东。既然坚持"小而美"，为什么还要如此积极地拥抱资本呢？

首先，还是对资金的需求。随着业务规模的扩大以及市场竞争环境的日趋激烈，新星出版社要巩固和扩大版权资源，特别是在侦探推理、科幻奇幻等主打产品线的内容积累，就要投入更多的资金。新星出版社 2006 年推出"午夜文库"时，500 美元的预付金就能拿下一部经典作品。而现在，要拿到顶尖作家的作品，要付出十倍甚至更高的投入。此外，此时的新星出版社还在积极探索新的业务板块，如数字出版、文创产品开发、幼儿教育等，这些都需要资金投入。

其次，随着 IP 概念的兴起，文化产业各大板块融通跨界趋势已经初现端倪。与互联网、影视、游戏等行业比起来，出版业不仅整体业务模式传统陈旧，产业规模更是落后几个量级。由于历史原因，出版业沉淀了一批内容版权。这是出版业在 IP 开发浪潮中最重要的资本，如果运营得当，能够通过让渡部分权利获得较高的 IP 开发收益。但是未来，受制于出版业的整体竞争力，出版社会不会沦为 IP 开发整体布局中的图书产品输出端口？为了不在未来的跨界竞争中掉队，新星出版社需要在较短的时间窗口期内储备资源，并抓紧发展扩大到一定规模，才能维持相应的竞争力。因此，融资就很有必要了。

最后，也是新星出版社最为看重的，建投华文与以往的股东都不同，是专业的投资平台，对企业管理有着深刻的认识和丰富的经验。建投华文的投资和加入，能够推动出版社建立现代企业制度，在资本、管理、资源等多个方面提供助力，让新星出版社的发展迈上新的台阶。

在 2014 年的融资之后，新星出版社利用资金扩大了生产规模，2017年造货码洋达到两亿元，逐渐达到了中型出版社的规模。特别是在侦探推理、科幻奇幻、生活方式、人物传记等领域，积累了一批优质版权资源，推出了许多精品图书。与此同时，企业制度也实现了升级，许多先进的管理理念和制度在新星出版社落地，为新星出版社的未来发展打下了良好基础。在探讨未来更长远的发展时，新星出版社也一度考虑过推动上市的可能性——这在出版业界已经并不新鲜——并为此做了初步尝试，但很快发现条件尚不成熟。

当"小而美"的理念与出版社的发展现实产生碰撞时，新星出版社选择了积极拥抱资本，迎接机遇与挑战，并重新诠释了"小而美"：不再执着于规模大小，而是坚持深耕小众细分市场，深挖市场潜力，成为专业的类型文学出版机构。

三　未来之路：新星能继续相信类型文学吗？

在图书出版之外，新星出版社也在积极探索开展多元化的业务布局。主要包括几个方面：进军互联网市场，建立了以音频产品为主打的声动网（见图 3），并开发了基于移动端的 App；开发文创产品，创立了"纸马

PaperMark"文创品牌；进军教育领域，引入德国合作方成熟的教育模式，投资了早教幼托、玩教具开发等项目。

图3　声动网已储备近2000小时的自主版权有声产品

实践证明，与图书出版关联较深、商业逻辑一致的业务，能够取得一定的进展；而与图书出版相隔较远的，则事倍功半。上述几项新业务中，声动网基于新星出版社原有的"午夜文库"等内容资源开发有声产品，在内容、受众等方面可以较多地借助图书出版的资源和品牌优势，商业逻辑和操作模式与图书出版业务也同属IP开发运营的范畴，因此取得了较为扎实的进展。目前，新星出版社已经取得有声产品制作、互联网（包括移动互联网）运营的全部资质，储备了一批优质资源，有望在未来有声市场的爆发期成为新的增长点。而在其他领域，新星出版社则有力不从心之感，已在逐步收缩战线。多元布局的探索、新兴业务的实践，让新星出版社进一步认清了自身的优势与能力，对未来发展的思路也更加清晰。

综合研判政策形势、行业趋势和自身优势，新星出版社在未来将坚持深耕类型文学，不断开发类型化产品，保持内容和品牌特色，为用户提供愉悦而有价值的阅读体验和更多增值服务。

（一）开展高质量国际合作，推动中国作品走向世界

新时代有新时代的形势要求。2015 年，中共中央办公厅、国务院办公厅印发了《关于推动国有文化企业把社会效益放在首位、实现社会效益和经济效益相统一的指导意见》。2018 年，中央宣传部印发了《图书出版单位社会效益评价考核试行办法》，细化明确了图书出版单位社会效益评价考核指标和评分标准。随着一系列政策文件的出台，导向要求已经非常明确：文化企业无论怎样改革，都要坚持以社会效益为先，不能 "被市场牵着鼻子走"。

根据有关文件，社会效益的项目囊括了出版社主要业务的各个方面。除了满足一般性的要求，新星出版社还将重点开展高质量国际合作，推动 "午夜文库" "幻象文库" 的优秀作品走向世界，这是新星出版社结合自身实际，创造性落实政策要求的一项重要举措。作为中国外文局旗下出版社，新星出版社本身具有对外出版的基因，又在多年出版工作中与海外出版同业特别是哈珀·柯林斯、岩波书店等国际大社名社保持良好的业务往来，已经具备了良好的工作基础。新星出版社将充分利用各种合作平台，巩固深化高水平的国际合作，推动优秀的中国作品在海外落地。同时，此举也将有助于新星出版社更好地获取海外优质版权资源，真正做到了 "把社会效益放在首位，实现社会效益和经济效益相统一"。

经过多年深耕推理文学的努力，"午夜文库" 已逐渐成为国内原创推理出版的高地。2018 年，"午夜文库" 作品《元年春之祭》在日本著名的早川书房出版之后，一直高居日本亚马逊悬疑推理类排行榜前五名，《朝日新闻》《读卖新闻》等对作者陆秋槎及作品进行了广泛报道，引起了热烈反响。日本出版界直言："《元年春之祭》的水平确实很高，让我们有一种之前误解了中国作品水平的感觉。" 日本著名推理小说翻译家、评论家大森望发表评论："最近在中国，除了陆秋槎，时晨、陆烨华等以新本格

推理风格进行创作的作家不断涌现，期待今后能有更多作品引进日本。"著名推理小说家有栖川有栖多次称赞《元年春之祭》并表示："中日两国推理文学或许将进入切磋交流的新时代。"

目前，《元年春之祭》已经输出日文、韩文、越南文版权（见图4），《刀锋上的救赎》等作品还得到了大众出版巨头哈珀·柯林斯的关注，日本岩波书店、东方书店对"幻象文库"的中国原创作品有很高的兴趣。所有这些，都证明了中国类型文学创作的巨大进步，在未来，新星出版社也仍将是其中持续的推动力量。

图4 从左至右分别为：《元年春之祭》中文版、日文版和韩文版

（二）积极拥抱互联网，探索融合发展的出版转型

互联网的不断进化发展，深刻地改变了世界的运行状态。许多传统行业被颠覆，更多的行业因互联网而获得新生。互联网也为传统的出版业带来了机遇。传统出版业对读者的认识是很模糊的，互联网拉近了出版社与读者的距离。

新星出版社将积极探索融合发展的出版转型。以声动网为基础，以类

型化文学产品为依托，以忠实粉丝服务为核心，打造数字化运营平台。实现由数字内容销售模式，向网络用户服务模式的转变。做大天猫旗舰店、有赞微店等网络垂直渠道，深入了解用户个性化需求，通过运营午夜俱乐部，通过类型文学产品的整体 IP 开发，充分发挥社交媒体在品牌传播中的作用，构建以用户为核心的，集产品开发、发布、销售、营销、交流于一体的互动出版生态，积极探索新的业务增长点。

目前，新星出版社在电子、有声产品开发及品牌传播等方面，对互联网已经有很好的应用基础。未来，新星出版社将把互联网思维应用于业务的全流程，其核心在于认知、聚集和服务用户。将综合现有内容资源，开发具有新星特色的互联网产品，适时推出"午夜商城"自营平台，以网络直营为切入口，积累用户消费大数据，完善用户画像，不断改善产品开发，为用户提供更具针对性、更有价值的阅读服务。

（三）培育优质原创作品，实现 IP 价值最大化

综合来看，新星出版社的优势是以图书出版为基础的 IP 综合开发运营。经过十余年的持续努力，积累了以类型文学为主打的优质内容资源，与海外出版社建立了较为稳固的合作关系，聚集了一批国内顶尖的作者，具备持续获取优质内容的潜力；图书出版经验丰富，有稳定高效的编辑、翻译、营销、发行队伍；拥有较高的品牌知名度和美誉度，特别是在类型文学细分市场上建立了竞争优势；IP 综合开发运营初见成效，电子、有声产品已经获得一定的市场占有率，影视、游戏版权开发正在由偶发的成功单品转向有意识的机制化运作；此外，优质版权的海外输出也开始贡献收入。综观新星出版社近几年的收入结构，图书出版、电子图书、有声图书、海外版权输出等都保持了稳定增长，仅有影视、游戏版权运营尚未形成稳定的收入。但影视、游戏两大行业均处于高速发展期，版权运营具有广阔的发展前景。

在各个图书品类中，文学作品是最适合进行 IP 综合开发运营的。未来，新星出版社将持续深耕"午夜文库"、"幻象文库"两大类型文学产品线，发力原创产品开发，储备具有全版权的优质内容资源。近年来，新星出版社已经有意识地加大对原创作品的扶持力度，出版比重明显提高，培育出一批优秀的青年作家。在具体操作上，新星出版社将自主进行电子、有声产品开发，对于投资较大、风险较高的影视、游戏等产品，以版权授权为主，实现 IP 价值最大化。

环球人物：
打造人物报道
全媒体旗舰品牌

一 国内综合时政类第一大刊的崛起之路

《环球人物》杂志由人民日报社主管、主办，以报道国际、国内各领域新闻和热点人物为主要内容，在坚持正确舆论导向的同时，定位高端、时效性强、可读性高、文风生动、贴近市场。从2006年创立以来，《环球人物》历经13年面向市场的艰苦奋斗，内容质量和经营业绩快速稳步提升，从一本名不见经传的普通读物，发展成为国内发行量大、具有影响力和权威性的综合时政类期刊。目前《环球人物》公司体系中包含3家公司：《环球人物》杂志社、北京环球人物传媒广告有限公司、环球人物新媒体文化传媒（北京）有限责任公司（见图1）。

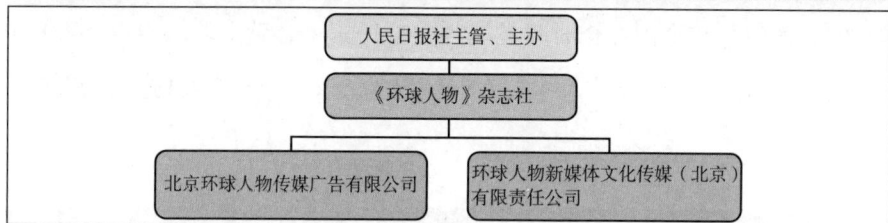

图1 《环球人物》 公司结构

（一）紧抓办刊质量，走市场化道路（2006~2008年）

2006年3月，由人民日报社作为出资方，在北京市工商局注册成立了《环球人物》杂志社（企业法人），企业性质为国有独资，注册资本金1020万元。同年6月，又成立了北京环球人物传媒广告有限公司，代理杂志的广告、发行等经营业务，注册资本金2000万元。

创刊第一年，《环球人物》的发行量从零起步，增长到近3万份；第二年，单期发行量最高时近 5 万份。2008 年，《环球人物》的发行模式初步成形，品牌建设初见成效，开始组建广告销售团队。

（二）坚持内容为王，实现持续盈利（2009～2013年）

2009 年，《环球人物》由半月刊改为旬刊，全年订价翻倍，发行量增长 50%，单期发行量达 9.3 万份，广告收入增长 100%，总体实现盈利。

从这一年开始，《环球人物》进入持续增长阶段：2010 年，单期发行量比上年增长 37%，自主广告收入增长 25%，总体经营规模接近3000 万元，实现持续盈利；2011 年，发行量较上年增长 47%，居全国时政类期刊前三名，全年经营收入较上年增长 30%；2012 年，《环球人物》发行量较上年增长 22%，广告收入增长 30%，全年经营收入增长20% 。

2013 年，《环球人物》入选国家新闻出版广电总局评选的 "中国百强报刊"，发行量在全国综合时政类期刊中位居第一，营业收入突破 5000 万元。2006～2013 年《环球人物》发行情况见图 2。《环球人物》获奖历程见图 3。

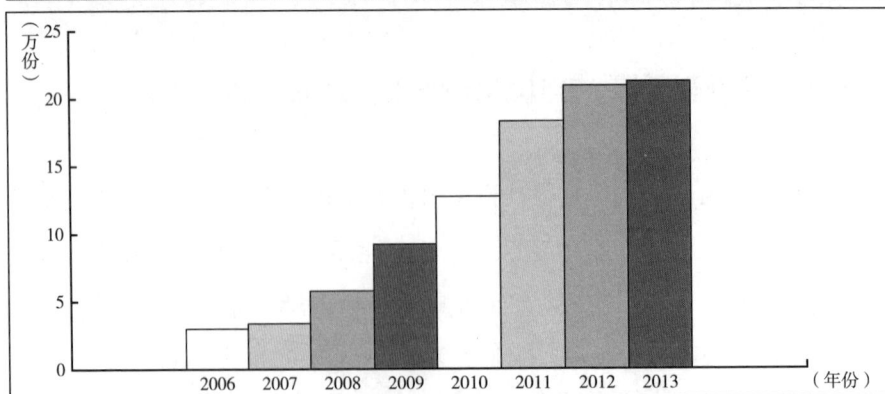

图2　2006～2013 年 《环球人物》 发行数据

图 3 《环球人物》杂志获奖历程

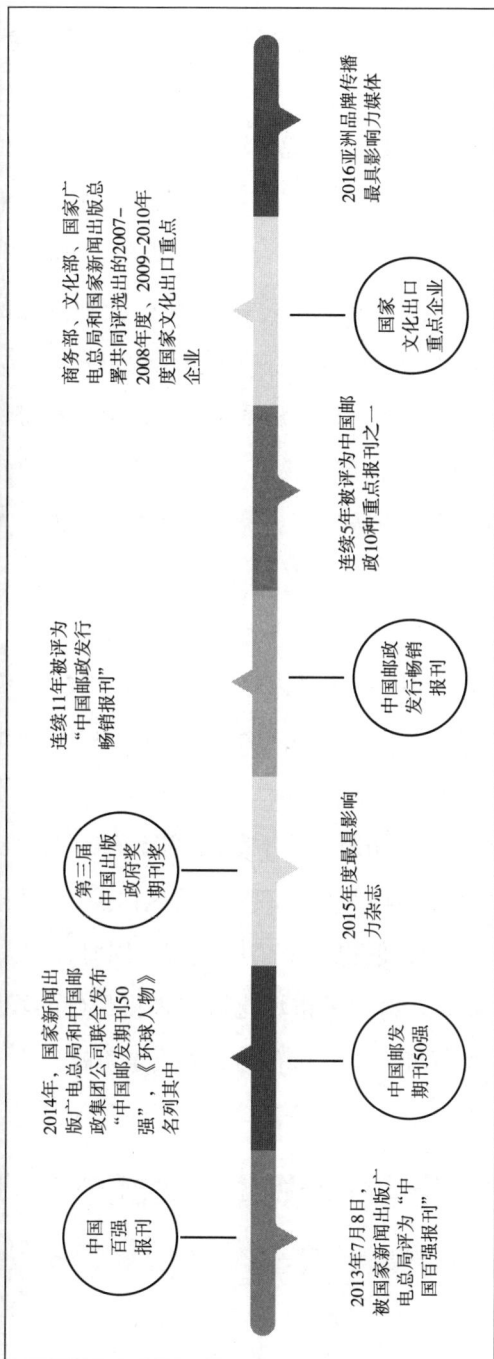

中国百强报刊

2013年7月8日，被国家新闻出版广电总局评为"中国百强报刊"

中国邮发期刊50强

2014年，国家新闻出版广电总局和中国邮政集团公司联合发布"中国邮发期刊50强"，《环球人物》名列其中

第三届中国出版政府奖期刊奖

连续11年被评为"中国邮政发行畅销报刊"

中国邮政发行畅销报刊

2015年度最具影响力杂志

连续5年被评为中国邮政10种重点报刊之一

国家文化出口重点企业

商务部、文化部、国家广电总局和国家新闻出版总署共同评选出的2007—2008年度、2009—2010年度国家文化出口重点企业

2016亚洲品牌传播最具影响力媒体

（三）尝试多种经营，谋求媒体转型（2014年至今）

2014 年对于《环球人物》来说是转型的一年。一方面，杂志的发行工作在艰难中继续前行，2014 年国家新闻出版广电总局和中国邮政集团公司联合发布"中国邮发期刊 50 强"，《环球人物》名列其中；另一方面，多年的市场化生存，让《环球人物》敏锐地感受到纸媒的衰落是大势所趋，只有立刻转变思维，才有可能顺应大势、谋求发展。

2014 年 10 月，经人民日报社编委会批准，由《环球人物》杂志社出资 200 万元，注册成立了环球人物新媒体文化传媒（北京）有限责任公司，业务范围包括运营环球人物官方微信、微博，环球人物网及人物采访的视听产品等。

新媒体业务的迅速发展，为《环球人物》的经营注入新的活力。在杂志订阅量小幅下滑的同时，《环球人物》总体营业收入持续增长，利润率达到 10%。同时，杂志社同仁开拓思维、大胆创新，生产出备受市场欢迎的文创项目《中国大阅兵》增刊。

2015 年，在全行业经历断崖式下跌的情况下，《环球人物》发行量保持在同类期刊首位，营业收入增长 27%，是国内发行量最大、最具影响力的综合时政类期刊品牌，取得了不错的业绩。同时，在人民日报社主管、主办的刊物中，《环球人物》是市场化道路走得最好的媒体之一，为丰富和延展人民日报社媒体矩阵、扩大传播力做出了贡献。

二 盈利模式：杂志 + 新媒体 + 文创产品 + 环球人物榜

《环球人物》秉承"内容为王"的理念，专注于内容，立足于内容，发力于内容。在提供优质内容的基础上，吸引读者、聚合用户、发展客户，提供有市场竞争力的产品和服务。随着《环球人物》品牌影响力不断提升，杂志经营规模也稳步增长，体现了市场对优质内容的认可。在具体经营工作中，根据媒体行业变革的需要，《环球人物》逐步转型为集纸媒、新媒体、文创产品及活动定制等业态于一体的全媒体服务提供商。

《环球人物》早已改变了传统纸媒单纯依靠发行广告的盈利模式。构建起杂志＋新媒体＋文创产品＋环球人物榜的多种经营创收模式。杂志是稳定的大后方，新媒体是与行业短兵相接的前沿阵地，文创产品和环球人物榜是创新业务的支柱（见图4）。

图4 《环球人物》 盈利模式

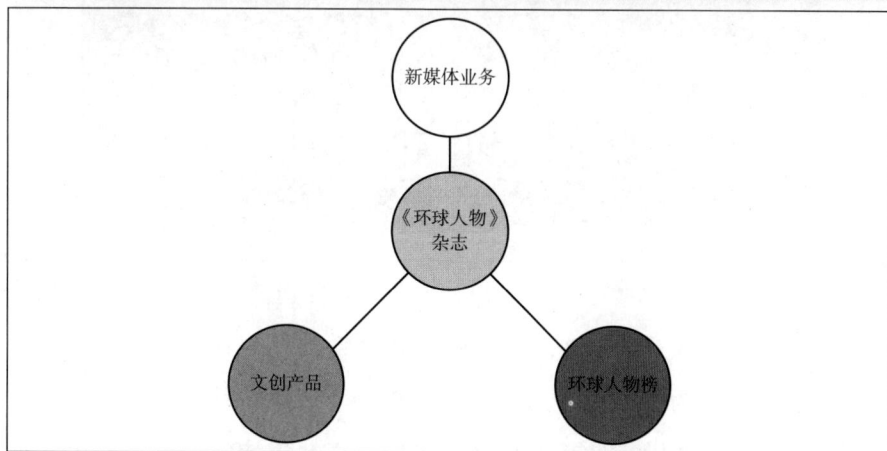

（一）立足传统纸媒：发行 ＋广告

对于传统媒体来说，发行＋广告收入是最主要的收入来源。这也是《环球人物》早期的盈利模式。优质内容使《环球人物》树立起高端、权威、专业的媒体品牌，为经营工作的开展奠定了基础。

在发行方面，《环球人物》一直坚持邮局订阅和报摊零售两条腿走路，连续 11 年被评为"中国邮政发行畅销报刊"，在全国 1 万多种邮发报刊中，保持每年订阅量增幅名列前茅。《环球人物》还特别注重渠道建设，连续多年进驻全国两会（见图5），成为博鳌亚洲论坛重点阅读刊物之一。

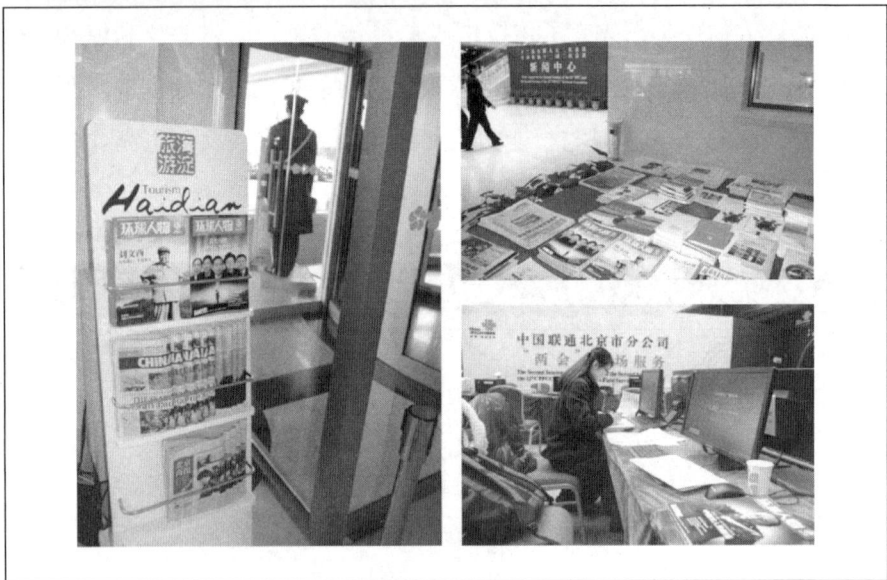

图5　2014 年两会期间，《环球人物》杂志在新闻中心及会场展示

近年来，纸媒发行持续大幅下降。在这样的行业环境下，《环球人物》坚持以内容为核心竞争力，继续在机场书店等特殊代理渠道加大推广投入，实现总体发行量基本平稳，机场、高铁等特殊渠道实销率同比提高（见图6）。

在传统的邮局征订和代理商零售两种发行模式的基础上，《环球人物》杂志还开辟了大客户订阅模式，将全国划分为九大片区，每个片区由一位发行站长全权负责当地邮局、代理商和企业客户的拓展与沟通。对发行站长的绩效考核，以当月区域实际发行量、回款率、实销率、增长率为标准，责任到人，奖罚分明。同时，由于发行部精打细算，自办物流，压缩成本，在发行量一度减少的情况下，实现发行盈利继续增长。

图6　《环球人物》杂志加大推广投入，通过各种渠道促进零售

| 上海机场杂志展示 | 上海便利店杂志展示 | 成都火车站杂志展示 |

在广告方面，《环球人物》一直坚持高品位广告，与一批高端企业客户建立合作关系，并得到充分认可。近几年，在新媒体不断崛起的过程中，平面广告市场渐入冷冬，客户投放量逐渐紧缩，《环球人物》的广告业务饱受冲击。压力也是动力，在艰难的市场行情下，《环球人物》一方面稳步向前，维持老客户的固定投放；另一方面广开思路，拓宽创收渠道。

2017 年，传统广告业务实现了净创收比上年有所增长。更为重要的是，对传统业务的不放松，就意味着对"办好内容"的追求和理念不放松。这就为经营创新打下了基础。图7 是 2017 年各期杂志在全国零售市场的实销率情况，《环球人物》以此作为读者对杂志内容认可程度的重要依据。

（二）布局新媒体，实现新收入

严格意义上说，《环球人物》自创刊第二年就开始进行新媒体尝试：2007 年初，环球人物网正式上线；2009 年 11 月，官方微博上线；2010年，成立新媒体中心；2012 年，注册官方微信公众号。环球人物网、官方微博、微信公众号多平台协同发展的新局面逐步形成。

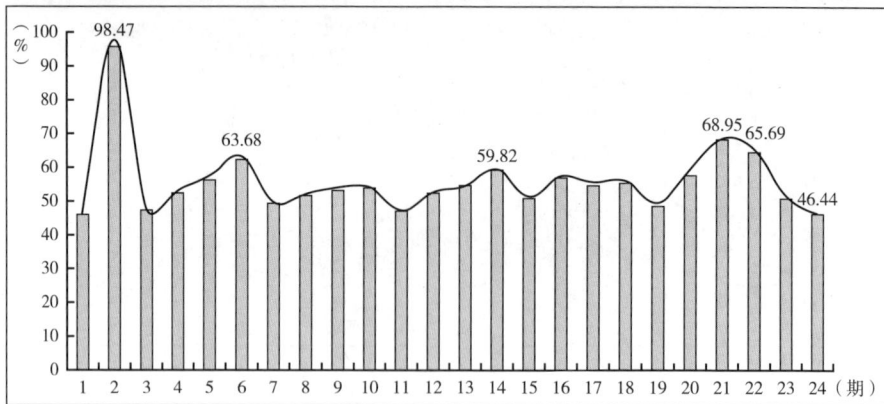

注：杂志自 2017 年 1 月 1 日起改为半月刊。

从整个媒体行业来看，21 世纪的第一个十年过后，新媒体的发展如御风而行，一日千里，给传统媒体带来很大冲击。革新图存是每个新闻机构的内在需求，媒体融合发展更是传媒领域一场重大而深刻的变革。一方面，从媒体发展进程来看，数字传播平台的出现，迅速挤占传统媒体空间，已经成为社会主流人群和年青一代掌握信息、发表观点的重要渠道，这构成了对传统媒体，如《环球人物》杂志的重大挑战；另一方面，传统媒体纷纷转型，注重与新媒体的融合发展。面对这种严峻形势，推动传统媒体和新兴媒体融合发展刻不容缓，这也成为《环球人物》杂志改革发展的重要机会。

2014 年 10 月，《环球人物》成立全资子公司——环球人物新媒体文化传媒（北京）有限责任公司。公司在成立同时就着手申请"互联网新闻信息服务许可证"。2015 年，环球人物网成为国家一类资质新闻网站，拥有独立新闻采编权，并且新网站在上线仅半年的时间内，就在中央行业新闻网站电脑端传播力榜单中排名第六。

《环球人物》杂志官方微信上线后，以推广杂志稿件为基础，将《环球人物》杂志的品牌推广得更为深远，进入全国十大媒体类订阅号之列；2016年 10 月，环球人物服务号上线，为读者提供更加方便快捷的线上服务。

2017 年 1 月，紧跟新媒体发展趋势，《环球人物》正式组建专业的视听团队，并先后推出一系列以人物为核心的视听产品。其中，"人物视听库"资源体系建设项目是落实中央对传统媒体转型升级要求的创新之举，充分挖掘《环球人物》积累的高端人物采访资源，以音频和视频两种形式，对有影响力的人物、当代杰出英才、青年潜力人才以及国际权威人士进行视听专访，打破原有的单一杂志的形象，创新内容生产、推广和服务方式，促进传统媒体与新兴媒体在内容、渠道、平台、经营、管理等方面的深度融合。

该项目入选国家重点项目库，获得财政部文化产业发展专项资金支持。此外，《环球人物》还率先在人民日报中央厨房设立了"环视听工作室"，策划并实施了一系列颇具影响力的直播、录播节目。至此，《环球人物》实现了真正意义的全媒体、多角度讲述人物故事，完成了自身"人物报道全媒体旗舰品牌"的战略定位。旗下的新媒体矩阵包括：官方微信、官方微博、官方网站，人民日报"环视听"直播间，喜马拉雅（付费）音频以及《大咖的腔调》《开腔》《小史馆》等视频节目。同时，在人民视频、腾讯视频、爱奇艺、梨视频、头条号、一点资讯、百度百科、网易、UC、喜马拉雅等 20 多家主流音频、视频平台同步发布，形成全形态产品生产、全网络覆盖运营（见图 8）。

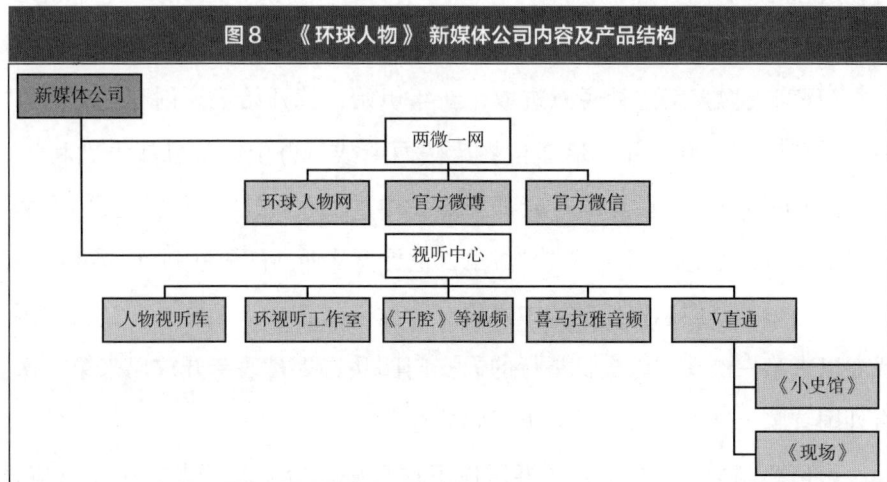

图 8　《环球人物》新媒体公司内容及产品结构

在盈利上，新媒体公司 2015 年创收近 300 万元，实现自负盈亏。2016 年，环球人物官方微信、微博和环球人物网，都在同类媒体排行中位居前列。2017 年，视频方面，品牌栏目《开腔》《大咖的腔调》，总播放量突破 2 亿。其中，董卿、王源等专访视频全网播放量破亿，成为业内现象级视频产品。音频方面，喜马拉雅环球人物官方账号的总播放量突破 7000 万，粉丝数突破 20 万，付费音频节目《商业思维进阶课》受到很多听众的认可。2018 年，孵化视频品牌"V 直通"，新上线口述历史栏目《小史馆》，并打通人民日报国际部资源推出《现场》栏目，实现高访记者对国内外大型会议现场、重大出访活动的零距离跟拍；紧跟短视频发展趋势，在抖音、快手等新兴短视频平台上开设账号并上传创新作品，获得良好口碑。

众多的新媒体音视频产品，让《环球人物》新媒体突破了单纯依赖广告的经营模式，在原创内容和短视频节目上实现了营收，为下一步的多元化发展奠定了基础。

（三）尝试文创业务，加大创新投入

《环球人物》的文创业务，发端于 2015 年。当时，纸媒整体处于衰落态势，杂志的发行、广告日益艰难，新媒体有待继续发展，控制成本、节流之外，如何开源、拓展新的营收方式，是《环球人物》思考的重要问题。

《环球人物》杂志社锐意进取，新年伊始，就开始策划创刊以来的第一个增刊项目。2015 年，恰逢世界反法西斯战争暨中国抗日战争胜利 70 周年。9 月 3 日，全世界的目光都聚焦在中国北京。这一天，天安门广场上隆重举行了纪念中国人民抗日战争暨世界反法西斯战争胜利 70 周年阅兵式。这是习近平同志担任党和国家领导人以来的首次大型阅兵，是新中国成立以来第一次在非国庆日举行的天安门阅兵，更是改革开放以来第一次有外国首脑出席的阅兵，具有里程碑的意义。

《环球人物》杂志相关同事抓住了这个好内容、好选题，快速反应，将媒体生产全流程有机融合，完成了策划。3月27日，《环球人物》杂志社向人民日报社企业监管部申报了关于出版《中国大阅兵》增刊的请示，获得人民日报社领导的同意，并受到高度重视。

这一产品的特色在于打破了传统杂志的定期发行模式，创建了以大事件、大题材为目标，快速完善的书刊反应机制。《中国大阅兵》是国内最快最早反映大阅兵题材的书刊，相关工作人员夜以继日，与人民日报社、新华社、解放军报社紧密协调图片，全国多地同时开机，近万人参与各个流程，最终实现"9·3"大阅兵的第二天，《中国大阅兵》大型纪念图册面市（见图9）。

图9　2015年9月，《中国大阅兵》图册首发式在河南安阳举行

通过协同办公，内容生产与产品运营、广告营销、电子商务等各个部门形成有机整体，真正实现无缝衔接，互相促进。在多种营销手段的充分宣传预热之下，在"9·3"大阅兵前，《中国大阅兵》就预订出10万多册。"9·3"大阅兵后，全国各地纷纷抢购，《中国大阅兵》多次加印，供不应求。截至2015年12月31日，《中国大阅兵》销量突破50万册，实现利润1500余万元。

《中国大阅兵》增刊的成功，不仅实现了《环球人物》当年经营业绩的突破，更重要的是，也为杂志社明确了今后经营转型的方向。围绕"办好内容"赋予的核心竞争力，《环球人物》开拓经营创新，将自身策划内容的优势与中国邮政的营销优势相结合，创造性地开展了文创产品经营业务。

2015 年下半年，《环球人物》杂志社推出《2015 习马会纪念图册》，限量发行 1 万册，两周之内全部被山东邮局预订。2017 年，环球人物文创部门围绕"新春贺岁、政治热点、地方订制"三大题材，策划发行了多个文创产品，包括《大吉大利百吉图》《斗彩鸡缸杯》《雄安大铜章》《盛世大检阅》《美丽北疆·内蒙古 70 周年》等。

（四）打造人物榜单，塑造品牌活动

《环球人物》的品牌活动发展分两个阶段。第一阶段，根据合作方的要求策划活动，并且进一步开发资源，在扩大杂志影响力的同时，创造一定的经济效益；第二阶段，主动调动手中资源，策划人物类品牌活动，打造符合自身定位的"人物榜"。

1. 开放思维，尝试活动变现

2013 年，《环球人物》举办首届"中国梦·美丽中国大型国画展"（见图 10）。在连续办好两届国画展的基础上，2015 年，《环球人物》重新定位，专注青年艺术家和价值比较稳健的工笔题材，推出了"精微致远·2015 当代青年工笔人物画学术邀请展"，并首次邀请专业策展人和艺术理论家参与，展览获得艺术家、理论家、媒体和艺术爱好者的一致好评，反响热烈。

在对艺术行业进行数年调研、测试的基础上，《环球人物》孵化的艺术品电商项目——环球人物艺术品淘宝专卖店于 2015 年上线。该项目短期内专注于珠宝首饰等艺术品的开发与销售。为确保产品的质量与信誉，专卖店与国内知名珠宝商及中国地质大学珠宝学院等专业资源合作，开发珍珠、蜜蜡等品类的产品，初步尝试艺术品销售。

2017 年，《环球人物》进一步招揽人才，打造名为 "艺收藏" 的权威保真艺术品交易平台，试水艺术作品拍卖等领域。在 502 天的上线过程中，艺收藏共举行 133 场拍卖，拍品涵盖国画、紫砂、油画、砚台、陶瓷等类别，成交额达万元以上的共有 39 场。2019 年，"艺收藏" 更名为 "人民艺术"，重新起航，除代理销售名家名作之外，也策划并举办大型艺术活动。

2. 沉心静气，打造品牌人物榜

2016 年是中国金融科技界的 "元年"。《环球人物》杂志社联合中国人民大学国际货币研究所、格局商学院发布 "金融科技领军人物榜"，经过专业研究机构的认真筛选，最终评选出金融科技领域极具影响力的 20 位领军人物。该活动旨在宣传和促进中国金融科技领域的健康发展，聚焦近年来涌现的金融科技领军企业和杰出领导者。2018 年 1 月 6 日，第二届环球人物金融科技领军人物榜发布（见图11）。

图11 环球人物金融科技领军人物榜海报

第一届　　　　　　　　　　第二届

2018年12月21日，"第三届中国金融科技论坛暨中国金融科技领军人物和企业榜发布盛典"在人民日报国际报告厅隆重举行（见图12）。盛典现场公布了"2018年中国金融科技领军人物和企业榜"，10位领军人物、25家领军企业荣登榜单。当天下午，获奖的企业家还与学界、业界思想领袖参加了圆桌闭门研讨会。本次评选，力求寻找深耕金融科技领域、专注行业发展前沿、影响行业发展的领军人物和企业，为推动我国金融科技健康发展、服务实体经济贡献力量。

人物榜系列活动收支平衡，积累了良好合作、高端人脉资源，为环球人物的发展进一步提供助力。

总的来看，过去几年，在纸媒普遍遭遇断崖式下滑的行业背景下，《环球人物》的经营情况反而逆势上扬。在《环球人物》的经营收入中，来自杂志发行和广告等传统模式的经营收入占比为59%，新媒体、文创产品、品牌活动的收入占比已达41%（见图13）。从净利润贡献的角度来看，传统业务相对来说收入多、投入少，净利润贡献较多；而创新业务收入不少、投入也不少，仍处于起步和成长阶段。

图12　2018 年12 月， 中国金融科技领军人物和企业榜发布现场

图13　2017 年末， 杂志的经营收入中， 传统业务与创新业务占比情况

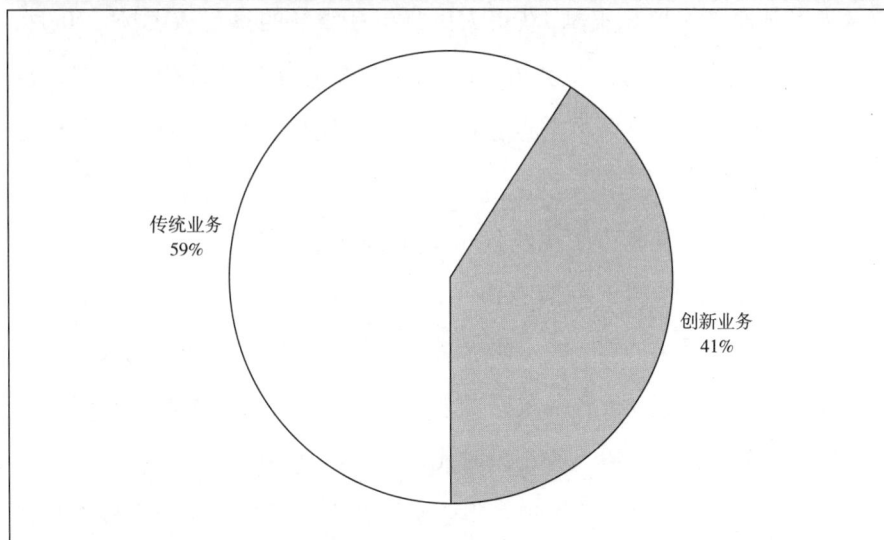

传统业务
59%

创新业务
41%

三　经营现状

2018 年，《环球人物》发行继续稳居全国综合时政类期刊之首，全年营收同比增长 5%，税后净利润同比增长 50%。优质内容和融合传播渠道，为经营工作奠定了基础。

（一）坚持内容为王，围绕重大新闻事件进行报道

《环球人物》杂志坚持"时政大刊"定位，紧跟国家重大新闻事件，推出了一批质量过硬、影响重大的报道，做到导向正确、市场认可。

2018 年 3 月，推出封面报道《你好！国家主席》，在两会会场、代表驻地引起强烈反响；4 月，推出特别报道《雄安，千年大计第一年》，受到新区领导、基层干部、人民群众一致认可（见图 14）；6 月，推出封面报道《人民领袖与人民日报》，获得人民日报社领导的肯定和表扬；10 月，推出封面报道《朱镕基，人生九十》，被海内外媒体广泛转载；11 月，推出全册珍藏版《金庸：九十余载家国，八千里路侠客》，引发社会各界对查先生的追思。

2018 年，杂志还重点围绕改革开放 40 周年进行宣传报道（见图 15）。从年初开始，开设专栏，每期专访一位经济领域名人，采写了包括宗庆后、迟福林、鲁冠球、吴晓波、胡福明、吴南生等在内的一大批改革开放的亲历者、弄潮者、践行者和观察者，引发社会各界高度关注，获得了广泛好评，真正做到了"以人物记录时代"。

同时，杂志的一批封面报道获得奖励。在人民日报社属报刊好作品评选中，《习近平读史》获得一等奖，《孙家栋，一生只为大国重器》获得二

图14　2018 年 4 月《环球人物》杂志特别报道——《雄安，千年大计第一年》版面

图15　《环球人物》杂志的改革开放 40 周年报道版面

等奖；在第五届中国传记文学优秀作品评选活动中，《汪品先，演绎科考版"老人与海"》获得优秀短篇作品奖。

（二）坚持融合发展，多平台讲述人物故事

在办好杂志内容的同时，环球人物进一步将内容优势转化为融合发展优势，在多平台讲好人物故事。

图文方面，发布微信原创稿件 800 余篇，通过加大提前策划及标题筛

选力度，稿件阅读量明显提升，其中十余篇阅读量突破 10 万＋，通过对留言区的经营与回复，粉丝互动性明显增强。同时，结合博鳌亚洲论坛、改革开放 40 周年等年度大事件推送的专题《环环跑博鳌》《40 年 40 人》等也受到网友高度好评。

视频方面，孵化视频品牌"V 直通"，以视频为切口直通高端人物第一现场。两档传统栏目《开腔》《大咖的腔调》共产出视频 200 余条，孵化出极具"90 后"特色的 IP 形象"朝阳咖"；新上线口述历史栏目《小史馆》；打通人民日报国际部资源推出《现场》栏目，实现高访记者对国内外大型会议现场、重大出访活动的零距离跟拍；紧跟短视频发展趋势，在抖音、快手等新兴短视频平台上开设账号并上传创新作品，获得良好口碑。

音频方面，环球人物喜马拉雅电台总播放量突破 2 亿；推出环球人物首档付费音频课程《全球富豪传记精读：商业思维进阶课》，进一步拓宽知识生产和传播方式，并进一步将该产品版权进行变现，推进实体书的出版（见图 16）。

环球人物新媒体报道全形态产品见图 17。

图16　喜马拉雅音频产品情况（截至 2019 年 5 月 29 日）

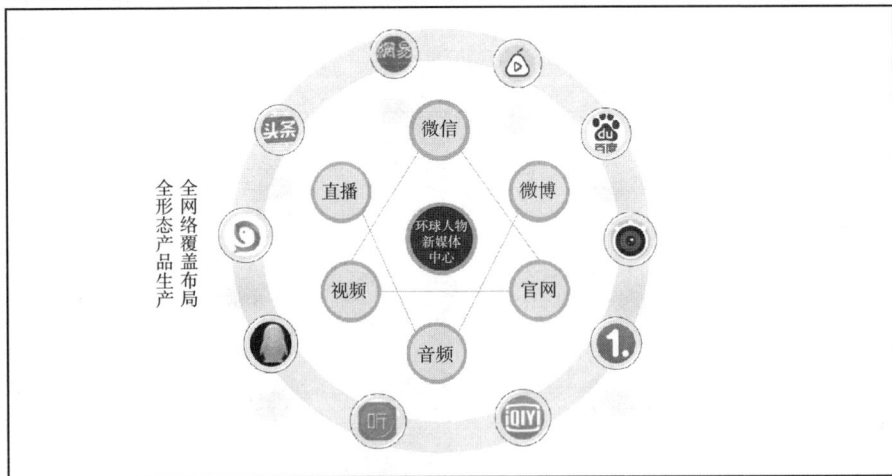

图17　环球人物新媒体报道全形态产品

（三）坚持经营转型，实现多渠道、多形式创收

2018 年，《环球人物》发行收入保持稳定，广告收入同比增长 10%，文创业务利润提升较大。2018 年《环球人物》的收入构成见图18。

发行业务方面，受纸价上涨影响，杂志印刷费增加了近30%，发行部大胆提出整合1～2个印点，杂志上市时间虽比之前晚1～2天，但节省印刷支出近50万元。同时，继续推进邮局订阅工作，杂志入选中国邮政2019年度10种重点报刊，订阅情况为集团公司对各省分公司的考核指标之一；继续做好大客户订阅工作，与国航、电信等企业签订大客户战略合作协议；继续做好零售发行工作，加大对机场、高铁书店的铺货，杂志实销率较上年明显提高。

广告业务方面，市场部在遵守政治纪律、宣传纪律、采编纪律的前提下，大胆想、大胆闯、大胆干。一方面，针对重大选题和峰会渠道的广告投放有所增加。年度订单客户如一汽大众、兄弟打印机等都保持了稳定投放，同时合作形式有所创新，合作平台有所拓展。另一方面，整合营销取

图18 2018年《环球人物》的收入构成

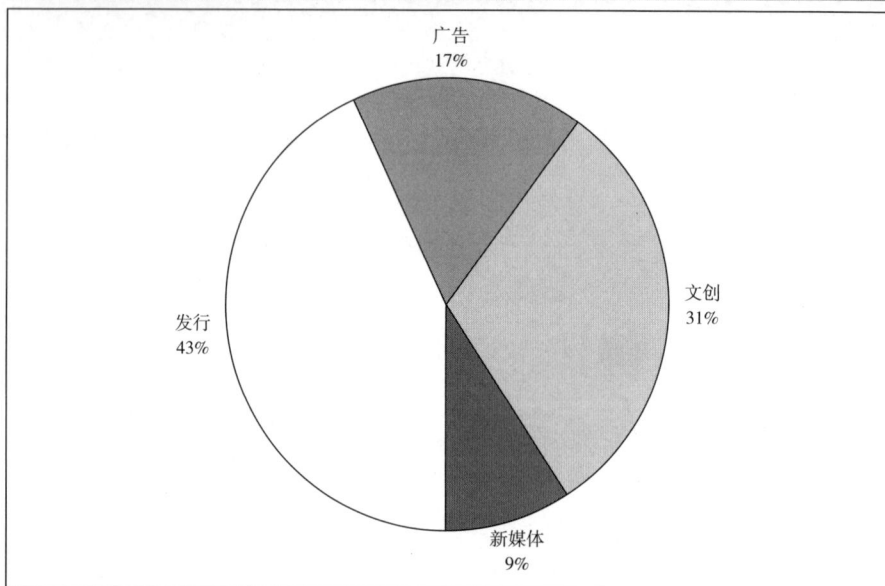

得了一些重要的项目成果。例如，配合杂志《典藏》栏目，进行杂志广告招商，推出馆长访谈、藏品报道，并联系线下教育活动等，得到国家文物局博物馆司的大力支持；配合新媒体喜马拉雅音频课，进行视频贴片招商。

文创业务方面，一是完成了"人民文创"的商标注册，进行了品牌保护，并积极宣传推广；二是策划和生产了系列文创产品。2018年，文创产品改变了过去单一的结构模式，产品序列扩展为4类：重大事件类、贺岁类、授权类和定制类。完善业务流程，每一件产品都要经过策划、研发、审核、包装设计、打样生产、销售、库存管理等多个环节。2018年开发的产品中，《辉煌中国》纪念画册取得了良好的社会效益和经济效益；与交通银行联合开发的改革开放纪念产品，受到市场的认可；为全国人大制作的邮票宣传册，被选为出访礼品。

在创新经营方面，打造了"环球人物榜"品牌活动，明确提出"以环球人物品牌为依托，通过整合媒体资源和行业资源，打造最具影响力和权威性的系列人物榜单，为杂志社多元化发展做出贡献"的创新经营思路。

四　未来规划：探索融合发展新路径

在融合发展、谋求转型的过程中，《环球人物》以一刊立社，深度经营，打通传统媒体与新媒体的边界，改变此消彼长、零和博弈的方式，形成此长彼长、合作共赢的局面。在办好杂志的同时，加快传统媒体和新兴媒体融合发展进程，做优存量，做强增量，努力抢占融合发展制高点。

在转型发展的这些年，《环球人物》探索出融合发展新路径，明确了长期发展的战略定位——打造人物报道全媒体旗舰品牌，即实现对各类人物资源的融合采集、融合制作、融合传播、融合经营。战略定位并不是空泛的目标，也非高远的理想，而是实实在在、一步一个脚印的做法，其实现途径就是"一引擎、二驱动、三创新"（见图19）。

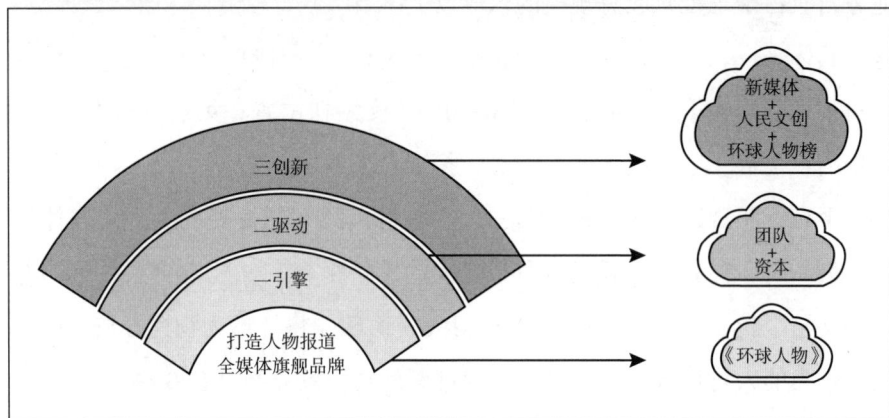

图19　《环球人物》的战略定位与实现途径

"一引擎"即以《环球人物》杂志为发展核心，"二驱动"即团队和资本，"三创新"即通过新媒体、人民文创、环球人物榜等创新业务，实现融合发展。

"一引擎、二驱动、三创新"是紧密相连、相依共生的有机整体。"一引擎"要为"三创新"提供强力支撑，"三创新"要带动"一引擎"实现

《环球人物》杂志社的腾飞。"二驱动"要为"一引擎"和"三创新"提供人力支持和财力支持。"一引擎、二驱动、三创新"是杂志社各项业务相互关系的形象表述，是实现战略定位的具体步骤。

（一）战略定位：打造人物报道全媒体旗舰品牌

作为人民日报社旗下的时政大刊，《环球人物》杂志拥有 13 年的市场经营探索和积累。在媒体深刻变革的时代，杂志社要努力把内容优势转化为融合发展优势，实现对各类人物资源的融合采集、融合制作、融合传播、融合经营，打造中国最具影响力的人物报道全媒体旗舰品牌。

环球人物旗下拥有《环球人物》杂志、新媒体、人民文创、环球人物榜等板块，在未来的发展中，不仅要深耕传统业务，还要扩展新兴板块，力争年营业额和净利润均实现两位数增长，来自传统业务和来自创新业务的营收各占一半；在此基础上，随着创新业务的不断发展，逐步实现创新业务营收占杂志社营收总规模的六成以上。

具体来说，第一，在同类期刊中，不断巩固《环球人物》杂志国内发行量第一、影响第一、品牌价值第一的时政大刊位置；第二，融合发展，深挖内容优势，紧跟技术变革趋势，拓展经营模式，打造一流人物报道全媒体平台，实现跨越式增长；第三，争取将人民文创发展成为主流媒体第一文创品牌，拥有自主开发能力与强大的销售平台，并建立自主品牌的艺术品交易平台，实现销售规模 5000 万元；第四，将环球人物榜办成国内最具影响力的人物评选活动之一，实现良好的经济效益与社会效益。

（二）"一引擎"——《环球人物》杂志及传统经营业务

1. 杂志：做中国人物报道的引领者

首先，人物报道的内容是无可争议的权威，人物报道的品质是当之无愧的翘楚，应具备权威、精湛的内容品质和典雅、大气的设计品相。具体而言，在政治人物报道中，形成跨越官方和市场的巨大影响力，锤炼独一无二的报道优势；在国际人物报道中，形成独具中国价值和中国声音的国际传播力，锤炼独树一帜的报道特色；在重大新闻事件中，形成深度调查和人物挖掘的双重亮点，锤炼厚重有力的报道支柱；在经济、社会、文化等领域的人物报道中，形成关切当下和关切心灵的高度结合，锤炼隽永明亮的报道情怀。

其次，以典雅的品相涵养人物报道，以大气的设计表现人物报道，以一流的视觉传递人物报道。具体而言，封面人物设计展现饱满的人性，人物肖像拍摄具有强烈的视觉冲击力，内页图文设计具有经典的审美旨趣。

再次，积极主动对接人民日报社中央厨房，加速融入报社整体融合发展进程，探索与中央厨房合作成立"人物高端访谈直播工作室"，打通编辑部、新媒体编辑部和视听部，努力实现"一次采集、一体策划，多种生成、多元传播，全天滚动、全球覆盖"，争取产生良好社会效益与经济效益，扩大环球人物品牌的传播力、影响力、引导力。

最后，提高文章转载率，每年1/2以上封面、特别报道或板块头条文章被国内门户网站抓取或主推，争取每季度都有重头文章被国际知名网站关注或引用。

2. 发行：拓展渠道，稳步扩大发行量

《环球人物》2018年的发行渠道情况见图20。在稳定传统邮局和代理商征订的基础上，加大大客户订阅力度，加大机场书店等特殊渠道的推销力度，确保零售不受市场冲击而下滑，适度加大促销力度，实现稳中有升，年发行量增长率保持在10%。

3. 广告：创新方式，多打组合拳

在维持传统广告合作形式的基础上，增加创新合作形式，如迎合市场需求，深度解读企业刚需，以讲故事的方式展现客户企业文化或产品特点；根据行业特点，对企业进行精准分析，为客户量身定做高质量的合作项目。加

图20　《环球人物》2018 年的发行渠道占比

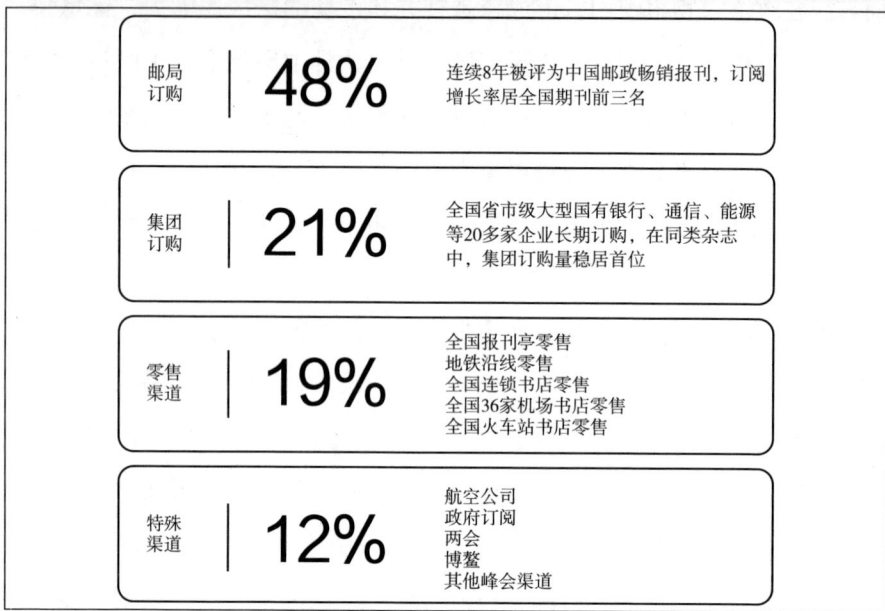

邮局订购	48%	连续8年被评为中国邮政畅销报刊，订阅增长率居全国期刊前三名
集团订购	21%	全国省市级大型国有银行、通信、能源等20多家企业长期订购，在同类杂志中，集团订购量稳居首位
零售渠道	19%	全国报刊亭零售 地铁沿线零售 全国连锁书店零售 全国36家机场书店零售 全国火车站书店零售
特殊渠道	12%	航空公司 政府订阅 两会 博鳌 其他峰会渠道

强与杂志社新媒体微博微信、音视频资源的结合，为客户打造全媒体展示平台，360 度展现客户需求，多角度挖掘企业亮点，针对不同客户推出不同组合配搭的广告形式。与新媒体一起走近客户，第一时间了解客户需求，第一时间提供具有针对性的方案。《环球人物》多年来的合作客户有丰田、茅台、奥迪、中国联通、中国南方航空、路虎、浪琴、中青旅、海尔、中国电信、宝马、联想、沃尔沃、方太、亿利、波音、福特、中国移动、一汽大众、奔驰、兄弟、雷达、BP、董酒、习酒、华为等。

（三）"二驱动"——团队和资本

1. 加强团队建设

首先，打造一流的采编团队。习近平总书记在党的新闻舆论工作座谈会上强调，媒体竞争关键是人才竞争，媒体核心优势是人才优势。对环球人物而言，优秀的采编人才是杂志优质内容的生产者。杂志社将继续做好采编业务培训，完善用人、考核、激励等机制，对每一位员工在政治上充分信任、工作上大胆使用、生活上真诚关心、待遇上及时保障，力争培养一支政治素质过硬、业务水准上乘、工作作风踏实的采编队伍。这支队伍能策划、操作重大或独家选题，确保文章深度和高度，快速高效地应对国内外突发事件。

其次，一流的经营团队。经营业绩是媒体质量和影响力的综合体现。一支优秀的、特别能吃苦、特别能战斗、特别能奉献的经营队伍，对环球人物至关重要。在全媒体融合发展的大趋势下，培养出一批具有全媒体思维、适应新型传播业态、熟悉媒体经营的优秀人才队伍，充分运用杂志社的策划能力、渠道资源，合力出击，把环球人物经营工作进一步做大做强。

最后，一流的专家团队。环球人物经过 13 年发展，积累了一定的专家资源，这些资源是杂志社发展的宝贵财富。杂志社拟邀请数十位人民日报社内外专家学者、文化资金申请相关负责人、企业家、文化艺术家等，组成专家顾问团队，为环球人物发展建言献策。

2. 争取资本支持

第一，做好中宣部出版局、财政部文化司、北京市文资办、朝阳区文化创意产业发展中心等政府项目申请工作，争取获得更多的政府资金支持。

第二，新媒体公司要积极吸纳资本投融资，利用市场资金做大做强，并探索将新媒体公司进行股份制改造，以现代企业化管理模式，在杂志社内部试行员工股权激励机制和认购途径。

第三，引进市场资本，考虑并探索搭建国内具有影响力的文创产品交易平台的可行性。

（四）"三创新"——融合发展新媒体、人民文创、环球人物榜

1. 融合发展新媒体

充分利用媒介载体，把杂志、音频、视频、网络等既有共同点又有互补性的不同媒体进行全面整合，实现"资源通融、内容兼融、宣传互融、利益共融"。整合杂志高端人物采访资源，打造最全面、最权威的"人物视听库"，收录国内外各领域知名人士视听专访素材，除用于工作团队对相关内容进行操作，还将支持公众自发上传，并依托专家资源建立人物视听资源审核、推荐、评价体系。以"人物视听库"等项目为推手，对新媒体接收人群进行精准化定位，持续提升新媒体的覆盖率。

2. 打造人民文创品牌

总体目标是依托人民日报资源，整合社会资源，将"人民文创"打造成中国主流媒体文创产品第一品牌。

"所当乘者势也，不可失者时也。"纸媒转型大潮中，《环球人物》在人民文创方面的探索，是一种获得行业及市场肯定的独特模式。自《环球人物》之后，《南方周末》《中国国家地理》等13家市场化纸媒，都开始了各自的文创探索。《环球人物》先发于人，积攒了经验和教训，也有足够的自信不败于人。

品牌建设的策略如下。第一，强化文创部门的核心工作——策划、创意和制作文化创意产品的能力，注册人民文创品牌，逐步成立独立的研发部门。加大创意研发投入，充分吸收新科技、新技术，注重产品创新，为打造中国主流媒体第一文创品牌做好基础性工作。第二，集中自身优势，建设好两个中心——资源中心和邮政渠道中心。调整组织架构，由原单一项目部，变为项目、市场、行政3个部门，组建自有邮政营销团队。第三，成立图书项目组，开发杂志社内外的选题资源，整合专业营销渠道，打造1~2个图书品牌，实现内容资源的二次和多次创收。第四，成立艺术交流中心项目，内容包括搭建艺术品交易微信平台、出版艺术大家系列特刊和

承办系列艺术展览等内容。第五，打造核心产品，建设自己的销售资源库，注册可用于发展的商标，注重知识产权保护。第六，举办创意大赛、组建创意联盟等，储备更多的设计资源。

3. 推出人物评选榜单

以"环球人物"品牌为依托，通过整合媒体资源和行业资源，打造最具影响力和权威性的系列人物榜。加强与中国人民大学国际货币研究所合作，继续推出"科技金融"系列榜单，通过榜单和落地活动聚合行业资源，发起成立金融科技联盟，探索有效的榜单运营模式；在金融科技榜单良好运营的情况下，继续开发其他领域的榜单合作和落地活动，形成"环球人物榜"矩阵，力争实现经营收入 3000 万元，为杂志社多元化发展做出贡献。

近几年的行业趋势和自身实践证明，《环球人物》的战略定位——"打造人物报道全媒体旗舰品牌"是对未来的深刻洞察，"一引擎、二驱动、三创新"是经得住考核评估、经得起时间检验的发展之道。《环球人物》将继续整合资源，积极稳妥创新，推动融合发展。

五　风险与思考

（一）媒体生态出现根本性和结构性变化

技术发展是时代发展和行业发展最大的致变因素。互联网的出现，改变了人们获得信息的渠道。作为传统的阅读方式，纸媒时效性差、容量有限、费用较高。网站、论坛、博客、微博、微信、抖音……互联网时代的这些"光与电""声与屏"，给工业化时代的纸媒以致命打击。

依据中国互联网络信息中心（CNNIC）发布的《第 36 次中国互联网络发展状况统计报告》，"人们使用社交媒体的首要目的是获取新闻资讯"。

基于新技术手段产生的新媒介传播方式，对年轻人来说充满了吸引力，也改变了他们的信息获取方式。传统纸媒不再是年轻人的第一选择。

在盈利模式上，传统纸媒单一依靠发行、广告。读者流失、广告减少所造成的营收困难，是纸媒难以为继的主因。

在中国，报纸的"黄金时代"结束于2005年——当年中国报业的广告收入增速首次低于GDP增速。以《广州日报》为例，2005年1～5月广告额出现4.73%的负增长，6月又出现12.6%的负增长。媒体发展的"拐点"来临，成为行业内不少专家的推断。

2009年《环球人物》改为旬刊，业务大幅增长之际，8月27日，在中国创办了16年之久、发行量曾达到10多万份的我国第一家中央级新闻报纸《中华新闻报》宣布停刊，成为首家停刊的中央级媒体。

2014年《环球人物》成立新媒体公司之时，行业内的纸媒休刊大潮已汹涌而来。2014年1月1日，日均发行量曾高达75万份的《新闻晚报》休刊，成为上海报业集团成立后首张休刊的报纸；2015年新年伊始，中国唯一一份以杂文为主的专业性报纸《杂文报》休刊；2015年末，中国时尚都市类具有象征意义的杂志《瑞丽时尚先锋》《上海壹周》休刊。这些年来，《北京时报》《法制晚报》《北京晨报》《东方早报》《京华时报》……"停刊潮"背后，是整个媒体生态的根本性和结构性改变。

（二）纸媒发展面临挑战也面临机遇

纸媒江河日下，给行业带来的最直接影响就是人才流失、资本难寻。

传统媒体对新闻从业人员的吸引力下降。一方面，高层次人才重新规划职业生涯。知名记者、行业标杆纷纷转战其他领域；另一方面，优秀年轻人追求高薪，不愿入职新闻行业。

和人才一样，资本也青睐于新技术、新行业。近几年来，交通出行、金融科技和O2O是中国最热门、最吸引资金的垂直细分市场。就传媒行业自身而言，只有那些以新技术和大数据为支撑的新传播媒介，才容易受到资本的青睐。而要实现媒体融合发展，无论是蒸蒸日上的新媒体业务，还是开拓进取的创新业务，都要依靠资本支持，才能做大做强，才能打好转型之战，完成规模化经营。

在艰难的现实面前，媒体融合是一场纵深的战役，需要以长补短，用传统媒体人特有的精深、稳健去占领新的舆论场。数据流量固然博人眼球，但真实客观、有理有据的内容在这个时代拥有不可替代的意义。在新闻内容生产上，《环球人物》第一追求"能量"，其次追求"流量"；在创新产品开发上，《环球人物》严把关、高要求，在追求市场效益的同时，不忘自己的党媒大刊身份，确保舆论导向正确、意识形态安全。

（三）以超级确定性对抗一切不确定性

环球人物经营发展的 13 年，国内传统纸媒经历了从整体增速放缓到开始下跌，再到断崖式下跌的过程。眼下，已到了纸媒转型、融合发展的重要时刻。

党的十八大以来，以习近平总书记为核心的党中央做出推动媒体融合发展的战略部署。习近平总书记多次就这一问题做出深刻阐释。2019 年 1 月 25 日，在习近平总书记的带领下，中共中央政治局同志来到人民日报社新媒体大厦，就全媒体时代和媒体融合发展举行第十二次集体学习，明确提出"推动媒体融合发展、建设全媒体成为《环球人物》面临的一项紧迫课题""要运用信息革命成果，推动媒体融合向纵深发展"。

全媒体时代的传媒竞争已变换了赛道，内容却是媒体永恒的价值。习近平总书记说过："对新闻媒体来说，内容创新、形势创新、手段创新都重要，但内容创新是根本。"一切传播形式，都是内容的载体。全媒体时代背景下，内容依旧为王。

《环球人物》创办 13 年来，有一件事坚持了 13 年，就是不遗余力地打造内容。以超级确定性对冲外界的一切不确定性。13 年来，《环球人物》的超级确定性就是：尽可能办好内容，策划好每一个选题，写好、精编每一篇文章，反复琢磨每一个标题，以鲜活的人物故事讲述宏大的时代主题。

内容为王能够撑起《环球人物》的发展。究其本质，内容属于安身立命之本。制作优质内容，是业务核心。制作优质内容的能力，就是核心竞争力。构成全媒体平台的所有要素，无论是技术、渠道、服务还是产品延伸、创新业务，最终都是以内容为核心展开。应对未来全媒体时代的挑战，必须深挖和依靠"制作优质内容"这个核心竞争力。

新的媒介发展形势对优质内容提出了更高的要求。渠道稀缺的时代已经一去不复返，行业壁垒被打破，内容制作反而要比以往更加用心。在传统媒体优势渐失的情况下，挖掘媒体的核心竞争力显得更为重要。对优质内容的坚定追求，决定了媒体在行业激变中的发展潜力。

因势而谋，应势而动，顺势而为。《环球人物》作为走市场化道路的党媒党刊，如今的每一步前进，都是在回答媒体融合发展的时代课题。激发媒体深度融合的力量，《环球人物》将坚定制作优质内容，打造人物报道全媒体旗舰品牌，以人物记录时代（见图21）。

图21 《环球人物》将打造人物报道全媒体旗舰品牌，以人物记录时代

耐飞 Nicefilm：
让好故事成为好作品

一 创作者热爱、观众喜爱的新生代影视公司

耐飞（Nicefilm）成立于 2016 年 9 月，由知名主持人栗坤创办，以"好伙伴"为核心创作驱动，以"好故事"为核心内容宗旨，以"好作品"为核心服务愿景。

耐飞旗下拥有聚焦精品剧集的厂牌耐飞影视、青年厂牌兔子洞文化。通过发掘好故事，由剧集延伸至网络电影、动画、漫画、短视频以及电影等形态，立体化开发实现 IP 增厚，以好伙伴为核心驱动力，合力创造具有持续生命力的好作品。

（一）坚持制作精品，使影视作品在多维度具有价值

耐飞的核心内容宗旨是"好故事"，对于如何开发和制作"好故事"，耐飞有全新的思考和探索。

立体化开发，是耐飞实践的第一个精品内容战略，对超级 IP 进行全方位开发，打通不同圈层、不同年龄层的用户，并进行分众营销，为 IP 增值赋能，甚至创造 IP。耐飞将对天下霸唱的原著《火神》进行多维度开发，这是耐飞首部具有立体化开发实践意义的作品，作品中的中国版超级英雄也将被形象化地架构出来，并通过不同的载体渠道和传播介质，覆盖更广泛的圈层用户和不同年龄层的观众。目前，漫画《火神》已于"快看"App 上线，人气值超 4000 万；网剧《火神》，将联手爱奇艺、五元文化，由五百执导、卢梵溪任总制片人，全力打造；系列网络电影正在建组筹备，动画网络电影也已正式启动。

影剧联动，是耐飞对精品内容的又一探索尝试。一部在大银幕上得到品质和票房验证的好作品，应当被更多观众看到，这是耐飞对"好内容"

的价值思考。耐飞将打造电影《封神三部曲》同名网剧，把电影之外的精彩呈现给观众。在开发上将打通资源，确保 IP 的连贯性及延伸开发的品质，从传播度、影响力等方面反哺电影。

耐飞影视聚焦精品剧集，立足中国故事，对头部超级 IP 立体化开发，与重量级电影影剧联动，持续打造具有生命力的精品之作，使一部影视剧的价值在多维度得以彰显。

（二）探索新内容赛道，实现持续产出并稳步盈利

随着网剧精品化时代来临，视频平台的商业模式和用户的观看习惯也在不断发生变化，网生内容的生态格局开始重新建立，精品化趋势带动了版权模式转向付费模式，2018 年上新的电视剧中，会员剧的比例几乎实现了翻倍增长（见图 1）。

图1　2015~2018 年上新剧中会员剧占比

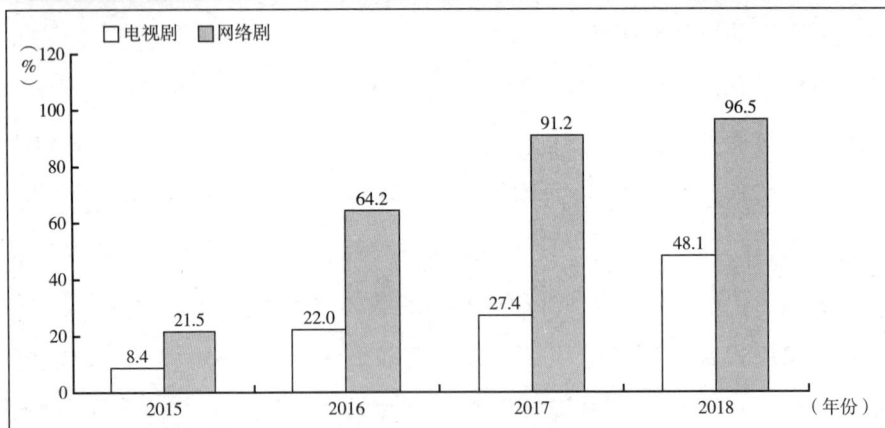

付费剧让内容与用户直接关联：一方面，视频平台需要更多精品内容不断拉动会员用户增长；另一方面，用户愿意选择自己喜爱的作品，为好作品埋单，这让内容创作者对好内容有了信心，内容创作者们也开

始转变思路，探索新的内容赛道。2018 年上新剧中各平台会员剧占比情况见图 2。

图2　2018 年上新剧中各平台会员剧占比

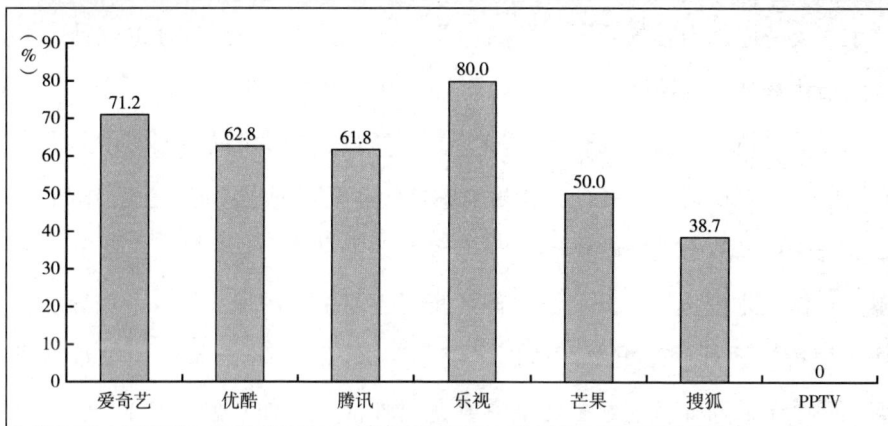

耐飞在坚持精品剧集开发的同时，也开始专注于付费内容赛道的探索，联手麦田映画、大次元等年轻化的制作团队，以年轻的观众思维方式展开创作，陆续推出了分账剧《等到烟暖雨收》《时光教会我爱你》、付费电影《伏狐记》《怪兽》《狄仁杰之无头神将》《四大名捕之食人梦界》《四大名捕之入梦妖灵》等多部付费作品，累计分账收益超 1.2 亿元。

（三）重视人才的建设和应用，谋求创作与市场的精准匹配

坚持制作精品，需要不断打造实力人才梯队；探索新的赛道也意味着机遇与风险并存：在用户对内容选择的自由度增加的同时，作品的内容品质也将直接面临考验，创作者除了要有领先的创新意识，还要有对用户的深入了解、对市场的精准判断、对题材的精准选择、对资源的精准匹配。

对于人才梯队的建设与打造，耐飞愿意在项目孵化期就投入资源；对于题材开发类型的选择，耐飞对创作团队的专业和情怀给予尊重与信任，

选择创作者真正热爱的、擅长的题材类型进行合作，让创作者拍其所爱，对好作品精益求精。

由刘成龙出任掌门人的发生影业是耐飞投资的第一个内容制作公司，也是《悍城》项目的制作公司。好故事需要与好伙伴共同成就——寻找好故事，支持原创内容的开发，发掘有共同创作理念、彼此信任的伙伴，并匹配最优秀合适的团队、资源，共同打造好作品，是耐飞成立至今一直坚持在做的事情。正如耐飞联席 CEO 卢梵溪所说，"耐飞最强调的就是遇见合适的人，打造适合的系统，让耐飞的合作者们顺理成章地产生好作品"。

与麦田导演、麦田映画合作《等到烟暖雨收》，一举拿下年度分账剧王，合作《水墨人生》开启了"国风言情三部曲"系列；与戴金垸导演合作《怪兽》系列网络电影，精耕"怪兽"题材，探索温情科幻灾难新类型；联手王冠迪导演挖掘多类型喜剧题材作品：动作喜剧《伏狐记》，票房转化率首日便突破了 27%，刷新了爱奇艺平台的转化率纪录；赛车喜剧《小镇车神》上线优酷后，拿下网络电影新片榜第一、热搜榜第一、VIP 网络电影第一。

让创作者"拍其所爱、爱其所拍"，是耐飞对核心人才梯队建设和应用的核心所在，谋求人才与题材类型的精准匹配，也是谋求内容创作与市场的精准匹配，在人才、内容、市场、用户等都高度匹配的基础上，才能诞生一部又一部高票房、好口碑的好作品。

（四）搭建全服务体系，探索互联网精准化运营的道路

耐飞搭建了一套以全服务体系为核心的 IP 制作坊工业化机制的影视生态系统：从项目前期的 IP 管理、剧本开发、投融资，到项目的制作，再到后期的宣传发行、整合跨界营销以及衍生运营等，依托这条完整的全服务生态链，为所有的 IP（好故事）、人才团队（好伙伴）提供最大力度的资源保驾护航（见图 3）。

图3 耐飞搭建的全服务体系

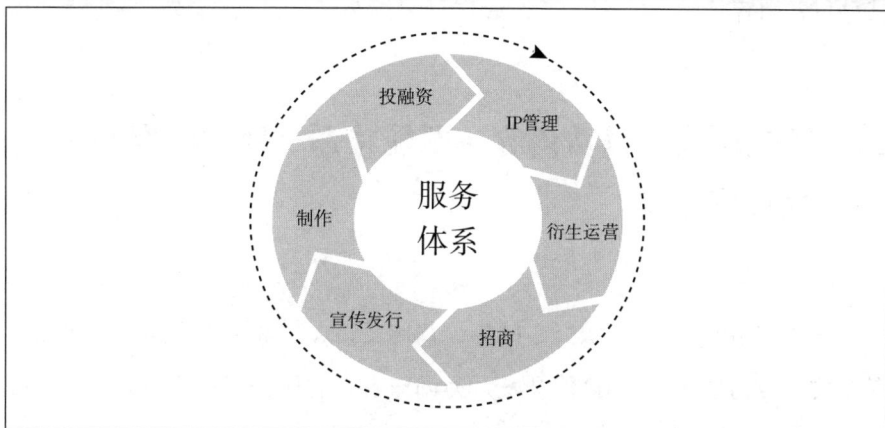

在具体的业务运营中，耐飞还探索了一套致力于 IP 的开发、赋能和增值的三大运营系统：包括产品定位、产品策划、制片管理的开发运营系统，包括数据运营、项目管理、宣传发行的赋能运营系统，涵盖有声读物、动画、漫画、短视频等的增值运营系统（见图4）。

图4 耐飞的三大运营系统

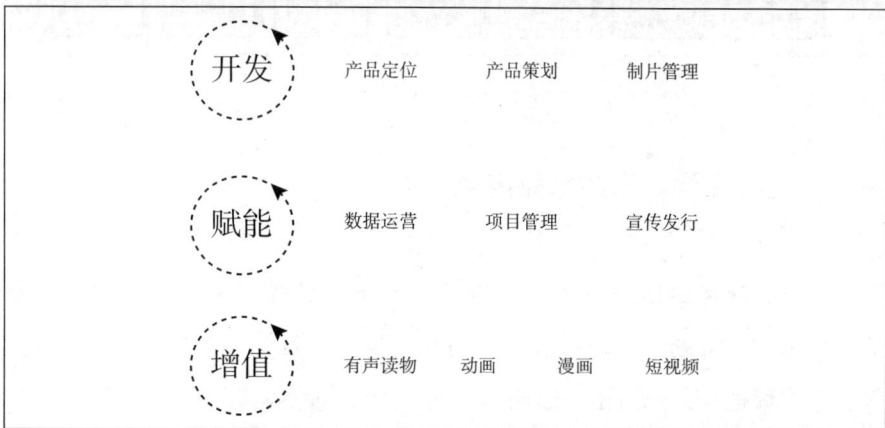

开发	产品定位	产品策划	制片管理
赋能	数据运营	项目管理	宣传发行
增值	有声读物	动画	漫画	短视频

在这套完整的全服务体系和三大运营系统的支撑下，耐飞影视秉承着"让好故事成为好作品"的愿景使命，聚焦开发精品剧集；而耐飞旗下的青

年厂牌兔子洞文化则本着"冲破一切不可能"的信念，专注打造服务于 Z 世代的付费内容。

二 精品剧集 + 付费内容 + 赋能体系：致力实现 IP 全价值开发

耐飞以 IP 管理、投融资、制作、宣传发行、招商、衍生运营为主要业务结构，致力实现 IP 全价值开发，为创作者、制作公司、平台方和用户提供精准服务。耐飞核心业务架构见图 5。

图 5　耐飞核心业务架构

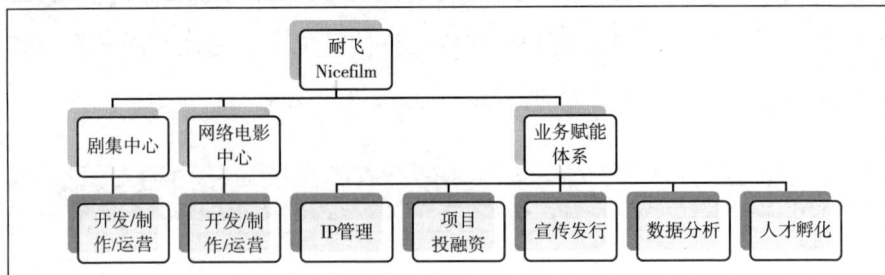

（一）匠心独运，只为精品内容

耐飞影视聚焦精品剧集，剧集中心是耐飞精品剧集的孵化及生产基地，从选材、策划、评估、立项、编剧、制片、演员、摄制、后期、宣发等，全流程把控。选材不附庸跟风，对于 IP 改编尽力还原作品，不盲从流量；对于原创题材的开发，努力探索类型的创新和叠加。

例如，改编自梦魇殿下同名网络小说的《艳骨》，画面唯美、制作精良，虽然没有流量演员，但相比之下，叙事结构紧凑、剧情设置合理，不套路、不狗血，镜头语言丰富，场景转换调度与情节推进缜密，打造了高制作水准的精品剧集。

耐飞携手旗下发生影业联合出品的《悍城》，编剧团队是《河神》原班人马，出于对兄弟情的"执念"，按照自己多年坚守的内容生产标准和制作要求，《悍城》的兄弟故事内核及悬疑类型外衣有了雏形。在女性向题材爆发甚至泛滥的趋势之下，耐飞秉持内容情怀，全力支持刘成龙、发生影业打造硬核男性向原创作品《悍城》，在实景搭建、电影班底、制作上不遗余力，力求打造精品。《悍城》历时两年筹备，从题材类型的精准判断，到原创内容的探索支持，再到商务和宣传推广资源的整合，耐飞聚集了许多优质资源。

（二）领先半步，探索付费赛道

作为耐飞旗下的青年厂牌，兔子洞文化专注打造服务于 Z 世代的分账剧与付费电影（见图 6）。

图6　兔子洞文化专注打造服务于 Z 世代的分账剧与付费电影

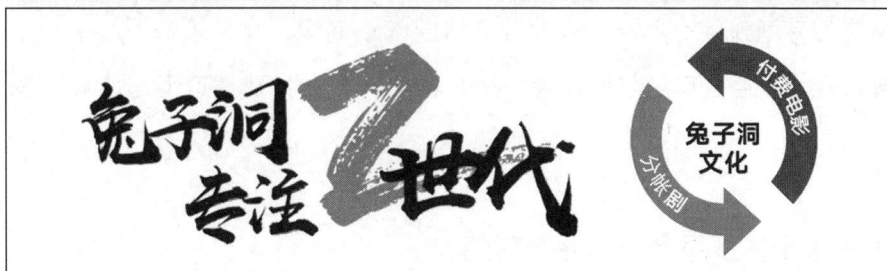

2018 年 7 月，耐飞联合导演王冠迪推出了首部付费网络电影、奇幻类捉妖动作喜剧《伏狐记》，上线 48 小时播放量突破 666 万，前三日影片分账均值突破 100 万元/天，最终票房近千万元。2018 年 9 月，耐飞联手麦田导演推出古风言情分账剧《等到烟暖雨收》，一度成为 Z 世代分账剧标

杆，跟播期总分账收益破3000万元，成为2018年度分账剧王；联手戴金垸导演推出了科幻新类型付费电影《怪兽》，上线首周位列爱奇艺网络电影热度TOP1，票房逾900万元。2018年底，耐飞又联合出品分账剧、时尚甜宠轻喜剧《时光教会我爱你》，首季跟播期票房过千万元，一举夺得都市偶像类分账剧王（三部剧海报见图7）。

图7　《伏狐记》《怪兽》《时光教会我爱你》海报

对于付费领域的探索，耐飞不局限作品类别，对题材类型也不设限，从奇幻喜剧到科幻灾难，从古风言情到都市偶像，并且乐于、敢于同新导演合作，通过作品与创作者和用户沟通，为在付费赛道上起跑和冲刺助力。

（三）全体系服务，为业务赋能

1. 开发运营好故事

耐飞自成立至今，手握30多个S级IP的全版权，与天下霸唱、烟雨江南、猫腻等一线作家成立了合资公司，合力开发更具潜力的IP（见图8）；并与纵横中文等机构形成战略合作，开发更多垂类IP，为内容细分市场提供更多优质内容，与国内数十家尖端影视制作团队和导演工作室建立深度合作，精准匹配人才，集结匠人之力，不断输出高品质影视作品。

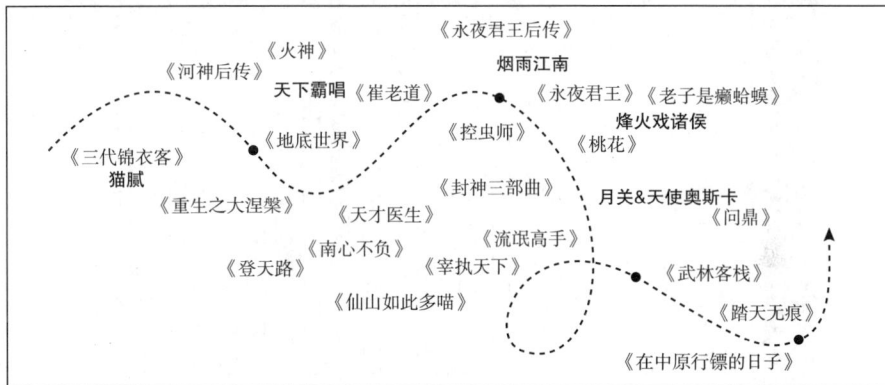

图8　耐飞合作的部分作家及已有IP

2. 数据研究分析，反哺项目开发

耐飞设立商业分析部，与当下市场、作品和用户结合，用数据分析助力项目开发。

例如，商业分析部将数据研究产品应用于自身项目《悍城》的复盘总结，弹幕数据分析显示：弹幕中关注剧情的占比最大，达到47%，关注制作的占比32%，关注演员的占比21%，其中，演员讨论中有关高至霆的占比最大，制作讨论中有关影片品质的占比最大（见图9）。这些数据直接客观地反映了用户的真实关注点，对于项目内容复盘及其他同类题材开发具有重要的借鉴价值。

细化到弹幕语义辐射的人设评论，更能发现：《悍城》中小武（高至霆饰）的"痞帅"人设观众认可度极高，虽然整体出场时间较少，戏份和台词也不多，但在所有涉及演员的弹幕中占比最大；于永义（孙岩饰）重情重义、搞笑担当的人设也相当成功，二人的"五亿CP""摸头杀"等人物关系和情节设定更是暖心呆萌，俘获一批观众（见图10）。

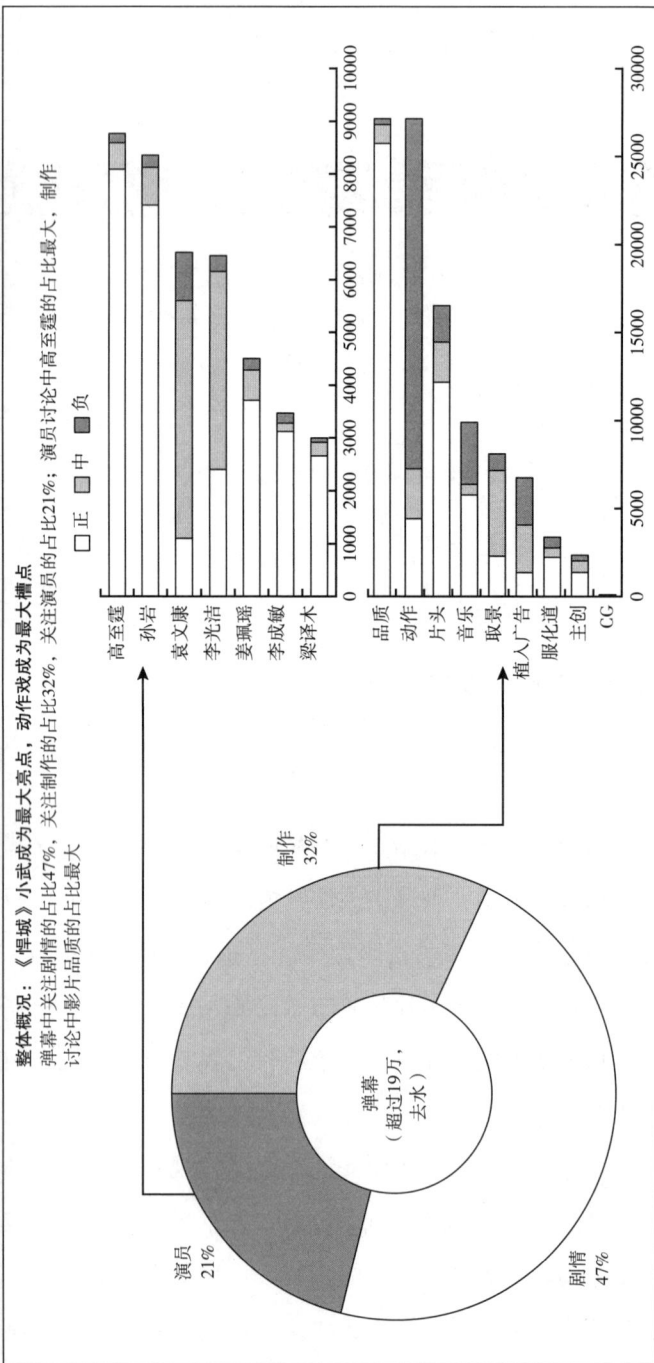

图9 《悍城》弹幕数据分析

整体概况：《悍城》小武成为最大亮点，动作戏成为最大槽点
弹幕中关注剧情的占比47%，关注制作的占比32%，关注演员的占比21%；演员讨论中高至霆的占比最大，制作讨论中关注影片品质的占比最大

图 10　《悍城》弹幕语义分析

亮点观察1：《悍城》小武"痞帅"人设观众认可度高

- 外貌讨喜，很难与坏人建立联系；
- "五亿CP"、于永义对小武的"摸头杀"暖化观众，对话呆萌；
- 忠诚憨厚，忠心辅佐大哥于永义，人狠但又善良。

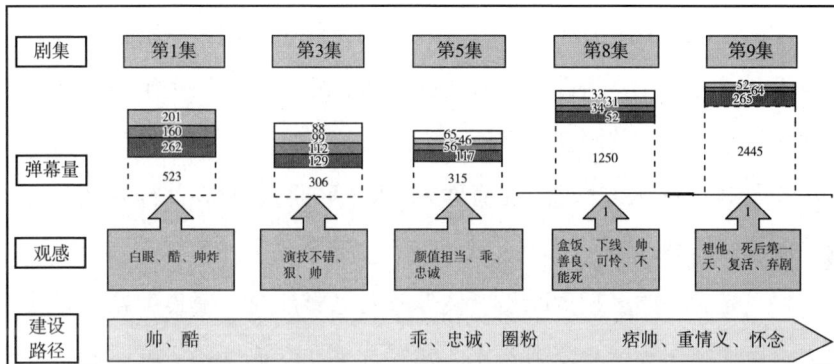

剧集	第1集	第3集	第5集	第8集	第9集
弹幕量	201 160 262 **523**	88 99 112 129 **306**	65 46 56 117 **315**	33 31 34 52 **1250**	52 24 265 **2445**
观感	白眼、酷、帅炸	演技不错、狠、帅	颜值担当、乖、忠诚	盒饭、下线、帅、善良、可怜、不能死	想他、死后第一天、复活、弃剧
建设路径	帅、酷		乖、忠诚、圈粉		痞帅、重情义、怀念

亮点观察2：《悍城》于永义"重情重义""搞笑担当"成功出圈

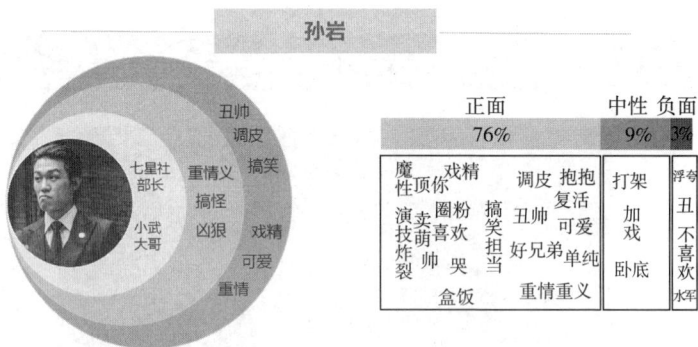

孙岩

七星社部长　丑帅　调皮　搞笑　搞怪　凶狠　戏精　可爱　重情　重义　小武大哥

正面	中性	负面
76%	9%	3%
魔性顶你 戏精 调皮 抱抱 复活 卖萌喜欢 圈粉 丑帅 可爱 演技炸裂 搞笑担当 好兄弟 单纯 盒饭 重情重义	打架 加戏 卧底	浮夸 丑 不喜欢 水军

　　耐飞商业分析部的数据研究可以极大地赋能业务运营，不仅对题材类型的开发、用户喜好的判断有很大的参考价值，对前期剧本策划、人物设定、演员选取、情节设定等都可以起到重要的指导作用。

3. 内容营销宣发，助力项目

　　耐飞依托自身打造的服务体系及合作资源，通过策划、宣传、媒体报道、新媒体运营、资源置换等营销和推广手段直接作用于项目，为项目发声助力。例如，联合螺蛳粉先生助力《小镇车神之五菱漂移》，利用抖音、微信等自媒体平台渠道推广项目，增加项目在 C 端用户群的曝光量。

4. 打造人才联盟，聚合行业力量

为发掘影视产业链每个环节中的优秀创作团队，包括导演、编剧、制作、后期、美术、艺人经纪等，从早期的发掘、关注，到陪伴式成长，覆盖业界各梯度人才，为其匹配需要的资源，致力打造一个平等合作、互相成就的人才联盟，共同创作好故事、培育好人才、打磨好作品。耐飞发起了"Nice Partner 人才联盟"（简称 NP 人才联盟），意在找到好伙伴，让好故事成为好作品。

耐飞先后举办多期 NP 人才联盟系列电影沙龙，聚集编剧、导演、制片人、后期制作等行业多维人才，共同分享和交流经验。与此同时，通过沙龙活动，增进了合作伙伴、项目之间的交流互动、资源互补，推动了项目的合作与开发（见图 11）。

图 11　耐飞 NP 人才联盟系列电影沙龙活动现场

5. 拓宽行业报道，树立品牌形象

除了为项目本身宣发助力之外，耐飞还乐于为每位合作伙伴提升行业知名度而努力。在《悍城》《等到烟暖雨收》等剧集及《伏狐记》《怪兽》《小镇车神》等网络电影上映期间，耐飞在不同阶段多维度宣传，或基于项目创作，或基于人物报道，向行业输出各位合作导演的个人品牌及合作公司品牌，一方面帮助合作伙伴提高行业知名度，另一方面向行业推介网生内容领域的生力军。

三　盈利模式：版权收入＋票房分账＋项目投融资＋营销发行

耐飞作为网生内容供应商，与行业协会、网络视频平台保持良好的关系，随着公司项目作品的不断发布，耐飞品牌影响力在行业中日益扩大，经营收入逐渐提高，体现了市场对优质内容的刚需与认可。

目前，耐飞以版权收入、内容付费、营销发行为收入来源，其中版权收入与内容付费为主要收入来源，同时利用公司既有资源为公司内外项目提供线上与线下的营销宣传服务（见图 12）。

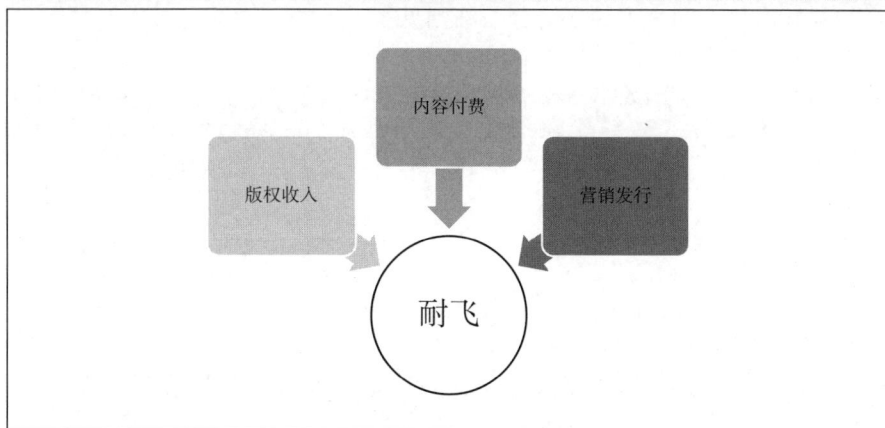

图12　耐飞主要营收结构

（一）坚守版权收入阵地：剧集版权＋IP版权

对于内容制作公司来讲，内容版权收入为营收池的主要组成部分之一，耐飞的内容版权收入分为剧集版权与IP版权两大方面，分别对应耐飞剧集中心与耐飞市场中心的IP运营团队。剧集版权主要集中在制片成本较高、体量较大的项目上，购片方为网络视频平台。IP版权方面，公司目前有30多个S级项目储备，在做IP版权供给内容项目开发的同时，也进行版权合作开发。

（二）积极发力付费内容：付费网络剧集＋付费网络大电影

基于目前网生内容市场的盈利规则，网络剧集与网络大电影均可以通过分账的方式获得持续收益。例如，2018年，由耐飞出品的《等到烟暖雨收》跟播期总分账收益破3000万元，《时光教会我爱你》的首季跟播期票房过千万元；网络大电影《伏狐记》上线前五天居爱奇艺网络电影分账TOP1，《四大名捕之梦妖灵》分账金额逾1300万元，充分表明付费内容市场的利好形势。四大视频平台分账细则见表1。

表1　四大视频平台分账细则			
平台	分账模式公布时间	分题模式	细则
爱奇艺	2017.2.10	内容分成＋营销分成＋广告分成	1. 内容分成＝付费点播量×分成客单价，单已付费作品播放时长超6分钟算一次有效付费； 2. A、B类独家合作影片开放，上线首月可获相关补贴； 3. 影片转免费后，合作方可通过广告分成获益

续表

平台	分账模式公布时间	分题模式	细则
优酷	2018.6.8	有效时长 ×有效 VV 对应单价 +运营奖励	1. 有效时长：在付费周期内，会员用户累计观看的播放时长，以小时为单位； 2. 有效 VV：播放次数，用户对作品的点击播放（不论时长）； 3. 运营奖励：会员拉新奖励
腾讯视频	2018.9.25	（标准付费播放总收益 +会员拉新基粒收益） ×分成比例	1. 成片合作类：合作方分成比例最高 100%，如分成收益未达保底金额，按保底计算，超过保底金额，按实际分成算； 2. 项目合作类：平台 100% 项目，合作方不参与分成；平台参投 +分成项目，则在合作方参投部分优先回本之后，新增收益按双方投资此例分成
芒果 TV	2018.10.10	成本保底 +有效付费点击量 ×分成单价	1. B 级以上影片均有保底，最高保底比例 100%，超 S 级项目直接买断 2. 没付费用户观看时长超 5 分钟一次，或一次以上观影行为即算一次有效付费点播

资料来源： 国家广播电视总局监管中心。

（三）发掘内容的商业化：跨界营销 +衍生运营

耐飞自有项目营销中心在统筹管理公司内部项目营销宣传的同时，积极利用既有资源为行业内更多影视项目服务，将成本部门变为收入部门。

四　业务发展亮点

耐飞自成立以来，面对以三大视频网站为龙头的视频网站格局，秉承

"让好故事成为好作品"的初心，本着对内容认真负责的态度，大胆精准地选择网生内容领域进行深耕，在一年半时间中，完成了 4 部剧集和 6 部网络大电影的创作，在 2018 年底获得行业媒体以及协会颁发的 21 个项目以及公司类奖项，核心制作能力已得到了市场的检验。

以下分为四个方面介绍其业务亮点。

（一）类型丰富多样，定制化内容紧贴观众喜好

类型丰富多样。耐飞目前由网络剧集与网络大电影组成主营业务，手握 30 多个 S 级 IP 的全版权，版权题材覆盖公安、消防、军事、爱情、玄幻、武侠、动作、冒险等多方面。耐飞在 2018 年 8 月成立的"NP 人才联盟"可以直接为多题材的项目服务，从而解决互联网视频平台的内容差异化需求，为网络视听观众提供多种多样的视听作品。

定制化内容紧贴观众喜好。多数网络剧集和网络大电影还停留在相对较小的体量上，所覆盖的圈层人数有限，所以尽可能地满足所对应圈层观众的喜好至关重要。例如，在《等到烟暖雨收》项目宣传过程中，制片团队发现观众对悲剧形式的结尾不满意，于是特意拍摄了番外篇，让大家看到一个温馨的结局，这样，制片团队和观众之间实现了有效沟通，真正做到了破除壁垒。

（二）头部内容立体化开发，影剧联动

针对具有纵深开发价值的头部项目，耐飞采取立体化的开发方式，对电影、剧集、漫画等形式实现从初始阶段的联动，真正赋予一部原生作品更多可能的表现形式，所产生的每一部新的漫画、网络剧集、网络大电影可以视为新的 IP。

（三）专注内容付费赛道，精准服务 Z 世代

易观在 2018 年发布的《中国网络视频市场趋势预测（2018～2020）》显示，2018～2020 年中国网络视频市场规模与用户规模均呈现上涨的态势（见图 13）；另据中国产业信息网数据，中国在线视频用户付费市场规模也逐年扩大（见图 14）。这也印证了爱奇艺、腾讯、优酷最新公布的会员规模情况。

图13 中国网络视频市场和用户规模

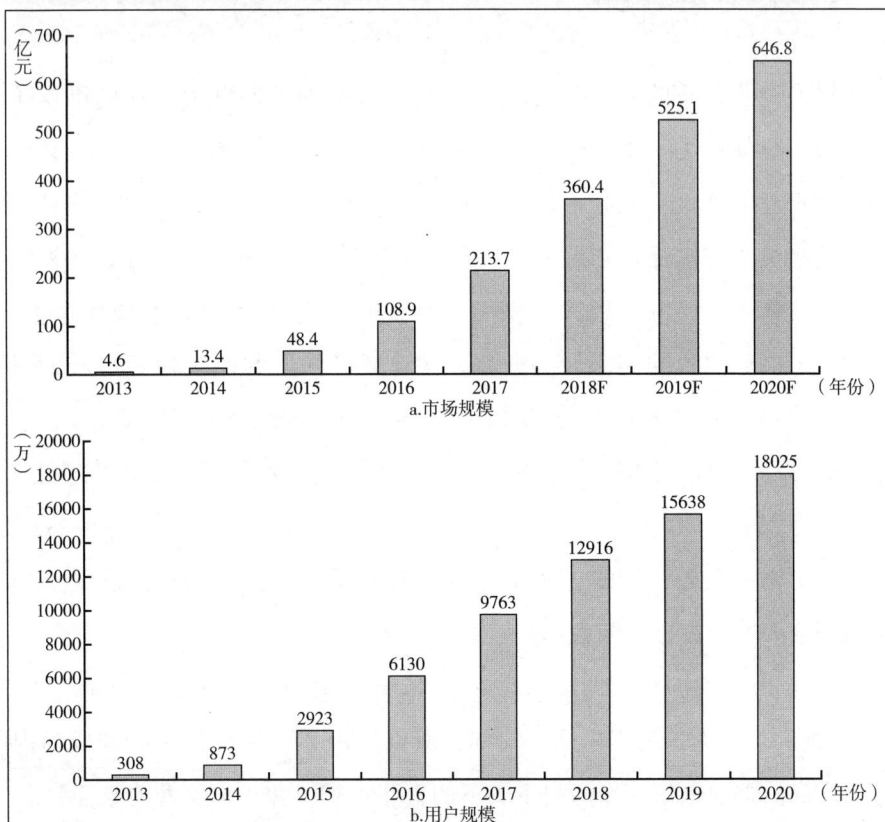

a.市场规模

b.用户规模

资料来源：易观《中国网络视频市场趋势预测（2018～2020）》。

图14 2011～2018 年中国在线视频用户付费市场规模

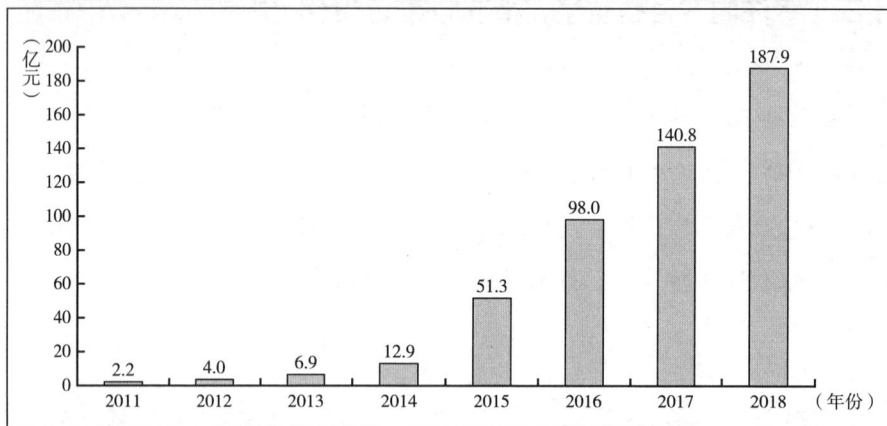

资料来源：中国产业信息网。

据爱奇艺公布的最新财报，其付费会员已超过 8000 万，而腾讯视频的订阅会员规模为 8900 万。而根据阿里巴巴财报，其 2018 年一季度会员同比增长超 160%，优酷一季度会员数量在 4800 万左右，三大视频平台的付费会员总规模已达到近 2 亿，再加上芒果 TV、搜狐视频等其他视频平台，总体来看，网络视频付费会员体量巨大。在这样的市场环境下，会员对于网生内容的需求较为旺盛，快速提供优质的网生内容也成为耐飞的首要目标。2018 年，公司项目《等到烟暖雨收》跟播期总分账收益破 3000 万元，成为 2018 年分账剧王；《时光教会我爱你》首季跟播期票房过千万元。

除了剧集之外，网络电影也是视频付费内容的重要层面。从量上看，网络大电影占据了绝大部分，达到 70%。

数据表示，中国在线娱乐市场有 62% 的消费者是 Z 世代，即"95后"，他们会成为未来娱乐的风向标，所以抢占 Z 时代的休闲时间成为内容生产商的重中之重。作为耐飞旗下的青年厂牌，兔子洞文化专注生产年轻人喜爱的网生内容。

（四）孵化数据产品为业务赋能

公司设立了商业分析部，为公司项目开发提供不限于数据监控、分析的服务，具体围绕大数据体系搭建（见图 15）、内容数据监测、综合管理及会务支持三方面开展工作。配合公司主营业务，商业分析部为网生内容开发了网播数据监测小程序与拉片标记分析工具。其中，网播数据监测小程序具有分账预测、题材赛道、标杆参考、弹幕分析四个优势项目，综合了网生内容生产过程中所需的各种参考维度，从横向上满足了公司项目制片团队在项目制作中的需要，更好地服务用户，戳中用户兴趣点；而拉片标记分析工具则纵向深入研究总结弹幕语义等特征，反哺制片团队。

图15 耐飞大数据体系框架

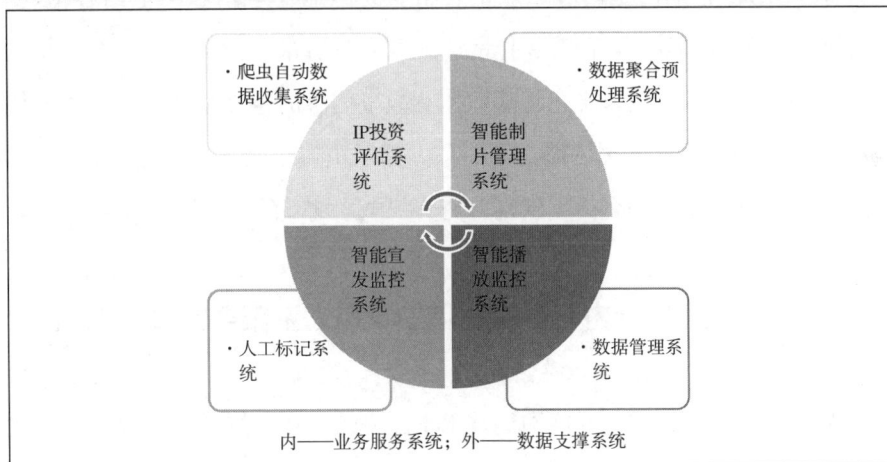

内——业务服务系统；外——数据支撑系统

五 未来规划：深耕精品剧集，发力付费赛道

随着近年来网剧市场的迅猛发展，急剧增长的内容数量与用户市场客观上

成为促进网剧内容品质提升、加速进入精品化时代的驱动力。在未来的网生内容创作和生产中，耐飞将继续深耕精品剧集，并在付费内容赛道上发力；同时，也将持续关注青年影人，拓宽合作视野，并深化与行业资深影人的合作，为观众奉献更多优质剧集和电影作品，输送更多有潜力的青年影人。

（一）立体开发头部品质内容，打造网生领域超级精品

对于具有一定影响力的超级文学 IP，在创作前端，耐飞将更深度地结合市场诉求，精准匹配制作资源，从内容题材、制作班底、演员阵容、播放渠道等方面做到与时俱进，全面升级，顺应变化，及时调整。例如，耐飞联手天下霸唱、刘成龙、发生影业开发的精品剧集《地底世界》，将带领观众探索地下的未知世界。

发掘电影 IP 到网生内容延展的可能，升级制作规格和网生内容格局。对于已经上映的爆款、口碑影视作品，尤其是具有家国情怀、富有东方特色的优秀影视作品，耐飞未来也将努力拓宽故事内容的覆盖范畴，使优秀的作品得以在网络荧屏上再次传播。例如东方神话史诗巨制《封神三部曲》等，耐飞将独家开发系列同名衍生网剧，努力把电影之外的精彩呈现给观众。

（二）全力拓宽付费内容赛道，借助科技力量服务互联网观众

随着时代发展，移动互联网络技术不断升级，在线视频的观看形式也在快速调整变化，分账剧成为新蓝海。耐飞作为领先半步踏入付费赛道的成员之一，未来将依托自身的数据分析产品，继续精分细研用户，在锁定各类型题材垂直圈层用户的基础上，拓宽圈层或年龄层，匹配最为适合的制作团队、选择最佳的演员阵容，以期精准开发更多观众爱看、平台需要的优质付费内容，在行业维度上，不断提升付费作品的内容品质和生产制作标准；与此同时，在效益角度上，实现付费业务的平稳盈利。

（三）夯实"NP 人才联盟"，构建多维度人才梯队

青年电影人是行业的未来。未来，耐飞将持续聚焦青年电影人才的发掘和培养，对于已经建立合作的青年导演，将在他们擅长的题材领域进一步深化合作，例如与王冠迪导演在《伏狐记》的合作之后，又联手推出了《小镇车神》；在成功出品了《等到烟暖雨收》之后，再次携手麦田拍摄《水墨人生》；在《悍城》之后，将再度联手刘成龙合作开发剧集《地底世界》；另外，还将继续联合戴金垸导演推出《怪兽 2》；等等。

耐飞对青年创作者的关注，绝不止于编剧、导演等领域，也绝不限于已经进入合作视野的创作者；对于电影节/影展及各类市场项目创投、青年电影人计划等，耐飞也将深切关注并积极参与，例如，耐飞在 2018 年第十六届香港亚洲电影投资会（HAF）上亮相，并助力"HAF 迈进戛纳"（HAF Goes to Cannes）环节的五部优胜作品亮相第 71 届戛纳国际电影节市场创投（见图 16）。

图16 耐飞联席 CEO 卢梵溪为"HAF Goes to Cannes"环节优胜作品颁奖

与此同时，耐飞还将放眼北京电影学院、中国传媒大学等专业院校，让"NP人才联盟"的线下沙龙走进高校，创造更多行业分享和交流的机会，切实搭建起帮助学生迈向行业的桥梁。

另外，耐飞也将深入绑定优秀的导演，让好的故事在好的创作者和创作团队手中释放出最大的能量。

六　让好故事成为好作品，让娱乐更有价值

耐飞作为一家以伙伴为驱动力，力求创造好内容的影视公司，自成立以来不断探索不同类型的影视题材，不断拓展并深化与青年创作团队的合作，以求能让娱乐更有价值。

（一）行业价值：提供了丰富多样、优质高标的多类型题材作品

耐飞成立两年多来，参与了院线电影1部——《二代妖精之今生有幸》；出品优质剧集4部——《艳骨》《悍城》《等到烟暖雨收》《时光教会我爱你》，共计147集内容；出品网络电影6部——《伏狐记》《怪兽》《小镇车神之五菱漂移》等；制作幕后影人纪录片《逐影》8期，拍摄了9位电影匠人、54位电影创作人。

耐飞出品的作品题材丰富多样，在精品剧、分账剧、付费电影等领域分别取得了一定的影响力和成绩，荣获行业奖项21项（见图17至图25）。

（二）社会价值：发掘培养了多位有才华的影视行业新人

在诸多合作项目中，耐飞大都选择与青年创作者合作：《悍城》的导演刘殊巧之前只拍过一部网络电影，《怪兽》的导演戴金垸此前也只拍过

图17　《等到烟暖雨收》荣获 2018 中国新文娱·新消费年度峰会年度剧集

图18　《等到烟暖雨收》获得第三届金骨朵年度票房网络剧

图19　《悍城》荣获中国电视剧制作产业协会2018年度优秀剧目

图20　《悍城》《艳骨》入选2018年度亿麦奖网剧整合营销TOP 5

图 21 耐飞影视荣获 "TV 地标（2018）" 年度优秀影视产业链机构

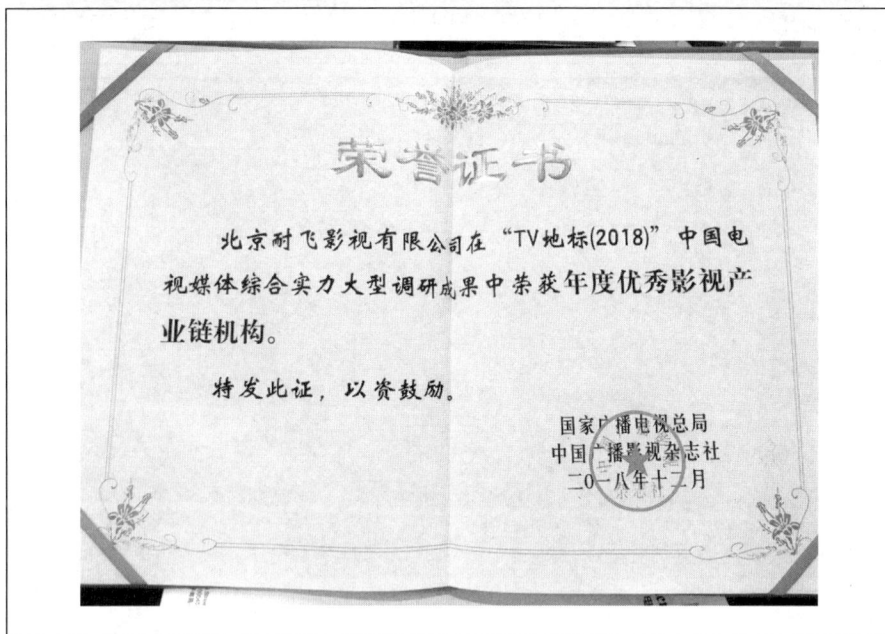

图 22 耐飞兔子洞文化荣获 CEIS 金河豚奖最具投资价值网络电影公司

图23　《悍城》编剧荣获编剧帮2018年度关注编剧

图24　《悍城》荣获CEIS最佳剧集项目，导演刘殊巧领奖

图25　《怪兽》荣获2018中国新文娱·新消费年度峰会年度网络电影，导演戴金垸领奖

一部网络大电影，《伏狐记》《小镇车神》的导演王冠迪则仅参与过电影拍摄……但这些并不影响耐飞看中并与他们合作，正是因为精准地切入了他们所喜爱和擅长的题材领域，最后不仅项目收获了好成绩，这些青年创作者们也成长和收获了许多。

七　网生内容行业基本情况及未来发展趋势

（一）网生内容市场基本情况

1. 网络剧集

（1）精品网生内容快速升级，类型化垂直细分趋势明显

宏观上，网络剧集市场可以分为四个时期，以2013年推出的《万万

没想到》为代表的网络剧集 1.0 时代，网生内容市场从这里开始；《心理罪》定义了超级网剧，24 集的集数成为行业标准，该剧也成为网络剧集 2.0 时代的标杆作品；《盗墓笔记》把网络剧集带入了会员时代；而网络剧的付费，则将网剧剧集带入了付费观看时代，好的内容有了观看门槛。令人吃惊的是，这四个阶段的迭代更新仅用了四年的时间，快速更新的背后其实是观众对优质内容的需求不断增强，一向对内容求新求快的"90 后"或者"Z 时代"未来也将对内容提出更多的要求。

近年来，玄幻、穿越、古装等题材剧集相继产出了较多的数量，也屡次收获了高播放量，青春、校园类因贴合女性用户偏好而收获较多播放量，类型垂直化和多样化的趋势无疑将更全面地满足用户的内容需求，这也使得网络剧的用户画像更加清晰；然而同时也需要警惕类型题材同质化，导致观众审美疲劳，甚至是透支题材的生命力。

（2）平台投入支持力度加大，付费用户数量急剧增长

以爱奇艺、优酷、腾讯、芒果 TV 等为主导的互联网视频领域当下还是以内容为各家比拼较量的筹码，各家为了抢夺用户时间，纷纷表示要用优质内容赢得用户的青睐。以视频平台爱奇艺为例，由于在内容生产、生态建设以及研发领域的持续投入，爱奇艺 2018 年四季度运营亏损 33 亿元，全年运营亏损 83 亿元。有分析认为，爱奇艺坚持高内容投入是亏损的主因，但是爱奇艺 CFO 王晓东曾表示，从长远考虑，对优质内容的投入将使公司获得长期增长，可见其作为内容平台对内容保有量的重视。另外，艺恩咨询发布的《2018 中国视频内容付费产业观察》显示，视频付费市场整体呈迅速增长态势，视频会员规模目前已超过 2.3 亿。其实，平台对于内容数量的要求使得会员数量持续增加，反过来讲，庞大的会员数量也需要持续不断的内容供给来维系，两者同跌同涨。

（3）网络影视政策日趋完善，秩序日趋规范，网台合一

2019 年 3 月，北京市委宣传部召开首都影视业专题座谈会，就进

一步推动首都影视业繁荣发展，凝聚行业共识，听取相关影视企业的意见建议，并透露加快建设"影视之都"的总体规划，释放出北京影视业的诸多利好消息。其中，2019 年 2 月发布的《关于推动北京影视业繁荣发展的实施意见》（业内称"京十条"），围绕当前影视业发展的痛点、难点问题，从文化＋科技、"投贷奖"联动、金融支持等角度提出了 10 个方面的重点工作，从健全机制、政策统筹、完善统计等方面制定了 5 项保障措施。2016 年颁布的《北京影视出版创作基金优秀网络视听节目项目实施细则（试行）》更是体现了对优秀网络视听项目的认可。

2. 网络大电影

（1）市场规模持续增长

与网剧相比，网络大电影的概念出现稍晚，于 2014 年由爱奇艺提出。网络大电影在经历了 2015～2016 年的疯狂生长后，2017 年市场开始加强监管，行业也逐渐趋于规范，2018 年出现了一些质量上乘、可与院线电影媲美的优秀网络大电影。从 2014 年被提出至今，网络大电影的市场规模一直在不断增长。2014 年，网络大电影的规模约为 1 亿元，2017 年网络大电影的市场规模已经高达约 20 亿元，扩大了约 19 倍。不仅如此，有数据表明，网络大电影的预算，从 2015 年的 30 万元增长到 2019 年已经翻了 30 倍，1000 万元的成本成为头部网络内容生产公司对网络大电影的正常投入。

（2）专业力量的入局

早期，网络大电影的题材多为爱情与搞笑类，作品最终呈现的水平不高，无法与院线电影匹敌。但是经过几年的发展，不仅很多影视制作专业的学生逐渐加入网络大电影的制作中，一些拍摄院线电影的导演也开始愿意去尝试执导网络大电影，这些专业力量的入局会直接提升网络大电影的质量和层次。

（二）未来发展趋势

1. 网络剧集

（1）创作回归内容本质

2016 年开始，网剧全面爆发，而后，随着大量优秀的创作团队和公司的进入，网剧产量逐年增加，在年产量如此惊人的大环境下，网剧的内容也开始呈现精品化的趋势。而伴随着网剧的精品化，各家内容制作商必然要通过提高内容本身质量以求赢得一席之地。

（2）平台鼓励网生内容形式创新，鼓励微短剧

2019 年，视频平台爱奇艺分别提出了竖屏短剧以及短视频付费分账的模式，为网生内容领域注入新的产出形式，而视频平台出台如此措施的原因还是希望通过多种新颖的形式和渠道，抢占用户时间。

（3）5G 时代加速传播介质迭代，颠覆用户观看习惯

截至目前，北京以及上海都已接通了5G 电话，2018 年还一直是大家讨论话题的5G 成为现实应用的日子仿佛悄然而至，而5G 对影视行业的冲击是可预见的。首先，从速度维度来说，5G 网速将比 4G 提高 10 倍左右，一部高清电影仅需几秒的时间即可下载完成，在相同时间内挑选内容的数量变多，可以使用户的选择权利变大，随之，内容提供方的优质内容供应压力就会增大，但是把精力放在优质内容生产上对市场来说无疑是一件好事。

其次，5G 网络端口到端口的时间延续十分短暂，可以帮助 VR 技术解决延时给用户带来的眩晕感，使用户佩戴设备观看 VR 电影时的体验感更完美。

虽然目前5G 还没有实现大范围推广应用，但是一旦实现，渠道的改变一定会促使用户观看习惯的改变，从而倒逼内容提供商改变内容制作的思路。

2. 网络大电影

（1）题材逐渐多样化

长久以来，网络大电影的题材较为固定，多为悬疑、魔幻类，但是为了收获更多的细分圈层用户，势必需要制作出题材多样的作品。

（2）网络票房分账持续走高

2017 年分账冠军《斗战胜佛》收益 2655 万元，2018 年《大蛇》收获分账 5078 万元，在一年时间内网络大电影的分账票房已经翻倍。2019 年，根据视频平台持续内容投入的策略，会员增长将会使分账基数持续升高。

（3）资本市场看好网络大电影市场

网络大电影发展之初，众多机构看中了高额的投资回报率而纷纷入局，甚至在项目刚有一个剧本的情况就盲目增资。但是随着这些畸形项目的失败，目前活跃在资本市场上还愿意投资网络大电影公司或者项目的，都是对公司或者项目有着深入了解的，不再仅凭简单的了解就盲目投资。同时，更多的影视制作公司将通过 IPO 实现更大的行业布局。

玄机科技：
中国动漫超级 IP 缔造者

一 中国动漫重回巅峰的领军者

在中国动漫从辉煌跌落至不被看好的很长一段时期里，有一家公司一直不紧不慢地用匠心精神打磨一部动画，并最终实现了成功——这家动画公司就是玄机科技。

依托于十年磨一剑的精神和《秦时明月》的商业化成功，玄机科技如今已不再是一家单纯的动画制作公司，更成长为一家以动画制作和发行为基础，以 IP 创作和经营为核心的集团性运营公司，业务范围包括原创动漫作品制作与发行、多媒体技术创新、品牌授权运营、网络游戏运营、衍生品开发销售五大业务板块，未来还将拓展进入真人影视剧制作的领域（见图 1）。同时，凭借《秦时明月》《天行九歌》《武庚纪》《斗罗大陆》等一系列作品的成功，玄机科技已成长为拥有 400 多名员工，除了杭州，在上海、青岛分别设有重要分公司的超级 IP 缔造者，堪称中国动漫重回巅峰的领军者。

图 1 玄机科技业务结构

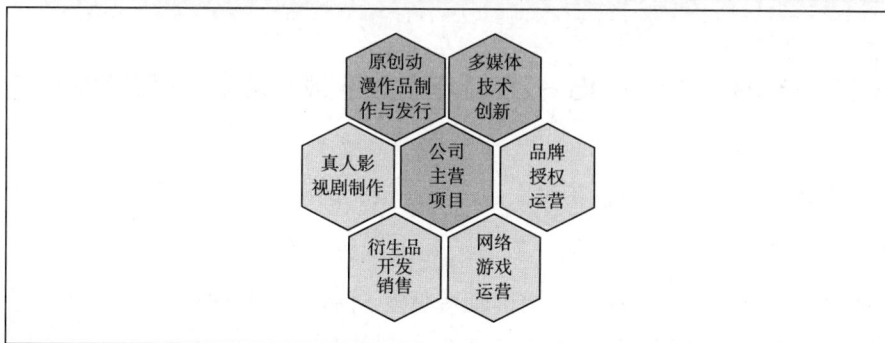

（一）萌芽时期（2004～2005年）：迈出青少年动漫第一步

事实上，虽然今天的玄机科技已成长为拥有400多人的大型团队，但在其成立之初，团队只有13人，很多人不得不身兼数职，甚至在之后三至四年的时间内，玄机科技也仅维持在40～50人的规模上。

在成立之初，玄机科技做了一件对国漫来说颇为重要的尝试——打造中国青少年动漫。当时的客观情况是，中国青少年动漫市场长期被日本和美国动漫所占领。虽然那个时代的观众，在小时候可能都曾看过《葫芦兄弟》《黑猫警长》这样经典的中国动画作品，但到了中学时，绝大部分开始转向日漫或美漫，看的大多是《海贼王》《火影忍者》等日漫作品。在美国、日本动漫低价卖片甚至免费送片的倾销攻势下，国内很多原创公司相继倒闭，一些公司被迫转为美国和日本动漫的加工和制作商，沦为它们全球产业链中的一个环节。但玄机科技从创立之初就确认了一个目标——只做青少年向的作品，改编自温世仁武侠小说的《秦时明月》，讲述的是一个体内流淌着英雄之血的少年荆天明，在秦朝末年成长为盖世英雄，影响历史进程的热血励志故事。这在当时属于"第一个吃螃蟹"的挑战与尝试。

（二）坚守时期（2005～2014年）：不赚补贴全力打造精品

2005～2013年，得益于国家的优惠政策，国漫开始逐渐崛起。从2005年，《喜羊羊与灰太狼》第一次在杭州电视台少儿频道播出，到2012年《熊出没》首度在央视播出。中国动漫低龄向品牌开始取得巨大成功；但与简单易做的低龄向动漫相比，青少年向作品却是乏善可陈的凋敝局面。

这一状况主要缘于当时部分投机公司，错误地利用国家的产业扶持政策。2005年开始，国家相关部门颁发了多个重要文件从资金、税收、电视台播放、人才培养等多个层面扶持国内动漫产业发展。2006 年，《关于推动我国动漫产业发展的若干意见》中提出"政策性银行对符合条件的动漫企业提供融资支持"、"鼓励中小企业创业投资有关基金加大对动漫产业风险投资"。具体到地方政府的补贴，2005 年时杭州不分三维、二维，每分钟补贴 1000 元；2006 年南京对三维动画每分钟奖励 3000 元、二维动画每分钟奖励 2000 元，每部上限为 200 万元；2008 年郑州出台政策三维动画每分钟奖励 4000 元、二维动画每分钟奖励 2000 元，最高不超过 500 万元；2009 年石家庄市政府则更进一步把奖励金额定到三维动画每分钟奖励 5000 元、二维动画每分钟奖励 2000 元。

为了获得国家的补贴，一大批企业开始拼命扩大产能。据了解，当时中国动漫总时长产能最高达到了 30 万分钟，而整个日本市场全年才 10 万分钟。然而，国产动漫虽然规模有了，但品质差距仍然明显，结构严重失衡，更是出现了一个不好的倾向——很多公司只为获得国家补贴，根本没有用心做好动漫，以至于市场上出现一些冗长低劣的动漫作品。在那段时间，玄机科技始终沉下心，不以高产为目的，一直围绕《秦时明月》这一部作品不紧不慢地打磨，这段时期也是玄机科技比较困难的坚守时期。然而天道酬勤，2012 年，视频网站的崛起给了"坚守者"一剂强心针。当时还没有与优酷合并的土豆，以 1200 万元的金额（含资源包），买下《秦时明月》的独播权，给了玄机科技以重要的支撑。

（三）爆发时期（2014~2016年）：《秦时明月》的全面爆发

2014 年的动画大电影《秦时明月之龙腾万里》对玄机科技和中国动漫来说，是一个不得不提的重要里程碑。作为国内首部青少年向的动漫武侠电影，《秦时明月之龙腾万里》开创了首映日票房最高、弹幕观影等诸多新纪录和新模式，并收获了 6600 万元的票房，证明了青少年向动漫电影也完全可以获得市场的成功。

与此同时，《秦时明月》手游的成功，更让玄机科技获得了巨大商机。2014年，由骏梦游戏开发、触控科技运营的《秦时明月》首款手游上线即登Appstore排行榜的冠军，峰值月流水可以达到4000万~5000万元，当年总流水合计达到了5亿元。这款手游经历了5年，如今年流水额依旧过亿元，充分体现了这个IP的强大力量。此外，玄机科技先后推出《秦时明月2》手游，并自投开发和运营《新秦时明月》手游，也获得了不错的市场反响。这两款手游上线当日均是Appstore排行榜的冠军，峰值月流水也均达4000万~5000万元。

2015年，玄机科技的年营收达8000万元，利润约为3000万元。也正是那段时期，光线传媒、微影时代以及腾讯等先后战略投资了玄机科技。2016年，《秦时明月》真人电视剧登陆湖南卫视，收获了超50亿的点播。

（四）扩张时期（2016年至今）：多IP矩阵联合运营

虽然至2016年，《秦时明月》取得了巨大的成功，但当时玄机科技的全部收益均来自这一个IP。2016年，玄机科技正式从《秦时明月》的单线作品，进入多品牌战略。

2016年，玄机科技推出《秦时明月》姐妹篇"超高颜值权谋史诗"《天行九歌》，以及"超强脑洞封神演义"《武庚纪》。两部作品甫一推出即获成功。《天行九歌》播出半年，播放量即突破2亿，超过当时90%的真人影视作品。《武庚纪》更是实现了腾讯视频单平台6集点播破亿，成为当年的腾讯视频年度人气动漫。

2018年，玄机科技承制了企鹅影视出品、腾讯视频独播、知名网络小说改编的《斗罗大陆》，这部作品更是成为年度人气冠军，当年点播就突破35亿。如今，由企鹅影视和玄机科技联合出品的《斗罗大陆》，累计点播已突破67亿，成为有史以来年度播放量最高的国漫。玄机科技的多IP矩阵联合运营，也可谓初步形成体系。

二 盈利模式：由制作驱动向运营驱动转变

传统意义上来说，动漫公司差不多有三种盈利模式。第一种是孩之宝模式，即动画片其实是广告片，其播放目的就是卖玩具。第二种接近于迪士尼传统模式，通过长篇动漫剧，把动漫形象推红，然后开始大量地在各种类型的商品上面做形象授权，通过授权来产生收益。

玄机科技则接近电影和电视公司，更像如今崛起的漫威模式，即以精良内容为核心，主要通过发行加授权的盈利模式，即第三种盈利模式。玄机科技始终坚持"以时尚科技传播中国文化之美"，以精品内容为核心，通过优质精良的动漫内容吸引了数以亿万计的青少年观众。而在这个过程中，经过不断的发展，玄机科技更逐步实现了从内容驱动向 IP 运营驱动转型的盈利模式。

（一）立足精品内容版权发行

对于影视制作公司来说，立足于精品内容的发行收入，毫无疑问是最重要的收入来源之一。这点对于玄机科技也不例外。立足于内容的收益来源，第一板块便是版权发行销售收益。2012 年，玄机科技的收入结构是40% 来自版权销售，包含电视、新媒体、移动平台加上海外销售，40% 来自授权开发。如今的《秦时明月》已发行至全球 43 个国家和地区，而随着《秦时明月》《天行九歌》《武庚纪》《斗罗大陆》等作品的不断创新高，玄机出品更成为动漫领域的金字招牌，购片的价格也在不断上升。如今视频网站的购片价格，与当年土豆视频相比，已经有了巨大的提升。版权发行收入，一直都是玄机科技的重要收入来源。

立足于版权内容的收益，不仅包括来自动画本身的版权发行收益，手游也日益成为动漫企业主要的收益来源之一。触控运营的《秦时明月》手游，在历时 5 年后，年度流水依然过亿元。此外，《秦时明月》系列还有另外两款手游，峰值月流水也均达到 4000 万～5000 万元，这也证明了游戏对动漫 IP 的变现能力。

同时，随着游戏用户黏性的增强，玄机科技发现：同一个动画 IP 不适合快速推出多款游戏，同时开发多款同类型的游戏容易让粉丝错乱，产生纠结情绪。作为《秦时明月》首款 MMORPG 类型手游，腾讯魔方开发和运营的腾讯秦时明月手游也有望在 2019 年暑期上线，这款手游与《秦时明月》此前三款卡牌类手游截然不同，因此可以预期有很强的吸金能力。

在精耕精品内容形成品牌效应后，玄机科技凭借对精品内容的打造能力，也成为不少新 IP 制作首选的制作方。因此，越来越多的成熟 IP 拥有者，希望通过优质的动漫内容制作商，提供制作服务或联合打造 IP，这也成为玄机科技如今的主要盈利模式之一。

（二）泛娱乐全品牌运营收益

在形成超级 IP 后，品牌的价值和影响力逐渐凸显，品牌的运营也成为重要的盈利模式。玄机科技作为国内最早的全品牌运营模式发起者，在这方面也走在行业前端。

全品牌运营是一个战略运营思维。从纵向看，玄机科技实现了在动画制作链的每一个关键环节都具有全局思维，甚至在编剧大纲的时候，就考虑到从产品的开发到市场的发行、销售、推广、运营和销售。同时在 IP 创作之初，即进行全面的"横向合作"，在周边、游戏、舞台剧、电影、电视动画、漫画、电视剧、跨界合作、媒体传播等多个方面寻求突破，寻找最强的合作伙伴，共同打造一个 IP，从而形成一个强力的联动网，实现 IP

更全面的营收矩阵。

动漫产业的收益在后端可以有多种的表现形式和收益。除此之外，动画版权的异业营销和衍生品以及游戏的开发也能为动画带来可观的收入。经过 12 年的打造和运营，玄机科技针对《秦时明月》已实现了非常全面的全品牌运营模式。《秦时明月》除了电视动画、电影、真人电视剧、手游、漫画、周边衍生品外，在舞台剧、异业合作、媒体合作领域都实现了诸多突破。

在衍生品方面，玄机科技如今已经形成了手办、文具、饰品、服装等七大类周边，年销售额实现千万元。

在舞台剧方面，《秦时明月》于 2018 年推出了自己的同名舞台剧，在上海人民大舞台连演 22 场，有 10000 多名观众观摩，在同类 IP 舞台剧中实现了较高的营收和收益，并且即将开启全国巡演。同时，基于强大的品牌影响力，超级 IP 中的角色虚拟价值也逐渐得到市场认可。《秦时明月》中的天明、少羽、高月、盖聂、卫庄等人气角色，先后与红牛、华为手机、滴滴、摩拜、SONY、雷蛇、DEBRAND（吴克群主理服装潮牌）等商业品牌合作，实现了商业价值的深度开发。此外，《秦时明月》积极拓展与新华社、人民日报社、上海博物馆、中国国际进口博览会、上海国际电影电视节、中国上海国际艺术节等的合作，实现了社会效益的双赢。

《秦时明月》在产业链上的尝试，也为玄机科技其他品牌探索了全品牌运营合作的道路。此前《秦时明月》电视剧与上海唐人影视、芒果互娱合作时经过了很长的谈判时间；而到了《天行九歌》，在推出的前两年，其游戏版权就被预售一空，在推出前一年，其视频播出版权就被预订；《武庚记》也是在动漫启动不久，就宣布了真人影视剧和手游的授权；《斗罗大陆》则先后牵手康师傅、蒙牛、雪佛兰等商业品牌。这些都是基于《秦时明月》曾经走过的路，如今的玄机科技对于这一系列运营方式显然已经驾轻就熟。

（三）精耕粉丝社群价值

从精耕内容，到 IP 泛娱乐的全品牌运营，玄机科技在这个过程中，更注重粉丝的积累、沉淀与运营，形成了数量庞大的粉丝社群。通过精耕运营粉丝社群，实现巨大的可再生盈利模式。

经过十余年的运营，玄机科技旗下 IP 已积累了超过 1500 万的粉丝社群矩阵。《秦时明月》作为历时最久的旗舰品牌，粉丝年龄跨度大，迄今已积累了 160 万的微信公众号粉丝、61 万的微博粉丝、242 万的贴吧粉丝、150 万的 QQ 矩阵会员，加上 200 万的官网用户，累计超过 800 万的粉丝社群。《天行九歌》和《武庚纪》作为新生 IP 也成长迅速。《天行九歌》比较平均，微信粉丝突破 120 万，微博和贴吧粉丝也都在 15 万以上，累计社群粉丝超过 160 万。腾讯独播的《武庚纪》和《斗罗大陆》则分别拥有超过 160 万和 200 万的微信公众号粉丝。

强大的粉丝社群的意义在于，一方面，为玄机科技未来的作品形成很好的种子保护池，形成二级传播矩阵，大幅度降低宣发成本；另一方面，聚集在一起的粉丝社群，本身也构成了强大的社群媒体矩阵，这些公众号、官微、官博，在业内都具有举足轻重的影响力，也吸引了部分商业品牌的关注和投放，成为一条额外的营收渠道。

（四）破次元的 IP 价值增长

作为动漫二次元领域的超级 IP 缔造者，玄机科技也始终在积极尝试"出圈"——从二次元的现象级 IP，向三次元的现象级 IP 升级；同时积极借鉴三次元影视行业的诸多盈利模式。

其一，是虚拟偶像的深度开发。这不仅仅是指玄机科技作品中角色的虚拟代言；而是用打造和运营真人偶像的方式，来打造和维护虚拟偶像。

玄机科技推出了实时动捕的虚拟高月，在未来将有非常大的应用前景，可进一步推出虚拟直播、偶像见面会。同时，玄机科技积极与重要音乐平台合作，打造动漫品牌的首次虚拟偶像选秀，邀请明星为虚拟偶像献声，这些都是对虚拟偶像打造和运营的积极尝试。一旦虚拟角色能够和真人明星一样形成强大的明星效应，就极大地拓展了玄机科技的盈利链，成为非常可观的一个盈利增长点。

其二，动漫 IP 对那些世界观尚且懵懂的青少年观众来说，具有很强的价值观引导作用。在经历了时间的洗礼后，那些陪伴观众走过青少年时期的动漫 IP 已成为粉丝青葱岁月的代名词。当一件商品或事件与初心挂钩时，其溢价空间就会远远超出实际价值，粉丝在为自己钟情的 IP 埋单时，考虑的已不是商品的实际价值，而是自己的情怀价值——即这种消费完全基于粉丝的消费能力——他消费得起多少，就愿意花多少，不会去计较商品的实际成本是多少。当然，这里不是说如何用粉丝的情怀赚钱，而是说如何在商业化运营中，更多地考虑情怀向的价值，如何开发更有情怀的周边衍生品，这样才能够引起更多粉丝的共鸣。

三　经营现状

经过十余载的运营，玄机科技不论是市场占有率还是制作产能，都已成为国漫行业的翘楚。在新华社、艾瑞、骨朵传媒等评选的品牌影响力前十中，玄机科技旗下作品常常占据超过 4 席，旗下的《秦时明月》《天行九歌》《武庚纪》，以及联合出品的《斗罗大陆》更是几乎常年全部位列播放量榜单前十。另外，玄机科技每个月的平均动画产量达到了惊人的 140 分钟，在整个华语动画圈，同时保持如此高质量，又如此高产的公司，可以说几乎没有。更重要的是，从《秦时明月》《武庚纪》《天行九歌》到《天谕》，玄机科技的作品涵盖了小说、漫画、动画、游戏，也包括原创，从一个侧面反映了玄机科技强大的 IP 塑造能力。

（一）更强大的 IP 矩阵成型

如今，玄机科技旗下的作品可谓明星熠熠，形成了一个强大的 IP 矩阵。

玄机科技旗舰动漫品牌《秦时明月》系列 IP，自 2007 年春节播出至今，在各大网站已收获超过 150 亿的点播（含两部真人剧），但其中仅是已播出的五季动画和番外篇，累计点播量就突破 55 亿，和两部真人剧相比丝毫不逊色，更创下优酷周播榜连续 180 周冠军的纪录，最高热搜排名超越 100% 真人影视剧和热门综艺。从各项数据来看，这个十二年的经典品牌，依旧在高速蓬勃发展。

在《秦时明月》大获成功的基础上，玄机科技陆续推出《天行九歌》《武庚纪》《天谕》《斗罗大陆》等新品牌动画，也获巨大成功。62 集《天行九歌》累计播放已突破 20 亿，豆瓣评分 8.9，是迄今国漫豆瓣评分最高作品。《武庚纪》两季播完，累计播放量已超 30 亿，更收获了千万级的会员观看。《斗罗大陆》则毫无疑问是现今国漫的绝对王者，累计播放量已超过 67 亿。

迄今为止，玄机科技旗下作品已发行至全球 43 个国家和地区，累计获得了"戛纳电视节亚洲展映最佳作品"、"亚洲动漫榜最强国漫"、"亚洲电视节最佳 3D 动画"、"加拿大国际电影节最佳历史动画长片"、中国国际动漫游戏博览会（CCGEXPO）最佳动画作品、中国版权保护中心国漫品牌运营金奖等 198 多项国际及国内重量级大奖。

（二）更多维度的作品矩阵来源

在构建动漫超级 IP 的来源上，玄机科技实现了多元的平衡布局。动画

《秦时明月》改编自温世仁原著的同名小说，属脱胎于小说；《天行九歌》本身属于《秦时明月》姐妹篇，属于脱胎于动画；《武庚纪》改编自香港漫画家郑健和的漫画；《天谕》改编自网易的同名游戏；《斗罗大陆》也是改编自同名的网络小说；此外，玄机科技还正在规划《明月如梦》（暂定名）和《天宝伏妖录》，分别改编自手游和小说。从这些不难看出，从小说、漫画、动画到游戏，玄机科技对不同形式作品到动画的改编，已经驾轻就熟，炉火纯青，不论什么形式的作品，都可以轻松实现 IP 在动画领域的成功转化。

事实上，这些作品也不尽是改编，玄机科技在创作 IP 过程中，对于原创和尊重原著之间的把握，也有独到的经验。作为玄机科技两部代表作品，《秦时明月》和《斗罗大陆》虽然都改编自小说，但两者风格截然不同：《秦时明月》在小说的基础上做了大幅修改，有 95% 左右都是全新的，《斗罗大陆》则几乎 95% 以上尊重原著。这背后的原因来自玄机科技对作品核心卖点的把控。《斗罗大陆》是非常成功的网络小说，有巨大的粉丝效应，玄机科技相信该作品一定有其独到的卖点，因此一定尽可能地保留它的精髓。而《秦时明月》有一个特殊性——其原作者在写完第一部就去世了，沈乐平导演和小说原作者温世仁先生曾经共同参与策划，对原作者最初的想法比较了解，所以选择了更多的原创。

（三）更全面的合作模式及伙伴

经过多个 IP 的打造，玄机科技现有的合作伙伴阵营以及合作模式，在如今国漫领域，可以说是较为丰富的。其合作模式覆盖了从自身投资出品如《秦时明月》《天行九歌》《武庚纪》，到联合出品如《斗罗大陆》《明月如梦》，再到委托制作如《天宝伏妖录》，玄机科技可以扮演好动漫制作和运营领域中的任何一个角色。

从合作阵营上来看，《秦时明月》是优酷独播作品中的扛鼎之作，《斗罗大陆》《武庚纪》《天行九歌》为腾讯视频独播。玄机科技是与阿里巴巴和腾讯都有独播合作双 S 级作品的公司。这与全网播出的概念完全不同，独播签约代表了播出平台对视频内容的高度认可，这背后往往是付费购买版权，所以从中也可以看出两大平台对玄机科技作品的认可。

事实上，玄机科技与国内主要互联网平台都有合作。除了腾讯和优酷，《天宝伏妖录》是与 Bilibili 站合作，《天谕》和《明月如梦》是与网易游戏合作。在如今国漫领域，玄机科技毫无疑问也是与国内大型互联网平台合作最多的公司之一。

（四）更快速的动画制作流程

动画制作是基于技术和艺术两大核心的工业流程。从《秦时明月一百步飞剑》到《秦时明月六沧海横流》，每一部作品都能体现出品质的巨大飞跃。这背后得益于玄机科技在这两个标准上的不断创新和提升。从《秦时明月》第五部开始，玄机科技就独创了实时 CG 渲染和虚拟片场技术，大幅提升了动画制作的速度约 20 倍，从而实现了快速的优质动画内容制作。现如今，玄机科技的动画月产量达到了惊人的 120 分钟，动画品质达到《秦时明月》和《斗罗大陆》的水准，这意味着玄机科技几乎可以在一个月完成一部大电影的制作。这个制作速度和效率在国内动画圈几乎罕有敌手。

四 未来规划：打造玄机"七天宇宙"计划

基于国漫市场的日益发展，玄机科技对于技术和艺术的追求始终在路上。为了实现未来的"七天宇宙"计划，玄机科技始终在探索更快、更高效、更唯美的制作技术。其中，玄机科技初步实现以及初涉使用的是两个核心技术——实时动捕技术及 AI（人工智能）制作动画技术，这两个技术目前仍在进行细化和升级，以便可以实现更大规模的应用。此外，玄机科技还在全力打造一套全新的角色智能生成系统，可以大幅度地提高动画前期和后期的制作速度及效率。

除此以外，考虑到同一题材粉丝的自然流失，玄机科技也正在积极布局更全面的题材，力求未来的作品更丰富，更能满足青少年对不同题材作品的观看需求。此外，由于公司作品和人力资源的增加，玄机科技在公司的构架和管理方式上，也在迭代创新。采取独特的工作室制＋适当放权体系，重在挖掘公司内部的优秀人才，以打造丰富多层的人才梯队。

（一）技术创新

1. 实时动捕的大规模应用

与真人演员不同，动画中每个角色的动作和变化，一般是通过两个方式制作的。一是由动画师手动一帧一帧地调，二是直接邀请动捕演员，通过动作捕捉系统来进行拍摄。动作捕捉系统（Motion Capture）可以大幅提升动画的制作效率，但对于玄机科技来说，动作捕捉系统虽然有用但显然还不够。玄机科技希望实现的是更快的实时动捕 CG 技术。

所谓实时动捕 CG 技术，就是可以将动捕演员的实时动作同步使用在动画中。理论上，这个技术如果能实现，在动画制作中的应用场景应该非常普遍，可以使动画制作的速度至少再提升50%。

2. AI 制作动画应用

人工智能（AI）是如今非常火热的概念，但实际在制作《斗罗大陆》和《秦时明月六沧海横流》的过程中，玄机科技已经将体积雾光技术、实时毛发渲染和 AI（人工智能）运用到了动画的制作过程中。

玄机科技运用 AI 制作动画，主要由两部分组成，分别是 AI 智能群集系统和智能城市生成系统。

AI智能群集系统，可以说是人工智能制作动画的雏形，就是通过制作人员的前期规划、设计和编程，使电脑程序可以自动"画"出一些基础的动画内容。

在传统动画制作中，涉及10人以上的动画一般被称为群集动画，主要是一些次要角色的表演，他们一般动作简单具有重复性，但数量众多，如果依靠动画师逐个调整则将耗费巨大的人力资源和时间。如果这些角色的动画能通过设定让其自己来运行，那将大大减少工作量和提高制作效率。群集AI就是解决一系列群众角色表演的工具和系统。

AI群集动画就是，只要设定规划好逻辑和程序，电脑就可以自动生成基础动画，赋予路人角色"灵魂"。这个AI动画包括：区域内生成角色，即AI自动在一定区域内快速生成路人动画；让角色具有目标意识，即角色知道自己的目的地，并会用符合自己人设的方式向目的地行进；自动规避和反馈，即自动生成的角色在行进中遇到不同的障碍物或行人时，会根据自己的人设有不同的反应。

AI制作动画的另一个主要功能是：智能化的场景生成系统，即可以由AI自动生成符合需求的场景，包括自然场景和城市场景。

AI制作动画的最大优势之一是提升速度。常规制作一个100人行走穿梭的街道一分钟鸟瞰场景，如果用传统动画制作方式，理论上至少需要1个动画师做30天或5个动画师做6天才能完成，但用AI来制作的话，电脑最快可能只需要15分钟就能完成。大规模的野外地貌和大规模的城市制作在传统动画制作中都是极其消耗时间的工程，而智能生成系统的出现把制作时间控制在1个小时内，使效率提高了近100倍。

基于速度的巨大提升，AI制作更大的作用，是将制作人员从不必要的繁琐流程中解放出来。如果所有的群众演员都需要制作人员用手调或动捕来制作，那么势必需要投入众多人力、物力，但其实这些群众演员作为背景，对其动作的要求并不高，完全可以交给AI来制作。这样就可以将动画师从那些机械的群众演员动画制作中解放出来，可以更多地去考虑主角或重要戏份的设计。

3. 角色智能生成系统

如果说 AI 群集动画解决了角色的灵魂，那么玄机科技目前正在尝试的另一件事则是给角色"画皮"，即通过一个特别软件，快速调整一个角色的外貌、服装、神态、身高、体重等各项指数，通过便捷的搭配，快速建立一个需要的角色。这样就可以最大限度减少动画制作前期建模师的工作。

玄机科技更进一步的技术提升，实现了骨骼绑定等细节需求，使实时搭配生成的角色可以直接投入动画使用。

这些更快速高效的制作流程，意味着玄机科技可以用更低的成本、更快的速度制作更多的 IP。这也为玄机科技的"七天宇宙计划"提供了可能性——即每周七天的每一天，玄机科技都可以有一部优质的动画作品呈现给青少年观众，从而实现"承包"年轻人的动漫娱乐时间。

（二）内容创新

玄机科技目前的作品已经取得了很大的市场成功，但主要集中在古风领域，题材主要是武侠、玄幻、魔幻，或者是架空题材，同样题材的内容偏多，随着时间流逝，或许会引起部分观众的流失。为此，玄机科技也在积极拓展和丰富自己的 IP 产品线。目前正在规划的题材有校园青春运动题材，还有科幻题材，也有结合东西方架空的魔幻题材，希望通过不同风格作品的组合，提供不同题材的优秀动漫作品，满足更多青少年的不同需求。目前玄机科技已经官宣的作品有《燃球青春》（暂定名）、《鬼刀》等。

（三）管理创新

随着公司的高速发展，制作的作品数量增多，从一部作品到多部作品同时制作和周更，玄机科技一直在谨慎地扩张，并在上半年成立了青岛分公司。这对玄机科技来说是一个很大的考验，面临人才的储备、流程的配合、技术的应用，还有如何管理扩张后的公司。

玄机科技在加强管理培训的同时，对公司构架做出了较大的调整，根据动画的不同分工，建立了墨狼、逆流沙、火羽、星辰海、修罗、极刃、赤灵、天网、猎影等9大工作室和品牌运营人体系。其中，墨狼、逆流沙、火羽、星辰海、修罗、极刃、赤灵主要针对项目的动画制作，天网和猎影工作室则分别负责制作的前期和后期流程。每个工作室有专门制作人负责，这样便于更清晰地针对项目进行制作的任务安排。

在加强工作室划分的同时，玄机科技还特别注重人才梯队的培养，推出了"求生圈计划"（面向新人）、"钢铁侠计划"等针对员工不同阶段的不同的支持计划。玄机科技董事长沈乐平还特别提出未来将推行个别审核与决定权下放的管理方式。如果一个员工在自己合适的领域里被证明值得信赖，那么一些特殊项目的特殊环节的决定权，可以下放给他，比如一位优秀的原画师可以决定自己的原画，一位优秀的特效师可以决定自己做的特效画面是否达到标准。这些自主决定权交给员工，一方面可以让员工体会到管理者做选择和决定时的担心和忧虑，从而加深互相的理解；另一方面也给予员工更强的自主意识，有助于员工成长与潜力发挥。

五 风险与思考

（一）劣币对良币的竞争

随着《秦时明月》《天行九歌》《武庚纪》《斗罗大陆》等作品的相继成功，加上《大圣归来》《大鱼海棠》等在票房上的成功，经历了寒冬的国漫迎来了春天。但国漫的繁荣也引来了泥沙聚下的情况，有些网络动漫的"成人化"倾向比较明显，甚至一些以"18 禁"为主打卖点的动漫也开始公然播出，这些以低俗、恶俗、暴力为卖点的动漫，因为刻意迎合某些观众的恶趣味和好奇心，而博取了不少眼球和关注。在流量就是价值的当下，这些关注又激发了更多的低俗动漫跟风，以至于出现了"劣币驱逐良币"的现象。

所幸，国家在 2018 年对一批不良动漫进行了下架整改和清理，维护了市场的正常秩序。但从长远来看，如何保持良性的监管，避免此类动漫野火重燃，依旧需要长期的关注和治理。

（二）动漫编剧人才的匮乏

动漫行业的另一个困境在于内容创作从业者的紧缺，相比影视剧一部作品的创作需要上百号人，导演、编剧都可能不止一位的情况，动画产业就显得有些窘迫了，以《斗罗大陆》为例，动画的导演、编剧都是玄机科技董事长沈乐平一人。这也显示出目前优秀动漫编剧人才的紧缺。

和影视剧编剧相比，动画编剧在收入上还存在一定的差距，所以优秀的编剧人才仍主要集中于真人影视行业，但和影视行业有诸多限制不同，动画的最终呈现形式是丰富性极高的，只要编剧想得出，画面呈现不用考虑，因此更适合编剧发挥。玄机科技也在积极培养编剧团队的方向上努力，同时尝试了自己培养和外部合作两种方式。

（三）圈外巨头的加入

之前的国漫产业还只是少数动画制作公司之间的厮杀，最有实力和竞争力的动漫制作公司集中在头部几家，但随着这个行业日益受到各方关注以及资本的重视，越来越多的圈外大鳄杀入这片领域。资本的加入助推了竞争的激烈。动漫行业的竞争，其实已不再是动漫企业之间的竞争。原本占有巨大优势的动漫企业，可能面对的是圈外突然杀入行业的规模数十倍甚至数百倍于自己的巨头。

这对于现有的动漫领军企业来说，最重要的就是时刻保持危机意识；不断强化自身的独门技法、抬高门槛，同时固化自己的粉丝阵地，筑起技术和粉丝两道壁垒，从而形成自己的竞争优势。如此方能在未来更激烈的竞争中保持尽可能大的优势。

电魂网络：
国内知名的精品
游戏研发与运营商

一　公司介绍

杭州电魂网络科技股份有限公司（以下简称"公司"或"电魂网络"）主营业务为网络游戏产品的研发和运营，于 2016 年 10 月 26 日在上海证券交易所上市，证券代码为 603258，是国内首家上交所主板独立 IPO 游戏企业。公司致力于自主研发、运营精品化的网络游戏，以竞技类网络游戏产品为特色，通过高效的游戏研发体系、精准的游戏推广方案，现已发展成为集创意策划、美术设计、技术研发、产品开发、游戏推广、运营维护、海外合作于一体的国内知名的网络游戏开发、运营商。公司是国家级高新技术企业、国家规划布局内重点软件企业、全国电子信息行业创新企业、浙江省重点文化企业，荣获过中国十大游戏研发商、中国游戏风云榜十大优秀手机游戏公司等荣誉。

公司自研以客户端游戏为基础逐步向移动端游戏延伸，同时也布局了 H5 游戏、主机游戏、单机游戏、VR 游戏等领域。在端游产品方面，代表作品《梦三国》是一款休闲竞技游戏，具有一定的玩家黏性，自 2009 年上线以来已连续运营超过 9 年，注册用户超过 1 亿。作为国内首款自主研发的竞技类网络游戏产品，《梦三国》被中国电子竞技运动发展中心评为中国游戏产业"最佳网络电子竞技游戏"，是浙江省名牌产品，近年来更是荣获斗鱼全民直播平台最佳竞技游戏、电玩巴士最佳竞技网游。《梦塔防》是一款集竞技、养成、策略于一体的休闲塔防类客户端游戏，受到市场与玩家尤其是女性玩家的广泛认可。在移动网络游戏方面，公司自研手游产品《野蛮人大作战》，是首款近身对抗 io 类型手游，并融入 moba 元素，该游戏上线后深受玩家喜爱，尤其是在海外市场上，获得 AppStore 和 Google 全球推荐。《梦三国手游》复刻版是一款国风 MOBA + RPG 类产品，延续《梦三国》十年经典 IP，完美复刻端游玩法，传承了梦三国的经典元素。《梦塔防手游》是全新竞技类塔防手游，采用突破性 3V3 实时对战玩法，拥有自走棋、军团战争、单人冒险和活动副本，实现丰富的英雄、卡牌以及巧妙的搭配策略。

用心做好游戏，用爱去履行社会责任。公司始终认为，企业不仅是社会经济的基本单位，同时也应该成为相应的社会责任主体。公司一直积极践行社会责任，主动投身公益事业，推动了一系列公益活动——"助学行动""会飞的盒子""E农计划""暖流计划""心唤醒"等。

未来，电魂网络将以务实、合作、创新、快乐为核心价值观，坚持一切以用户为依归的经营理念，秉持"铸就游戏之魂"的使命，致力于产品的开发和改革，为用户打造更优秀的精品游戏。

二 公司发展战略

公司的中长期发展战略如下。

1. 愿景目标：国内一流的泛娱乐综合服务商（见图1）

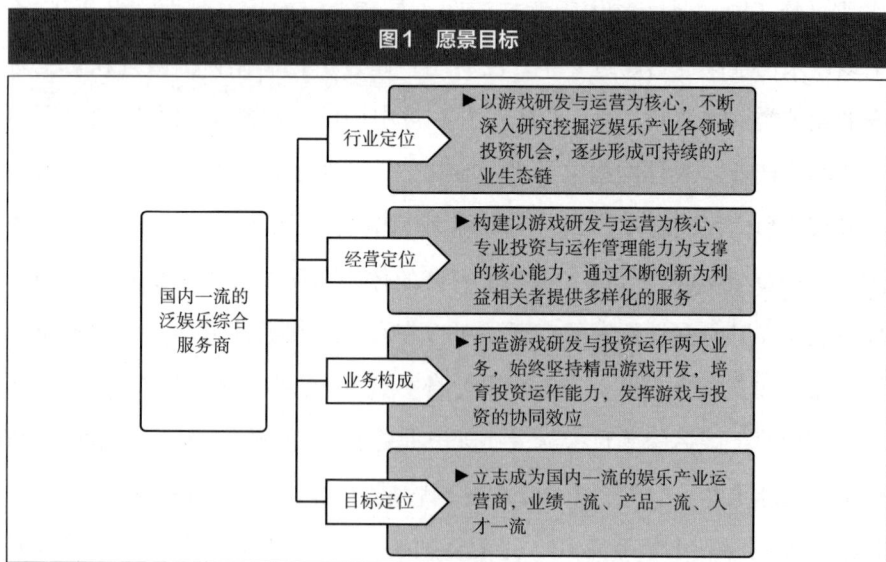

图1 愿景目标

行业定位	▶以游戏研发与运营为核心，不断深入研究挖掘泛娱乐产业各领域投资机会，逐步形成可持续的产业生态链
经营定位	▶构建以游戏研发与运营为核心、专业投资与运作管理能力为支撑的核心能力，通过不断创新为利益相关者提供多样化的服务
业务构成	▶打造游戏研发与投资运作两大业务，始终坚持精品游戏开发，培育投资运作能力，发挥游戏与投资的协同效应
目标定位	▶立志成为国内一流的娱乐产业运营商，业绩一流、产品一流、人才一流

国内一流的泛娱乐综合服务商

2. 五年战略目标：国内知名的精品游戏研发与运营商（见图2）

图2 五年战略目标

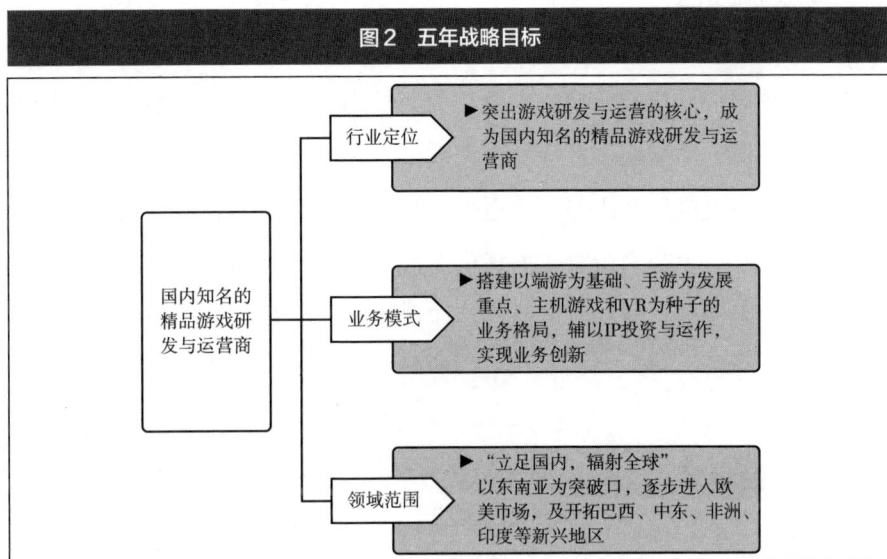

三 主要业务模式

经过多年摸索和创新，公司已形成了自主运营、授权运营、联合运营、代理运营四种运营模式。

（一）自主运营模式

自主运营是指公司自主创造游戏产品上线运行所需的相关条件并进行产品推广，玩家通过个人电脑和互联网进入公司游戏产品，免费注册账号和进行游戏，公司为玩家提供持续的客户服务、版本更新等服务。游戏运营成本由公司承担，通过向部分玩家提供道具销售等增值服务的方式获取运营收入。

（二）授权经营

公司采用的授权经营模式主要是为境外用户提供游戏产品服务，因国内外市场环境、地域人文环境和国家政策有较大区别，公司通过授权合作方为境外用户提供游戏服务。根据公司与授权经营商签署的相关网络游戏授权经营协议，由公司为合作方提供游戏版本和约定的后续服务，并收取协议约定的版权金，授权经营商将其在授权经营游戏中取得的收入按协议约定的比例分给公司。

（三）联合运营

联合运营模式下，游戏开发商（网络游戏产品的版权拥有方）将其游戏授权给多个游戏运营商运营，不同的运营商针对各自发展的用户采用独立的用户管理系统或支付系统，联合运营商与版权拥有方之间分享游戏运营收益。一般而言，联合运营商不需要向版权拥有方支付初始授权金，只需要按照协议约定的分成比例支付运营收入。

（四）代理运营

代理运营模式下，游戏开发商（网络游戏产品的版权拥有方）将其游戏授权给一家或两家游戏运营商在特定区域内代理运营，运营商针对自身用户采用独立的用户管理系统或支付系统，代理运营商与版权拥有方之间分享游戏运营收益。一般而言，代理运营商需要向版权拥有方支付初始授权金。具体的合作模式由双方协商，一般由游戏开发商负责技术维护和游戏更新，而游戏运营商则负责市场推广及用户注册、充值渠道搭建等。

四 盈利能力

（一）盈利能力相关数据

公司 2016～2018 年连续三年的主要财务数据如表 1 所示。

从表 1 可以看出，公司近三年保持持续盈利状态，利润增速有所下降，但总资产和股东权益总额保持持续增长。利润增速下降主要原因是公司积极推进端游向手游业务战略转型。短期内手游新产品上线导致市场推广费用和研发投入有所增加，但长期看有助于丰富公司产品线，提升后续盈利能力。

表1 电魂网络盈利能力相关数据			
			单位：元
项目	2016 年	2017 年	2018 年
营业利润	238107885.45	196800727.36	132128661.30
利润总额	266706921.81	195581717.75	132081593.09
净利润	250653559.98	161106987.55	121439225.34
总资产	1843368930.45	1914942304.83	1931528544.43
股东权益总额	1552421297.38	1618426170.10	1713861102.19

（二）盈利能力指标分析

公司 2016～2018 年销售毛利率、净利润率等盈利能力指标远高于行业均值，体现了公司较强的盈利能力见表 2。2016 年各项指标均较高主要是由于 2016 年公司上市，募集资金增加导致股东权益金额大幅增加；而 2018 年销售毛利率和净利润率有所下降主要是由于公司手游新产品上市，市场推广费用有所增加，但同时公司的业务结构更为合理，形成了端游、手游、H5 游戏协同发展的良好态势，抗风险能力有效提升。

表2 电魂网络盈力能力分析				
项　目	行业均值	2016 年	2017 年	2018 年
净资产收益率 ROE（加权）（%）	12.08	37.06	10.46	7.72
销售毛利率（%）	53.73	92.81	91.32	82.60
净利润率（%）	17.17	50.70	32.27	27.08
基本每股收益（元/股）	0.73	1.35	0.69	0.54

注： 上述行业均值为 2017 年统计数据。

五　发展亮点

（一）专注研发精品游戏，持续提升市场竞争力

1. 端游业务保持相对稳定

近年来，公司客户端游戏总体保持稳定，2017 年和 2018 年端游实现营业收入 4.52 亿元和 3.86 亿元，占公司营业收入比例分别为 90.76% 和 86.94%。公司直面端游市场整体增速放缓的不利局面，坚持不断提升游戏品质，持续加强技术、版本创新，提升游戏的可玩性，保障核心产品的持续盈利能力，公司主要端游产品《梦三国》《梦塔防》依旧保持较高的市场热度，用户数量保持相对稳定。

2. 手游业务稳步推进，并有一定的储备项目

2018 年，公司自主研发的独立游戏《野蛮人大作战》获得较好的市场表现，平均月活跃用户数量保持基本稳定，达到 300 多万，获得苹果和

Google 全球推荐；目前该游戏总注册人数逾 3700 万，取得了一定的口碑和行业影响力。公司积极进行新游戏的研发和运营，目前已储备多款游戏产品，如《梦三国手游》复刻版、《梦塔防手游》、《Genesis》、《元能失控》、《冒险与推图》、《召唤与合成》等，预计将在 2019 年上线运营。

《梦三国手游》复刻版是一款国风 MOBA ＋ RPG 类产品，延续《梦三国》十年经典 IP，完美复刻端游玩法，传承了梦三国的经典元素。已于 2019 年 1 月 17 日在 IOS 和自有官方平台进行不删档测试，预计将在 2019 年二季度实现全渠道上线运营。

《梦塔防手游》是全新竞技类塔防手游，采用突破性 3V3 实时对战玩法，拥有丰富的英雄、卡牌以及巧妙的搭配策略，已在 2019 年 4 月初上线运营。

《元能失控》是带有 Roguelike 元素的合作类游戏，玩家将和自己的队友一起探索随机生成的危险世界，收集资源，探索堡垒，用各种各样神奇的武器去战胜来自各个时空的怪物，揭开堡垒深处魔王的秘密。该产品预计将在 2019 年二季度上线运营。

3. 其他游戏

公司从 2016 年开始积极布局 H5 游戏，上线小游戏平台——闪电玩平台。公司进一步加强闪电玩平台管理，自研及代理运营多款 H5 小游戏，目前闪电玩平台已上线 100 多款产品，其中 10 余款为自研产品。闪电玩 H5 游戏平台已同"车来了""同程艺龙""聊天宝""网易星球"等众多国内知名流量 App 进行深入合作。平台现累计注册用户突破 2000 万，最高日活跃用户突破 100 万。闪电玩平台拥有 3D - H5 游戏引擎，拥有多年中重度商业化产品开发经验，与国内其他小游戏平台相比，构筑了一定的技术壁垒、产品线壁垒和用户量壁垒。

4. 加大创新引擎推动，保障未来可持续增长

公司长期致力于研发领域的持续投入，以市场需求和用户体验为导向，积极推进产品研发和技术创新工作。2018 年公司投入研究开发费用 9636.80 万元，占公司全年营业收入的 21.49%，近三年累计研发投入

3.36 亿元。截至 2018 年末，公司已拥有专利 5 项，其中发明专利 2 项、外观设计专利 3 项、在审发明专利 62 项；取得软件著作权证书 153 项。

2018 年是公司成立十周年，公司一如既往，做梦想的行动派，收获了诸多荣誉。2018 年，公司获得年度最佳电竞企业奖、2018 中国软件行业最具影响力企业、最具社会责任上市公司等荣誉；《梦三国手游》荣获第三届金陀螺年度最期待新游奖，《怼怼梦三国》获得 OPPO 最佳小游戏奖。此外，《野蛮人大作战》曾入选 2017 年度"中国原创游戏精品出版工程"。

（二）核心 IP 的持续维护和优质 IP 储备

优质 IP 不仅能在产品上线初期导入大量用户，快速聚集用户群体，也更容易得到游戏平台的推荐，减少运营成本，把握产品节奏。公司经过多年的深耕细作，打造了"梦三国""野蛮人大作战""怼怼梦三国"等一批受市场青睐的原创核心 IP。公司后续将把上述 IP 延伸到动漫、电竞等相关领域，实现泛娱乐联动，为后续产品提供稳定的流量支撑，实现 IP 资源的价值最大化。同时，公司积极储备外部的优质 IP 资源，公司与 Warner Bros. Interactive Entertainment（以下简称"WBIE"）签署了《许可协议》，与 Warner Brothers Games（以下简称"WB Games"）签署了《产品服务协议》，WBIE 授权公司使用 DC 核心漫画角色进行游戏产品的开发，WB Games 将在游戏开发过程中提供相关服务。目前，这款基于 DC 漫画的 IP 游戏仍处于研发过程中。

（三）围绕游戏主业，加快产业链布局

为进一步提升公司核心竞争力，公司以电魂创投作为公司投资业务平台，围绕打造一流互娱平台的目标，开展相关产业链投资。公司紧紧围绕游戏产业投资了 50 余家公司，投资标的涵盖游戏 CP、游戏发行推广、电

竞产业、"互联网+"等多领域，以期拓宽业务范围，丰富产品结构，增加公司潜在的业绩增长点。公司投资参股的部分企业已取得较为出色的业绩，投资的代表企业有：杭州浮冬数据科技有限公司、北京爱酷游戏科技股份有限公司、成都斧王网络科技有限公司，上海大鹅文化传播有限公司、上海摩普网络技术有限公司。

（四）大力发展海外业务，拓宽业务结构

公司自 2015 年底正式筹建海外项目中心以来，积极谋求海外布局，以公司现有产品全球化运营商务合作为重点着手布局境外游戏发行，稳步推进海外发行渠道、发行平台、支付结算系统等海外运营基础工作；此外，借助公司较强的运营经验，在向海外输出优秀游戏产品的同时，积极探索引进优秀的海外游戏产品，以丰富公司产品品种、完善盈利模式。公司自研游戏《野蛮人大作战》在全球 100 多个国家和地区获得首发和多次更新推荐，在 50 多个国家和地区位列下载榜前十；公司在韩国独家代理发行的《不思议迷宫》登陆韩国 Google Play 和 App Store；独家代理的创新游戏《召唤与合成》预计将于 2019 年在被授权的全球区域上线，将好的中国游戏作品推向全球。

（五）推进企业并购，增强公司综合竞争能力

为进一步完善公司业务产品体系，防止产品结构单一带来的风险，公司于 2019 年 2 月完成了对厦门游动网络科技有限公司（以下简称"游动网络"）80％股权的收购。游动网络是国内最早涉足手机网络游戏开发及运营的公司之一，通过自主研发先后推出了《坦克之王》、《小宝当皇帝》、《商战创世纪》等知名手机游戏。本次收购可以使电魂网络进一步丰富手游产品线，提升手游业务和海外业务比例，优化公司产品和市场结构，从

而提高公司综合竞争力。后续公司将承接游动网络的移动游戏研发团队、运营团队，通过吸取对方优势以提高自身在移动游戏研发运营方面的能力；同时公司将利用自身积累的运营经验和品牌知名度，提高游动网络在运营、宣传方面的能力，拓宽游动网络的业务发展空间。

六　未来规划

（一）坚持聚焦主业，努力在移动游戏业务方面取得新突破

面对行业移动游戏业务比例不断上升的趋势，公司将继续加大对移动游戏新产品的研发。2019 年 1 月 17 日，以经典 IP"梦三国"为核心的《梦三国手游》复刻版已在 IOS 和自有平台进行不删档测试；2019 年 4 月初，《梦塔防手游》全渠道上线，随着后续新产品的不断推出，预计公司移动游戏业务的比例将不断提升，从而进一步丰富公司的产品结构。此外，公司于 2019 年 2 月收购了厦门游动网络科技有限公司 80% 的股权，本次收购将有助于提升公司在移动游戏市场上的占有率。未来公司将专注于国风、二次元、武侠（仙侠）类、体育题材等细分领域各类型产品的研发。

（二）加快推进"国际化战略"

海外游戏市场始终是公司重要的业务发展方向，公司的核心产品《野蛮人大作战》成功全球化运营，积累了较丰富的海外发行经验。2019 年，公司将在保持国内游戏业务稳定增长的同时发力于海外市场，打造一支具备国际视野和国际市场动向把握能力的海外运营团队，并在全球范围内积极寻找合作伙伴，拓宽公司业务布局，寻求新的利润增长点。

（三）坚持精品游戏发行策略，提高运营深度和发行效率

2019 年，公司将根据行业现状，结合自身产品定位和研发进程，合理安排产品上线运营和推广进程，强化市场推广费用预算管理，积极推进国内外优秀发行商的深度合作，在产品代理上走差异化路线，寻求特定用户的市场以及特定题材、特定玩法组合的产品。在发行上采取全平台发行策略，根据不同的产品分别在 PC 平台、主机平台和手游平台发行。

（四）加强对并购团队的整合，提升公司核心竞争力

公司已于2019 年 2 月完成对游动网络收购，该公司具有较为丰富的手机游戏开发能力和精准的市场定位能力，推出了多款精品手游《小宝当皇帝》《坦克大战》《我的战国》等，并有《鹿鼎记》《商战创世纪》《胭脂妃》等多款储备游戏。

公司通过与游动网络优势整合，进一步提升公司手游研发和运营能力，优化公司产品和市场结构，提升公司综合竞争力。未来公司将充分发挥双方优势，加强双方研发、运营团队的整合，促进双方在业务上展开深入合作，提高协同效应。

七 企业价值和核心竞争力

（一）网络游戏竞技类细分领域精品化产品及品牌优势

竞技类网络游戏是建立在公正、公平、合理的游戏平台上进行的对战

游戏，竞技游戏强调游戏玩家的即时策略、操作技术以及玩家之间的对抗。竞技类网络游戏是电子竞技运动的在线表现形式，而电子竞技运动作为一项体育项目，可以锻炼和提高参与者的思维能力、反应能力、协调能力、团队精神和毅力，以及对现代信息社会的适应能力。随着网络技术的快速发展，电子竞技运动在我国得到了较为长足的发展，并呈现出与网络游戏相融合的特征，竞技类游戏在网络游戏市场中的地位和份额也得到不断的稳固和提升。

公司自成立以来一直秉承精品化的游戏产品研发与品牌推广战略，并深耕于网络游戏电子竞技细分领域，本着"追求卓越，铸造电子游戏品质之魂"的理念，对产品品质精益求精。公司出品的《梦三国》属于"MOBA"类游戏，即多人联机在线竞技游戏，作为国内首款自主研发的竞技类网络游戏，《梦三国》被中国电子竞技运动发展中心评为中国游戏产业"最佳网络电子竞技游戏"，是浙江省名牌产品，近年来更是荣获斗鱼全民直播平台最佳竞技游戏、电玩巴士最佳竞技网游、中国软件行业协会2015中国年度创新软件产品、中国音像与数字出版协会2015年度中国游戏十强大奖之2015年度十大最受欢迎客户端网络游戏奖等荣誉。截至目前，《梦三国》的累积注册用户数过亿，在竞技类游戏市场及广大玩家中树立了良好的品牌优势；并为公司后续产品的研发、推广打下了坚实的基础。

（二）技术研发优势

经过多年积累，公司在服务器与客户端已形成多项核心技术，其中分布式服务器架构技术、游戏图形引擎技术及RTS游戏同步技术达到国内领先水平。截至2018年末，公司已拥有专利5项，其中发明专利2项、外观设计专利3项，在审发明专利62项；取得软件著作权证书153项。公司与浙江工商大学研合研发的《网络互动计算关键技术与应用》获得浙江省科技进步二等奖。同时，公司持续投入大量的研究与开发经费，报告期内，公司累计投入研发经费 9636.80 万元，占营业收入的 21.49%；公司有研发人员 357 人，占公司总人数的 51.59%，组成各个项目组，以不断推出不同类型的新产品。公司被评定为国家级高新技术企业、国家规划布局内重点软件企业、浙江省重点文化企业；在 2016 年、2017 年被认定为杭州市企业高新技术研发中心和浙江省企业高新技术研发中心。

（三）运营优势

公司通过优秀的数据分析能力，实现了精准的市场推广与投放，建立了以数据为依托、以用户行为为导向的精细化运营体系。借助高效准确的数据统计和分析，公司可以为项目产品的运营、推广决策提供数据支持，实时调整市场推广策略，优化广告投放渠道、投放时段和投放创意，实现精准的市场投放，最大程度上发挥数据支持运营效率，打造形成成熟的数据分析系统以及精细化的市场营销和运营体系。

（四）管理优势

经过多年的发展与积累，公司建立了一套完善的人才激励与培养机制，汇集了一批资深网络游戏行业市场和研发人员，以及具备先进管理理念和创新开拓精神的管理人员。公司管理团队对网络游戏行业发展有深刻认识，同时具有勇于创新、敢于开拓的创业精神。

管理模式上，公司注重短期考核、中期目标和长期发展战略的结合与配套，确保项目及资源配置符合公司的发展战略；公司具备高效稳定的过程管理能力，健全、完善的管理体系，如 ISO9001、CMMI5 等，兼具项目管理系统化和规范化，拥有较高的项目研发、运营管控能力和效率。

（五）产业集群优势

公司所在地浙江省杭州市处于全国六大创意产业集群之一的"长三角"地区，近年来，浙江省政府及杭州市政府对网络游戏产业的扶持力度不断加大，杭州市已经具备动漫游戏产业的集群优势。公司作为浙江省的网络游戏优秀企业和浙江省重点文化企业，可以依托杭州高新区，充分利用产业集群优势，结合当地的教学研究及人才优势，不断提升专业化程度，提高公司盈利能力和品牌影响力。

八　行业基本情况和未来发展趋势

网络游戏行业在中国经历了十几年的飞速发展，已经形成一批具有较强研运实力、较大营收规模的网络游戏企业。从企业营收规模来看，规模较大的企业如腾讯、网易等，这些公司已布局了游戏产业链的研发和运营核心环节，产品类型丰富，运营实力较强，研发团队经验丰富，资金充足。除上述龙头企业外，国内还有众多优秀的网络游戏公司，这类企业在行业各细分领域均占有一席之地，构成了国内网络游戏行业第二梯队。目前国内游戏行业呈现以下特点和趋势。

（一）游戏市场整体规模增长，移动游戏占主导地位

由中国音像与数字出版协会游戏出版工作委员会（GPC）、CNG中新游戏研究（伽马数据）、国际数据公司（IDC）合作发布的《2018年中国游戏产业报告》显示，2018年中国游戏市场整体规模仍在增长，但增速明显放缓，2018年中国游戏市场实际销售收入达2144.4亿元，同比增长

5.3%，与过去几年相比，增长幅度出现新低。2018 年中国游戏用户规模为 6.26 亿人，同比增长 7.3%，游戏用户规模的增长大体已经稳定在较低水平。

从细分市场来看，移动游戏市场仍占据主要地位，市场份额也在不断增加。2018 年，中国移动游戏市场实际销售收入为 1339.6 亿元，占中国游戏市场实际销售收入的 62.5%，同比增长 15.4%，增速较 2017年的 41.7% 出现明显下滑。在移动网络游戏增速放缓的同时，客户端游戏市场实际销售收入出现下滑，2018 年中国客户端游戏市场实际销售收入为 619.6 亿元，占中国游戏市场实际销售收入的 28.9%，同比下降4.5%。

随着物质生活的不断丰富，精神文化生活正成为人民日益增长的美好生活需要的重要组成部分。作为精神文化消费的品种之一，游戏将依托蓬勃的用户需求获得持续发展，市场规模有望进一步扩大。

（二）移动游戏增速放缓，精品大作支撑客户端游戏市场发展

2018 年中国移动游戏市场依然保持增长，但对比上年增速出现快速下滑，销售收入增长放缓。一是受移动互联网人口流量接近饱和以及以短视频为主的新兴娱乐内容对用户争夺的影响，用户需求发生变化。二是受推广成本高昂、存量用户固化在少数产品等影响，产品获取用户难度提升。三是新产品的竞争力较弱，导致市场收入增长动力不足。

2018 年，客户端游戏更加强调画面精致、玩法硬核，精品化趋势加强，质量成为竞争的核心。市场产品呈现"少而精"的特征，精品支撑客户端游戏发展。一是客户端游戏市场新增用户减少，存量用户是保证客户端游戏市场发展的关键。二是客户端游戏企业更加注重品牌效应，关注长期持续的收益而非短期盈利，推动精品的持续产生。三是市场资源与用户资源向精品大作倾斜，客户端游戏市场的"二八效应"明显。

（三）游戏行业内地资本化遇冷，多数公司赴香港 IPO

截至 2018 年末，中国上市游戏企业数量达 199 家，其中 A 股上市 151 家，港股上市 33 家，美股上市 15 家；新三板挂牌游戏企业数量达 142 家。在内地政策对游戏企业上市和再融资更加严格之后，现在多家游戏公司准备在港股上市。

（四）以高质量发展为核心的供给侧改革打响攻坚战，社会责任将成为企业发展的重要考量

在新时代，游戏产业需要贡献更多正能量。规划并实现高质量发展，不仅是监管部门的要求、市场发展的需要，更是经营者、消费者的共识。第一，监管层面，2018 年 3 月，中共中央印发《深化党和国家机构改革方案》，推进国家治理体系和治理能力现代化深刻变革；2018 年 8 月，《综合防控儿童青少年近视实施方案》提出了"实施网络游戏总量调控，控制新增网络游戏上网运营数量，探索符合国情的适龄提示制度，采取措施限制未成年人使用时间"等措施。第二，企业层面，产品是基础，以高质量发展为核心，有利于提高企业竞争力。供给侧改革，有利于去同质化，鼓励 IP 运营、研发、创新、去粗存精，给优质产品提供更多的用户展示机会，也有利于降低用户成本。第三，市场竞争层面，以高质量发展为核心，有利于扼制劣币驱逐良币现象，规范市场秩序。第四，游戏消费层面，以高质量发展为核心，有利于扭转用户对国产网络游戏"挖坑深、付费多、品质差"的印象，让用户体验优质的国产网络游戏作品。社会效益与经济效益相统一已成为游戏产业发展共识，虽然现阶段企业在践行社会责任方面存在诸多不足，但这有望在未来得以改善，社会责任将成为游戏企业发展的重要考量。

（五）技术迭代推动游戏产业发展

5G 网络、游戏引擎、云计算等技术领域的进步与革新，成为未来推动游戏产业发展的重要因素。5G 网络具备高速率、大容量、低延时的特征，未来 5G 网络的发展与普及，将解决游戏安装包偏大、网络延时等影响用户即时体验的问题。同时，随着游戏引擎和云计算等技术的发展，游戏产品画面表现力及产品稳定性将进一步提升，推动游戏产业发展。

（六）海外市场收入持续增长

随着国内游戏市场逐渐走向成熟，越来越多的企业将目光转向海外，中国游戏产品海外市场收入逐年提升。《2018 年中国游戏产业报告》显示，2018 年中国自主研发网络游戏海外市场销售收入达 95.9 亿美元，海外游戏市场已成为中国游戏企业重要收入来源地之一。近年来，国内游戏企业纷纷组建海外运营团队，实施游戏产品的本地化策略，围绕当地文化、用户习惯等进行深入研究，从而更好地契合海外用户需求，未来海外市场收入将持续增长。

分众传媒：
电梯媒体进化论

2003 年，分众传媒在上海诞生。凭借着全球首创的电梯媒体商业模式，这家新生公司一时间风头无两。而其对于电梯场景的发掘，也为中国文化传媒行业注入了一股新动能，示范出一条全新的发展思路。

十六年已往，当经济环境和媒体环境早已经历数度变换，分众传媒却依然选择在电梯媒体行业纵深精耕。褪去年少时的青涩懵懂，取而代之的是更为稳健的发展步伐和更为明晰的未来规划，而在这场电梯媒体的进化论里，赌对不变，成为分众传媒牢守的信念与法则。

一　颠覆式的破局者

要追溯分众传媒的诞生和发展轨迹，就离不开对其创始人江南春成长经历的探寻。

早在 20 世纪 90 年代初，彼时就读于华东师范大学中文系的江南春就已开始涉足广告业，并经营起自己的广告代理公司。江南春牢牢把握住广告行业发展的时代机遇，并展露出自己在这一领域的独到才华，短短几年间，公司一路高速成长。在而后的发展中，乘着互联网产业迅速崛起的东风，江南春又将公司资源全面铺向 IT 领域，拿下了当时上海大部分的 IT 广告。然而，进入 2001 年，互联网泡沫的破灭却给公司以沉重的打击，原本作为支柱的互联网和 IT 行业客户一时间销声匿迹。

反思中，江南春意识到，全案代理业务其实是产业价值链中最脆弱的一个环节。如何寻找到更好的机会与定位？他开始将目光转向新媒体。

千禧年后，中国文化传媒市场早已呈现出一番红海景象。电视、报纸无法涉足，杂志市场总量过小，而基于地理位置的传统户外媒体市场，彼时的竞争更是激烈异常，铺天盖地的户外广告几乎覆盖了整个公共场所，车身、路站牌，公交车站等成为反复争夺的地盘，大小广告随处可见。

如何寻找蓝海？必须要有颠覆性的创新。江南春选择了与显而易见的路子反方向走。

多年以后，江南春仍频频将这一段经典的思考述诸前来求取经验的创业者们。

第一，江南春认为当时的媒体都属于大众媒体，所有人都秉持着有覆盖才有生意的认知，广告的投放对消费者缺乏分众性，甚至有时饮料广告、金融广告，房地产广告和汽车类广告会出现在同一个地方，毫无差别。江南春希望做一个分众的媒体，细分受众，因为在他看来，产品的细分化将发生在各个产业、各个领域，从大众到分众，再到一对一，将成为一种必然的趋势，而分众的媒体较之大众媒体，无疑将更为精准，可以更好地帮助客户找到目标消费者。

第二，江南春发现，当时的媒体都是内容为王，那么，是否可以渠道为王呢？当消费者在内容和广告之间做选择时，必然会选择内容；但当消费者在广告和无聊之间做选择时，广告就将获得机会。因此，江南春认为可以去寻找、霸占一个特殊的时间和空间，因为当一个人处在比广告更无聊的时空之中时，就会去主动接收广告。

第三，在传统的媒体习惯中，谈及电视广告，必然联想的是夜晚，是室内，那么，白天和室外能否看电视广告呢？谈及户外广告，普遍的认知里，核心问题是地理位置，那么是否能够不考虑地理位置，而考虑消费者的生活规律和轨迹呢？江南春认为，如果把广告植入消费者每日必经的生活轨迹之中，广告就会和他们频繁相遇，写字楼、公寓楼、影院等原本单纯的生活轨迹点，在植入广告后，就将变成人们每天都会接触并且很难回避的媒体接触点。

在反复思索后，江南春得出一个结论——成功的新媒体需要符合四个特点：①能够用高科技手段使媒体的表现能力和打动力发生根本性的改变；②一定是一个分众型的媒体；③创造全新的时间和空间赢得全新的市场；④媒体具有强制性的收视效果。

依照这一结论，江南春开始探索寻找。一次偶然的机会，一则贴在电梯门上的平面广告让他茅塞顿开，电梯这个生活场景的广告价值就这样被发掘。江南春发现，在人们等待电梯的短暂时间里，除了聚精会神地观看招贴广告，并没有其他的事可做，而就是这十几秒的时间里，电梯门上的广告会给人留下深刻的印象。凭借敏锐的商业嗅觉和多年的广告行业经验，江南春坚定地认为如果能在电梯这个场景植入电视媒体，就将完全符合新媒体成功的四个要求。就这样，不久之后，分众传媒和电梯媒体这一颠覆性的创新广告模式横空出世，江南春在等电梯的短暂"无聊"之中，发现巨大的商机。

分众的电梯媒体战略由此拉开序幕，挟带着初出茅庐的勇往之劲，江南春率领团队拿下一栋栋写字楼，并研发出只有几厘米厚的液晶显示屏，开始了分众传媒的跑马圈地。在当时，分众主要将目光瞄向中高端写字楼，将目标锁定在月收入3000元以上的高收入、高学历、高消费人群，希望在他们每天至少四次等候电梯的短暂时间中，形成强制性的广告收视。

作为新生的破局者，分众电梯电视从诞生开始就吸引着业界的广泛关注。2003年5月，分众赢得了软银的投资，而软银带来的不仅是资金的力量，更是分众健康高速的成长。而后，分众又分别获得了鼎晖、高盛等机构的数千万美元注入。在资本的助力之下，成立仅两年半的时间，分众传媒就打造出一个遍布国内40多座城市、两万栋楼宇，日覆盖3000万中高收阶层的电梯电视广告网络；分众的月营收入也一跃超过4000万元，成为十几年来中国新媒体市场的传奇。

2005年，意气风发的分众传媒开始向美国纳斯达克发起冲击。当时，随着互联网产业的逐渐回春，纳斯达克也从低迷之中走出，携程、百度、盛大等互联网企业纷纷登陆，锐气正盛的分众也希望在其中寻求一席之地。

2005年7月13日，分众传媒成功登陆纳斯达克，成为第一只在美国上市的中国纯广告传媒股，而江南春也成为第一位受邀按响纳斯达克开市铃的中国企业家。

二 从加法到减法

梳理分众传媒的发展脉络，可以清晰地发现其牢牢地抓住了三个机会，从而使一个全新的商业模式迅速获得认可。第一，是媒体从大众化不断走向分众化、精准化；第二，媒体时空的改变使消费者的生活越来越多元化和碎片化，因此媒体会突破原来的固定时空，出现在消费者不同的生活轨迹之中；第三，则是媒体渠道化的机会。

成功上市后的分众传媒步履不停，在一片追捧与喝彩之中开启了更为高速的前行。

2005年10月，分众宣布全资收购国内最大的电梯平面媒体框架传媒，实现了对家庭住宅区电梯海报资源的占有；2006年，分众成功收购竞争对手聚众传媒，一场持续数年的激烈战役，最终以双方的握手言和画下句点，而这一具有决定性意义的举动，也帮助分众实现了对写字楼电梯电视资源的整合。数据显示，合并完成后的分众传媒，占有了国内超过95%的电梯广告市场，媒体联播网约覆盖中国75个城市、3万多栋楼宇以及6万多个显示屏，为生活圈媒体群的构建奠定了坚实的基础。2006年8月，分众传媒再次发起并购，进军影院广告。通过这些在今天看来仍是极具战略远见的收购合并，分众传媒逐渐完善了自己的定位和布局，它牢牢抓住消费者的生活轨迹，锁定了消费者最主要的生活空间，将广告植入中国主流人群的生活轨迹之中，使之成为他们生活的一个组成部分，在他们的必经之路上成为其唯一选择。

然而，像是一种无法戛然而止的惯性，在此后的几年中，分众继续进行了大量的并购。直至2008年金融危机来临，分众的脚步方才停止下来。回忆起这一年公司所经历的考验，江南春坦承："我们在局部业务市场遭遇了无法预料的风浪，回头去看，分众的主营业务电梯电视、电梯海报、卖场以及影院广告都是很优质的媒体渠道，市场认可度很高，所以我们从未对自身主营业务的模式产生过怀疑，但我们在 2003 年至 2008 年高速发展的 5 年中，内心逐渐膨胀，目标超越了现实的能力，在主营业务快速推升的同时不断通过收购兼并扩大版图。在这些收购之中，有些项目方向是正确的，但进入时机早了，有些项目缺乏长期的核心竞争力，有些项目缺乏有效的整合。所以，一旦市场需求出现问题，这些收购的项目就会遭到重创。从这段经历中我们明白了不要'为讲故事而讲故事'，当时的分众为了成为'数字化媒体集团'做了很多无用功，直到现在，我们对收购兼并都非常谨慎。"

经历了横空出世占据蓝海市场，经历了意气风发高歌猛进，经历了纳斯达克上市业务大幅飙升、股价一路走高，也经历了低谷和挫折，此时的分众传媒开始走出年少时的稚嫩，逐渐步入更为成熟的一段发展历程。

2009 年，对于分众传媒来说是个具有重要意义的年份。这一年，江南春重新审视分众的商业逻辑和业务，用做"减法"的决心及时调整公司战略。江南春开始改变此前通过并购快速膨胀的做法，果断收缩业务线，剥离非核心和利润较低的业务，重新聚焦电梯电视、电梯海报及卖场三大核心主营业务，集中资源加速变革，纵向深挖价值和潜力，希望通过对长期价值与竞争力的持续打造，将分众塑造成为助推品牌引爆主流人群的基础设施。而往后的时间也证明，这些举措对于分众近十年来的持续快速发展具有无比重要的战略指引意义。

时间行至 2013 年，专注主业、持续稳健增长的分众传媒再次完成一项重要抉择——完成私有化，从美国纳斯达克退市。两年之后，2015 年 12 月，分众传媒通过借壳七喜控股，回归 A 股市场。

对于这一决定，江南春解释道："分众的模式是在中国独创并成功的，美国投资者没有这种生活环境，很难理解分众生活圈媒体的价值。因此，分众在 2015 年回归 A 股是很正确的决定。我认为中国主流都市的人群和投资者对分众这种被动式生活空间媒体的价值会有更强的认同，同时，写字楼、公寓社区、影院这些核心资源是有限的、稀缺的，分众在份额上是主导的，每天覆盖3亿主流消费人群，这种价值在中国资本市场上更容易被理解。"

在资本市场完成重大动作的同时，分众传媒也未曾放慢公司在业务层面的精进突破。面对移动互联技术日新月异的发展，江南春意识到，与其将它看作挑战，不如当成一次助推分众创新向上的契机所在。分众开始探索如何将现有资源与互联网更好地进行互动，利用移动互联网创造增值。

分众开始着手研究开发由物业云、搜索云和电商云组成的"三云合一"。2009年，分众建立起物业云，基于楼龄、楼价、商圈分析等数据实现了电梯海报的精准投放；2015年，分众引进搜索云，当前消费者70%的搜索是通过手机移动端完成的，而在每一栋大楼里，消费者的手机端搜索数据都是同这个楼的经纬度绑定的，搜索云可以通过研究分众每个楼的数据来分析不同大楼的消费者对哪些词语的搜索概率更高，对什么品类、品牌更为感兴趣，每个楼宇会形成一些特殊的搜索指数标签。目前，分众还在研究电商云模式。消费者对买楼、买车、母婴、出国留学这样的人生重要事件的搜索往往较多，但很少搜索快消品，那么，如何获取快消品的消费需求呢？分众通过与主流电商合作，逐步建立起基于楼宇的品牌消费数据。分众以这样的"三云合一"大数据来帮助电梯广告实现更为精准的投放。

通过电梯媒体与手机的互动实现与消费者之间更深层的沟通，是分众一直坚持探索的方向，分众也为此进行过诸多试验。例如，在分众电梯电视的屏幕上加装 Wi-Fi 和 ibeacon，当消费者在电梯口看到某品牌的广告时，只要根据该品牌的提示对着广告采用微信摇一摇，就可以得到这个品牌所对应的免费试用券或电商优惠券；又比如分众做过一个520宠爱节，只要在电梯口通过微信扫一扫或微信摇一摇就可以关注分众分享服务号，从而获得一个现金红包。这些尝试也为分众后续更多的关键性战略埋下伏笔。

稳扎稳打的风格之下，分众传媒近年来保持着业绩的高速增长，2018年，公司实现税前营收 145.51 亿元。2018 年末，分众电梯媒体已经覆盖超过 230 个城市和 260 万个终端，是行业第 2 位至第 10 位总和的 2 倍以上。这样的营销体量和点位规模，体现的是媒体所覆盖的人群流量和质量，以及品牌的集中引爆能力。而分众的品牌引爆能力稳定存在于消费者的空间之中，并且通过每年的营收增长和点位增加持续保持，正日益成为公司的核心价值与竞争力。

三　三足鼎立格局

纵观分众的发展历程，会发现这家公司数度恰好地抓住了中国经济社会与文化传媒行业发展变化的外部时机。

如果说 2009 年江南春对分众施行的种种减法举措为企业的再一次高速前行奠定了内因，那么中国逐渐加速的城市化进程则为分众的长期持续发展提供了得天独厚的外部条件和契机。事实上，从 20 世纪 80 年代至今，中国的城市化发展就未停下迅猛向前的脚步，城市化率从 20% 增长至今天的 60% 左右。城市化是经济发展的重要推动力，而在这个过程中，分众传媒创新性地发掘了电梯这个消费者每天必经而且会主动观看广告的特殊场景，在一、二线城市充分布局电梯媒体，并逐渐下沉到三、四线城市，成功地引爆市场和城市主流人群。"分众独有的价值是在主流城市主流人群必经的电梯空间形成了每天高频次的有效到达，从而形成了强大的品牌引爆能力。"江南春这样评价自己缔造的分众。

而另一方面，经历了 21 世纪初期的快速成长与变迁，中国媒介市场逐渐进入存量博弈的缓慢增长阶段。数据显示，2015 年，中国广告市场下跌2.9%，2016 年下跌 0.6%，2017 年和 2018 年小幅回升，分别增长 4.3%和 2.9%。与此同时，整个市场的结构调整正在持续展开——2015 年，电梯媒体上涨 17.1%，影院映前广告上涨 63.8%，互联网增长 22%，其他广告媒体均呈下跌态势；2016 年，电梯电视继续上涨 22.4%，电梯海报上涨 24.1%，影院媒体增长 44.8%，互联网增长 18.5%；2017 年，电梯电视和电梯海报依旧保持上升势头，分别增长 20.4% 和 18.8%，影院媒体上涨 25.5%，互联网上涨 12.4%。2018 年，电梯电视、电梯海报、影院视频以及互联网依旧以突出的领先优势，保持较好增长。

2017 年，CTR 央视研究发布报告，认为当前时代的媒体生态圈已基本呈现为三足鼎立的格局：以央视为代表的传统媒体具有高覆盖和高公信力的优势，以阿里巴巴、腾讯、百度为代表的互联网媒体具有高连接和强互动的属性，而以分众传媒为代表的新型生活场景媒体具有高到达和高匹配的品质。

尼尔森发布的数据显示出同样的结论：当前消费者每天收视广告的时长约为 25 分钟，其中 26% 来自互联网广告，21% 来自电视广告，19% 来自电梯广告。

BrandZ 全球总裁王幸表示：2017 年，在 BrandZ 全球最具价值品牌 100 强榜单上有 13 个中国品牌，占据了该榜单的 11%。从 2006 年开始的十多年时间里，在 BrandZ 全球最具价值品牌 100 强榜单上，中国品牌的价值提升了 937%。在当前传统媒体传播效率不断下降的状况下，驱动品牌价值成长主要依靠新媒体对城市主流人群的有效到达与沟通，而分众电梯媒体及影院媒体就是对城市主流消费人群到达率高的媒体平台。

事实上，媒介环境与格局的改变，究其根本，与日新月异迅猛发展的移动互联技术密不可分。即使最为普通的消费者，都可以深切体会到资讯的日趋多元化、碎片化，甚至粉尘化。在今天，消费者可以随时随地取得任何信息，并且取得信息的成本几乎为零；晚上，消费者可以选择看电视、看视频、看微信、玩游戏、教小孩读书，也可以外出逛街、喝茶聊天、看电影 K 歌，生活在这个时代拥有太多选择。即使选择看电视，也可以有 100 多个频道，看视频就有更多的选择，移动端则是愈发得资讯过度。

倘若说拥有如此之多的选择，对于消费者而言是一件幸福的事，那么对于广告主来说，则好似一场灾难。信息爆炸和资讯泛滥令消费者注意力分散，广告越来越被稀释，难以给人留下记忆。而这种境况之下，电梯媒体的价值反而得到凸显。"对于绝大多数城市主流消费者来说，总要回家，总要上班，总要等电梯，分众传媒牢牢抓住了电梯这个核心场景。电梯是城市的基础设施，也是引爆城市主流人群的基础设施；电梯代表着四个词：主流人群、必经、高频、低干扰，这四个词正是今天引爆品牌的核心稀缺资源。分众传媒把品牌渗透到城市主流人群必经的生活场景如公寓楼、办公楼、电影院，这种场景媒体长期稳定地存在于主流人群的生活工作空间之中，最能够实现对主流人群的集中影响。"在很多场合，江南春都曾阐述过以上这段话，而伴随着移动互联的深入推进，有越来越多的广告主与消费者接受、认同分众媒体的引爆效果。

江南春这样解释分众电梯媒体在当前的价值："首先，城市里每天乘坐电梯的人，一定是这个城市的主流消费人群，是引领消费趋势的风向标群体；其次，电梯是一个城市主流消费者必经的封闭空间，能够实现高频到达，而广告只有高频到达才能让消费者产生有效记忆；最后，电梯是一个低干扰的环境，在这样一个封闭的空间里，消费者处于比广告更无聊的状态之中，往往会选择观看广告。"

四 数字化精进

2018 年，注定是分众传媒发展历程中非同寻常的一年。

从 2003 年到 2018 年，分众传媒走过了整整十五个年头。十五年间，分众收获了三亿主导中国消费市场的高学历、高收入、高消费的城市主流人群，收获了电梯这个核心场景，收获了中国品牌引爆的基础设施。十五年，成就了这家电梯和影院媒体集团。

今天，包括宝洁、联合利华、通用、奔驰等在内的超过5400个品牌选择投放分众传媒；在BrandZ最具价值中国品牌100强榜中，阿里巴巴、腾讯、京东、蒙牛等81个品牌选择分众媒体进行投放。近年来，神州租车、饿了么、瑞幸咖啡、快狗打车等新兴品牌纷纷选择将分众作为线下引爆的核心媒体，优信、猎聘、小米、美团点评、映客、51信用卡、多益网络、同程艺龙等成功上市或准上市的企业，作为不同行业的开创者，纷纷抓住时间窗口，运用分众的媒体进行饱和攻击，在消费者心智端占据优势位置，在市场上取得领先份额。同时，郎酒、波司登、飞鹤奶粉等越来越多的中国传统行业领导品牌也开始选择投放分众传媒，并且收获了销量的大幅增长。

这样的成绩无疑是值得分众传媒感到骄傲的，也成就了其继续向前迈进的底气与信心。

2018年初，江南春在分众的十五周年年会上提出了"继续专注主业，覆盖500城、500万终端和日均到达5亿城市新中产"的公司中期发展目标。对于这一目标，江南春是这样解释的："市场消费升级浪潮已经到来，BrandZ报告显示，在最具价值中国品牌100强榜单中，40%为超高价定位，24%为高价定位。与之相对应的是，一方面，一、二线城市仍具有较大的消费潜力；另一方面，三、四线城市居民的消费能力和消费意愿正在快速提升，物流的便捷也带动了三、四线城市的消费，低线城市广告价值大幅提高。因此，分众在深耕一、二线城市核心区域的同时，也将积极向一、二线城市外围区域扩张，并加速向三、四线城市下沉，以为公司带来强劲持久的增长驱动，打开新的增长空间。"

与此同时，2018年，分众传媒还积极进行海外业务的布局。分众在全球范围首创电梯媒体模式，经过多年发展，这一中国本土创新的模式及其引爆品牌的价值早已得到国际范围的充分认可。在国家"一带一路"倡议之下，分众传媒也希望在全球媒体业应对移动互联网时代传播难题的背景下，向世界贡献中国智慧，提供中国方案。继2017年在韩国投资设立子公司并投入运营，2018 年，分众相继在新加坡、印尼等海外市场进行布局，向世界输出了电梯媒体这一中国文化传媒行业的原创模式。

而阿里巴巴的战略入股，则毋庸置疑地成为分众在 2018 年最重要的时刻。2018 年 7 月，阿里巴巴及其关联方以约 150 亿元人民币战略入股分众传媒。在双方发布的公告中这样写道：阿里巴巴致力于与分众共同探索新零售大趋势下数字营销的模式创新，阿里巴巴的新零售基础设施能力和大数据能力将与分众广泛的线下触达网络形成化学反应，为用户和商家带来全新的体验和独特的价值。

拥有了阿里巴巴的助力，分众向着数字化的发展方向持续精进。2018 年"双十一"期间，随着分众传媒与天猫的全面打通，更富创新性的数字化投放落地 20 座城市，实现了 20 多万块电梯媒体屏幕的广泛覆盖，消费者的到店率和销售转化率大幅提升，两大营销价值相互助力，交相辉映。一方面，体现为分众对品牌新客的强效拉动力。数据显示，品牌新客在"双十一"整体投放中的占比为 76%，即到店的消费者中，被分众触达且是新客的占比高达 76%。在参与活动的十多个知名品牌中，到店消费者看过分众广告的平均占比为 36%，成交消费者看过分众广告的平均占比更是达到 40%。另一方面，体现在销售转化层面。在参与"双十一"联合投放的品牌中，看过分众的新客销售转化指数均值为 118，老客销售转化指数为 110，均远高于未看过分众的消费者，而未看过分众的新客销售转化指数均值为 91，老客销售转化指数均值为 94。这意味着，受分众广告影响后，品牌销售转化率更高，也意味着分众所影响的新客消费力更强。

在阿里巴巴的赋能下，截至 2018 年底，分众已经实现了网络可推送、实时可监测、动态可回流、效果可评估，成果可谓丰硕。一方面，分众将电梯电视升级为以 27 寸、32 寸为主的高清智能大屏，电梯海报升级为一倍面积的电梯海报 3.0，还发布了新一代智能屏；另一方面，基于大数据的精准分发，分众传媒的电梯媒体业已达到千楼千面的精准分析水平。分众已经不仅仅是一个具有品牌引爆力的媒体，更通过数字化改造，成为融入品牌全域营销、提升品牌消费者资产的核心平台，它可以协助品牌精准投放，与天猫品效协同，屏与端流量互动，助力品牌在数字时代有效提升销售转化率。

五　新的征程

2019 年 1 月，分众传媒与阿里巴巴联合召开了一场发布会，在这场备受瞩目的会议上，两家企业宣布将共同打造和推进"U 众计划"。这项计划包含了两个重要的维度和方向：一方面，要实现线上线下全链路的打通；另一方面，则是推进营销的可视化、可量化和可优化。这既是分众在阿里巴巴赋能之下加速数字化的经验积累，也是阿里巴巴和分众以产品化形态及战略赋能品牌营销的崭新开始。

有评论认为，阿里巴巴和分众最大的共同点，是两者都面对着中国最活跃、消费力最强的数以亿计的消费者群体。阿里巴巴所倡导的新零售，正全面对商业领域各个环节进行升级和重构，阿里巴巴与分众传媒的携手，将引领线上线下全链路、品效协同的新营销模式。

在持久的尝试与铺垫之后，分众正迎来一段理想中的新征程。江南春用打通六脉来形容阿里巴巴赋能对于分众电梯媒体的巨大助力——阿里云赋能云端极速分发、阿里妈妈赋能精准分发、手机淘宝与手机天猫赋能互动引流、全域营销赋能效果定量评估与品效协同、高德地图赋能客流来源分析和到店效果评估、数据银行赋能品牌人群画像和楼宇人群画像的精准匹配。

在分众与阿里巴巴的规划中，分众与天猫的端对端联动拥有着广阔的想象空间，还将开启更多的可能。在助力新零售层面，分众可以同步商圈活动，结合天猫打造新零售商圈五公里之内的极速达场景；在内容联动层面，天猫与分众可以线上线下共同助力新品首发，可以共创内容栏目同步分发明星网红和 BA 导购的短视频；同时，天猫还可以与分众共同打造密令、扫一扫、摇一摇等专属权益，线下触达转至线上。通过这些全域营销的再升级，实现内容、人群、洞察的二次、三次再运营，最终实现品牌变现。

而随着"U 众计划"的启动，品牌将通过分众进行数字化投放，通过分众的品牌引爆建立起消费者的认知和兴趣；同时，每一次分众的品牌曝光数据将回流至品牌数据银行，进而转化为品牌数据银行中的消费者资产，成为供品牌长期运营消费者的基础。

在企业的未来发展蓝图日益清晰的同时，对于中国文化传媒行业的未来，江南春也有着自己笃信的判断。在他的分析中，这一他已深耕二十多年的行业将走向两个方向。

一方面，资讯的传播模式将持续剧变，人们需要积极地拥抱变化。江南春认为，在消费升级的过程中，资讯模式从电视过渡到手机视频，从报纸杂志过渡到新闻客户端的趋势已经非常明显，在这一背景下，移动化和被动化是未来的两大选择。移动端正占据消费者越来越多的时间，但面临的问题是，消费者是有选择的，他们的目的是看内容，而非看广告，因此，针对这一现象，应对的着力点应是如何做内容营销、做公关、做话题，创造可以被传播的内容。

另一方面，则是赌对不变，回归到消费者不变的生活场景之中。江南春喜欢引用贝佐斯的一句名言："好多人问我未来十年会有什么变化，却从没有人想知道什么是不变的。"拥抱不变，是江南春常常提及的观点。"因为世界总是在发生剧变，我们不知道未来十年会变成什么样，无法把握十年后的社会发展方向，但是，在目前的消费升级过程中，消费者的生活场景没有发生变化，也就是说，消费者回家、上班的过程并没有发生实质性的改变。因此，如果我们把广告植入消费者回家、上班的必经空间之中，当它的频次足够高时，必会有效地触达消费者。"

这些判断也成为推动江南春和分众传媒继续专注电梯媒体的动力所

在。正如江南春曾说的，他不知道未来会怎么变，但他知道什么是不变的，所以他永远向着不变前进，去建筑他的商业模式。

回望来时路，江南春和他的分众传媒无疑是幸运的，公司十六年的积累与沉淀，恰逢中国广告行业高速发展、中国文化传媒影响力持续增强并辐射全世界的时代。这也让分众开始更多地思考如何去回馈这个时代，如何去更好地实现自身的价值。江南春曾多次谈到，分众希望帮助更多的企业找到差异化的优势，并在消费者的心智窗口期引爆品牌，占据独特的心智优势，进而推动中国企业从低端同质化转向高端差异化，从产品价格战转向品牌价值战。

"以前我的目标是成为中国最具影响力的广告媒体平台，而现在，我的目标是成为推动中国企业品牌化的核心力量。"这是一家成熟公司的所思所想。如果说十六年前，电梯媒体这一商业模式的生根发芽是一次偶然的创新与颠覆，那么，经历了漫长的跋涉与寻找，今天的分众传媒早已完成华丽蜕变，在持续的迭代与创新之中，我们可以相信，它将不断地带来惊喜，带来希望。

建投书店：
打造中国领先的
文化消费品牌

一 建投书店的发展之路

建投书店投资有限公司（以下简称建投书店公司）是中国建银投资有限责任公司旗下专注于文化产业经营的平台和直管成员企业。从创立之初，即定位为城市中产阶层提供高品质的文化服务，公司旗下现有文化空间及图书出版品牌"建投书局"、文创品牌"此处生活"、自媒体品牌"JIC 书局客"、咖啡品牌"传记咖啡馆"，积累了丰富的文化及媒体资源，形成了覆盖文化产业多个细分业态的布局，具有差异化的市场竞争力（见图1）。

建投书局作为建投书店公司的文化空间品牌，自 2014 年成立以来，经过 4 年的发展，目前已在上海、南京、杭州、北京等城市开设多家门店。成立至今，建投书店公司秉承"以人为本，以人聚人，以书养人"的理念，除了主打人物传记特色、坚持举办与阅读相关的活动之外，也一直努力寻求多元化经营的发展模式，探索与城市多业态的跨界融合，为读者打造有态度、有深度、有温度的复合型城市文化空间。

图1 建投书店公司品牌架构

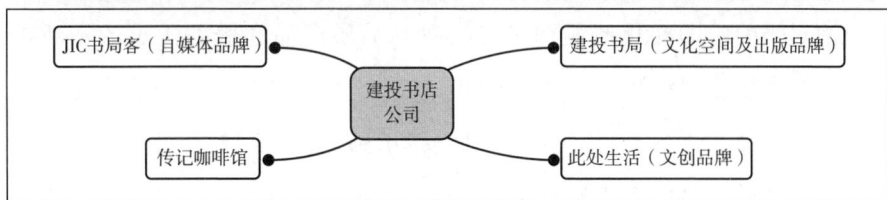

（一）以人物传记为精神核心，切入书店领域

2014 年，作为建投书店公司在文化空间领域的尝试，建投书局在上海

开始了它的首航。2016年7月8日，在原有店面基础上进行扩建重装的建投书局上海浦江店开业。截至2019年4月16日，建投书局已拥有上海浦江店、北京国贸店两家城市旗舰店及南京金陵店、杭州欧美中心店、北京永安里店三家与集团成员企业中建投信托共同打造的财富会客室。

起初，秉承着"每一个人物都是历史的缩影"的理念，建投书局致力于打造中国最好的"人物传记"主题书店品牌。在书局显眼位置设有人物传记陈列展桌，为了营造更为浓郁的主题氛围，除了日常的传记图书陈列与销售外，建投书局还会在每个月推出一个重点主题人物，围绕这一特定人物举办丰富多彩的文化活动、主题展览，如书籍、手稿、旧物展览，探讨人物作品与人生经历的文化沙龙等。

另外，在上海浦江店重装开业时，同步推出了极具人物主题特色的自营咖啡品牌"传记咖啡馆"。在传记咖啡馆里，建投书店公司也进行了充满想象力的延展，围绕主题人物进行相关咖啡饮品的创作。对建投书店公司而言，"人物传记"主题并不只是一个用于营销的噱头，而是需要在各方面努力贯彻的精神核心。

（二）"以人为本，以人聚人，以书养人"理念的提出

面对当前中国文化产业加速发展对高品质产品和服务需求的不断扩张，建投书店公司深知自身潜在的和巨大的平台优势，大力研究文化空间的经营，打破文化行业的壁垒，主动链接市场上优质产业资源并跨出文化行业，为金融、科技地产等提供创意解决方案，实现内容产品及服务的商业化运作。

成立至今，建投书店公司秉持着"以人为本，以人聚人，以书养人"的理念，不断优化体制机制建设，完善管理体系，优化管理方式，加强各层级、全方位的精细化管理，以管理能力的不断提升助推公司的持续发展。公司根据业务开展需要强化关键人才队伍建设，重视团队建设和人才

培养，帮助员工建立职业发展目标，不断完善激励约束机制，吸引和培养了一批真正有活力、有志向、想干事、能干事的骨干力量，提高了公司的凝聚力和战斗力。与此同时，公司不断完善培训机制及工会的组织架构，努力建设成学习型组织，畅通内部沟通，培育优秀的企业文化，凝聚企业的向心力。积极支持各类公益事业，组织员工参加公益活动。

通过扎实稳健的经营管理和锐意创新的发展模式，建投书局受到政府和社会各界的广泛关注。中央及上海相关部门领导多次视察了建投书局，对中国建投集团布局文化产业的眼光及建投书局的特色经营给予了肯定，并勉励公司将建投书局·上海浦江店打造成为上海亮丽的名片。

从一家书店，到包罗万象的文化空间，这是建投书店公司创新文化理念的不断实现，也是建投书店公司和员工的共同成长。我们聆听着时代的声音，记录着中国思想史的流变，努力用文化精神的影响力，为中国经济的发展贡献力量。

（三）尝试跨界融合，打造新型文化空间

建投书局在努力建立和突出自身特色的同时，通过举办多品类文化活动、构建多元文化合作平台、丰富文化服务结构等举措，成功取得了社会较高的认知度和美誉度，媒体曝光率累计近千次。建投书局·上海浦江店作为建投书局的城市旗舰店，充分发挥其先锋模范作用，作为建投书店投资有限公司的文化产业窗口，既力争实现文化的经济价值，又格外重视文化的精神价值，积极发挥文化的意识形态功能。

在跨界文化融合方面，建投书局·上海浦江店聚焦音乐、绘画、珠宝、电影等艺术领域，结合热点 IP、热点事件形成多品牌战略合作，在2017 年进行了一系列的有益探索，试图将文化空间的包容性延展至最大化。如四月举办的"古董提琴系列巡展"，以古董名琴展览、午间音乐会、音乐文化讲座等多元模式面向大众，在保持艺术水准的基础上，将高雅艺

术以亲民、轻体量的方式呈现，为公众的业余文化生活打造一个全新的支点。除此之外，"状态"包林画展、"云鱼之欢"跨界艺术展、"乡关何处·废墟之问"应天齐系列作品展等跨界艺术联展、"帕丁顿熊书店之旅"、"花王蒸汽眼罩"品牌合作等，都是建投书局·上海浦江店在跨界融合方面做出的积极尝试，力求为公众打造一个开放的、浸入式文化体验空间。

值得一提的是，建投书局·上海浦江店身为上海的城市文化地标，积极履行自身的社会责任，尝试带领上海市民通过"从书店出发"的形式，用行走的方式体察海派历史的文化内涵，挖掘书本中人物与城市的关系。此外，上海浦江店在努力突破物理空间限制的同时，将书店空间资源与红色文化相融，为群众提供了一个汲取先进思想、探讨先进文化的红色精神空间。

在创新突破方面，建投书局·上海浦江店在 2017 年开拓出了艺术品租赁领域，为企业、政府机关等搭建了文化合作、商务会谈的机会和桥梁。上海浦江店在 2017 年通过上海书展活动，延展其新媒体传播领域，将官方微信公众号"JIC 书局客"的常规栏目"局君带你读传记"从线上带入了线下实体空间，与公众进行了亲密交流，将传记魅力传入更广泛的群体之中。在文化活动上，上海浦江店根据每场活动主题精华，策划并开发出多种视觉创意设计活动和文创周边产品，如绘制手工地图、制作每期的读书报、印制老地图、帆布袋等，将活动向更立体化的方向发展，努力向社会传播更广泛的文化资源。

二 国外书店发展带来的启示

（一）行业危机：互联网经济下传统书店的衰落

1. 巴诺书店的至暗时刻

2017 年美国出版商周刊指数显示，股价最高的亚马逊公司，每股股价达到 1169.47 美元，是股价最低的巴诺书店的 175 倍。① 虽然 2018 年初巴诺书店宣布裁员 1800 人并宣布"长期战略计划"，但显然，美国的投资者对于传统书店的盈利能力已然没有了耐心。如今，拥有 600 多家门店、2万多名员工的全美最大连锁书店巴诺书店，无疑正经历至暗时刻。到底问题出在了哪里？

在探讨巴诺书店困境之前，我们不妨简单了解一下巴诺书店的发展史。巴诺书店虽最远可追溯至 1873 年，但巴诺书店的"黄金时代"却是从 1971 年雷奥纳德花 120 万美元买下巴诺书店开始的。这段"黄金时代"从 1971 开始，至 1994 年贝索斯创办亚马逊后结束（见图 2）。在巴诺书店发展史上最好的 23 年，雷奥纳德带领巴诺书店成为美国最大的连锁书店，其中两个标志性事件至关重要。1987 年雷奥纳德做了一笔大的收购，收购了以商场销售为主的 B. Dalton 连锁书店，这次收购帮助巴诺书店获得了 B. Dalton 连锁书店在美国的 797 个连锁店面。1993 年，巴诺书店上市，同时店里开始提供星巴克咖啡。

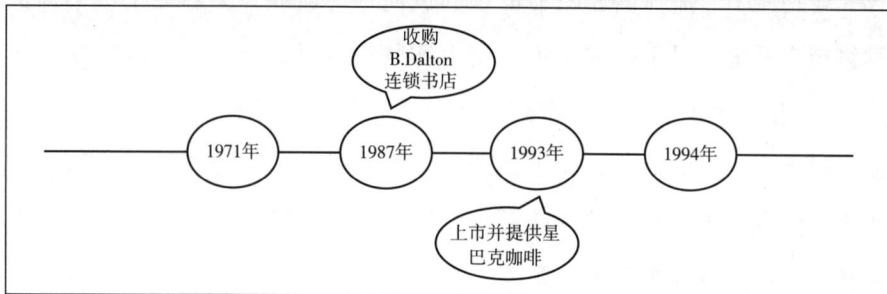

图2　巴诺书店的黄金时代

当国内书店行业在网络时代遭受网店冲击、经历关店潮谋求转型时，业内提出来"books +"即"复合模式"。而此模式巴诺书店早在几十年前就提出来并沿用至今。我们可以这样认为，巴诺书店是一家

---

① 高园：《美出版股两极分化，亚马逊成大赢家》，《出版人》2018 年第 1 期。

有与星巴克独家合作的咖啡区，并且提供纸质书、电子书及电子书设备、文具、玩具等众多非书产品，同时定期举办各种文化活动的标准化连锁书店。

在分析巴诺书店的崛起时，我们不能忽视时代大环境的作用，"水大则鱼大"。巴诺书店的"黄金时代"正值美国战后经济繁荣连续增长二十年。中产阶级扩大，汽车普及，大量中产阶级搬往郊区，满足郊区居民消费需求的大型商场兴起，依靠大型商场客流发展的巴诺书店赶上了好时候。① 曾经巴诺书店的崛起，是顺应时代潮流的结果，如今巴诺书店的败退，也是时代发展的必然。巴诺书店2018财年第三季度报告显示，巴诺书店总销售额为12.3亿美元，与2017财年同期相比下降5.3%。

2. "颠覆者"亚马逊书店

现在的亚马逊公司早已不是25年前以更便宜的价格在网上销售图书的亚马逊，根据世界品牌实验室编制的《2018年世界品牌500强》，亚马逊排名世界第一。在网络时代下容易产生拥有后来者优势且极具破坏性的颠覆者，亚马逊正是这样的颠覆者。

亚马逊书店成为世界图书市场的风向标与旗帜，关键在于该书店的网络销售系统。对于顾客来说，网上购物的好处在于，"方便、快、实惠"。方便，即不需要走太多路，便可买到所需商品；快，即短时间内，便可收到自己所购商品；实惠，即大多数商品，网上购买要比实体店购买更加便宜。为了实现顾客在网上购物的便利，以科技企业定位自身的亚马逊公司做了如下努力：第一，通过"按需印刷"和"联机出版"实现高效与完备的微量库存，从而赢得出版商青睐，在商品源掌控上获得极大的优势；第二，建立了以算法为核心的精确的网络图书推荐系统，引导顾客高效购买所需书籍，同时刺激顾客进行关联性购买，提高客单

---

① 李慧文：《巴诺书店老了——但哪里出了问题？》，载于赵慧主编《下一代书店》，东方出版社，2018。

价；第三，完善网上图书交易平台，首先完善支付逻辑，实现便捷支付，其次完善物流配送系统，实现高效配送，最后长期坚持对超过 40 万种的商品提供 40% 的价格优惠；第四，开发读者与作者的网络交流系统，实现商业与文化的平衡。①

所以，才会有研究者发出"亚马逊等网络书店颠覆了传统的图书售卖流程，电子阅读器和新兴数字媒介让纸质书的生存空间越发逼仄；图书出版业大震荡，处于产业链下游的实体书店首当其冲，关店潮在全球范围内蔓延"② 的感叹。

3. 行业寒冬

全美第一大图书连锁书店巴诺书店经营面临困难，股票价格持续走低。全美第二大图书连锁店鲍德斯在 2011 年申请破产保护。英国目前最大的图书连锁书店水石书店几度易手持续亏损，在 2014 年才对外宣称"接近盈亏平衡点"。在荷兰和比利时拥有多家连锁书店，其中一家还入选全球十大最美书店的 polare 公司宣布破产。

行业巨头尚且如此，对于众多的"小而美"的独立书店来说，"阵亡"名单更是惨烈。美国书商协会数据显示，1990 年协会独立书店会员数高达 5000 余家，但是到了 2009 年，协会独立书店会员数只剩下 1401 家。③

（二）行业转型之路：在迷茫中寻找希望

尽管行业整体情况不乐观，转型路上也是荆棘丛丛，但是国外书店行业却在实体书店行业不景气的大背景下闯出了一些门道。美国独立书店数量持续回升，美国书商协会的数据显示，会员在过去十年间从 1757 家增加

① 吴定勇、王峰：《亚马逊书店的网络售书之道》，《当代传播》2008 年第 6 期。
② 方卿、王宁、王涵：《实体书店的生存与发展——国外"文化＋"书店的启示》《科技与出版》2015 年第 12 期。
③ 王涵、方卿：《网络环境下实体书店生存与发展——国外独立书店给我们的启迪》《中国出版》2016 年第 8 期。

到 1835 家。网络书店让许多大型的连锁书店和缺乏特色的独立书店关门歇业；但是，善于创新并创造出顾客可以感知的独一无二的文化体验的独立书店以及聚焦垂直领域提供文化增值服务的专业书店却呈现出逆势上扬的势头。

　　实体书店不仅是图书零售场所，还是城市的文化地标。因菲茨杰拉德、海明威、金斯堡闻名的法国莎士比亚书店，作为美国"反叛文化"路标的旧金山城市之光书店，因为自身独特的文化内涵，已经成为其所在城市的文化地标，吸引着众多游客前往朝圣。但是，这样的实体书店少之又少。更多的实体书店则是选择了如下三条路径中的一条实现了逆势上扬。第一条路径是体验为王，走"生活方式提案型"书店之路。比如日本的茑屋书店和无印良品书店。第二条路径是算法时代的反其道而行之。亚马逊实体书店的选品及陈列是建立在大数据上的，顾客自然不奢望能在亚马逊实体书店里遇到一位阅读量颇丰、在阅读建议上很有见地的店员。但是，日本的森冈书店虽然每周只卖一本书，却获得了读者的青睐，开业仅半年就实现了盈利。森冈书店的底气建立在团队对书的感知力上。第三条路径是走专业化，通过专业文化资源，提供文化增值服务。英国的伦敦书评书店和厨师书店就是依靠这条路径蜚声业内的。伦敦书评书店隶属于《伦敦书评》，创办于 2003 年。《伦敦书评》创刊于 1979 年，伦敦书评书店依托《伦敦书评》杂志几十年发展积累起来的作家资源，经常能邀请到知名作家到店里演讲，使文化讲座成为书店的卖点。厨师书店被称为"全球最好吃的书店"，书店出售超过 8000 种与美食相关的图书和食谱，店内的驻店大厨每天会从书店出售的食谱书中选出一道食谱做菜，顾客除了能在店里买到图书外，还可以花钱饱餐一顿；除此之外，厨师书店还提供餐饮培训，指导顾客做菜。①

---

① 方卿、王宁、王涵：《实体书店的生存与发展——国外"文化＋"书店的启示》《科技与出版》2015 年第 12 期。

三 国内书店行业发展现状

（一）我国经济发展进入新时代，人民对文化产品的需求日益旺盛，推动书店行业发展

习近平总书记在十九大报告中指出，中国特色社会主义进入新时代，我国社会主要矛盾转化为人民日益增长的美好生活需要和不平衡不充分的发展之间的矛盾。"美好生活需要"换言之就是消费升级催生的新需求，人民美好生活需要日益广泛，多元、高质、跨界的文化产品是未来经济结构调整升级的刚需。

2017年12月召开了中央经济会议，会议认为，中国特色社会主义进入了新时代，我国经济发展也进入了新时代，基本特征就是我国经济已由高速增长阶段转向高质量发展阶段。

人民对美好生活的需要和国家经济结构的调整，推动了我国文化行业的发展。从整个行业来看，文化行业整体保持快速增长态势。国家统计局发布的2018年数据显示，从分行业类型来看，文化制造业增加值为12094亿元，比上年增长1.7%，占文化及相关产业增加值的比重为34.8%；文化批发零售业增加值为3328亿元，增长15.9%，占比为9.6%；文化服务业增加值为19300亿元，增长20.4%，占比为55.6%。

（二）政策继续扶持实体书店，引导促进书店由传统批发零售向复合多元、文化服务平台转型

2016年6月，中宣部、国家新闻出版广电总局等11部门联合出台了

《关于支持实体书店发展的指导意见》（以下简称《指导意见》）。

为贯彻落实《指导意见》，各地方政府陆续出台了相应的配套扶持政策。2017 年 5 月，北京市出台《北京市实体书店扶持资金管理办法（试行)》，设立北京市实体书店发展专项扶持资金，扶持资金的使用方式以奖励为主，必要时可采用购买服务、项目差额补贴方式；单个实体书店获得奖励的最高限额为 100 万元，同时不低于 5 万元。2018 年 4 月，北京市出台《北京市文化创意产业创新发展的意见》，允许书店经营咖啡、简餐等业务。

2017 年 4 月，上海市正式发布了《关于上海扶持实体书店发展的实施意见》，提出五项重点工作（见表 1）。

表 1　上海市扶持实体书店实施意见统计

①	优化上海市实体书店布局。　根据各区域的不同特征和服务的不同人群，　建设标志性书城、　综合性书店、　中小型特色书店、　国际专业特色书店、　校园书店等不同的书店类型，　特别是要 "坚持文化便民理念，　营造公众文化生活空间，　在街区、　商区、　社区、　学区、　交通枢纽等区域规划综合性书店"
②	创新发展实体书店经营模式。　鼓励新华书店等国有实体书店升级改造，　鼓励上海市具有品牌影响力和知名度的中小型、　专精特实体书店做优做强，　支持具有品牌效应的专业书店开展连锁经营，　支持实体书店积极参与文化项目合作和阅读文化宣传，支持开办 24 小时书店
③	加强优秀出版物供给。　充分发挥实体书店作为传播先进文化阵地的作用，　引导实体书店采购供应弘扬社会主义核心价值观的重点出版物、　满足人民群众精神文化需求的优秀出版物和促进经济社会持续健康发展的最新出版物等，　并鼓励实体书店积极采取多种形式做好各类节庆活动、　重大纪念日的宣传推广和展示销售工作
④	更好地发挥实体书店的社会服务功能。　鼓励实体书店积极参与公共文化服务，　开展全民阅读推广活动，　拓展常态阅读服务空间，　坚持开展群众性读书文化活动
⑤	推动实体书店与信息技术融合发展。　提升实体书店信息化水平，　加强读者数据库建设，　利用云计算、　大数据、　物联网、　O2O 等新技术促进书店行业提档升级

同时，上海市明确提出建立联席会议制度，将实体书店建设纳入城市发展布局，将实体书店发展纳入文明创建指标体系，对优秀实体书店给予财政扶持，落实税收优惠政策、加强金融扶持，简化行政审批、降低准入

门槛，提供合理优质的培训服务，推进书香校园建设，加强与公共文化资源的整合，规范出版物发行市场秩序等十项具体保障措施。

在相关政策促进下，我们应该认识到，书店行业不能只局限在传统的文化批发零售业，还应该向多元、跨界，文化服务平台转型。

（三）实体书店发展势头强劲，头部企业谋求做大做强，进一步占领市场，提高业内话语权；新入局者探索颠覆之路

1. 新华书店通过改造升级和子品牌建设，继续巩固图书批发零售"老大"地位

在我们的印象中，新华书店的关键词始终少不了"传统、无趣、单调"，但是，这一印象却开始发生了变化。

2017 年 7 月，位于河北保定的新华书店"新鲜空气"书吧，因为摘得设计界"奥斯卡"——德国红点奖最佳设计至尊奖而名声大噪。2017 年 8 月，新华书店旗下文轩 books 首家旗舰店在位于成都市高新区的九方购物中心开业。该店邀请台湾诚品书店设计师李玮珉操刀设计，占地 9000 平方米，藏书 30 余万册，成为网红书店。

近几年，"老干部"新华书店动作频频，除了通过改造升级，加入"网红书店"行列，成为都市人群的打卡圣地，还通过子品牌建设，打造品牌矩阵，发挥集团作战效应（见图 3）。子品牌不但成为内生动力，为新华书店输入新鲜的血液，还进一步提升了新华书店的市场占有率，继续巩固其行业"老大"地位。

2. 西西弗、言几又等连锁书店与综合商业体合作，加快城市布局

发源于贵州的西西弗书店，最先嗅到商业环境变化的气息，意识到原有的商业步行街将会逐步被一站式购物中心所取代，率先与华润、凯德等综合商业体开发商进行战略合作，对标美国最大的连锁书店巴诺书店，走复合型快速连锁拓展之路。截至 2019 年 4 月，西西弗书店在全国拥有 200 多家门店。

图3 新华书店子品牌矩阵

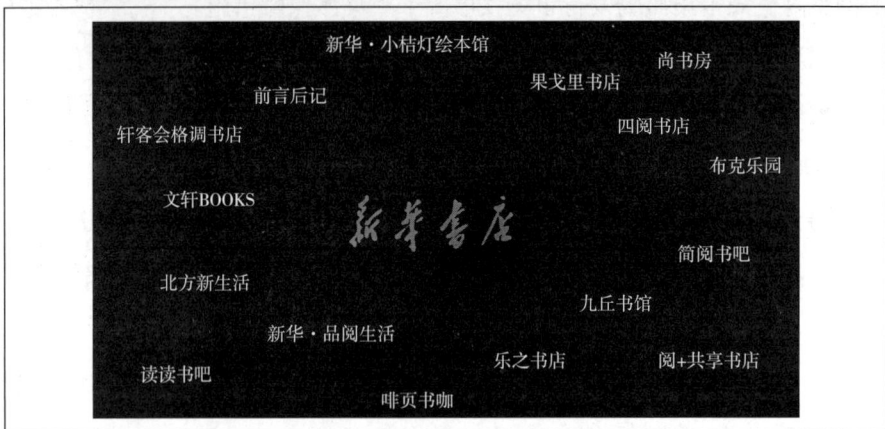

新华·小桔灯绘本馆
果戈里书店
尚书房
前言后记
轩客会格调书店
四阅书店
布克乐园
文轩BOOKS
新华书店
简阅书吧
北方新生活
九丘书馆
新华·品阅生活
读读书吧
乐之书店
阅+共享书店
啡页书咖

资料来源：白道网。

作为曾经的亚洲第一机场书店品牌，中信书店在机场店项目上继续发力。2017年8月，作为"机场店3.0版本"的重庆江北机场T3航站楼7家中信书店盛装开业。2018年5月，比重庆机场店品类更丰富、调性更高端、具有颠覆意味的全新机场文化空间"中信理想家"全面投入运营。除了机场店项目外，中信书店城市店项目，早前以写字楼等办公场所为突破口，进行城市书店布局，除了已在联想总部、农业银行总部、中信集团总部等地开店外，2017年又分别在国海广场A座、来广营太极计算机、凯恒中心等办公写字楼里开了新店；同时，开始布局购物中心，其中依托母公司中信出版集团的资源，与日本茑屋书店合作，打造的合生汇中信书店最引人关注。

除了西西弗、中信书店，言几又和钟书阁也加快了城市布局。言几又，这家被称为"最像茑屋"的书店公司，一直受到资本的青睐。2014年5月，言几又获飞马旅数百万元天使投资；2015年4月，言几又完成2600万元A轮融资；2017年3月，言几又完成1.2亿元的B轮融资；2018年12月又传出，言几又完成过亿元的B+轮融资。通过融资和线下文化空间的拓展，言几又品牌越发具有价值。2019年4月11日，言几又厦门万象城旗舰店正式开业，这也是言几又与网络问答社区知乎跨界合作的第一家书店。被誉为"中国最美书店"的钟书阁，2019 年 1 月 25 日重庆首店开业。据悉，该店是钟书阁在全国布局的第 14 家店。

3. 十点读书、樊登读书会从线上走向线下，打造线上、线下无限融合

2018 年 12 月，作为读书分享自媒体品牌十点读书的第一家实体书店，厦门万象城十点书店正式开始对外营业。

樊登书店是由央视著名主持人樊登于 2013 年发起的樊登读书会的裂变项目之一，其定位为"新零售模式下的社区书店"，通过赋能和加盟的方式，在 2017 年开了 270 多家社区书店。

不管是十点书店，还是樊登书店，都希望依靠其线上平台积累的大量粉丝优势，把线上流量引到线下，通过线下与顾客的直接接触，收集顾客数据，优化顾客画像，为其提供更为精准的文化服务。

在多元、跨界、整合的发展思路下，进一步发挥书店平台价值、打造新型文化空间是未来实体书店发展的趋势。

四 发展模式的设想及核心竞争力的塑造

（一）建立起了一支能够将各项文化服务成功落地的优秀服务团队

如今，线上购物越来越方便。如果卖书还像卖其他商品一样，只是给个货架或展台，等着被有需求的顾客挑选走，那等待这家书店的命运只会是倒闭。随着互联网经济的深入发展，越来越多的线索表明，线上购物不会完全代替线下购物，因为线下购物有线上购物无法触及的区域，比如场景营造、互动体验等。

为了在"强邻环绕"的书店行业，找到一条适合自己发展的道路，建投书店公司并不盲目从众，而是从自身创立的初心溯源，重新思考人、书、空间三者的关系，不断挖掘拓展书店可持续发展的商业模式。2018年，建投书店公司创建了关键人才队伍，开创文化空间内容运营业务，大力提升了公司的文化空间运营管理能力。该团队成员均为"85后""90后"一线员工，是一个拥有执行力、创造力和韧性的年轻专业团队，在业内拥有良好口碑，团队成员不局限于公司在职员工，更吸引了离职员工和嘉宾教授的积极响应，多方合力共同打造建投书局特色文化品牌，为城市文化建设注入动力。通过团队专业的策划与服务，建投书局与近50个机构建立了优质合作关系，2018年共策划200余场文化思想活动，聚集数百位名家学者，负责"JIC讲堂"、"建投读书会"、"星涌计划"、"艺术季"、"出版社联展"、"放映员"、"从书店出发阅读城市"等项目，搭建书局自有内容策划体系。此外，建投书局策划的"上海城市传记文化空间项目"首获政府文化事业基金支持，多项目进入政府公共文化配送采购库；蝉联2017年、2018年上海书展"创意设计"奖与"十佳分会场"，成为首家承办"上海国际文学周"主论坛的书店；成为《神奇图书馆在哪里》节目拍摄书店、进口博览会全球宣传片唯一书店镜头拍摄地、中宣部"大江奔流·长江经济带报道纪实"重点采访报道书店。

（二）打造文化服务生态

习近平总书记指出，"没有高度的文化自信，没有文化的繁荣兴盛，就没有中华民族伟大复兴"。"人，是万物的尺度"，2017年公司以"群星闪耀时"为年度主题；回顾与纪念改革开放四十年，2018年公司以"变化的力量"为年度主题；站在新中国成立70周年、五四运动100周年的时间轴上，2019年公司更以"看见时代，勇于智慧"为关键词。

建投书店公司将以书店文化空间为载体形成和构建所在城市的能量场，为读者提供人文关怀和文化滋养的绿洲，倡导健康、雅致的生活方式，开展社科思想、文学和艺术美学普及教育，发展成为一个具有思想深度的城市公共文化活动空间和交流平台。

建投书店公司始终将时代与文化与个人相结合，以此为企业文化的精神内核，让每一个员工成为时代的观察者、记录者、传承者、创新者，从而不断拓展书店运营的边界，发现空间与自然、艺术、思想、公众之间新的可能，更好地讲述书店与人、与城市、与时代的故事。

猫眼娱乐：
中国首个上市的
"互联网＋娱乐服务"平台

一 互联网娱乐综合平台的成长之路

猫眼娱乐是国内依托创新互联网提供娱乐服务的领先平台，最早于 2012 年在美团网作为子项目被推出，后于 2016 年进行分拆并完成独立运营。历经多年持续探索，猫眼娱乐一直秉承提供优质服务的经营理念，以在线售票业务为切入点，逐步深入电影产业上下游，最终发展成为涵盖娱乐内容、在线购票、用户社交、电影衍生品销售等的一站式在线娱乐服务平台。其间，猫眼娱乐的服务范围不断延伸，业务发展持续向好，积累了包含资源、营销在内的诸多行业优势，并在一定程度上促进了移动互联网对传统文娱产业数字化的革新。

（一）深耕电影核心业务（2012～2015年）

2012 年 2 月，美团网推出美团电影，第一版仅提供影讯的查询，后加入购票功能，这是猫眼娱乐的雏形。推出美团电影后，该平台的电影票交易额较 2011 年美团网团购电影票交易额增长了约 4 倍，由 1.2 亿元增长至 5.95 亿元，成为美团网的重要业务。

2013 年 1 月，经过近一年的经营，美团电影正式更名为 "猫眼电影"，推出了在线选座功能，这是当时最重要的功能之一。该功能要求平台拥有较高的线下占有率，包含终端机器的布局、大量的客服人员、监测换纸系统、出票机状态定期保检、应急处理方案、建立容错机制等。因此，在行业中，在线选座提升了猫眼的核心竞争力，同时也占据了整个美团网电影交易额的 40%，使猫眼电影成为垂直领域中，一个全新且独立的产品形态。

2014 年，票补大战拉开序幕。其间，猫眼提前 15 天独家预售国庆档影片《心花路放》，并在全国 100 个城市 1000 家影院展开"买票可获赠美团 10 元团购代金券"和"9.3 元起独家预售"两大活动，获得了观众的青睐。在预售阶段，《心花路放》的观众有一半以上来自猫眼平台；上映结束后，《心花路放》以 3500 万元小成本斩获 11.67 亿元票房，成为 2014 年国产影片票房榜首。猫眼也因此提升了在电影观众里的知名度。猫眼专业版数据显示，《心花路放》的观影人数总计为 3395 万人次，猫眼对《心花路放》的票房贡献为 40%，猫眼平台从《心花路放》一部影片中达成了约 1358 万用户的交易。

2015 年，是中国电影市场发展的井喷期，票房和观影人数分别达到 441 亿元、12.22 亿人次，票补大战也进入最为激烈的阶段。猫眼在 5 月开始试水电影周边产业，上线了电影评价评分系统，打破了豆瓣网、时光网、格瓦拉等在电影评论上的绝对垄断地位。同时，猫眼还在平台上增加了大量的媒体娱乐内容，让平台从单纯的购票工具逐渐演变成一个以电影为核心的娱乐媒体互动平台。

这一年，也是在线电影售票业务凭借其标准化、高频的特点，成为独立于团购的细分行业的关键时刻。猫眼在 2015 年 7 月宣布独立为美团网旗下全资子公司猫眼文化传媒有限公司。此前，猫眼 2015 年上半年交易额已达 60 亿元，超过上年全年。在网络购票市场上占有率高达 70%，全国每售出三张电影票就有一张出自猫眼。同年 12 月，美团电影频道、大众点评旗下的电影频道与猫眼完成了整合。整合完成后，猫眼在全国合作影院数量超过 5200 家，购票用户数超过 1.2 亿人次，2015 年实现交易额 156 亿元。

（二）多方合作，资源加持（2016~2017 年）

2016 年 4 月 11 日，美团大众点评 CEO 王兴通过内部邮件宣布，正式决定分拆猫眼业务，让"新猫眼"成为一家完全独立运营的公司。这是继

2015 年 7 月美团网宣布猫眼成为独立子公司后,再一次重大的战略调整。此时猫眼的目标,是依托领先的电影票务平台和用户社区,成为中国最具影响力的综合电影公司之一,其重心将放在发展电影产业上下游业务上,打造猫眼娱乐媒体平台。拆分后的独立运营,有助于新猫眼拥有更独立的决策机制和更灵活的激励机制,也有助于新猫眼通过资本运作、与行业资源深度对接等方式,提高自身在电影产业链条上的价值。

2016 年 5 月,上市公司光线传媒公告了与猫眼娱乐的交易,此次交易也被称为传统电影公司与互联网公司最重要的一次合并。公告显示,光线传媒及其关联方共同持有猫眼 57.4% 的股权,成为取代美团点评后的最大股东。其中,光线控股拟以其持有的 1.76 亿股光线传媒股份换取三快科技(美团母公司)持有的猫眼 28.8% 的股权,以 8 亿元现金为对价购买上海三快持有的猫眼 9.6% 的股权。上市公司光线传媒以 15.83 亿元现金为对价购买上海三快持有的猫眼 19% 股权。此次交易中,猫眼估值约为 83.31 亿元。

2017 年 9 月,猫眼娱乐、微影时代宣布合并。根据光线传媒发布的公告,猫眼将进行增资扩股,而微影时代以其持有的微格时代 100% 股权作价 39.74 亿元分两次注入猫眼,第一次以微格时代估值中的 37.71 亿元取得猫眼 27.59% 股权,第二次由猫眼视情况增发;林芝利新(腾讯子公司)以其持有的瑞海方圆 100% 股权作价 8.97 亿元增资猫眼,取得 6.56% 股权。第一次发股完成后,微影时代、林芝利新成为猫眼新股东,微格时代及瑞海方圆成为猫眼文化的全资子公司,光线传媒持有猫眼文化的比例由 30.11% 变更为 19.83%。此次交易中,猫眼整体估值由 90 亿元上升至 136.7 亿元。此外,微影时代、林芝利新及上海三快在此次交易中承诺不直接或间接从事与猫眼文化相关业务相竞争的业务。

同时,猫眼娱乐和微影时代宣布实现战略合作,将共同组建一家新公司 "猫眼微影"。猫眼娱乐将注入全部业务,包括电影和演出票务业务、行业专业服务、电影投资宣发等。微影时代将注入电影票务、演出业务。合并后的猫眼微影，成为腾讯泛娱乐领域的重要战略合作伙伴，腾讯除了在微信、QQ 等平台上支持新公司的业务，还将在电影、演出、视频、技术等领域与新公司展开更深度和全面的合作。

同年 11 月，腾讯再次以 10 亿元增资猫眼，此次增资中猫眼估值约 200 亿元。此时，腾讯持有新猫眼股份超过 15%，成为继光线系、微影后，猫眼的第三大股东。而猫眼娱乐的业务此时已经涵盖电影演出的在线票务及影视投资发行等领域。猫眼娱乐旗下包含猫眼、格瓦拉生活等业务品牌，而且拥有美团、大众点评、微信、猫眼在内的四大入口核心流量优势，是市场占有率第一的在线电影票务选座平台，市场份额已超过 65%。猫眼平台娱乐资讯、在线选座购票及电影宣发业务服务的用户已经超过 2 亿。

（三）成为首个上市的在线娱乐服务平台（2018 年至今）

2018 年 9 月 3 日，猫眼娱乐发布招股说明书，确定赴港 IPO。招股书显示，从 2015 年到 2018 年 6 月 30 日，猫眼娱乐营业收入年复合增长率达到 106.6%，经调整溢利净额从 −12.7 亿元上升至 2.16 亿元，盈利能力正在提升。招股书同时指出，2018 年上半年，猫眼娱乐月度活跃用户超过 1.3 亿，占据了 60.9% 的市场份额，继续保持中国最大的在线电影票务平台，中国 94.9% 的电影院通过其平台售票，而这部分电影院贡献了中国 6 月票房的 99.7%。

同时，猫眼娱乐也提供在线现场娱乐票务服务，以 2018 年上半年总交易额计，猫眼娱乐是排名第二的在线现场娱乐票务服务平台。此外，猫眼娱乐还提供电影、电视剧、综艺的制作、宣传和发行等内容服务。2016 年开始，猫眼娱乐参与电影的主控发行并迅速成为中国排名第一的国产电影主控发行方；2018 年上半年，猫眼娱乐提供宣发支持的电影所获票房约占中国总票房的 90%。猫眼还是领先的娱乐行业用户及从业人员在线社区。按 2018 年上半年平均月度活跃用户计，猫眼是中国最大的在线电影社区，猫眼专业版是中国娱乐行业最受欢迎的专业 App。

2019 年 2 月 4 日上午 9 点，猫眼娱乐 CEO 郑志昊携猫眼管理团队在香港联合交易所内敲响了开市锣，猫眼娱乐成为中国首个上市的在线娱乐服务平台，开盘涨 0.14%，报 14.82 港元，市值达 160 亿港元，IPO 一个月后，猫眼娱乐的市值成功突破 200 亿港元。巧合的是，猫眼娱乐股票代码为 01896，这也是电影传入中国的年份（1896 年），这对以电影行业在线票务起步的猫眼娱乐来讲，有着特殊又重要的意义。

二　三大 "基因" 构筑行业优势

经过三年努力探索，猫眼娱乐最终完成了从独立运作到成功上市的整个过程，在行业内呈现出较快的发展速度及较高的竞争力。猫眼娱乐之所以能够快速崛起并获得资本市场的认可，与其特有的发展历程脱不开关系。几年中，猫眼娱乐充分吸收各方优势，将各大平台长期积累的经验和资源与其自身相结合，形成了三大 "基因"，而这三点也成为猫眼娱乐贯穿整个电影产业链的优势。

（一） "O2O" 基因：具备强大的线上线下协同能力

猫眼娱乐的 "O2O" 基因沿袭自美团。作为国内最早起步的团购网站之一，美团拥有着强大的线上线下协同能力，具体表现为丰富的地面推广经验，以及极强的成本控制意识。早在 2010 年团购大战时期，美团就能够迅速从千团大战中脱颖而出，甩开竞争对手并赢得团购市场 60% 的份额，部分原因正来自对地面推广团队的精细化和规范化管理。

而在电影行业，地面推广主要作用于电影发行环节。随着移动互联网的发展，传统发行公司的竞争力正在这一复杂机制中被逐渐削弱。一方面，早先的电影发行公司最主要的职能，是通过人力进行胶片拷贝的移动、流转。如今，当数字拷贝取代胶片拷贝，高速率网络传输已经大规模普及时，行业对传统发行公司的需求就会降低。但另一方面，发行人员与影院"连接"的关系却不可取代，其中包括情感沟通以及与影院配合的落地宣传活动等，这就需要地面推广团队在其中发挥相应的作用。

2016 年初，猫眼还是美团旗下独立的电影票务在线选座平台，但其已经拥有自己的地推团队且规模达千人，对于传统电影发行公司而言，这样规模的推广团队在当时是不可想象的。通过强大的地面推广及互联网在线售票机制，猫眼娱乐可以做到提前 15 天排片预售，超前预售对片方有着很大的吸引力，也因此进一步奠定了猫眼娱乐如今的行业地位。

猫眼娱乐从美团网获取的另一个优势是极强的成本控制意识，猫眼娱乐 2019 年 3 月 25 日公布的财报显示，其成本结构正在逐年优化。在 2018 年猫眼娱乐的主营业务成本中，票务系统成本、互联网基础设施成本和内容宣发成本为主要成本，其中，票务系统成本与互联网基础设施成本占营收的比重近几年持续下降。

这一方面来源于对票补的理性叫停，使猫眼娱乐 2018 年下半年营销费用降低至 7.95 亿元，环比下降了 30.6%，营销费用率也由上半年的 60.4% 下滑至 42.7%。另一方面，源自猫眼娱乐对自身团队的有效控制和管理，即便是与微影合并后，猫眼娱乐的员工总数仍控制在一千人左右，便于高效沟通的同时降低了管理成本。在财报中，猫眼娱乐的 G&A 费用率（一般性支出及管理支出费用率）持续下降，自 2017 年的 15.0% 下降至 2018 年的 13.9%。

另外，在电影领域，控制成本往往也关乎一部作品的成败，因此猫眼娱乐也发力大数据平台，帮助投资方及片方进行票房预测，控制电影制作及宣发的成本。在电影上映前，提前预估投资回报率，能够有效控制风险；在电影发行期，依据电影票房规模制订不同的营销方案对电影进行和宣传，能够直接有效地控制成本；在电影上映期，根据票房预估结果，进行智能排片，可以使利益趋近最大化。

（二）"移动互联网"基因：坚守核心业务，非售票业务拓展稳健

随着中国互联网行业O2O浪潮的兴起，脱胎于团购业务的电影在线售票服务，独立成为与团购、外卖、打车等比肩的互联网O2O应用。猫眼娱乐的"移动互联网"基因随之更加突出，其核心业务将传统电影行业与移动互联网更加紧密地结合，为用户提供在线购票、选座服务，最大限度提升了观众购票环节的便捷程度，同时也促使了在线售票平台对传统行业的进一步革新。

在此之前，普通观众想要提前了解次日放映情况，只能通过影院在当天报纸、门户网站等渠道刊载的第二日"影讯"，并且只能于当天到影院现场排队买票，无法提前了解是否还有"余票"，更无法决定观影的位置。对于影院而言，同样很难提前预知观众对各个影片的需求程度，想要在每天有限的时间内更好地进行选片、排片，实现票房收益最大化，更多的是依赖影院经理的个人观点与历史经验。对每部影片进行宣传的重任也落在影院大厅的"阵地广告"上，它们负责吸引在影院前厅进行观影决策的普通观众。

在线票务平台发展成熟后，观众的观影决策由线下实时完成升级为线上提前完成，影院前厅成为观众打印电影票的场所，影院的广告价值从大厅的"阵地广告"转移至影厅内的"映前广告"，无须再在影院大厅内摆满各种上映影片的宣传物料。而对于影院经理而言，其首要目标是优化排片结构，使影院在有限时间内获取足够多的票房。随着全国大部分影院逐步接入互联网在线售票平台，每一家影院的排片数据都会汇聚在平台上，

影院经理可以参考当地甚至全国的整体排片情况，对自家影院的排片进行调整，一方面减少人为预测的误差和随机性，提升排片的科学性，另一方面也降低了人情因素对影片排片及票房的影响。

在线票务平台对电影产业的深刻影响，既是行业发展的必然结果，也是时代赋予的使命。猫眼娱乐以自身的"互联网"优势坚守核心业务，与中国95.2%的电影院进行合作，覆盖600多个城市、8800多家影院，而此类电影院贡献了中国综合票房的99.7%。

与此同时，随着价值链上业务的多元化发展，猫眼娱乐的非售票业务也在稳步拓展，进一步将互联网优势与传统文娱产业的方方面面相融合。在娱乐内容服务方面，过去影视宣发只能依赖大众媒体与硬广进行，如今在线娱乐服务平台的广告宣传价值大幅度提高，与其合作能够有效扩大影视宣传的覆盖范围，降低相应的人力物力成本，逐渐成为片方首选的宣发渠道。而猫眼娱乐2015年底就成立了独立从事影视投资发行的专业机构——猫眼影业，2016年首次主发行的动画电影《年兽大作战》获得3442万元的票房。截至2018年底，该业务实现收入由2016年的3.37亿元增加至10.68亿元，年复合增长率为78%。从早期千万票房量级的动画片到开始主控宣发20亿元以上级别的影片，猫眼娱乐已经成为国内最重要的电影宣发公司之一。

在娱乐电商服务和广告及其他服务方面，猫眼娱乐也在稳步提升。数据显示，娱乐电商服务在2018年实现收入1.96亿元，较2017年的1.27亿元同比增长54%；广告及其他服务在2018年实现收入2.10亿元，较2017年的7850万元同比增长168%。

（三）"娱乐产业"基因：光线入股，引入电影行业资源

2016年5月，上市公司光线传媒通过旗下上海光线投资控股有限公司入股猫眼，光线控股和光线传媒至此成为猫眼最大股东。这是猫眼

自独立分拆后的第一次重大战略重组，也是光线传媒 18 年历史上最大的一次资本整合行动。一方是中国老牌娱乐传媒集团，一方是国内第一在线票务平台，此次交易也被称为传统电影公司与互联网公司最重要的一次合并。

光线传媒于 2011 年上市，和华谊兄弟、华策影视一样是较早登陆资本市场的文化传媒公司。在内容制作方面，自 2012 年的《泰囧》开始，光线传媒就确立了民营电影公司龙头的地位。同时，光线传媒仍不断向外拓展新的业务版图，其中包括游戏、动画、互联网视频、移动互联网社区、网络文学、视频技术、主题公园等。当内容资源逐渐丰富后，光线传媒对输出渠道的渴求就愈加明显。在入股猫眼前，光线传媒曾尝试与奇虎 360 一起合作 "先看网"，目标是做中国版的 Netflix，但最后双方以 "和平分手" 告终。这次与猫眼合作，成立打通泛娱乐产业链上下游的新锐组合，使其向成为中国最大电影公司的目标又迈进了一步。

对于猫眼而言，在光线传媒入股之前，猫眼是一家纯粹的互联网公司。随着在线票务市场线上转化率的提升，市场进入存量用户占据主导的阶段，猫眼并没有首先选择横向品类的盲目扩张，而是将战略定位于深耕电影产业的上下游，所渴求的是在传统电影产业宣传、发行、制作方面的丰富经验。此时光线传媒的入股，带来了 "娱乐产业" 的基因，猫眼不仅收获了影视 IP、动漫、艺人经纪等产业资源，还获得了业界领先的上游产业运作能力，加速了综合性文化娱乐线上平台的建设。

背靠光线传媒，猫眼娱乐开始将 "娱乐产业" 基因拓展至其他品类，以在线售票业务为出发点，逐步切入全产业链条，包含上游的投资、制作，到中端的发行、宣传，以及下游的院线、售票。还推出了猫眼专业版、猫眼联名卡等诸多有助于合作企业提升产业效率的项目，将连接、赋能、破界运用到与各方的产业协作中，成为从消费互联网转向产业互联网的典范。

三 多方位引擎加持战略定位

（一）战略选择与定位：打造全产业链"互联网+娱乐服务"平台

中国近几年的娱乐产业表现出强劲的发展势头。艾瑞咨询的调查统计显示，中国线下娱乐行业在 2017 年的总体市场规模已达到 3735.1 亿元。其中，电影市场的规模达到了 761 亿元；现场演出，包括演唱会、展会及体育赛事等，市场规模达到了 846 亿元。而线下娱乐行业总体市场规模有望在 2019 年达到 4900 亿元，在 2022 年达到 32138 亿元。

与此同时，中国的互联网技术发展迅猛，用户规模不断攀升。据 2019 年 2 月 28 日中国互联网络信息中心（CNNIC）在北京发布的第 43 次《中国互联网络发展状况统计报告》，截至 2018 年 12 月，我国网民规模已经达到了 8.29 亿，全年新增网民数达 5653 万，整体互联网普及率为 59.6%，相比 2017 年底又提升了 3.8 个百分点。

互联网与娱乐产业一同高速增长，赋予线上线下娱乐融合更大的发展空间。其中，以猫眼娱乐为代表的互联网娱乐服务平台表现最为突出，甚至凭借其多业务触达能力和生态构建能力改变着中国娱乐的生态圈。猫眼娱乐的战略选择，也因此从单一的在线票务平台逐渐转型成为全产业链"互联网+娱乐服务"平台。

坚持这一定位就要求猫眼娱乐可以为用户提供多角度的服务，同时也要延伸到产业的上下游，为从业者赋能。一方面，猫眼娱乐以票务切入，提供售前参考、售后评分、讨论分享等服务，截至 2018 年 6 月 30 日，已累计产生 1.494 亿条电影评分及 6680 万条评论，可以说是娱乐领域用户互联网成功的典型。另一方面，猫眼娱乐也想到了从产业角度提供服务的思路。利用在用户互联网中累计的用户触达、媒体影响力、数据积累等优势切入产业互联网，猫眼娱乐可以为产业合作伙伴提供行业趋势分析、用户及时反馈等，这有助于上下游从业者及时掌握市场风向。对于传统娱乐企业而言，和互联网平台合作也有助于推动娱乐产业的数字化升级。

从用户互联网到产业互联，猫眼娱乐在业务闭环之下可以从消费者那里盈利，也可以从商户那里盈利，从而形成自我增强的网络效应和企业生态。未来，猫眼娱乐还将持续发展娱乐行业服务平台能力，加强技术基础设施建设，不断深掘价值链和提升运营能力，且依托平台优势加速娱乐产业价值链整合。

（二）模式引擎：全产业链多元布局

早在 2017 年，中国娱乐市场的规模就已经位列世界第二，猫眼娱乐作为中国具有代表性的新经纪公司，率先感受到时代赋予的机遇。通过"互联网＋娱乐"战略定位形成的多元化行业领先结构，将进一步拓展其未来的发展前景。

首先在纵向上，猫眼娱乐深入产业链的上下游，完成了从上游电影、电视剧、综艺制作，到中游宣发、推广，再到下游票务销售和娱乐电商的全产业链布局。其次在横向上，猫眼扩展了多元化业务品类，除了电影、电视剧、演出、赛事、综艺等，还提供网上预订卖品、销售衍生品及影院会员等娱乐电商服务。

在核心的票务业务方面，随着中国电影行业的发展，在线电影票务的渗透率由 2012 年的 18.4% 增至 2018 年截至 9 月 30 日的 85.5%，而渗透率还相对较低的现场娱乐网上售票领域，则拥有着更大的增量市场。考虑到网络平台用户的消费习惯，以高频的电影售票带动低频的演出售票更加易行，因此未来猫眼娱乐会兼顾电影和演出双渠道，以储备更大的竞争优势。

多元化的业务结构一方面增加了猫眼娱乐全产业链竞争的能力，使其形成了独特的平台优势。咨询报告显示，猫眼影业目前已经成为中国排名第一的国产电影主控发行方。另一方面，猫眼娱乐也开拓出了更多的业绩增长点，提升了自身的抗风险能力。招股书显示，猫眼内容服务的收益2017年增长幅度达到152.7%，2018年前九个月较2017年同比增长121.5%；娱乐电商服务收益则较2017年同比增长83.0%。显然，成长型业务的潜力已逐步显现。

（三）资源引擎：聚集多方位战略优势

猫眼娱乐的第一大股东是光线及其关联方，持股比例为48.80%；腾讯持股比例为16.27%；美团为8.56%。三者既是猫眼娱乐的股东，也是其最重要的战略合作伙伴，它们为猫眼娱乐带来了明显的平台优势：作为美团网内部孵化的在线票务平台，猫眼娱乐一直占据美团App首页的核心入口，享受着美团网3.82亿的本地生活流量，同时也是美团App及大众点评App上提供娱乐票务服务的独家业务合作伙伴；第二大股东腾讯，拥有10亿微信社交流量资源和8亿QQ社交流量资源，猫眼是微信支付及QQ钱包中唯一的电影、现场演出及体育赛事平台。

腾讯和美团是社交媒体行业及消费者服务电商市场中，少数拥有庞大用户群及用户流量的市场主导者，猫眼娱乐通过它们可以获取可观的流量优势。而作为传统电影行业的领导者，光线传媒为猫眼娱乐带来的是内容产业上的资源优势。诸如《美人鱼》《一出好戏》《从你的全世界路过》等，均为光线传媒与猫眼娱乐合作的项目。

在内容制作上，猫眼娱乐还与欢喜传媒达成了战略合作。集齐了张艺谋、王家卫、徐峥、宁浩、顾长卫等股东导演的欢喜传媒，将公司电影、电视剧和网剧的投资权以及独家宣发权都给了猫眼娱乐，猫眼娱乐则为其提供优质内容的资源支持。通过合作，猫眼娱乐与内容出品公司在上游市场的话语权都得到了进一步的增强，而类似这样的合作还存在于大家熟悉的开心麻花、安乐影业、新丽传媒中。

与此同时，腾讯的鹅漫 U 品曾与猫眼围绕 IP 衍生品的开发、销售、推广展开过合作；QQ 音乐则和猫眼在产品、数据、营销层面展开过深度合作。这些合作体现出腾讯与猫眼娱乐的合作交流已上升至战略层面，将在未来持续为漫画、音乐、演出等产业赋能。

多方位的资源支持和内容合作下，猫眼娱乐具有十分明显的网络效应和网络生态协同效应。表现为既可以通过多渠道扩展用户规模、吸收网络流量，也能够通过丰富的内容供给和多样化服务提升用户参与度，将流量变成 "留量"，带来规模经济的边际效应。可以预见的是，未来几年中国娱乐产业的黄金时代将要到来，猫眼娱乐聚集多方战略优势将有助于其开拓出更为广阔的娱乐新版图。

（四）业务引擎：保持业绩持续向好

2019 年 3 月 25 日最新公布的全年经审核业绩报告显示，截至 2018 年 12 月 31 日，猫眼娱乐全年实现收入 37.55 亿元，较 2017 年同比增长 47%，呈现出较高速增长的态势。其中，在线娱乐票务业务所得收益为 22.8 亿元，娱乐内容服务所得收益为 10.69 亿元，娱乐电商服务所得收益为 1.958 亿元，广告服务及其他所得收益为 2.104 亿元。业绩的高速增长和营收的持续向好，一直为猫眼娱乐发展的一大引擎，为平台的发展提供着必要动力。

而实际上，2015～2017 年，猫眼娱乐的营业收入一直处于高速增长状态，营收数据从最初的 5.97 亿元，增长至 2016 年的 13.78 亿元、2017 年的 25.48 亿元，年均复合增长率达到了 106.6%。2018 年前九个月营业收入为 30.62 亿元，再次同比增长 99.6%。其中，仅猫眼在线娱乐票务服务所得收益就由 2016 年的 9.6 亿元，增长至 2017 年的 14.90 亿元，涨幅高达 55.2%；娱乐内容服务所得收益增至 8.52 亿元；娱乐电商服务所得收益增至 1.27 亿元。

不仅是各项主营业务收益的高速增长，猫眼的整体营收结构也在不断优化，这主要表现在两个方面。首先，猫眼在线电影票务收入的比重正在逐年下降。根据数据，截至 2018 年 9 月 30 日，猫眼九个月中的在线电影票务收入较上年同期有了大幅增长，从 9.81 亿元增长至 17.81 亿元，但其在猫眼整体收入中的占比，却从上年同期的 63.9% 下降到了 58.2%。其次，猫眼其他主营业务收入的比重有了较大提升。截至 2018 年 9 月 30 日，猫眼九个月的娱乐内容服务收入，在整体收入中的占比从 26.8% 上升到了 29.8%，猫眼的广告及其他服务收入占比从 3.3% 上升到了 5.2%。这表明，猫眼对单一业务的依赖性正在逐步下降，成长型业务已经成为猫眼发力的新方向。这一方面有助于猫眼开辟出业绩增长的新渠道，另一方面也意味着猫眼整体收入结构更加均衡稳健，提升了公司的抗风险能力。

而在投资行业中，普遍被认可的观点为，猫眼娱乐的综合性商业模式、2B 和 2C 的平衡收入组合，使其能够受益于当前国内娱乐市场的结构性增长。预计 2017～2020 年，公司的收入、经调整后的 EBITDA 以及经调整后的净利润可分别实现 34%、128.0% 和 134.0% 的年复合增长率。国际金融服务公司摩根士丹利同样认为，综观猫眼娱乐的业务布局，随着其以票务平台为基础在延伸业务内容上的成功，猫眼娱乐在未来的娱乐市场上会有更深层次的参与及占据更高价值，并且将保持良性持续增长。

四 各业务板块发展表现强劲

猫眼娱乐如今已经成长为中国领先的在线娱乐票务服务平台、领先的娱乐内容服务平台，以及领先的娱乐行业用户及从业人员在线社区。艾瑞咨询报告显示，按 2018 年截至 9 月 30 日这 9 个月电影票务总交易额计，猫眼已经是中国最大的在线电影票务服务平台，占据高达 61.3% 的市场份额；另外，猫眼也是排名第二的在线现场娱乐票务服务平台；与此同时，还是中国首家开展互联网赋能电影宣发服务的公司，及中国最大的在线电影社区。

（一）票务业务：大步迈入盈利周期

随着中国 2018 年的票房市场突破 600 亿元关口，猫眼的娱乐票务总交易额也大幅增加至 327 亿元，增幅为 48%。从成本端看，猫眼娱乐自 2016 年下半年迅速减少补贴，在 2017 年已经很少再进行票补活动。开源节流后的猫眼娱乐长期保持业内龙头地位，在票务业务方面大步迈入盈利周期。

1. 长期保持业内龙头

近些年，中国的文娱产业呈现出快速发展的态势。电影作为大众文娱消费的主要方式，票房业绩的不断攀升刺激着整个行业的快速发展。而随着中国电影市场的发展及消费者移动互联网使用习惯的养成，在线票务平台呈现出高速成长的态势。电影票务线上化率从 2010 年到 2015 年，由 2.1% 增长到了 72.07%，2017 年达到 86.03%。目前，电影票务线上化率接近 90%。

猫眼娱乐的前身是美团的电影票团购业务，依托美团的团购基因，猫眼电影当时已经获得了较大的市场份额。后拆分独立运营的猫眼娱乐，在在线票务领域的市场占有率也长久保持业内第一。数据显示，在 2017 年竞争平台仍然采用大规模票补策略时，减少票补的猫眼娱乐仍能基本维持 40% 以上的市场占有率。截至 2018 年上半年，猫眼娱乐市场份额已达到 60.9%，截至 2018 年 9 月达到 61.3%。

光线董事长王长田曾在 2017 年上海电影节中国影视领袖峰会上表示，猫眼 2017 年一季度收入超过 6 亿元，前三个月月均利润超 5000 万元，值得关注的是，猫眼 2015 年净利润仅为 2.38 万元，2016 年未经审计营收为 10.5 亿元，净亏损 5.11 亿元。而最新财报显示，2018 年猫眼娱乐总营收由 2017 年 25.48 亿元增长至 37.55 亿元，同比增长 47%；2018 年度经调整净利润为 2.90 亿元人民币，2017 年为 2.16 亿元，同比增长 34%。

2. 拓展票务业务边界

2016 年我国泛娱乐产业产值达到 4155 亿元，约占数字经济的 18.4%；2017 年泛娱乐产业核心产值达到 5484 亿元，同比增长了 32%，占数字经济的比重超过 1/5，成为数字经济的重要支柱和新经济发展的重要引擎。其中，除电影外的泛娱乐项目，如文娱演出及体育赛事等，用户活跃度正在大幅提升，观演人次逐年增加，2017 年的市场交易额趋近于 500 亿元。

2010 年以前，泛娱乐项目主要为传统专业票务代理公司及主办 PC 端的网站，2010 年后，随着"互联网＋"的发展以及市场用户需求的增长，传统票务代理开始向互联网转型。2015 年后，现场娱乐票务市场涌现出了更具创新性和灵活性的新兴交易服务平台。它们凭借创新的模式和优质的服务体验，正成为现场娱乐票务市场的新兴力量。

2017 年 9 月随着微影时代以及格瓦拉的并入，猫眼娱乐在其他低频、高价格的品类上实现了扩张。通过发挥自身的流量、媒体、社交资源优势，与娱乐产业深度融合，连接泛文娱产业各个项目，展开产品和业务的创新，努力让泛文娱产业从内容生产、内容分发到消费服务的整个链条变得更简单、更透明、更高效。目前，猫眼平台上已经开始销售包括话剧、演唱会等在内的演出票务，以及部分体育赛事的票务。在用户增加放缓的阶段，品类的扩张实现了对存量用户的多层次变现。

（二）影视宣发：迅速成为国产电影主控发行方龙头

数据报告显示，2018 年截至 9 月 30 日的 9 个月内，猫眼影业提供的娱乐内容服务电影占中国电影综合票房的比重超过 90%。按自 2016 年开始担任电影主控发行方起至 2018 年 9 月 30 日 21 个月的综合票房计，猫眼影业已经迅速成为中国排名第一的国产电影主控发行方。

猫眼娱乐是行业内最早开始构建影视宣发业务的平台。2014 年，猫眼娱乐与《心花路放》合作，通过 "点映和预售发行" 开辟出了互联网发行的新模式。2015 年底，猫眼娱乐成立了独立从事影视投资发行的专业机构猫眼影业。2016 年春节，猫眼影业第一部主发行的动画电影《年兽大作战》在激烈竞争的春节档获得了 3442 万元的票房。在进军电影宣发领域的初期，猫眼影业参与的大多是中小体量的影片。

2016 年，猫眼影业主发行开心麻花影片《驴得水》取得了 1.7 亿元票房，打开了猫眼影业在主控宣发领域的局面，之后猫眼影业主控宣发的《情圣》获得 6.57 亿元票房成为贺岁档黑马影片，迅速跻身一线发行阵营。在 2017 年，猫眼影业参与主发行的影片开始有所增加，包括春节档获得了超过 7 亿元票房的《大闹天竺》，以及《大护法》、《破局》、《心理罪》，和国庆档的 22 亿元票房冠军《羞羞的铁拳》。2018 年春节档，猫眼影业主发行了电影《捉妖记 2》，票房达到 22.19 亿元。2018 年，凭借《红海行动》、《捉妖记 2》等电影项目的成功运作，猫眼影业成为国内最重要的电影宣发公司之一。

除电影宣发外，猫眼影业也开始以联合出品方的身份，参与《来电狂响》、《李茶的姑妈》、《邪不压正》、《我不是药神》、《捉妖记 2》等大型影片，以及《归去来》、《老中医》等知名电视剧的制作，并试水网络电影、综艺节目等内容的制作。可以说，猫眼娱乐的非售票业务走的是一条循序渐进的稳健发展道路。

猫眼影业之所以可以迅速崛起，主要原因有以下两点。

1. 大数据优势，线上线下互动营销

猫眼影业的大数据优势，最早可以追溯到美团网的庞大用户基础数据及相应的数据分析能力。但在电影宣发方面，猫眼影业不仅运用了大数据的优秀分析能力，更强调线上线下的互动营销。以猫眼影业主发行的《羞羞的铁拳》为例，影片于 2017 年国庆档上映，8 月底就开启了 "天南地北笑在一起" 50 城 40 天全国路演。《羞羞的铁拳》也与美拍合作"我有一招武林绝学"定制视频活动，与咸鱼合作独家拍电影正品周边等。

结合线上线下多种形式的推广与宣传，为《羞羞的铁拳》获取了较高程度的曝光率，使其上映后票房表现出色，最终成为继《战狼2》、《美人鱼》和《捉妖记》后第四部票房过20亿元的国产电影。《羞羞的铁拳》上映首日，猫眼平台出票占比超过70%，充分反映了前期猫眼影业的有效宣发对影片票房的助推作用，猫眼影业在电影项目上的运作、包装、开发能力得到了市场的认可。

2. 与光线、腾讯战略协同

自2016年首次主发行电影至今，猫眼从未参与任何电影的保底发行。从早期千万票房量级的动画片到开始主控宣发20亿元以上级别的影片，猫眼能够在循序渐进中稳健发展，也得益于与合作伙伴在战略上的协同一致。

在入股前，光线传媒和猫眼此前曾有过多次深度和成功的合作，彼此都有深入的了解，在"互联网+文化娱乐"的发展理念上也高度一致。光线传媒的入股使猫眼进一步向上游内容资源靠拢，更深入地参与到影片制作和发行中，进一步消解传统发行商的发行权，对上游片方的话语权也进一步增强。光线传媒增持后，猫眼越来越多地独立运作主控宣发项目。2015年猫眼参与出品发行的影片共8部，2016年参与出品发行的影片共20部，2017年参与出品发行的电影已达39部。

另一个战略伙伴是腾讯。在与微影时代合并后，猫眼娱乐的流量入口主要有猫眼、美团、大众点评、微信钱包、微信小程序、QQ钱包、娱票儿、格瓦拉等。其中，平台流量约40%来自腾讯系入口。自2017年9月起与腾讯确立为期五年的战略合作关系，猫眼娱乐就成为腾讯唯一的电影、现场表演及体育赛事入口，其中包括微信、QQ钱包等。但腾讯的加持不仅是腾讯开放的流量入口，更是整个腾讯布局的泛文娱生态，这也是猫眼娱乐未来能够进行持续发展的根本动力来源。据了解，2011年腾讯在国内最早提出"泛文娱"概念，目前腾讯已将腾讯游戏、阅文集团、腾讯动漫、腾讯影业、腾讯电竞五大实体业务平台整合成为腾讯互娱，建立起了泛娱乐业务矩阵。

（三）数据平台：大数据为行业赋能

除了票务业务和影视宣发，猫眼娱乐也在将自己的三大基因服务于行业从业者与用户。依靠多年积累的平台优势，猫眼娱乐陆续为行业推出了"影院营销平台、电影宣发平台、影视人合作平台和影视数据平台"等专业服务，将数字化价值赋能于行业的更多方面。

1. 影视数据平台——"猫眼专业版"

在线售票的发展使得电影行业数据更加透明，由此带来院线排片、影院经营、制片宣发等传统电影产业环节的深刻变革。无论是电影制作方还是发行方都迫切需要可以提供数据信息及分析能力的平台，为影片的制作宣发提供重要参考。而影视行业的从业者，也同样需要一个平台可以获取演员招聘资讯、投资意向等。

猫眼娱乐正是瞄准了这一空缺，推出"猫眼专业版"，提供影视行为齐全的数据库，数据服务包括秒级更新的实时票房、历史数据查询、票房预测、上座率、场均人次等。2017 年 9 月，猫眼专业版推出了"每日真实出票量和营销费用查询"功能，解决了行业内关于出票量和票补不透明的问题。同时，猫眼专业版也开始向影视行业提供寻求合作的资讯平台，在"影视人"的子栏目中，片方可以发布对演员、摄像等专业影视工种的招聘需求或剧本、投资方面的合作。根据艾瑞咨询报告，按 2018 年截至 9 月 30 日九个月的平均月活跃用户计，猫眼专业版应用程序是中国娱乐行业最受欢迎的专业应用程序。

2. 影院数据服务系统——"数据魔方"

猫眼娱乐对行业的影响力，不仅体现在猫眼专业版对从业人员的帮助上，也体现在搭建的信息平台对各大合作影院的服务上。比如推出的影院大数据服务系统"数据魔方"，向合作影院独家开放大数据，可以以此构建用户画像，帮助影院精准了解各类用户线上消费行为，协助其制定和调整经营策略。目前猫眼全国合作影院超过6000家，数据魔方的普及率已经超过57%。

同样服务于影院的，还有猫眼娱乐推出的影院联名卡系统，可以协助影院加强会员运营，有效圈定目标用户，提升留存率和用户的忠诚度。目前猫眼已经和2300多家影院合作了会员卡项目。除票务合作以外，猫眼还与4800多家影院开展了卖品合作，与2000多家影院开展了衍生品电子商务。猫眼娱乐CEO郑志昊在腾讯全球合作伙伴大会上透露，2016年大地影院与猫眼合作后，在线卖品收入较一年前增长了3倍，影院新客占比超过50%，用户月均购票频次比之前提升一倍。

3. 用户及从业人员指南——"最大的在线社区"

在猫眼平台上，大数据同样在为普通用户赋能。猫眼平台推出的评分讨论功能，与其在线票务、映前宣发等业务形成了有效闭环，用户可以根据大数据进行观影决策，在线购票，并在观影结束后进行后续的深入探讨，完成平台内一站式娱乐体验。

2018年截至9月30日的九个月，猫眼平台的平均月活跃用户达1.346亿，而截至2018年9月30日，平台已积累1.580亿条电影评分及7060万条评论，预告片已获累计观看22亿次，内容数据库已包括超过800000部电影、120000部电视剧及250万名专业人士的相关资料。数据显示，猫眼娱乐成为中国最大的在线电影社区。

（四）媒体矩阵：多方位布局，升级媒体影响力

猫眼娱乐除了布局票务、非票务与数据业务外，还不断在社交场景和自媒体生态下试探电影营销的新可能。2018年初，猫眼娱乐与微信联合推出了"微信自媒体矩阵"＋"猫眼小程序"组合，用户在微信里搜索"电

影票" 关键词，就可以直达 "猫眼电影演出小程序" 购票。这是猫眼娱乐与微信生态链的进一步融合，也是猫眼娱乐在未来升级电影宣发链条的全新发力点。

通过将小程序与微信自媒体内容进行捆绑，猫眼娱乐利用微信的社交属性拓宽了小程序电影购票的流量入口，构建出内容输出与购票转化的新模式：一方面，媒体传播增加了影片的曝光量，完成用户触达；另一方面，内容营销刺激用户消费需求，推进购票转化。

此外，短视频领域的迅速发展也为电影宣发提供了新的方式。猫眼App 在行业头条板块上线了短视频红人榜功能，按照人气、热度实时更新短视频平台的红人排名，将电影宣发与 MCN、短视频等媒体渠道结合起来。而以此积累的媒体影响力，也促进了猫眼娱乐在异业合作方面的发展。电影目前是人们主要的线下娱乐消费方式之一，作为该领域的佼佼者，猫眼娱乐积累了庞大的用户基数，涵盖了许多行业的目标人群，与猫眼娱乐展开跨界营销，不仅能更新颖地曝光品牌形象，也能更好地节约成本。

五　时代机遇下未来的猫眼娱乐

（一）积极政策出台，行业迎来新利好

2018 年 12 月，国家电影局下发了《关于加快电影院建设促进电影市场繁荣发展的意见》，确立了 2020 年银幕总数超 8 万块的目标，并为进一步加快影院建设、促进电影市场繁荣，提出了一系列积极措施。新政策的出台，将进一步推动中国电影市场创造更大的产业价值，以及发挥更大的经济潜力，同时也将促进包括电影产业在内的文化娱乐产业的发展。这意

味着包括猫眼娱乐在内的互联网娱乐服务平台，将迎来新的利好并获得进一步增长的空间。

一方面，中国银幕总数自 2010 年以来呈现高速增长态势。截至 2017 年，由 2011 年原本不足 10000 块的总体状态，实现六年内五倍增长，达到 50000 多块。但相比欧美国家，中国银幕总数依然有较大的提升空间。这为互联网娱乐服务平台提供了更为宽广的市场，而拥有更强联动能力的猫眼娱乐，有望在未来实现与更多放映端影院合作的目标。

另一方面，对于现有影院而言，更多的放映端建设也势必会带来更激烈的市场竞争。2017 年，中国影院数已达到 9340 家，但单影院票房产出仅为 560 万元，单银幕票房产出只有 104 万元。提高经营效益、提升综合经营能力将成为未来影院的核心竞争力。猫眼娱乐通过大数据分析、互联网赋能工具、广泛的媒体覆盖及丰富的线下资源，可以有效帮助影院做好精细化运营，提高运营效率，提升单位经济效益，最终为其打开一个崭新的发展空间。

（二）拓展非票业务，打破大文娱天花板

随着人口红利的消退，2018 年全国票房虽然达到新高，但国内电影市场增速近三年来首次低于 10%，想要进一步扩大整个电影市场变得十分困难。艾瑞数据显示，2018 年中国电影在线出票量占比已经达到 85%，在线电影票务市场逐渐趋于饱和。在此情况下，猫眼娱乐没有拘泥于票务业务的领先地位，而是积极拓展产业链价值，拓展行业边界，打破大文娱的天花板。

首先，猫眼娱乐在演出等现场娱乐票务领域，开辟出了新的业务版图，并展开更大的想象力，培养用户多元化的需求。如今，能够快速、高效、持久地建立消费者的消费习惯，往往来源于平台的两方面，一个是平台的服务流程是否通畅。能够满足消费者售前、售中、售后的全面需求，

才能最大限度地保留用户。猫眼娱乐针对最容易被忽视的售后环节，构建了相应的社区满足用户的社交及表达欲望，同时创建线上线下活动，加深用户的互动和活跃性。另一方面则是平台的覆盖力。随着消费者消费能力的提升，娱乐方式也相应增加，能够在一个平台内完成多个领域的购票成为优势。猫眼娱乐通过强劲的破界能力，打通了现场娱乐领域，呈现出了不一样的战略思路。

其次，猫眼娱乐通过娱乐电商服务拓展增值空间，进入非票房收入这一未来影院业绩增长的核心市场。在美国市场，电影票务与卖品等收入占比约为3：7，而处于发展初期的中国市场，这一比例却是7：3。这意味着，中国的非票房收入有着巨大的市场潜力，而猫眼娱乐已经依托大数据，对影院卖品线上化进行了提前布局。

如今，猫眼娱乐的在线娱乐票务服务比重已经在逐年下降，而其电影发行、宣传、制作等娱乐服务业务则快速发展。结构的优化将在一定程度上有效抵御行业发展的瓶颈，或许还会成为在线娱乐平台新辉煌的开端。

（三）"互联网＋"数字驱动，把控内容制作风险

在电影行业，内容制作是一把双刃剑，高收益的同时往往伴随着高成本与高风险。"影视风控蓝皮书"《中国影视舆情与风控报告2016》显示，中国2015年拍摄完成的近700部电影中，只有不到一半的作品能够进入公开发行渠道，真正创造票房业绩的作品不足1/3。这一方面是由内部原因所致，盲目的拍摄立项、对投资回报的失察、市场预期的误判、团队制作的失控等，给内容制作市场带来了诸多不确定性，抬高了内容制作的成本与风险。另一方面，内容制作还受到许多外部因素的干扰，比如相应的政策、企业文化、市场经验、观众素养、产业环境和人才储备等。

为了应对这样的高成本与高风险局面，电影工业体系更发达的美国建立了一套成熟、完善的风险预测与控制体系。电影产业链上的任何环节都

拥有相应的风险与价值评估方法，对于无论是剧本、导演、演员、场景，还是制片公司，都有相应的保险险种和保险体系。对全过程风险的细分、甄别、评级和管控，使电影项目运作中的资金、法律、人员、周期等风险得到很大程度的控制；同时，也为资本的进入提供了较为充分的依据。

在中国，制作方也迫切需要一套完整的、科学的风控体系，而非依赖人为的经验进行预测。猫眼娱乐构筑起的"互联网＋"数据驱动商业模式能够在一定程度上发挥优势。建立的猫眼研究院，专注于人工智能及大数据分析，目标是理解猫眼平台上的用户行为、跟踪各种娱乐内容的市场接受度、分析宣传活动及整体市场趋势的相关大数据，为娱乐内容制作提供市场导向性参考及预测分析。目前，大数据分析能力已经成为猫眼娱乐的数据资产，不仅帮助猫眼的业务合作伙伴以更有效的方式开展各自的业务，也能降低猫眼自身的投资风险并实现更佳回报。而以中国目前移动互联网及人工智能的发展速度看，内容制作通过"互联网＋"的数据加持，有很大可能实现弯道超车。

中国传媒投资企业案例篇

高榕资本:
科技创造美好生活

一 高榕资本发展历程

高榕资本由张震、高翔、岳斌三位创始合伙人于 2014 年创立，致力于发现新经济领域早期企业和成长期企业，与其共建长期价值。五年时间，高榕资本已经成长为活跃于新经济领域的中国顶尖风险投资基金，管理的美元基金和人民币基金总额折合超过 150 亿元人民币，投资领域包括新消费、新技术、互联网等。

凭借优异的投资业绩和行业影响力，高榕荣获多项行业荣誉，包括中国创投委评选的"2018 创投十大机构"、中国母基金联盟评选的"2018 中国最佳创业机构 TOP3"、清科集团评选的"2018 中国创业投资机构TOP10"等。

（一）发展历程：中国的 Founders' Fund

高榕资本创始团队于 2002 年在中国最顶尖风险投资基金开始专业化的风险投资事业，亲历了中国 PC 互联网时代和移动互联网时代的高速增长，投资了小米、土豆网、吉比特、雷蛇、91 助手、蘑菇街等优秀企业。

2014 年，观察到新一轮科技革命向前演进、互联网深度融合到产业的趋势，张震、高翔、岳斌相信，更大的价值将会被创造出来，新的"历史创造者"将有机会站在新经济的浪潮之巅。这个时间节点恰逢大量中国互联网企业赴美上市，诞生了一批进入超高净值人群的创业企业家，他们是绝佳的风险投资机构出资人来源。张震、高翔、岳斌于 2014 年 1 月创办高榕资本，定位于中国的 Founders' Fund（创始人的基金），除大学基金会、家族基金会等全球顶级机构投资人外，高榕还邀请了包括腾讯、百度、淘宝、小米、美团等在内的数十家互联网企业的创始人或核心高管成为出资人，寻找和发现有机会成为"历史创造者"的优秀创业者。

五年时间，高榕资本已经成长为活跃于新经济领域的中国顶尖风险投资基金，管理的美元基金和人民币基金总额折合超过 150 亿元人民币。

截至目前，已有 8 家高榕投资或入股的公司成功 IPO，超过 20 家高榕投资或入股的公司估值超过 10 亿美元，多家公司成长为各自行业的领军者。例如，新电商开创者拼多多（NASDAQ：PDD）、中国最大的游戏直播平台虎牙直播（NYSE：HUYA）、全球领先的无人驾驶企业 Nuro、全球领先的人工智能公司依图科技等。

过去五年，高榕实现了"从 0 到 1"，也是高榕自身作为创业者，有了更好的同理心来理解创业者的五年。高榕希望拥抱科技，通过投资优秀的科技企业、模式创新的企业，去创造美好生活，为社会创造长期价值。

（二）投资策略：扎根新经济领域

中国新旧经济分化趋势明显，拥有新产业新业态的新经济快速崛起。高盛全球发布的代表中国新经济的"新漂亮 50"指数中，科技行业权重最高，达 49%，其次为消费行业，权重为 21%。2018 年，信息传输、软件和信息技术服务业同比增速高达 30.7%。新消费、新技术、互联网已经成为新经济发展的重要驱动力量。高榕深耕新消费、新技术、互联网等新经济领域，希望发现和陪伴新经济领域优秀创业公司，与它们共建长期价值。

在持续波动的市场环境下，如何持续地投出优秀的创业公司？高榕坚持系统化投资策略——通过对宏观环境、产业、公司、团队的详细研究，更好地理解现实状况与深层驱动力，通过对项目所在领域的深度理解，有效地帮助创业者。

图1　中国新经济领域蓬勃发展

中国新旧经济分化趋势明显

—— 以传统金融、工业为主的"旧的中国经济指数"
—— 以科技、消费为主的"新的中国经济指数"
---- 高盛新漂亮50指数
---- 高盛新漂亮50指数（除BAT）

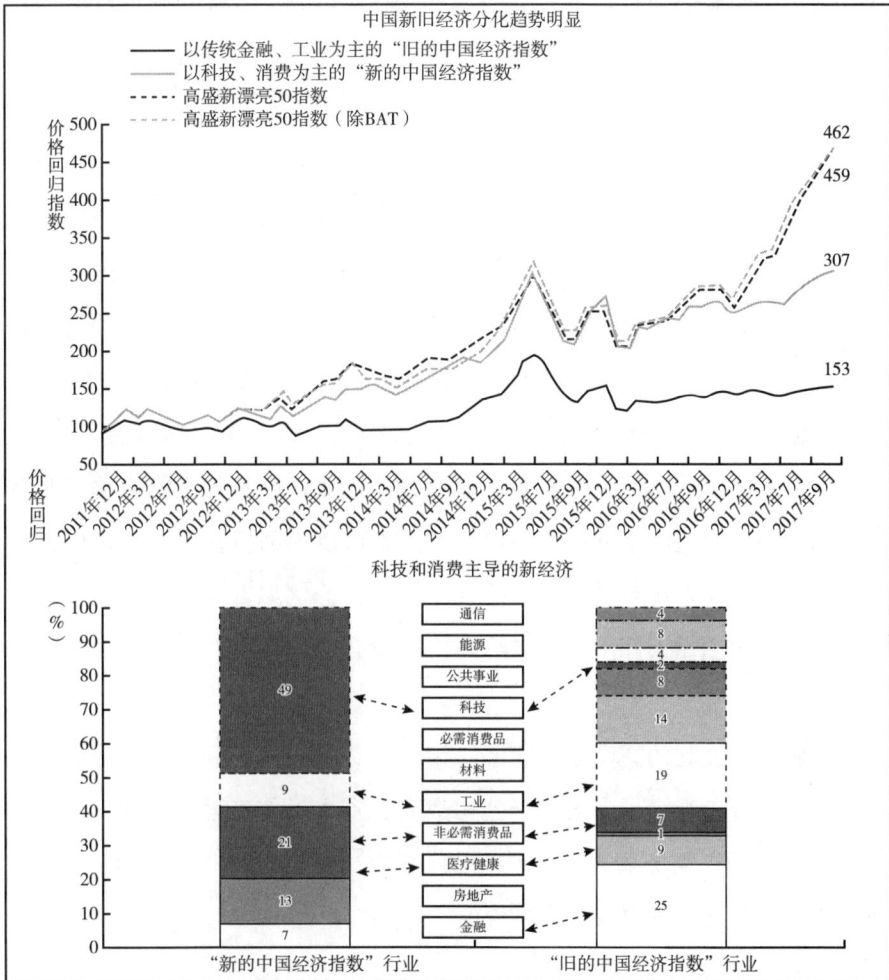

科技和消费主导的新经济

（三）投后赋能：构建生态网络

1. 分享认知和洞察

高榕创始合伙人亲历了过去 16 年中国互联网的演进历程，也见证了三年时间内百亿美元市值的互联网巨头诞生。高榕相信，优秀创业者具备出色的判断力，能够透过纷繁的表象数据，看到最核心的本质，也能够持续迭代认知，螺旋式成长。

高榕希望通过其搭建的出色企业家网络，为创业者提供一流的行业认知和洞察，帮助创业者在快速变化的商业环境下，加速认知升维。

2. 生态网络

商业正从传统的封闭和管控模式走向连接和网络协同。高榕希望成为连接者，将互联网领军者、垂直行业企业家和创业者连接，构建生态网络。三位创始合伙人创办基金时，取名高榕也恰因为：榕树最大的特点是由主干和很多气生根构成，无限延展，编织成一个独特的网络。

高榕背后的出资人既包括全球顶级机构投资人，也包括金融、医疗、零售、广告、工业制造、农业等行业的企业巨头，以及数十家成功互联网企业的创始人或核心高管。这些顶级出资人可以为高榕被投企业提供创业辅导，以及行业资源与资本层面的战略性支持。例如，原淘宝网总裁孙彤宇、分众传媒创始人江南春，曾给高榕被投企业提供电商、营销的深度辅导。

高榕资本发起的高端创新社区"榕汇"为被投企业和出资人提供多方位的交流服务，组织了多场关于公司战略、资本运作、运营管理、人力资源、市场营销、财务管理、媒体公关、股权激励、用户增长等的专题沙龙，为被投公司的健康成长带来价值。

二 高榕资本文化传媒产业投资理念

文化传媒产业的发展情况是一个国家发展水平和文明程度的重要标志，是国家软实力的重要体现。"十三五"规划纲要提出，"十三五"期间要实现"文化产业成为国民经济支柱性产业"的目标。

互联网和信息技术革命正在重构文化传媒产业，催生在线教育、网络直播、短视频等新兴业态，丰富的业态更好地满足了用户多样化的精神消费需求。

（一）教育：先进技术以及互联网应用，能够让人们获得更好、更高效的教育服务

未来的国家竞争是人才的竞争，而人才的竞争最终体现为人的创新能力。教育是国家最根本的事业，无论经济环境如何，教育都需要不断地创新，用更少的钱让更多的人获到更好的教育，高榕希望持续支持教育行业的创新。而作为互联网渗透率相对较低的行业，教育和互联网的结合目前还只是刚刚开始。

高榕资本关注的是教育领域真正的创新，高榕坚信通过先进技术以及互联网应用能够让人们获得更好、更高效的教育服务，无论是 K12、素质教育、早幼教还是成人教育。互联网技术的发展，拓宽了在线教学的场景，让一些过去无法满足的需求得以满足。随着互联网的发展，人们对于生存技能的要求也在发生变化，编程能力未来很可能发展成为人们的通用技能，因此对于编程的教育需求会大量增加。

高榕资本主要关注 K12、素质教育以及早幼教领域。用户基数足够大、生命周期足够长的赛道更容易诞生优秀的教育企业。高榕会围绕看好的赛道，选择优秀的企业家，和产品技术创新的商业模式。一家优秀的教育企业应该在产品、技术、教研教学方面都有突出的差异化竞争力，同时创业者要有更强的责任和使命感，能真正解决教育领域所面临的问题。

（二）直播：随着技术发展，直播内容形态将会有一个整体提升

直播领域目前的两大品类是娱乐和游戏。娱乐直播的运营需要不断拉

新，侧重服务和社交。游戏从回合制发展到竞技制，当电竞游戏成为游戏主流时，游戏直播变成刚性需求。

游戏直播产业链分为内容提供、内容分发和内容观看三个环节。直播平台位于产业链中游，属于内容分发方。从收入端来看，直播业务收入（即打赏等）为平台主要收入来源；从成本端来看，主播分成与内容成本、带宽成本占据主导。

根据 Frost&Sullivan 数据，2017 年游戏直播市场规模达到了 12 亿美元，过去三年，游戏直播市场经历了爆发性增长，复合增速达到了 208%。预计到 2022 年，游戏直播市场规模将达到 49 亿美元，未来五年持续保持 33.6% 的复合高速增长。

游戏直播门槛较高，公司需要在产品、技术、公会和主播产生方面都有较强的专业性。AI、5G 等技术发展，将给直播产业带来巨大利好，直播内容形态将会有一个整体提升。

三　高榕资本文化传媒产业投资案例

（一）教育

1. 慧科集团：布局"线上＋线下""高教＋职教"，建立产教融合新生态

慧科集团创立于 2010 年 8 月，是中国高等教育和现代职业教育领域领军企业，专注于通过产学合作、创新教育理念和技术进行人才培养。慧科集团在高等教育领域通过专业共建和产业学院共建的方式为中国高校提供战略性新兴产业及新一代信息技术交叉产业人才培养解决方案；通过公共云平台——慧科云为中国高校提供集专业建设、教学支撑条件建设、教师发展、教学资源共享、学生学习于一体的综合教育产品及服务解决方案；

在职业教育领域，通过互联网人终生学习成长平台——开课吧为大学生和互联网从业者提供以职业发展为导向的实用技能培训。集团设立专注教育与信息技术深度融合的"慧科研究院"，以引擎之势助力集团持续洞悉和引领行业发展趋势，打造创新教育生态。

顺应高等教育改革需求，慧科集团在混合所有制教育改革、产业学院建设等方面与众多高校开展合作，践行产教融合模式，切实推进人才供给侧改革。目前已与北京航空航天大学、复旦大学、上海交通大学、浙江大学等1500多所全国知名高校、地方本专科院校开展了硕、本、专不同层次的产业学院共建、专业共建、实验室共建、实习实训、在线教育、创新创业等多种形式的合作，以产教融合整体解决方案为产业培养和输送了数万名高端创新型人才及百万名应用型技术人才和新商科人才。

此外，慧科集团通过与阿里巴巴、腾讯、百度、IBM、VMware、华为、思科、旷视科技、优必选等数十家国内外知名企业共建以阿里云大数据学院为代表的产业学院，企业创新"三实"特色训练营以及校企联合实验室等，为企业及其生态系统培养和储备人才，成为企业首选教育领域合作伙伴（见图2）。

集产、学、研、用、创于一体的"慧科模式"已被业界高度认可，并受到中央电视台、人民日报、新加坡联合早报等国内外主流媒体的广泛关注和深度报道。截至2018年5月，慧科集团完成D轮融资，历轮融资总额已超过15亿元人民币。

作为中国高等教育和现代职业教育领域的综合性领军企业，慧科集团深度布局"线上＋线下""高教＋职教"，做高教供给侧改革，建立产教融合新生态。慧科的高教好比阿里巴巴前期做的B2B，职教就是后来的天猫和淘宝。慧科的愿景是成为一家全球知名的人才科技公司，涵盖人才培养、人才服务，甚至人才金融，目的就是用科技互联网的手段，把"人"变成"人才"。

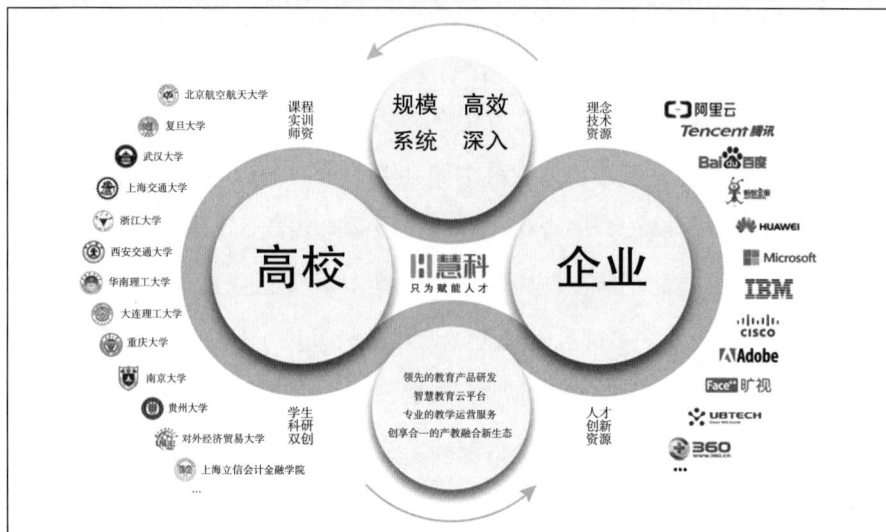

图2　慧科模式

在消费互联网向产业互联网转型过程中，会诞生产业互联网的大公司。对于教育企业在产业互联网时代如何竞争发展，慧科认为，第一，相较于流量侧，要更加关注供给侧，要让师资利用效率更高，让服务更加标准化，要用核心技术来提升效率。第二，流量侧将不再是通识性的流量竞争，而是超级用户的流量竞争。企业要靠高客单价和高续费，而不是像纯消费互联网那样一味地低价高频。要继续坚持价值创造，继续把口碑做好，把每一个用户的纵深价值挖出来。

2. 达内教育：特色的教学模式，铸就行业更高品质

达内时代科技集团有限公司成立于2002年9月。2014年4月3日，公司成功在美国纳斯达克上市。目前公司已在北京、上海、广州等70个大中城市成立了330家学习中心。达内联手微软、百度、甲骨文等世界知名企业，引进最新IT技术，致力于面向IT互联网行业，培养软件开发工程师、测试工程师、系统管理员、智能硬件工程师、UI设计师、网络营销工程师、会计等职场人才。截至2019年，公司已培养70万中高级人才，遍布于腾讯、阿里巴巴、百度等世界知名企业。自2015年起，达内推出童程童美，面向青少年进行少儿编程、智能机器人编程、编程数学等 K12 课程培训。

（1）企业战略发展：多元化、网络化、国际化、专业化

多元化：培训内容从 IT 到非 IT，培训人群从应届大学生到在职人群、从青年到少儿，公司运营从单一的运营到运营与投资并重。

网络化：培训方式为远程直播双师模式的线上线下一体化教学模式，学员学习系统 TTS 升级为 TMOOC 在线学习服务平台，真正实现了就业培训到技术培训的过渡，真正实现了教育培训的网络化。

国际化：从就业培训拓展到职业培训及少儿编程培训等多领域，从单纯的技术培训扩展为综合性能力培训，从国内走向国际，实现了达内教育培训的国际化发展道路。

专业化：工作专业化、管理专业化、运营专业化，做管理一流的教育公司是达内教育一贯的坚持与追求。

（2）业务亮点：双师直播教学模式，先就业后付款

达内以创新的"双师直播教学模式"和"先就业后付款"带动了整个中国 IT 行业的发展。

双师直播教学模式：为了让全国学员都享受到最优质的技术培训，达内实施了"双师教学模式"。通过 O2O 线上线下的教学，让达内最优秀的教师全国同步直播授课，加上辅助的助教、项目经理的教学和辅导，帮助学员高效地学到专业技术。

先就业后付款模式：基于达内教育优质的教学质量和较高的就业率，2005 年 9 月，达内教育与知名金融机构合作，为应届大学生提供"先就业，后付款"的服务，帮助学员获得实现人生梦想的可能。截至目前，已有超过 10 万名经济困难学生成为这种模式的受益者，他们通过接受达内的高端 IT 培训，提升职业技能，进入理想企业，彻底改变了命运，促进了教育公平。

（3）企业未来发展规划

企业将战略转型为综合性大型教育集团。2015 年起，达内教育推出面

向青少年培训的品牌童程童美，开始为中国的中小学生提供编程教育，从成人教育转型到涵盖 K12 的综合教育方向，从单一业务过渡到多元业务，从千亿规模的市场走向万亿规模的市场。

3. 快陪练：一对一在线钢琴陪练

"快陪练"是未来橙教育公司推出的面向 4~16 岁琴童的在线一对一钢琴陪练产品，公司成立于 2017 年 12 月，于 2018 年 5 月开始进行产品内测，并于 7 月正式投入市场，其产品旨在通过专业陪练老师的指导纠错和兴趣引导，帮助孩子在学琴的过程中更好地完成课后练琴环节。

快陪练包含在线约课、上传乐谱、一对一在线陪练互动、课后反馈互评等功能。通过教师端 App、学生端 App 打通陪练教师与琴童练琴的场景。

随着国家各项政策的出台、人们物质生活的极大满足，素质教育在教育中的渗透率越来越高，且从一二线城市逐步向三四线城市渗透，素质教育在学前儿童中渗透率占 64%，在 K12 用户中占 52.8%。器乐是素质教育中最大的品类，占比接近 60%，钢琴则是孩子们器乐学习的首选。中国音乐家协会发布的统计数据显示，目前中国学习钢琴的儿童超过 3000 万人，且每年以 10% 的速度增加。

快陪练选择从钢琴陪练切入素质教育市场，快陪练创始人兼 CEO 陆文勇认为钢琴陪练目前是钢琴教育行业最大的一个痛点，传统钢琴陪练存在成本高、效率低、难闭环的弊端，在线钢琴陪练可以很好地解决这个问题。

快陪练于 2018 年 5 月上线，团队半年多以来注重对双边运营及教学机制的研发投入。在技术研发方面，快陪练引进了百度等互联网公司核心技术人员，研发了根据学生性格、琴技、上课时间进行学情诊断的学生管理系统，打通了陪练老师筛选、面试、培训、考核的师资管理系统，从而使双边匹配能更加精准与个性化。

2018 年底，快陪练实现单月营收破千万元。截至目前，快陪练付费学员数超过 1 万人，单月营收接近 1500 万元。其半年内的较快增速，一方面得益于千亿级素质教育市场的快速发展、在线陪练模式市场教育进一步成熟；另一方面是因为快陪练做到了以下几点。

（1）打造专业的师资团队

快陪练拥有专业的师资队伍，通过 6 层严选，保障专业的师资团队，对师资进行行业务能力培训，邀请儿童心理教育专家和全国知名音乐教育专家共同研发的科学课程体系等，为平台储备了强大的既具备丰富的陪练经验，又可以与儿童互动的优秀陪练老师队伍，让琴童享受练琴的乐趣。高质量的产品和服务，是快陪练高速增长的核心引擎。

（2）3 对 1 的服务体系，让家长更放心

快陪练设置了 3 对 1 服务体系，包括钢琴陪练老师、班主任、课程顾问，定期反馈孩子练琴情况，让家长实时掌握孩子练琴效果，从而让家长对快陪练平台产生信赖。此外，陪练老师还会有针对性地将孩子的学习进度反馈给钢琴老师，让孩子钢琴课的学习更连贯、老师回课教学更有针对性，这将为传统琴行和主课老师提供有力的后续陪练支持。

（3）用科学的方法激发孩子的学习兴趣

快陪练提倡快乐学习，让孩子真正燃起对钢琴的兴趣，因此联合了心理学教育专家和全国知名音乐教育专家共同研发了科学的课程系统，确保科学专业地激发孩子的练琴兴趣，注重引导孩子开心练琴。

除此之外，快陪练还不定期地为孩子提供各种特色活动，如快陪练携手儿基会公益活动"与剧同行"进社区，通过音乐和舞台表演的形式帮助孩子们树立良好的自我保护意识、环保意识；携手 2018 星秀中国，助力儿童才艺展示，推动全国青少年兴趣爱好的养成。

快陪练除了不断加码打造线上陪练师资队伍，还赋能线下钢琴主课老师，成为钢琴老师的助教。为此，快陪练团队联合行业优质教师资源，打造了音乐行业知识互动分享平台——快陪练音乐课堂。通过优秀的钢琴大师知识分享，为全国各地的钢琴老师们授业解惑。

据了解，快陪练音乐课堂已相继邀请了钢琴泰斗鲍蕙荞、著名儿童音

乐教育专家王丹、中央音乐学院教授陈曼春、青年钢琴家孙韵等行业资深前辈，为全国各地的钢琴老师们分享了一系列能运用到教学中的实践技巧和教学经验，有效解决了钢琴老师们的困扰，帮助其提高教学效率。

2019年4月2日，快陪练对外宣布获得1000万美元Pre-A轮融资。在融资之后，快陪练将重点做好运营系统建设和组织建设、教育产品研发及用户体验等多方面的持续升级。与此同时，快陪练将会集中于钢琴陪练业务，扩大市场份额，待时机成熟后将考虑涉足小提琴、古筝、吉他等其他乐器陪练业务。

4. 码高教育：给孩子创造未来的能力

码高教育隶属于北京码高教育科技有限公司，致力于通过提供符合4~18岁青少年学习的成体系的机器人课程和少儿编程课程，培养孩子的创造力和系统化解决问题能力。学生在码高可以完成4~18岁全周期全体系的机器人教育知识学习和少儿编程知识学习，熟练掌握机器人的设计、搭建和编程操控，并能开发自己的游戏、网站以及人工智能分析工具，从而全面提高自身的科学素养和系统化解决问题能力，为未来成为工程师和科学家打下坚实的基础。

作为一家具备STEAM体系化课程开发能力的教育机构，码高已经打造了机器人常规课程产品线、机器人竞赛课程产品线、少儿编程常规课程产品线、少儿编程竞赛课程产品线、科技类冬夏令营及图书出版产品线等。

码高教育采用EDEE理念，该理念作为世界范围内最先进的教学理念，得到扎克伯格、乔布斯的妻子、PayPal创始人的高度认可，正成为全球个性化教育的经典范式。EDEE理念通过有针对性地设计教育方案，把创新能力、创造精神、系统化解决问题能力等作为培养的重点，以期培养出未来的乔布斯、扎克伯格、马斯克。未来的国家竞争是人才的竞争，而人才的竞争最终体现为人的创新能力。具备创业精神的企业家无疑会成为一个国家巨大的人才财富，成为一个国家领先世界的重要标志，EDEE理念倡导系统的个性化教学，培养未来的中国精英。

随着机器人教育的普及和国家政策的大力推广，现在的家长们已经愈发重视孩子在人工智能时代下的新型能力培养。许多发达国家的中小学教育都把机器人教育纳为信息技术课程的一个板块。我国不少省份也已试行将机器人教育作为课程，使其进入课堂。

机器人教育可以通过孩子的动手搭建与编程，培养孩子的学习能力、创新能力、沟通能力和团队合作能力，进而培养孩子解决问题的能力。

码高教育拥有国际化的教研与技术团队，将增强现实技术与趣味编程教育的结合，为 6~18 岁的孩子们提供专业又有趣的编程课程与创作平台。

第一，学编程，就像搭积木。

码高教育使用 Scratch 图形化编程语言作为入门，根据编程语言逻辑形成不同图形模块，以拼图式的凹槽提示各积木间的正确拼接，搭建"数字版的乐高积木"，孩子在游戏中轻松掌握编程的基本逻辑与运用。

第二，采用 CSTA 美国计算机科学教育课程体系，打造适合中国孩子学习的编程课程。

码高教育采用 CSTA 美国计算机科学教育课程体系，创立了自己独特的 FAB 教学方法，用符合孩子年龄特点的方式进行教学，根据个体间学习进度的差异调整课程的难度，通过巧妙地引导、科学地教学授课，让每个孩子都能拥有最好的学习体验。

第三，码高教育拥有国际化的教研与技术团队。

新加坡科学研究院研究员陈锋博士、中国科学院叶昌青博士担任教育顾问。核心技术精英包括来自曾任职世界五百强企业的高级工程师、航空航天军工集团架构工程师、游尔机器人创始人等。教研团队成员来自美国佐治亚大学、北京理工大学、北京交通大学、中国科学院等海内外知名高校。线上授课时，陪伴孩子的是热情耐心的专业导师——码小高。码高教育将真人教师的人情关怀，与 AI 的智能准确互相结合，提供既高效又有温度的教学体验。

第四，构建互动型社区。

码高教育不仅是课堂，更是孩子们共同学习与成长的社区。在编程猫开放的创作平台上，孩子能利用图形化工具轻松将脑中创意化为一个个生动活泼的作品，并与同龄的孩子切磋编程技巧、交流小说与漫画创作心得。在这里，孩子们还可以收获友谊。

（二）直播

1. 虎牙直播：中国领先的游戏直播平台

广州虎牙信息科技有限公司成立于 2016 年 8 月，注册资本超 2 亿元，总部坐落于广州番禺，并在北京、上海、珠海设立分公司，公司旗下拥有超过 1200 名员工。2018 年 5 月 11 日，虎牙直播在纽约证券交易所成功上市，股票代码为"HUYA"，成为国内"游戏直播第一股"。上市以来，虎牙直播营收强劲增长。根据公司 2018 年第四季度财报，2018 年全年，虎牙直播实现总营收 46.634 亿元人民币，同比增长 113.4%，连续五个季度实现盈利。

公司旗下产品"虎牙直播"是中国领先的游戏直播平台，覆盖 PC、Web、移动三端，拥有超过 2600 款游戏直播。平台还积极引入多元化直播品类，拥有包括网游竞技、单机热游、手游休闲、娱乐天地四大品类近 300 个特色频道，涵盖电子竞技、音乐、体育、综艺、娱乐、美食等热门内容。

丰富的内容让虎牙直播赢得年轻用户的青睐。目前，虎牙直播拥有 2 亿注册用户。截至 2019 年第一季度，虎牙直播平均 MAU 突破 1.23 亿，移动端平均 MAU 增长至 5390 万，对比 2018 年同期，均持续保持 30% 的高速增长。数据显示，虎牙直播移动端月活用户日均使用时长从 2017 年的 98 分钟提高到 2018 年的 104 分钟。

稳健的市场表现和强大的公司实力让虎牙直播不断得到行业的认可。

2016 年 11 月，虎牙直播获得"第一游戏直播平台奖""最具商业价值奖"；2018 年 7 月，虎牙直播入围中国互联网企业 500 强榜单；2018 年 11 月，虎牙直播获得广东省"年度十大互联领军企业"称号；同月，虎牙直播 CEO 董荣杰获得"2018 中国十大年度创业家"奖项。

（1）技术驱动的娱乐社区

作为互联网企业，虎牙直播一直重视科技创新，始终致力于成为受年轻人欢迎的技术驱动型娱乐社区。

在 IAB 产业中，虎牙直播的互联网直播技术聚焦新一代信息技术产业和人工智能产业，在新一代信息通信、云计算及大数据、互联网及软件服务、智能软硬件等技术领域均有自主研发且领先行业的技术优势，拥有大量自主专利。

2016 年，虎牙成为首家上线 HTML5 的直播平台、首家规模化使用 H265 的直播平台，申请了 40 余件与直播视频相关的发明专利。2018 年，虎牙公司在构建的融合 CDN 分发网上，上线了毫秒级延时的 P2P 技术，在产品体验与成本节约方面成为行业领先，共申请发明专利 20 余项。

在 AI 方面，虎牙公司意识到 AI 对直播未来的战略意义，最早用 AI 的方式进行视频内容理解，使其不断在各个业务场景落地，致力于将 AI 打造为虎牙另一项核心技术，申请了 20 余件 AI 相关的发明专利。

作为直播行业的领头企业，虎牙直播也一直注重发挥自身企业责任，对内容安全投入大量研发力量，使用云计算及大数据、人工智能开发出了领先行业的内容安全监管体系，通过大数据和人工智能的辅助识别，有效杜绝了违法违规直播视频、文字、音频的播出。

在公司内部，虎牙直播崇尚创新精神，从公司成立以来，连续多年在企业内部评选科技创新人才奖，奖励为公司创新做出积极贡献的员工。

（2）多元化战略布局

虎牙直播自成立以来，始终秉持开拓探索的精神，紧跟市场变化，精准把握市场机遇。在电竞市场快速发展的契机下，深耕电竞业务。同时，在国内互联网红利见顶的环境下，率先布局海外业务，引领游戏直播行业发展。

据第三方研究机构 Frost & Sullivan 预测，中国电竞市场规模于 2018 ~ 2023 年将实现 17.1% 的稳定复合年增长率，电子竞技项目也将进一步推动用户增长与参与，并在广告和企业赞助方面开创更多变现机会。

在电竞市场快速发展的契机下，虎牙作为电竞产业链下游平台，精准把握市场机遇，积极发展电竞业务。

一方面，虎牙加强与游戏出版商等合作，锁定英雄联盟职业联赛（LPL）、王者荣耀职业联赛（KPL）、北美地区英雄联盟冠军联赛（LCS NA）、守望先锋联赛（OWL）和反恐精英职业联赛（CS：GO Pro League）等 110 多个电竞赛事直播版权，并获得包括 LCK 等赛事在内的独播权。2018 年，虎牙直播第三方赛事直播总数达到约 400 个，总观看人数超 16 亿人次。

另一方面，虎牙直播还坚持自办赛事，创造更多优质 PGC 内容。2018 年第四季度，虎牙直播组织了近 20 个赛事，观看人数超过 5800 万人次。自办赛事是虎牙直播差异化战略的重要组成部分，这将加强平台在上游内容的影响力，同时形成虎牙自己的一线电竞赛事节目和品牌。

此外，虎牙还参与运营电竞战队，筹划成立电竞公司。2018 年 9 月，虎牙宣布运营守望先锋战队"成都猎人队"，作为联盟 20 支队伍中唯一的全华班，成都猎人队在 2019 年 2 月第一场比赛中取得了胜利。虎牙直播 CEO 董荣杰 2019 年 1 月在"虎牙直播星盛典"上宣布，2019 年虎牙将筹建电竞公司，包括新建的守望先锋战队在内的许多新业务和新产品，都将由这家新的电竞公司经营。

虎牙在保持国内业务高速增长的同时，正在快速推进海外发展战略。虎牙通过旗下的 Nimo TV 进军东南亚和拉美市场，已实现活跃用户快速增长，挖掘并释放了巨大的商业化潜力。自 2018 年开始运营，在不到一年时间里，该平台在 2018 年 12 月的月活用户总数已突破 1150 万，海外用户基础对比同业优势明显。

2019 年 4 月 8 日，虎牙直播启动增发募股。计划最多发行 2116 万股美国存托股票（ADS），发行金额约 5.5 亿美元。增发文件显示，此次股票增发的资金也将部分用于支持公司海外业务未来的发展。基于在中国游戏直播领域的成功经验、对主播体系和相关业务的管理能力，以及强劲的资本实力，虎牙将持续深化海外发展战略，实现长期可持续的增长。

未来，虎牙将继续坚持以技术创新丰富用户体验，为用户提供优质丰富的直播内容；同时深耕电竞业务，积极开拓海外业务，在 5G 时代引领游戏直播行业创新式发展。

湖北广电文创基金:
致力于构建中部特色、国内
优秀的文化产业投资机构

一 湖北广电文创基金成立背景

（一）湖北台（集团）基本情况

湖北广播电视台是湖北省文化体制改革的产物，是一家拥有广播、电视、新媒体、有线网络、报刊等多业态媒体资源的综合性传媒机构。2006年3月，经国家广电总局和湖北省委、省政府批准，成立湖北省广播电视总台，为省政府直属的正厅级事业单位。2011年10月，湖北省广播电视总台更名为湖北广播电视台，同时成立台属、台控、台管的湖北长江广电传媒集团，成功搭建起宣传性事业和经营性产业协调发展的全新体系。目前，湖北台（集团）拥有10个电视频道、10套广播频率、9个所属事业单位，38个全资、控股、参股公司，其中上市公司两家，总资产257亿元，员工2.1万人。伴随着文化体制改革和社会主义文化大发展大繁荣的实践，湖北广播电视台正以"高举旗帜，开放融合，靠实干打造新时代特色鲜明的地方大台"为战略目标，增强活力，壮大实力，全力构建新闻宣传和舆论引领主阵地，形成集广播、电视、报刊、网络新媒体等于一体的全媒体平台，致力培育广告产业、网络产业、内容产业、文化＋科技产业、相关实业"五柱支撑"的产业结构，打造与中部崛起重要战略支点相称的全国一流现代传媒集团。

（二）湖北台（集团）组建文创基金的背景

随着新技术、新业务的不断发展，特别是从2013年微信等移动互联网应用发展以来，全国传统媒体业务开始掉头下滑。用户的观看习惯逐步从

TV 屏向 pc、mobile 屏幕迁移，广告主也跟着下调了传统媒体广告投放的预算比例。电视台赖以生存的广告媒体业务和网络有线业务都遇到了历史性的瓶颈。党的十八大以来，中央及各级政府都出台了一系列媒体发展的文件，对媒体发展的方向和路径提出了新的指示，也给出了一些扶持政策，但传统媒体业务下滑的趋势短时间内似乎很难扭转。

湖北台（集团）虽然现在每年还能保持一定比例的增速，但也不得不面对这种挑战和压力。湖北台（集团）近几年也进行了一系列的改革，积极创新新闻宣传，加强频道频率改版和精品内容生产，加快媒体融合，用"TV +"重构广电生态圈，打造广告、网络、内容、文化＋科技、相关实业"五柱支撑"产业体系，推进媒体转型升级。同时，提出"传媒控制资本，资本壮大传媒"的战略，要求按照市场化、专业化理念组建湖北长江广电文创股权投资基金管理有限公司（以下简称"湖北广电文创基金"或"基金管理公司"）。湖北广电文创基金致力于强化湖北台（集团）的资本运作能力，提升利润收入水平，为湖北台（集团）发展及对外兼并重组提供资金后盾，全面提升湖北台（集团）资本运作水平，推动其跨越式发展。

（三）湖北台（集团）在资本运作方面的积累

在成立湖北广电文创基金之前，湖北台（集团）在资本运作方面已经进行了一定的探索和实践，具备优秀的资源整合能力以及相对丰富的资本运作实践经验。

1. 完成湖北广电（000665. SH）借壳上市。湖北广电是由湖北省委、省政府于 2011 年 1 月批准成立的省属国有控股大型文化高新技术企业，是党委政府政策声音传播阵地，以及全省广电网络整合、三网融合、数字家庭和智慧城市建设的主体，是湖北省电子政务传输网重点支撑企业，担负着全省广播电视信息网络规划、设计、建设、管理、运营和开发应用等任务。2016 年 6 月，湖北广电网络实现"全省一网"，共拥有有线电视用户 1100 万户，宽带用户 150 万户，总资产超 100 亿元，跻身湖北文化产业第一位，位列全国广电网络四强，居全国文化企业第 36 位。

2. 创建长江文化并完成新三板挂牌。长江文化成立于 2012 年 8 月，并于 2016 年 6 月在新三板挂牌。目前，北京长江文化已形成包括内容模式研发、内容生产制作和内容版权分发的完整"内容产业链"，从上游文化资源的生产，到中游文化内容的推广，再到下游文化实体的运营实现全覆盖。北京长江文化在资本市场上实现了大幅增值，最新一轮估值为投前 28 亿元。公司股东包括建银国际、招银国际、港中旅等国内知名投资机构。

3. 投资设立湖北长江云新媒体集团。湖北长江云新媒体集团统筹全台及其所属媒体对外新媒体合作事宜，是全台新媒体业务的运营发展平台。湖北长江云新媒体集团包括 IPTV 业务和长江云政务业务。湖北长江云新媒体集团整体利润过亿元，未来有望进入资本市场，是湖北台（集团）重要产业。

二　湖北广电文创基金的基本架构及运作模式

（一）湖北广电文创基金基本情况

湖北广电文创基金于 2016 年 11 月 9 日成立，于 2016 年 12 月组建第一只 3 亿规模的文创基金，2017 年 3 月完成基金管理人备案，2017 年 8 月完成首只基金备案。

湖北广电文创基金是湖北广播电视台（集团）旗下唯一的产业投资平台。自湖北广电（000665.SH）主板上市和长江文化（837747.OC）新三板挂牌以来，湖北台（集团）正式以专业的股权投资基金模式开展资本运作，成为湖北省三大文化集团中最早以基金模式开展股权投资的单位，也是唯一一个取得基金管理人资质并成功发行基金产品的单位。经过两年发展，湖北广电文创基金按照市场化、专业化原则，与招银国际成功发行了规模为3亿元的湖北长江招银文化产业基金，与湖北知音集团发起规模为3亿元的知音动漫产业基金。

（二）湖北广电文创基金运作模式

1. 借力行业优秀伙伴，创新体制机制，打造优秀团队

基金管理和媒体运营是两种不同的业态，湖北广电文创基金在成立初期面临较为突出的人才问题。公司通过体制机制创新和借力合作伙伴等手段解决了这一问题。

第一，争取到湖北台（集团）同意团队入股基金管理公司。

公司成立之初，预留了15%～30%的比例给团队持股。公司股份结构如表1所示，其中，湖北君坦文化创意中心（有限合伙）为员工持股平台。要求公司投资总监以上人员必须持股，也就是公司的每位核心人员必须根据注册资本按照一定的比例缴纳注册资本金，让团队真正成为公司的主人。公司要求员工还没有领取公司薪酬就预先缴纳注册资本金，就是希望加入公司的成员从主观上真正认同公司，与公司共进退，最大限度地发挥其主观能动性。

表1 公司股份结构		
		单位：万元，%
股东名称	认缴金额	股权占比
湖北长江广电传媒集团有限责任公司	750	75
湖北君坦文化创意中心（有限合伙）	150	15
湖北广电文化产业发展有限公司	50	5
深圳市架桥资本管理股份有限公司	50	5
合计	1000	100

第二，湖北台（集团）内调配和外部招聘相结合的方式。

基金管理公司是湖北台（集团）转型升级的重要支撑，公司董事长由湖北台（集团）委派，该董事长不以任何形式直接或间接持有基金管理公司的股份，不以任何形式接收、接受公司的薪酬及劳务费用。公司总经理及以下人员采取内部调配和外部招聘相结合的形式。对于湖北台（集团）内部调配的人员，考虑到管理团队持股的问题，选拔调入基金管理公司的人员应脱离原岗位。基金管理公司成立以后，内部选拔人员即与湖北台（集团）解除工作关系，与基金管理公司签订劳务合同。同时，为了体现湖北台的人文关怀，解决选拔人员的后顾之忧，对于从台里进入基金管理公司的员工，若在基金管理公司工作五年内，未出现违规违纪问题，可给予一次选择回台里工作的机会，台里将根据实际情况安排岗位。

第三，借力社会优秀资源，培养人才队伍。

整合优质资源，一方面要让湖北台（集团）的内部资源发挥最大的效用，另一方面要与知名机构强强联合，让外部资源为我所用。基金管理公司成立之初就提出了"借力行业优秀，实现弯道超车"战略。在湖北省，公司与湖北省高新产业投资集团有限公司合作，不仅顺利申请到一期政府引导基金，同时在团队方面也争取到支持；在深圳，公司与深圳架桥资本深度合作，吸纳其入股，在公司运营方面得到指导，同时双方达成了培养团队的共识，公司不定期委派人员去架桥资本交流学习，联合培养人才。

第四，按照市场化原则，建立末位淘汰机制。

股权投资行业对从业人员的综合素质要求极高，基金管理公司要想在激烈的市场竞争中突出重围，就必须确保团队每一名成员都能够委以重任。因此，公司引入市场竞争机制，实行优胜劣汰；建立科学的绩效考核标准，严格按照绩效考核进行分配。同时，公司还将培养一批储备人才，择优录用，从而搭建起一套完整的竞争上岗、末位淘汰机制。

2. 立足湖北区域和产业优势，积极开展市场化基金募集

基金管理公司自成立之初就确定了市场化运作模式和目标。在 2018 年资管新规出台、金融市场极度波动等外部经济环境下，公司立足于中央对湖北的政策支持和湖北台（集团）在产业方面的优势布局，积极开展市场化募集。截至目前，公司已同湖北广电（000665.SH）、中南文化（002445.SZ）、平治信息（300571.SZ）、欢瑞世纪（000892.SZ）等10余家上市公司以及招银国际、建投华文等建立了良好的合作关系。

第一，拓展与湖北台（集团）上下游相关联的企业。

湖北台（集团）的业务覆盖广告、内容制作、版权分发、网络渠道、技术服务等领域。凡是与湖北台（集团）合作过的企业，都是湖北广电文创基金潜在的优秀投资人，其业务能力和实力本身就得到湖北台（集团）相关部门的认可。基金管理公司一期文创基金引入了中南文化（002445.SZ）投资；招银国际因为投资了湖北台（集团）旗下优秀新三板挂牌企业长江文化（837747.OC），而后与基金管理公司发起二期长江招银基金。从长期来看，湖北台（集团）将会升级与合作伙伴间简单的业务合作模式，而不只是在业务层面"做生意"，在资本层面上也要互相赋能。公司秉承行业价值投资理念，结合湖北台（集团）优势为所投项目提供全面系统的增值服务，进行战略性布局，在产业链上下游投资不同领域的龙头企业，整合行业资源，形成产业协同效应，在严格的风险控制基础上，推动项目业绩爆发并获得超额回报。

第二，拓展来湖北投资的省外优秀企业。

随着"中部崛起"和长江经济带战略的不断推进，湖北迎来了历史性的发展机遇。湖北省政府也出台了一系列扶持创新创业的政策文件，较以往加大了创新支持力度和财政支持规模。2018年1月，湖北省政府工作报告提出："要加快发展多层次资本市场，实施上市公司倍增计划，扩大直接融资，大力发展股权融资。湖北目前共有A股上市公司97家，目标是到2022年底，湖北地区上市公司数量将接近200家。"2018年还出台了《关于促进创业投资持续健康发展的实施意见》，2019年出台了《关于加快全省文化产业高质量发展的意见》、《关于湖北省创业投资基金享受财税〔2018〕55号文税收政策的通知》等。湖北省不仅是人口大省，而且拥有众多的高等教育院校和庞大的人才储备队伍。

湖北的发展吸引了大量省外优秀产业和投资机构在湖北投资，也吸引了众多优秀的创业者。2013 年至今，武汉已收获的"第二总部"企业包括阿里巴巴、华为、小米、科大讯飞、小红书、慕声科技、联想、腾讯、摩拜单车、神州数码、华发集团等，共 20 余家，数量居全国第一。基金管理公司希望借助湖北台（集团）在文化创意领域深厚的产业资源背景，利用其在湖北省文化产业和媒体宣传方面的影响力，广泛与省外优秀机构合作，同时扎根湖北本地，深挖本地优质文化产业资源。

第三，拓展湖北台（集团）旗下优秀产业。

湖北台（集团）旗下拥有湖北广电（000665. SH）、长江文化（837747. OC）以及利润超亿元的湖北长江云新媒体集团（包括 IPTV、长江云）等众多优秀企业资源。"基于产业、服务好产业"，既是基金管理公司运作的基本原则，也是其区别于其他社会投资机构的关键所在。长江文化（837747. OC）是国内头部影视剧节目制作和分发公司，公司自成立以来就围绕长江文化开展了一系列融资并购业务，并将组建影视文化项目基金，以为其业务开展提供一系列的支持。2017 年，基金管理公司一期文创基金联合湖北台（集团）和卡氏基金向湖北知音动漫投资了 5. 67 亿元，针对知音动漫上下游产业拓展需求，公司与知音动漫共同发起了知音动漫产业基金。接下来，公司还将围绕湖北广电（000665. SH）和湖北长江云新媒体集团的业务和战略要求，通过联合组建基金、并购重组、寻找项目标的等方式服务好湖北台（集团）下属企业。

3. 遵守行业法规，最大限度保障湖北台（集团）及合作伙伴的利益

基金管理公司必须严格遵守各级政府颁布的相关法律法规、行业规章制度，同时最大限度保障湖北台（集团）与合作伙伴的核心利益。为了实现湖北台（集团）及合作伙伴利益最大化，基金管理公司返投湖北台（集团）与合作伙伴的资金额度大于湖北台（集团）与合作伙伴对基金的出资额。

基金管理公司将与湖北台（集团）及合作伙伴签订相关协议，采取

"即退即分"原则，不做循环投资，保证湖北台（集团）及合作伙伴投入本金及时收回、投资收益及时到位，确保国有资本保值增值。另外，在基金运作过程中，基金管理公司将及时向各有限合伙人披露基金投资、资产负债、投资收益分配、基金承担的情况，可能存在的利益冲突，以及可能影响投资者合法权益的其他重大信息，从根源上杜绝财务风险，确保湖北台（集团）的核心利益。

三　湖北广电文创基金对文化产业投资的基本判断

（一）文化产业发展水平还有较大提升空间

近年来，我国文化产业以年均15%的速度增长，高于GDP增长速度。但相比于美国等发达国家，我国文化产业占GDP比重仍偏低，最新数据显示，文化产业总产值占GDP的比重，美国已达到31%左右，日本为20%左右，而中国在2017年仅仅达到了4.2%。这说明我国文化产业与发达国家相比仍然有较大距离，市场的发展空间仍然很大。

当前传统类文化产业比重较大，新兴文化产业有待进一步培育。文化产业与尖端科技的结合已经成为重要的发展趋势。凭借强大的辐射力，文化产业不断与制造业、特色农业、旅游业、体育产业等相互渗透和融合，动漫游戏、网络视听、移动多媒体、数字出版、实景娱乐等新业态、新产品、新商业模式层出不穷，文化产业在科技和创意的助力下实现了转型升级，未来文化产业赋能其他行业将有较大发展空间。

产业结构方面，文化领域低端同质化产品过剩，中高端个性化产品相对匮乏，尤其在文化精品的产出上更是表现乏力；同时，当前国内还缺乏类似美国新闻集团、迪士尼等在全球具有较大影响力的产业巨头。为此，中央全面深化改革领导小组通过了《关于推动传统媒体和新兴媒体融合发展的指导意见》，提出建成几家拥有强大实力和传播力、公信力、影响力的新型媒体集团，形成立体多样、融合发展的现代传播体系。文化产业在未来具有较大的投资机会。

（二）新技术将会重构文化产业生态模式

根据 CNNIC 2018 年 8 月在京发布的第 42 次《中国互联网络发展状况统计报告》，截至 2018 年 6 月 30 日，我国网民规模达 8.02 亿人，网络普及率为 57.7%；手机网民规模达 7.88 亿人，网民中使用手机上网人群的占比达 98.3%。我国农村网民占比为 26.3%，规模为 2.11 亿人，城镇网民占比为 73.7%，规模为 5.91 亿人。网络购物用户规模达到 5.69 亿人，占网民总体比例达到 71.0%；我国网上外卖用户规模达到 3.64 亿人，我国网络支付用户规模达到 5.69 亿人，较 2017 年末增长 7.1%，使用比例由 68.8% 提升至 71.0%，其中，手机支付用户规模为 5.66 亿人。用户行为重塑了文化产业的生态模式，过去依靠广告的媒体行业逐渐被新的互联网模式所替代。

随着网络技术，特别是 5G、人工智能、大数据、云计算、VR/AR 等技术的迅猛发展和移动设备的广泛普及，互联网将对人们生活、娱乐、消费的方方面面造成影响，对传统媒体形成的冲击远非纸媒停刊、频道整合等所能代表。这背后反映的是文化产业在维持多年高位发展态势之后，逐渐进入深层次结构性调整阶段的事实。

（三）文化政策"鼓励"和"监管"并行，行业短期阵痛，长期利好

前几年，在经济增长减速、结构转型、发展动力转变的新常态下，文化传媒行业迎来一波良好的发展机会。2014 年、2015 年是资本市场文化产业发展最为迅猛的两年。资本的快速进入，促进了文化产业发展，但同时

推高了企业的市场估值，催生了许多非理性甚至是违法行为。2017年，证监会发文暂停了文化娱乐行业的上市并购等行为；2018年，国家发文整治行业偷税漏税等不规范行为。

这些政策的出台短期内对行业造成了很大的影响。根据东方财富Choice数据，单就定向增发来说，2014年起至今，定向增发实施次数为2829次（总计1614家公司参与定增），其中传媒类总计209次。传媒类上市公司2014~2017年定增次数分别为45次、76次、58次、30次，2017年相比巅峰的2015年缩水过半。2017年文化娱乐类上市公司的再融资状况也不乐观。文化娱乐类上市公司中，只有慈文传媒、奥飞娱乐和当代明诚3家公司的定增方案获批，募资额不到2016年的30%。宋城演艺募资超过40亿元的定增，在披露方案8个月后无奈宣布终止；骅威文化募资12亿元的定增，也遭遇监管严格的拷问；唐德影视的定增遭到证监会否决。之前市场上活跃的文化投资机构也纷纷远离文化传媒行业，对一级市场的融资造成了很大影响。

但是，另一方面，监管的加强，打击了投机分子，净化了行业环境，减少了市场运行的成本，长期来看是有利于行业发展的。2018年底，国务院办公厅出台了《文化体制改革中经营性文化事业单位转制为企业的规定》和《进一步支持文化企业发展的规定》。中共中央政治局2019年1月25日上午就全媒体时代和媒体融合发展举行第十二次集体学习，习近平总书记在主持学习时强调，推动媒体融合发展、建设全媒体成为我们面临的一项紧迫课题，要运用信息革命成果，推动媒体融合向纵深发展，做大做强主流舆论，巩固全党全国人民团结奋斗的共同思想基础，为实现"两个一百年"奋斗目标、实现中华民族伟大复兴的中国梦提供强大精神力量和舆论支持。文化产业一定会迎来进一步的大发展。

（四）传统国有文化主体将逐渐成为文化产业投资中的重要力量

2012~2017年，我国文化产业投资基金数量和募集规模呈现总体上涨趋势，文化产业投资基金总规模已破千亿元。由于互联网的快速发展，文化与互联网加速融合，文化产业出现了许多新业态，阿里巴巴、腾讯、百度、联想、小米等巨头快速切入文化产业，先后投资了一系列诸如优酷、今日头条、趣头条等新业态公司，从投资的资金规模、企业数量、收益等方面来看均在行业中居于比较突出的位置。

与其他行业相比，文化产业因涉及意识形态问题，有其自身的特殊性。近年来，国内各省市级文化产业投资基金遍地开花，全国 31 个省级行政区域（包括直辖市）迄今设立了 28 个省级文投集团或文化产业基金，如北京、上海、天津、浙江、广东、福建、江苏、山东、四川、河南、河北、安徽等地各类省级文化投资集团和产业基金先后设立。广电、出版和报业三大体系纷纷组建基金管理公司，开展资本运作。这些机构虽然起步晚，但是因为深耕行业，在未来将会成为文化产业投资中的重要力量。

四 湖北广电文创基金投资策略

（一）关注内容产业，特别是具有超强 IP 创造、分发和整合能力的企业

在内容方面，看好具有超强 IP 创造、分发和整合能力的团队与企业，特别是在影视文化、ACGN 及新媒体网生内容等领域。

影视文化方面，随着人民对美好生活的不断追求以及生活层次的提高，对优质影视作品的需求越来越强烈。在近期行业监管及金融环境政策的影响下，内容供应端出现投资生产能力明显下降的趋势，过去依靠资管计划投资的影视公司会逐步退出行业；同时，随着经济环境的变化，互联网红利不断消失，影视作品的买家——电视台和互联网视频平台的购买预

算也在下降。供应端、采购端能力都下降，但是人民的需求却在不断提高，这给传统影视行业的模式带来较大挑战。湖北广电文创基金将依托长江文化和湖北台（集团）在行业内几十年的积累经验，开展优质项目的筛选，寻找能在这种结构性矛盾中实现突破的优质企业。

在 ACGN 方面，随着我国人口结构的调整，以"90 后"、"00 后"为主力的二次元人口不断增长，艾瑞咨询数据显示，2018 年中国二次元用户达 2.76 亿人，2019 年有望增至 3.28 亿人，这将会产生新的投资机会。在动漫领域，湖北广电文创基金投资了"湖北知音动漫"，在游戏领域投资了拥有经典游戏红警独家版权的"有爱互娱"等项目。湖北广电文创基金希望借助现有合作伙伴力量，继续寻找优质项目。

新媒体内容方面，随着微信公众号、头条号、大鱼号、抖音等网络媒体的蓬勃发展，大量传统媒体的编辑人员迁移到这些新的平台，互联网内容创业也迎来了非常好的机会。例如，吴晓波频道、苏州大禹网络（一禅小和尚）、同道大叔等自媒体平台，虽然早期的红利逐步消失，但是湖北广电文创基金依然会关注某些细分市场上有特色、有持续创新能力以及具备资本市场并购优势的项目。

（二）关注新技术、新业务领域，特别是能赋能湖北台（集团）相关产业的企业

新技术方面，湖北广电文创基金比较关注大数据、VR/AR、5G、物联网等，一方面，是这些技术对媒体的传播、生产、存储、变现等生态会带来巨大的影响；另一方面，湖北台（集团）下属的湖北广电（000665.SH）和新媒体集团（IPTV）属技术驱动型产业，只有紧跟技术发展的步伐，才能在未来的竞争中保持一定的优势。

新业务方面，湖北广电文创基金比较关注在行业中有一定创新，同时又能充分借力湖北台（集团）强大产业资源，或者带动湖北台（集团）转

型的企业，如网络自媒体、电商等领域的优质企业。

湖北广电文创基金承载着湖北台（集团）产业升级的任务。基金运作的原则是立足于湖北台（集团）、服务好湖北台（集团）。因此，湖北广电文创基金的投资会重点关注能与湖北台（集团）上下游业务有良好合作的企业，在与它们做"生意"的同时，实现资本层面的二次合作。

（三）关注人口结构调整带来的商业机会

根据国家统计局统计，2017 年中国 60 周岁以上老年人口达到 2.4 亿人，占总人口比重为 17.33%，其中 45 岁以上人口占比超过 30%。我国已经进入了严重的老龄化社会。从电视观众年龄统计来看，当前电视受众主要是 45 岁以上人群，大多数电视台都会有一档或以上的老年人节目。随着人口结构的不断调整，老年人群里出现了一些值得关注的现象，老年经济价值会逐渐得到释放。

1. 老年人群中互联网用户规模持续扩大。根据腾讯应用宝发布的数据，截至 2018 年，国内老年网民数量已经高达 8028 万人，占老年人口比例为 20%，也就是说，每 5 位老年人口中就有 1 位使用手机上网。老年人微信用户超过 6000 万人，会上网的老年人大多数都会使用微信。

2. 老年人互联网消费能力较强。根据京东发布的《老年网络消费发展报告》，京东的老年网民群体消费同比提高 78%，老年商品销售额增长近 61%，购买者同比增长 64.8%，而且还保持继续增长的态势。阿里巴巴发布的 2017 年《爸妈的移动互联网生活报告》显示，中老年"剁手军团"正在扩大，仅淘宝天猫就有近 3000 万的中老年网购一族，50～59 岁临退休人群是主力军，占比高达 75%。2017 年 1 月至 2017 年 9 月，50 岁以上中老年人网购人均消费近 5000 元，人均淘宝商品数达到 44 件。另外，京东数据显示，在 2017 年前三季度中，50 岁以上中老年用户人均年消费额已经高达平台平均水平的 2.3 倍，而且六成的交易通过手机支付完成。也正是由于老年人所表现出来的网购强劲力量，2018 年 1 月，阿里巴巴专门招聘"淘宝资深用户研究专员"，年薪为 35 万～40 万元，而招聘的首要条件就是年纪必须在 60 岁以上。

根据日本等发达国家经验，人口结构的调整一定会催生新的商业机会。因此，湖北广电文创基金围绕中老年群体需求，关注教育、旅游、消费、娱乐、科技等特色项目。

（四）关注国有企业混改等有政策红利领域的公司

国家发改委网站于 2018 年 9 月 18 日发布《关于深化混合所有制改革试点若干政策的意见》，以"管资本"为主加强国资监管，是新一轮国资国企改革的方向。2019 年初，国务院国资委召开的中央企业、地方国资委负责人会议明确，2019 年将积极推进混合所有制改革和股权多元化，切实转换企业经营机制。积极推进国有资本投资、运营公司出资的国有企业，以及主业处于竞争领域的商业类国有企业开展混合所有制改革，扩大重点领域混合所有制改革范围。因此，国有企业混改将成为又一波难得的投资机会。

公司投资的湖北知音动漫，就是湖北省文化混改项目。湖北知音动漫有限公司成立于 2008 年，公司主营业务为原创漫画期刊制作与发行、图书策划及版权运营。公司主要产品《知音漫客》是国内发行量最大的动漫期刊，创刊 11 年来逐渐成长为国漫龙头，具有巨大的产业影响力，拥有《斗破苍穹》、《斗罗大陆》等一系列头部作品版权。2017 年 3 月，湖北长江广电传媒集团有限责任公司、湖北广电文创基金、卡氏（湖北）文化产业基金三方共同向知音动漫增资 5.67 亿元，参与知音动漫的混改，试图通过市场化的力量推动知音动漫企业快速发展，尽快实现 IPO 的目标。混改以来，知音动漫盈利大幅增长，原创作品不断涌现，成为国内最大的漫画内容创作公司，保持了行业龙头地位，并且多次荣获行业内奖项。

越秀产业基金:
粤港澳大湾区领先的
产业资本运营商

一　越秀产业基金基本情况

广州越秀产业投资基金管理股份有限公司（以下简称"越秀产业基金"）成立于 2011 年 8 月，注册资本 1 亿元。由广州市属国企越秀集团发起设立，是越秀集团谋划战略性新兴产业投资平台和产融结合的关键抓手，目前控股股东越秀金控系国内首家地方金控上市平台。

越秀产业基金实行董事会领导下的总裁负责制，建立了完善的法人治理结构，坚持市场化运作。经营班子下设投资决策委员会、执行委员会及产品委员会，作为决策项目投资、投后管理与项目退出以及基金设立与募集业务的专业机构。越秀产业基金秉持价值投资理念，坚持做中国企业价值的发现者和创造者，致力于成为投资者和被投企业值得信赖的合作伙伴。越秀产业基金投资关系与公司架构见图 1、图 2。

图 1　越秀产业基金投资关系

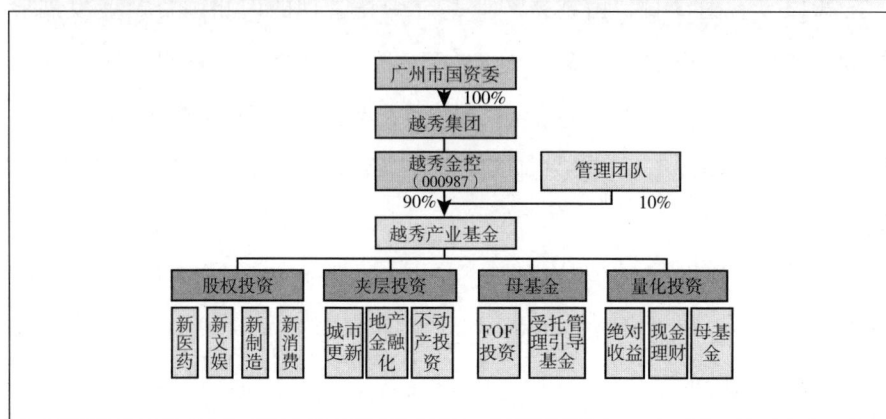

图2　越秀产业基金公司架构

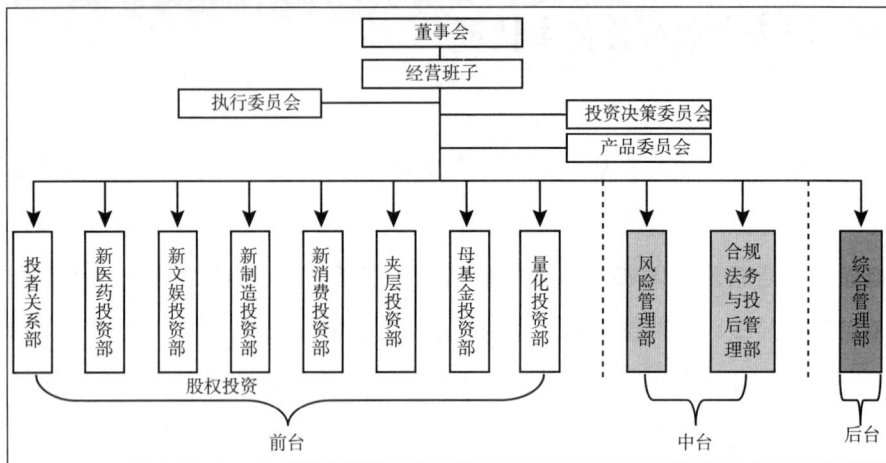

（一）发展历程：保持高速稳健发展态势

自 2011 年，越秀产业基金依托越秀集团产融协同优势，把握城市化进程中的地产夹层投资机会，介入地产夹层基金业务。

2013 年 4 月 3 日，由越秀产业基金受托管理的广州国资产业发展股权投资基金正式设立，基金规模 24.02 亿元，这是国内首只完全由国企发起设立的基金，出资人包括越秀集团、无线电集团、珠江实业集团、广钢集团、广州友谊、广汽工业集团、广州港、广州建筑等 12 家广州市属国企。

为给客户提供更多的投资选择，同时追求长短投资期限匹配，以平衡越秀产业基金现金流，2014 年起，越秀产业基金开始孵化二级市场投资业务，并从低风险的量化投资切入，成功发行了第一期债券产品。

2016 年，基于国资产业基金成功的运营经验，越秀产业基金发起设立了"广州国资国企创新投资基金"，国企投资人由国资产业基金的 12 家拓展至 15 家，越秀集团、广汽工业集团、珠江实业集团、广州建筑、广州港等原有投资人继续投资国资创新基金。

2017 年，越秀产业基金联手广州地铁、珠江实业等市属国企成功发起设立广州国资开发联盟和广州城市更新基金，打造"基金 + 土地 + 运营"城市更新模式，服务于广州新型城市化建设。

2018 年，专注于证券及衍生品投资的全资子公司——越秀鲲鹏完成备案登记，固收策略、程序化交易及大宗商品跨境套利渐成特色，继续保持了稳健的投资风格。

越秀产业基金管理基金规模在全国两万余家私募基金管理机构中位居前列，截至 2018 年底，累计管理规模超 600 亿元（见图 3），连续多年入选"中国最佳产业基金 TOP10""中国最佳私募股权投资机构 TOP100""中国最佳产业母基金 TOP10""中国最佳房地产基金 TOP10""中国最佳募资私募股权投资机构 TOP10"。

图 3　越秀产业基金资产管理规模

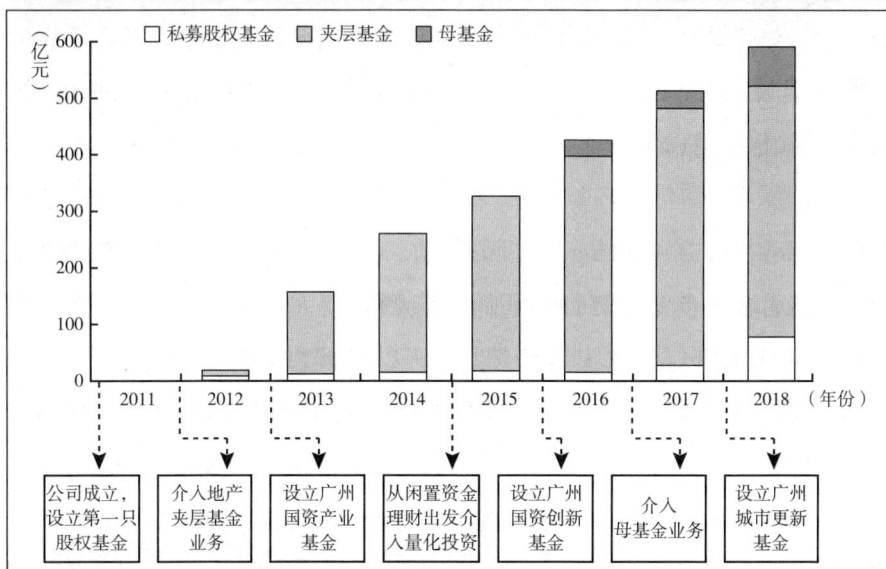

（二）未来发展：加大渠道建设力度，持续深耕大湾区

依托越秀集团横跨穗港两地、产融结合发展的优势，借助粤港澳大湾区发展规划发布之际，越秀产业基金进一步将战略定位明确为"粤港澳大湾区产业资本运营商"。未来，越秀产业基金将依托越秀集团的产业布局，结合国资商圈的产业资源，推动产业与资本融合发展。

加大渠道建设力度。为了落地这一战略定位，越秀产业基金加大渠道建设力度，与大湾区核心城市"结盟"伙伴达成战略合作。在 2018 年 8 月 16 日举行的首届粤港澳大湾区创投 50 人交流会上，越秀产业基金分别与广州新兴产业基金、珠海横琴金投、深圳鲲鹏资本、广东粤科金融、中国银行广东省分行和招商银行广州分行达成战略合作，充分整合湾区内资源，把握粤港澳大湾区发展机遇。

除湾区机构外，越秀产业基金积极拓展湾区外的合作伙伴，与中信产业基金、鼎晖投资、弘毅投资、中金资本、华泰瑞联和中证投资签订战略合作协议，共同关注大湾区内新兴产业投资机会，为被投企业提供充足的资本支持及战略资源。

持续深耕大湾区，多点布局。截至 2018 年末，越秀产业基金在粤港澳大湾区的股权投资项目数量占比已达57%。未来，越秀产业基金将持续深耕大湾区，多点布局，积极谋划在香港、深圳等大湾区核心城市设立分支机构，实现对湾区重点项目及优势产业资源的深度覆盖。

越秀产业基金为积极把握建设粤港澳大湾区发展战略的历史性机遇，将持续深耕三大核心业务板块，继续聚焦股权投资四大行业，并在香港、广州、深圳、珠海、东莞、中山等大湾区重点城市建立战略合作伙伴网络，以实现对湾区重点项目及优势产业资源的深度覆盖，通过聚焦大湾区、结盟优秀合作伙伴，越秀产业基金将发挥产业和资本深度融合优势，助力粤港澳大湾区产业转型升级与经济创新发展。

二 成熟的投资经验

（一）深耕行业专业化，打造领先市场的王牌投资能力

越秀产业基金深耕行业，服务产业落地，重点投资行业空间广阔、发展潜力巨大及成长确定性高的领域，围绕新医药、新制造、新消费和新文娱四大行业，聚焦细分领域产业龙头的价值链加粗、加长的产业整合和转型升级机会，以研究驱动投资，整合金控集团金融研究所、博士后流动站和兄弟公司广证恒生的研究资源，强化投资团队的投研支撑，主动挖掘投资机会，进行前瞻性布局，累计投资超 70 个优质股权项目，其中北大之路、引力传媒、芒果TV、宁德时代等项目已通过 IPO 或并购的方式实现上市。在投后管理中，越秀产业基金高度注重对被投企业的价值提升和增值服务，做积极的股东，利用产业基金产融结合的优势，协助被投企业整合资源、战略规划以及资本运作。

（二）依托越秀集团产融协同优势，夹层业务聚焦地产金融

夹层业务板块一方面为越秀地产提供全链条地产金融服务，围绕房地产拿地—开发—销售—持有四个核心环节，提供全链条的地产金融服务；另一方面大力发展城市更新基金。2017 年，越秀产业基金联手广州地铁、珠江实业等市属国企成功发起设立广州国资开发联盟和广州城市更新基金，打造"基金＋土地＋运营"的城市更新模式，服务于广州新型城市化建设。借助开发联盟的渠道能力、更新集团的更新和调规专业能力，重点对接交通类国企土地资源及国企老旧物业盘活项目，专注以住宅为主的轨道交通和城市更新等战略性项目。通过灵活的交易结构设计及稳健的风控

措施，为投资人创造了较可观的稳定投资收益。目前，夹层投资业务规模超过 400 亿元，到期项目均实现安全退出，投资收益良好。

（三）背靠万亿国资资源，服务国资产业升级及创新发展

立足广州国资的产业平台与品牌影响力，越秀产业基金以国资产业基金为抓手，密切关注及捕捉国有企业的投资机会，服务国资产业升级及创新发展。其中，国资产业基金自成立以来，以 24 亿元母基金规模撬动了超过 300 亿元的子基金规模，有效整合社会资本以支持国资核心主业发展。基金投资业绩优异，实现了每年现金分红，年平均现金分红率为 7.7%，五年累计分红率高达 37.95%；二期预期回报率将达到 13%～15%/年；在股权投资方面，国资产业基金投资了宁德时代、芒果 TV、汇量科技、云从科技、寒武纪、慕恩生物、索元生物、广电计量、摩诘创新、中电数据等一大批优质的股权投资项目。

国资创新基金成立 3 年来也有优异表现。基金以"FOF＋直投"为核心策略，通过母基金投资，与中信产业基金、鼎晖投资、德福资本、中信金石、国投创合等建立了紧密合作关系，成为连接广州国资与国内一流投资机构的桥梁，在股权直投方面也成绩斐然，捕获柔宇科技、日日顺、百果园、寒武纪等新兴产业独角兽，吸引被投企业落户广州，推动新兴产业企业与广州国企的协同与转型发展。

三　独特的运营模式

（一）"产业＋资本"的深度融合

越秀产业基金依托越秀集团产业布局，扎根广州市国资圈及大湾区伙

伴产业资源，推动产业与资本融合发展。

扎根产融结合。越秀集团拥有地产、金融和交通基建三大核心业务板块，依托集团产业资源，越秀产业基金抓住房地产基金发展的机遇，推动以房地产基金为主的夹层业务成为越秀产业基金第一大主营业务，累计管理规模超过400亿元。越秀产业基金连续多年被评为"中国最佳房地产基金TOP10"等荣誉称号。此外，越秀产业基金为越秀地产搭建了包括拿地、开发运营、ABS等全链条的地产金融服务。

扎根3万亿元广州国资圈。通过基金投资，越秀产业基金与广州市资产总额达3万亿元的国企产业资源深度绑定，业务领域涉及汽车、医药、轻工、轨交、信息技术、家电、电梯、重型装备、旅游、轮胎、化工、港口等行业。

扎根粤港澳大湾区。越秀产业基金在粤港澳大湾区的广州、深圳、珠海、东莞、中山等重点城市建立了战略合作伙伴网络，实现对湾区重点发展领域及优势产业资源的深度覆盖。

（二）"联盟＋基金"的深度联动

通过搭建产业联盟平台，聚焦细分产业链打造产业IP资源，实现联盟与基金深度联动。

2016年，在广州市国资委的统筹部署下，由越秀集团联合广汽集团、广州建筑集团、广州金控等35家市属大型国企发起成立国内首个地方国企创新联盟——广州市国资国企创新战略联盟，越秀集团任理事长单位，联盟秘书长由越秀产业基金总裁卢荣兼任。同时，越秀产业基金发起设立广州国资国企创新投资基金，支持广州创新发展。国资创新联盟统筹协调推进广州市国企协同创新，通过集聚创新资源，推动广州市国有资本向自主创新核心产业集聚，有效发挥国资的引导与杠杆作用，实现创新资源合作共享、互联互通和多方共赢，助力广州市打造国家创新中心城市和国际科技创新枢纽。

国资创新联盟与越秀产业基金针对广州国资不同产业领域，打造不同的产业 IP，2017 年先后设立了广州国资开发联盟与广州城市更新基金、广州智能制造联盟与广州智能制造基金，进一步深化国资创新联盟与越秀产业基金的强强联合，服务广州国资核心产业的创新发展。同时，基于国资创新联盟会员企业的产业资源，越秀产业基金切实有效地为基金被投项目提供产业及市场资源，赋能被投企业快速成长。

（三）"FOF＋直投"的投资布局

通过母基金合作构建广泛的项目获取网络，为被投企业提供充足的资本支持及战略资源。越秀产业基金拥有丰富的母基金管理经验及优秀的直投业绩，通过母基金合作构建了成熟的子基金群，已与超 100 家优秀投资机构建立了紧密的联系。"FOF＋直投"为越秀产业基金构建了成熟稳定的项目渠道，可获取优质项目进行投资合作，同时，子基金群为被投企业提供充足的资本支持及战略资源。

母基金投资实行"头部 GP 的持续 LP"策略，已投资中信产业基金、鼎晖投资、金石投资、中金资本、广汽资本、国投创合、德福资本等优秀基金管理人管理的基金，子基金已投项目业绩表现良好，多个项目已登陆资本市场实现优异回报。

四 越秀产业基金对文娱产业发展背景与走势判断

（一）文化娱乐消费市场潜力巨大，文化娱乐将保持较快增速

从《文化产业振兴规划》，到"十三五"规划中明确提出"2020 年文

化产业成为国民经济支柱性产业"，文化产业的重要性显而易见。从 2004 年开始有对文化产业的统计，当年产值为 3100 亿元，占 GDP 比重为 1.94%；2012 年为 18071 亿元，占 GDP 比重为 3.48%；2017 年全国文化及相关产业增加值为 34722 亿元，占 GDP 比重为 4.2%。这一数距距离 2020 年文化产业成为我国国民经济支柱性产业的理论值，即占 GDP 比重达到 5% 来说，还有一定的距离。

随着中国人均 GDP 和人均收入的持续增长，人们对教育文化娱乐等精神层面的需求逐渐攀升。2018 年，我国人均 GDP 接近 1 万美元大关。诸多研究表明，在迈过 1 万美元关口之后，文化及相关产业通常会迎来更大的发展机遇。党的十九大报告中提出，新时代我国社会主要矛盾是人民日益增长的美好生活需要和不平衡不充分的发展之间的矛盾。

2018 年全国居民人均消费中用于教育文化及娱乐的开支比 2017 年增长 140 元，达到 2226 元，在人均消费支出中占 11.2%，排第四位，尚低于食品消费、居住、交通通信三个类别。但从一个较长时间周期来看，精神层面消费的增长会远远超过物质层面消费。

基于上述判断，越秀产业基金自 2011 年成立以来，就将文化产业作为股权投资的两个核心领域之一。

（二）文娱产业内部结构发展存在巨大差异

虽然近年来国内文化娱乐产业市场总体保持稳定增长，但内部结构却呈现巨大差异。以报纸、杂志为代表的传统媒体，经营业绩持续下滑，甚至广播电视行业增速也渐难维持；但移动互联网视频、广告，及虚拟现实（VR）技术等保持快速增长，甚至爆发式增长。

从相关数据来看，一方面，传统印刷的报刊销量持续下滑；另一方面，根据中国互联网络信息中心（CNNIC）统计，截至 2017 年上半年，通过移动设备阅读新闻资讯的用户增至 5.96 亿，与此同时，移动互联网生态圈中催生出各种现象级的自媒体。2013 年，自媒体平台"罗辑思维"推出付费会员制，第一期5500个会员名额入账160万元，知识付费的商业价值初步显现；2016 年，papi 酱凭借发布原创短视频内容而走红，拍出的2200万元贴片广告费，宣告了自媒体历史上第一次广告拍卖的成功；而直播的发展，更是催生了许多草根网红，围绕其变现的方式被称为"网红经济"。

（三）技术进步促进文娱产业发展

信息技术革命正在颠覆和重构文化娱乐产业，推动文娱产业结构性调整，催生新兴业态。随着4G等基础通信技术的日趋完善和移动终端产品的普及，手机端的文娱产业生态瞬间爆发。2016 年，我国智能手机保有量近10亿部，4G 商用进入第三个年头，4G 用户近8亿。这一年，直播行业进入爆发期，成为资本风口，市场上出现了直播平台的"百团大战"，这一年被称为"直播元年"。同时，手机游戏大爆发，收入同比增长超200%，到2016 年已经超越电脑端游戏，更涌现出《王者荣耀》《开心消消乐》等国民级手游，2017 年手游产业收入突破1000亿元；经过近年来的发展，手机游戏产业形成了以腾讯、网易为首的两超多强的市场格局。智能手机时代，视频网站以视频 App 的形式再续荣光；移动端手机阅读用户逐渐超过 PC 端，漫画阅读、游戏阅读等新兴阅读体带来新一波机会。

VR/AR、全息投影、人工智能等技术的不断深入应用，将给观众带来新的观感体验，打开视频内容产业新的发展空间。5G 通信时代到来将促进视频内容采集、制作、播放的全面升级，视频内容向 4K、8K 超高清视频升级，用户体验进一步增强。

（四）文娱产业将迎来更健康的发展环境

前几年大量资本涌入文化娱乐产业，资本市场跨界并购泛滥，文化产

业市场估值高企，催生大量劣质内容并形成众多短期非理性行为。2017 年
4 年，证监会针对影视、娱乐及文化类企业的定增、并购、融资等收紧监
管；2018 年，行业更是迎来大刀阔斧的改革，从暂停游戏版号发放、管控
阴阳合同规范税收秩序，到遏制明星天价片酬、禁止收视率点击率造假，
再到加强包括互联网内容在内的内容审核与引导等，多管齐下，文化娱乐
产业一级市场投资降温、二级市场估值降至历史新低。但文化娱乐产业将
在整顿和引导中实现从内而外的重塑，优质企业将在大浪淘沙中得以磨炼
成长，整个行业将进入更健康的生态。

伴随技术颠覆驱动着内容消费形态的不断演进，全球的媒体与娱乐行
业正在发生着新一轮的调整和变革。作为全球最重要的经济体和消费市场
之一，中国拥有充分的潜力催生和孕育具有广泛影响和综合实力的新一代
大型媒体与娱乐产业机构。

五 文娱产业主要投资机会

文娱产业链包括内容要素、内容生产、传播（发行与渠道）、内容衍
生，在这一过程中，变现的模式包括广告收入、直接付费以及电商等（见
图 4）。随着文娱行业成熟度不断提升，行业发展逐渐由量到质转变，步入
整合阶段，行业愈发重视内容、平台与年轻用户的获取，用户价值持续
提升。

（一）价值凸显的优质内容

监管规范性和全面性不断加强，用户时间有限下的持续竞争，将使劣
质内容被淘汰，同时，优质和精品主流内容将获得更多的曝光机会，价值
凸显。

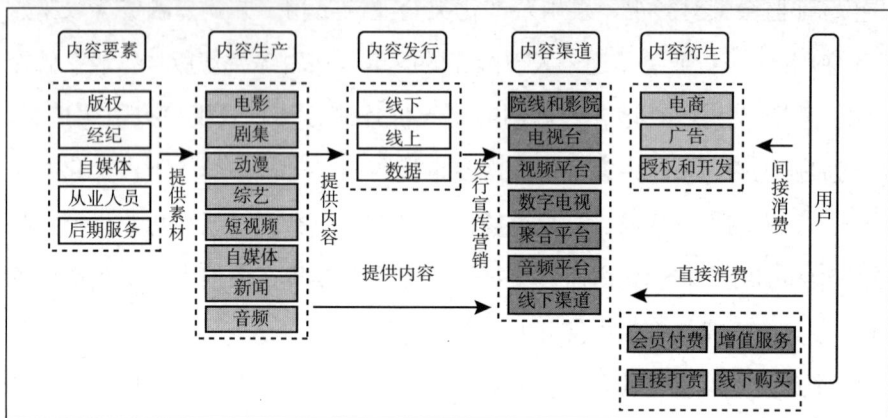

图4　文娱产业链

出版、动漫、影视、游戏作为产业支柱，仍处于增长阶段。但随着用户红利的消失，以及用户对内容需求的快速变化，早期以量取胜的内容生产方式受到挑战；同时，以抢占用户时间为目标的跨类别竞争逐渐成为常态，未来高质量的内容生产能力与持续的产品创新能力将成为企业的核心竞争力；垂直化、圈层化的内容开发及运营成为企业探索的方向。

（二）具有资源优势的头部企业

文化企业尤其是上游内容生产企业，由于内容本身的独特性及国内产业欠成熟，经营风险及业绩波动较大，只有达到一定规模，具有大量优质创作团队、较高内容产出或者成功 IP 持续积累的头部企业才拥有更大的市场吸引力。

经过近百年发展，美国文化娱乐产业通过兼并收购形成了康卡斯特、新闻集团、迪士尼等几家大型传媒娱乐集团，单家市值在 500 亿美元以上。国内的文化娱乐企业规模、体量都还相对较小，但一批龙头企业在资本持续助力下打通内容、平台、技术和服务的产业闭环，将有效提升市场竞争力。

（三）快速增长的新技术、新模式、新业态

5G 与大数据、云计算、人工智能等新技术的协同应用，将进一步加速信息传播的变革，促使用户的媒介消费行为改变，并推动媒体及娱乐生态格局变化。

商业模式的变革，比如社交电商等更高效、成本更低、路径更短的商业模式，新媒介、新触点、大数据的爆发，推动信息流分发、数字营销等向实时、精准、智能方向发展。从内容宣发、渠道端来说，随着技术的落地应用越来越成熟，技术的发展为文娱行业中下游带来新一波机会。互联网高速发展为信息生产、传播带来了极大的便利，使人们接收到的信息越来越泛滥。对于用户来说，信息的挑选显得尤为重要。大数据、人工智能的发展，使得文娱内容千人千面成为可能，催生出"今日头条"和"抖音"等现象级的产品。"AI + 文娱"应运而生。

从内容生产端来说，技术革新了文娱行业的内容与形式。内容载体的进化，从文字图片到长视频、短视频，视频流成为主要信息表达与消费形式，5G 时代的网络数据流量中，视频影像将占到 90%，未来将进一步演化到 VR/AR/MR 等形式。这些领域的商业应用将成为投资的重点。

六 越秀产业基金文娱产业投资策略

结合上述形势判断，越秀产业基金重点围绕传媒娱乐、广告营销、知识付费及社交三个领域开展投资（见图5）。

图5 新文娱 TITP（趋势、赛道、策略、项目）投资体系

（一）传媒娱乐领域，重点关注拥有 IP、平台、具备可变现能力的市场领先企业

在 IP/内容方面，以 IP/内容为核心，通过内容的放大以及多层次变现获得最大收益，具备持续的内容创新能力；在平台端，综合性平台寡头已现竞争激烈，看好垂直细分平台突围，如高频次、高 ARPU 值的垂直细分领域，具有丰富的优质 IP 储备标的；在变现端，流量变现模式相对较为成熟。

2016 年，越秀产业基金投资湖南快乐阳光互动娱乐传媒有限公司（以下简称"芒果 TV"）。芒果 TV 是湖南卫视全力发展网络视频业务的唯一新媒体机构，专注于互联网视频、互联网电视等网络视频技术的研究、开发及应用，依托湖南卫视的独家优质节目资源，为客户提供高质量的网络视频基础服务和视频平台增值服务，主要产品有芒果 TV 网站和 PC 客户端、

芒果 TV 手机和 iPad 客户端、手机电视、湖南 IPTV 等。

对于越秀产业基金而言，芒果 TV 凭借自身优势在内容端、渠道端都具备竞争力。

在内容端，芒果 TV 具有优质的自制内容与湖南广播电视台丰富的内容资源，在内容资源方面具有无可比拟的竞争优势，越秀产业基金从"延续 IP"进入"创造 IP"的新发展阶段，多部自制节目得到市场认可，芒果生态圈保证了越秀产业基金在内容制作方面难以模仿的"护城河"。

在平台端，经过多年品牌建设，芒果 TV 已经培养了一批年轻、高黏性的用户。湖南卫视全媒体收视率在全国遥遥领先，奠定了良好的用户口碑基础。

此外，依托湖南广电，芒果 TV 具有经营互联网电视集成业务和互联网电视内容服务资质，越秀产业基金的互联网视频、互联网电视、IPTV 以及移动增值等业务板块齐头并进，产生良好的协同效应。越秀产业基金拥有与湖南广电一脉相承的团队，是湖南卫视致力于发展新媒体业务的战略平台，独家承载湖南省网络电视台 IPTV 建设任务，独家拥有湖南卫视全部电视节目内容和相关品牌资源在互联网、移动互联网端的网发、经营（含转授权）权利；越秀产业基金与湖南台优势互补，台网联动，渠道完善，在跨媒体合作方面具备巨大发展空间。湖南电视台也成为媒体融合发展的先进典型。

2017 年芒果 TV 实现盈利 4.89 亿元，成为国内唯一一家盈利的视频平台。2018 年芒果 TV 成功置入湖南电视台旗下上市公司，成为芒果超媒（300413.SZ）的核心资产。

（二）广告营销领域，重点关注数据驱动型、技术驱动型成长期企业与掌控媒体、广告主资源的成熟期企业

数据驱动：线下数据体量仍处于非结构化阶段，行业采集端、应用

端逐步出现规模化变现公司，处于投资窗口期；技术驱动：5G 网络加速推进，将有较多新的技术场景落地，如 VR/AR 真正铺开；新解决方案落地，如视频结构化、场景化技术给场景营销带来新机会；资源驱动：行业上下游掌握资源，议价能力较强，掌握优质流量资源的媒体主导市场。

2018 年，越秀产业基金投资了深圳兔展智能科技有限公司（以下简称"兔展智能"）。兔展智能成立于 2014 年，是一家大数据驱动的数字营销公司，专注于数据与营销融合创新，帮助企业实现数字化营销，为企业提供数据化产品及营销数字化整合服务。越秀产业基金认为，数字化营销时代已经到来，传统营销行业面临挑战，广告主对营销数字化及透明化提出更高要求，行业的变化带来了新的市场机遇。兔展智能是一家拥有优秀产品和强大服务创新能力的大数据营销服务企业，在移动营销传播数据方面有深厚的积累。作为中国新一代 Martech 营销技术代表，兔展智能瞄准大、中型企业亟须营销数字化升级的千亿市场，打造了一站式大数据营销服务闭环体系，将引领未来营销行业发展的新趋势。

（三）知识付费领域，重点关注能持续创造吸引用户新知识及增强用户黏性的产品及平台

知识付费行业是求知途径从线下向线上拓展，是传统的图书阅读变成音频和视频阅读，再结合目前时间碎片化的形势而发展形成的。知识付费促进出版业效能提升，并完善教育培训产业链条。其核心解决的是内容的获取及实践的效率问题，未来产业分工还将趋于专业和细分。

知识创造：具备优秀的 IP 筛选和孵化机制，扶持内容创业，具有利用传统知识产生更丰富 IP 的能力；新产品模式：看好双向互动的社群化产品、5G 背景下的视频形式产品、通过线上与线下的融合提升产品附加值等；技术服务：为知识付费变现和内容创业提供技术支撑方案。

七　越秀产业基金文娱产业投资具体实践

越秀产业基金在文娱产业领域的布局主要基于横纵两项维度。

纵向投资时钟。对于快速发展的内容生产端，越秀产业基金重点关注标的是否拥有优质的 IP 创造能力、持续的生产能力、成熟的内容宣发端，看中具备打通全产业链能力的产业整合方；对于初步具有市场格局的渠道及平台，由于头部企业集中效应明显，重点布局行业头部平台。

横向政策、科技驱动。文化行业作为政策高度相关行业，每一次大的改变都会引起行业新的变革。此外，科技从最深层影响着所有行业，文娱板块也不可避免地从上游到下游面临着或快或慢的颠覆。

2011 年，越秀产业基金设立第一只股权基金——重庆卓越基金，基于对广告营销行业快速增长的准确把握，重庆卓越基金投资了国内领先的整合传播服务商——引力传媒股份有限公司（以下简称"引力传媒"）。2015 年，引力传媒成功上市（603598.SH），越秀产业基金成功退出，获得 6 倍投资回报。

2012 年，越秀产业基金设立人民币综合一期股权基金，重点投资了广东广电网络，支持广东全省有线电视网络整合。

2015 年，越秀产业基金发起设立一只文化产业投资基金，投资了多家文化及相关产业企业，包括国内优秀的吉他与提琴生产商红棉乐器、影视剧专业制作公司东阳大唐影视等。支持红棉乐器完成国企混改并建立了具有国际先进水平的吉他与提琴生产线，红棉乐器所生产产品销往全球 100 多个国家与地区；大唐影视出品了《吾儿可教》《枪侠》《生死迷情》《天津 1928》等一批优秀的影视剧作品。

基于对出海移动营销趋势的认可及对优秀团队的信任，越秀产业基金于 2016 年投资了领先的全球应用开发者技术服务平台、数字营销独角兽——广州汇量网络科技股份有限公司（以下简称"汇量科技"）。汇量科技专注于提供移动广告及移动数据分析服务，在中国排名第一、全球排名前十。在 2017 年中国出海应用下载量排名前 50 的移动应用中，超过 90% 的广告主使用汇量科技的推广服务。同时，基于其"Glocal"运营模式，汇量科技不断增强本土化服务能力并扩大全球业务网络，日触达设备数量高达 9.5 亿台，覆盖超过 200 个国家和地区的用户。在美国、日本、韩国、新加坡、印度尼西亚、泰国等重要的市场上，为当地下载量排名前 20 的移动应用提供推广服务的广告服务平台中，汇量科技位列前三名。2018 年汇量科技开创先例，分拆旗下子公司成功在香港上市（01860. HK）。

2018 年，越秀产业基金投资了北京多牛互动传媒股份有限公司（以下简称"多牛传媒"）。多牛传媒是国内领先的智能媒体集团，以人工智能技术为驱动，聚合细分领域领头媒体形成用户入口，打造移动互联网媒体矩阵，在游戏、动漫、电竞、科技、校园等领域具有领先地位。多牛传媒通过与媒体合作伙伴、手机合作伙伴、社交网络合作伙伴的合作，建立了一套针对数字内容的分发网络，并打通了数字内容从生产、聚合到分发的闭环。

在投资机构支持下，多牛传媒于 2018 年下半年战略并购了人人网的社交网络业务，引起了业内的广泛关注。此举将使得多牛传媒的新媒体业务扩展至社交网络业务，围绕 3.5 亿年轻用户进行全场景、全方位布局的战略得以完善。

中植资本：
"行业龙头的陪伴者"

一 关于中植资本

中植资本成立于 2011 年，注册资本为 10 亿元，是具备雄厚资金实力、专业产业资源整合能力、丰富产业战略和海外业务专家资源的产业投资龙头机构。

自成立以来，公司专注于海内外各行业龙头企业的产业投资与并购，业务形式包括股权投资、定增/配售、海外业务、并购基金、投后增值服务、风险投资等板块。中植资本充分调用多类产业龙头、金融机构、战略咨询机构的顶级资源，为合作伙伴提供全面、灵活的一站式解决方案。目前，公司已与近百家上市公司、非上市公司建立了战略合作关系，并拥有香港上市平台——中植资本国际（HK 08295）。

公司曾参与多个行业龙头企业的产业资源整合与资本运作，并凭借领先行业的优异投资业绩，先后获得福布斯中国、清科集团、投中集团、融资中国等第三方专业机构和专业媒体授予的"中国最佳并购基金""中国最佳私募股权投资机构""中国最佳回报私募股权投资机构""中国最受 LP 关注私募股权投资机构""卓越竞争力私募股权投资机构""创新投后管理私募股权投资机构"等称号，以及各行业的最佳并购案例与投资案例等奖项。

二 并购重组3.0时代，机会与挑战并存

（一）整体市场：2018年上半年中国并购市场降温，交易数量和交易金额较上年同期均下滑

2018 年上半年，中国并购市场共完成交易 1258 起，同比下降 2.9%，

环比下降 17.1%；披露金额的案例数量总计 1073 起，共涉及交易金额 6503.56 亿元人民币，同比下降 46.7%，环比下降 3.4%（见图 1）。

图1 2010 年至 2018 年上半年中国企业并购金额及案例数量趋势

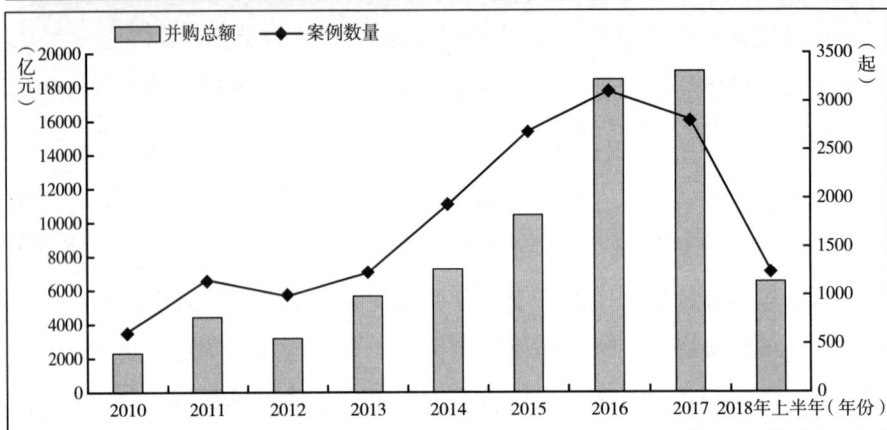

资料来源：清科，中植资本研究。

下降的主要原因在于受到市场资金面紧张的影响，宏观经济层面（去杠杆趋势、贸易战持续）也给资本市场造成一定压力。整体而言，企业融资难度增大，用于投资的现金支出也出现缩减。

2018 年上半年，中国证监会审核重组并购项目共 60 个，其中 51 个项目审核通过，并购重组过会率为 85%。

2018 年上半年，并购交易的平均交易金额为 6.06 亿元人民币。

（二）并购加速：目前90%以上的并购交易已无须证监会审核

2018 年初以来，中国证监会通过大幅取消和简化行政许可，有效激发了市场活力，交易周期缩短，提高了资金周转率，加快了企业并购整合频次。

审核效率提升，并购加速，月内完成并购交易案例呈现波动上升趋势（见图 2），目前 90% 以上的并购交易已无须证监会审核。

图2　2018年1~8月中国并购市场完成交易月度趋势

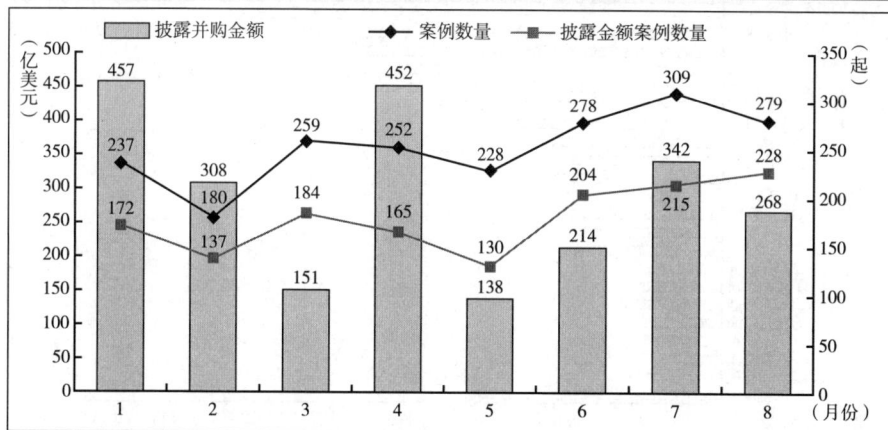

资料来源：清科，中植资本研究。

（三）热门行业IT、生物技术/医疗健康、机械制造活跃度延续

2018年上半年，并购热门行业是IT、生物技术/医疗健康、机械制造、金融和互联网，市场份额合计为44%（见图3）。

IT行业并购事件地域集中明显，交易数量前五的地域（北京、浙江、广东、上海、江苏）合计占比达到78.7%。

清洁技术在2018年二季度增长明显，并购案例数排名跻身前五，清洁能源开发利用和环境保护越来越受到政府、企业等各界的重视。

（四）跨境并购：高科技并购活跃，欧洲成为并购金额最大的地区

截止到2018年三季度，跨境并购数量及总金额基本持平，略有下降（见图4、图5）。在行业分布上，中国企业跨境并购涉及行业广泛，高科技行业并购仍处于领先地位，中国的高科技公司是这一领域的活跃买家。

图3　2018年上半年中国并购市场案例数行业分布（按被并购方）

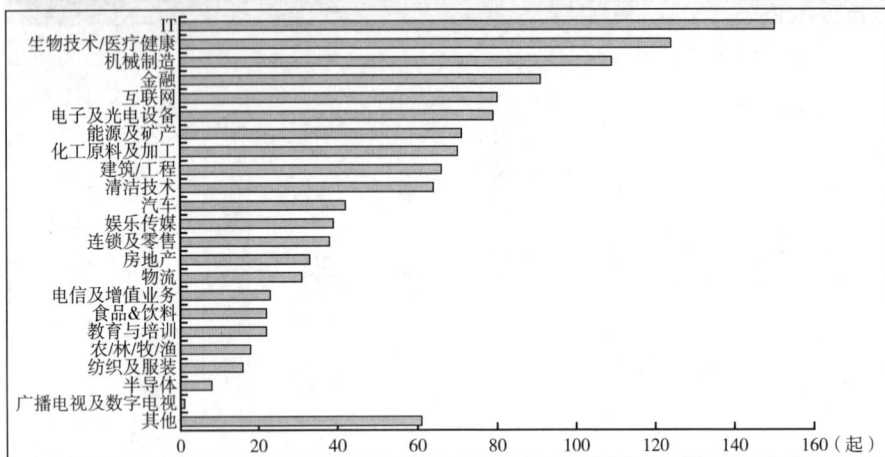

资料来源：清科，中植资本研究。

美国外资投资委员会（CFIUS）对中资收购的否决及中美贸易战依旧是对美并购的阻力，自2016年开始，涉美并购金额就呈现下降趋势；欧洲则成为中国企业跨境并购金额最大的地区，"一带一路"的产业布局对跨境并购的发展继续起到积极推进的作用。

图4　2014年~2018年三季度出境并购交易数量及金额趋势

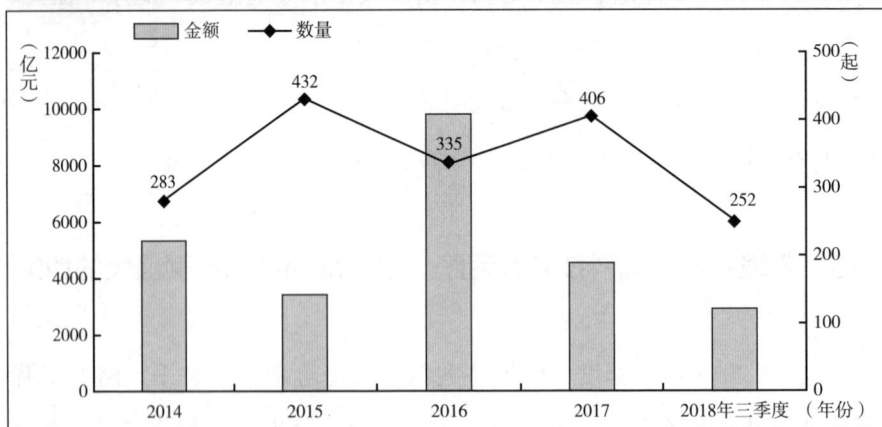

资料来源：Wind、中植资本研究。

图5 2014 年~2018 年三季度入境并购交易数量及金额趋势

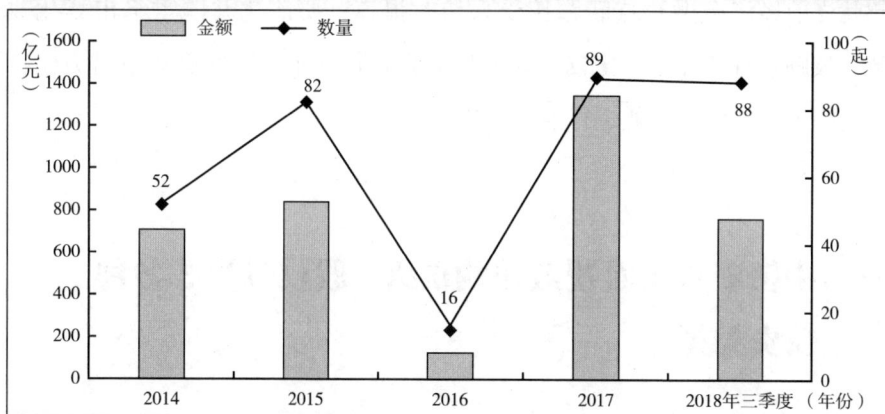

图5

资料来源：Wind、中植资本研究。

（五）同业并购依旧活跃，产业整合仍将继续

近年来，在中国并购市场中，以产业整合为目的的同业并购持续保持活跃状态。2018 年，横向整合的并购金额占总金额的 42.4%（见图 6），数量占 28.2%，相较过去几年略有下降，但仍占据最大份额。

图6 2018 年中国并购市场规模按并购目的分布

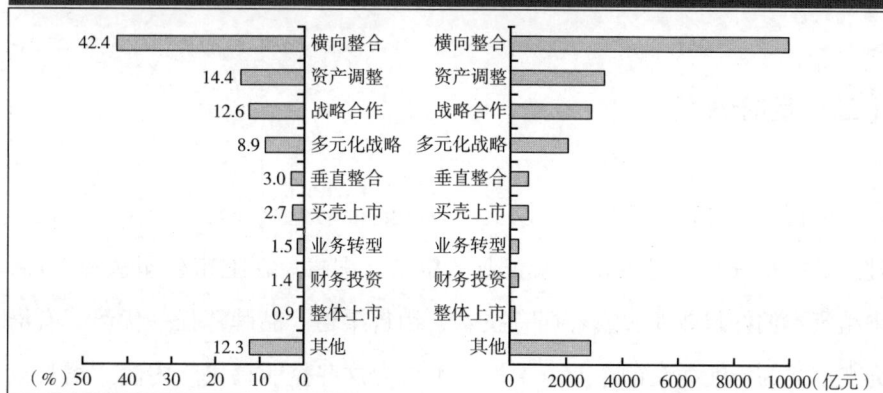

图6

资料来源：Wind、中植资本研究。

未来几年，产业整合仍将继续。2018 年 10 月 19 日，国务院副总理刘鹤就当前经济金融热点问题接受采访时提道：要深化并购重组市场化改革，鼓励具备条件的、比较好的民营企业对同行业的一些有竞争潜力但目前面临困难的中小企业进行兼并重组。

三 中植资本全面覆盖并购重组、股权投资等各种 投资类型

（一）股权投资

中植资本对初创期企业、成长期企业、扩张期企业进行股权投资，投资的方式包括参股投资和控股型投资；投资的重点行业包括文化传媒、互联网、高端制造、大健康、新金融、电子信息等。作为并购基金的龙头，中植资本除了为所投 PE 标的提供资金支持外，还将充分利用中植资本的专业化团队、产业资源、资本市场运作经验为被投企业提供包括并购整合与战略咨询等增值服务以及 IPO 在内的通畅的全球并购退出渠道。

（二）定增/配售

中植资本推崇价值投资，以及"以并购推动企业外延式增长"的投资理念。中植资本参与了几十家企业的定增、配售。在上市公司选择方面，中植资本偏好行业龙头或者拥有技术、销售渠道、品牌等任一优势、有潜力发展成为行业龙头的企业。中植资本将为这些企业提供除内涵式增长以外的并购加速，为它们的行业龙头之梦插上翅膀。

（三）并购基金

中植资本很乐意与行业龙头、地方政府平台以及希望通过并购实现产业整合的合作伙伴一起成立并购基金。在出资方式方面，中植资本凭借自身雄厚的资金实力、综合化金控平台优势及强大的募集资金能力，接受劣后资金、中间级资金并有能力找到匹配的优先级资金。更为重要的是，中植资本的市场开发团队、投资团队每天都在全球范围内寻找优质的标的企业，期待通过并购基金将它们注入或者培育为行业龙头。同时，中植资本已完成股权投资的近百家上市公司也可以为基金内的企业提供通畅的退出渠道。

（四）海外业务

中植资本拥有香港上市公司——中植资本国际（HK 08295），能够作为优质的海外平台进行一系列的国际化资本运作。

同时，中植资本在硅谷的 ZZ Ventures 针对那些仍处于早期，但已证明商业模式的企业进行投资，由当地多位资深风险投资专家领航，致力于搜寻硅谷最先进的技术，与中国强大的市场结合，在企业软件、商业服务、金融科技、教育等领域实现共赢。

（五）投后增值服务

自成立以来，中植资本始终践行"行业龙头的陪伴者"的投资理念，一直强调投资人自身的"企业家精神"，在企业的持续发展中不断注入新的动力，为企业的"行业龙头之路"保驾护航。

中植资本利用"双主体"和"双增长"的策略，全面加强了投资团队在投后阶段的责任意识。在跟合作企业内上下建立牢固有效沟通体系的同时，更注重在投后阶段跟企业一起去发现自身的价值，并且形成行之有效的落地方案。

首先，通过"双主体"负责制明确了项目负责团队在整个投、融、管、退过程中扮演第一责任主体的角色；同时，还建立了一只专业的投后管理团队作为第二责任主体，负责落实企业在投后阶段的各种发展和增长诉求。

其次，凭借中植资本自身的产业平台优势和强大的资源整合能力，充分发挥自身专业能力和经验，为企业对接行业资源，并购合适标的，实现合作企业的"外延式增长"；同时，通过对企业的战略调整、运营优化以及各类生产效率和质量的提升，来帮助企业获得"内涵式增长"。目前，中植资本根据合作伙伴的切身需求提供了涵盖战略与运营、变革管理、公司治理、组织与人才发展、融资筹划、税务筹划、公共关系等全方位的投后增值服务，全力保障投后"双增长"目标的顺利实现。

强有力的资源平台优势、优秀的投资业绩、全面的投后管理能力、成熟的品牌认知度是众多企业在选择与中植资本合作时最看重的要素。中植资本不仅为合作伙伴提供资金上的支持，还将依据合作伙伴需求，结合中植资本自身专业能力和经验，提供全面、系统的增值服务。

1. 战略与运营

在企业战略上，中植资本帮助企业综合分析内生价值与整合价值。利用战略建模及推演的方法，帮助企业设定和调整企业的中长期发展战略，从而最大化企业的价值。

2. 变革管理

为了保持领先的竞争地位，企业必须不断寻找新的优势、做出明智的决策并高效地执行企业变革。在日益复杂的环境中，企业往往没有足够的时间、专长或经验来制定和实施变革方案，在这一方面，中植资本可以协助企业。

3. 公司治理

通过建立正式和非正式的制度来明确公司治理各个主体的权、责、利，通过外部的和内部的机制来协调公司与所有利益相关者之间的利益关系，以保证公司决策有效，从而最终建立起维护公司各方面利益的治理框架。

4. 组织与人才

公司的战略落地需要配套的管控体系和组织架构进行承接，从而打造相应的核心竞争力。企业发展转型或并购整合后，原有组织架构及管控模式怎样实现突破，管理角色需要重议。

5. 融资筹划

为被投企业设计有针对性的创新融资方案，沟通资金渠道，协助其高效完成融资计划。

6. 税务筹划

中植资本将结合税收政策和政府资源，为被投企业提供税收政策宣导、税筹架构搭建、重大交易税务规划、税收健康检查和税企争议解决等增值服务，协助企业识别税务风险，降低税负成本。

7. 公共关系

中植资本将整合投资者关系、舆情管理服务、价值传播等各类公关与媒体资源，为被投企业提供及时的公关策略咨询、危机处理预案以及实际操作层面的执行支持，为企业品牌价值的稳步提升保驾护航。

四　凭借竞争性核心优势，中植资本抢占头部市场

（一）全球化资产配置

中植资本国际作为中植资本旗下的香港上市平台，为国际投资者提供

了分享中国市场扩容、企业转型、消费升级中收益的机会，为境内投资者带来了全球化资本回报。

中植资本国际将作为中植资本境外投资的唯一平台，继续致力于投资境内外具有高成长性的上市及非上市公司，通过打通境内外市场壁垒、设计创新的交易模式，获得安全稳定的投资收益。

中植资本将全球领先的相对低估值的技术、产品、服务、品牌与中国市场结合，为企业打开利润增长空间。

（二）多元化退出渠道

中植资本与众多境内外上市公司形成了紧密的战略投资和合作关系，中植资本的投资项目优先满足上市公司的并购需求，形成了畅通的项目退出渠道。

（三）立体化行业研究体系

中植资本拥有来自国内外知名机构的并购专家，精细化研究每个行业。同时，中植资本还投入支持各知名院校的丰富产学研资源，拥有尖端技术前沿的研究能力。中植资本与已投企业及全球顶尖的企业和机构建立了深厚的关系，包括众多的全球财富500强企业及各区域龙头、行业龙头。

五 "定制、激情、共赢"——做行业龙头的陪伴者

中植资本的投资理念，可以概括为"行业龙头的陪伴者"。中植资本专注于培育行业龙头，以"定制、激情、共赢"为精神内核，为投资者创造优异价值回报。

（一）定制

中植资本相信，"定制"是并购的精髓。中植资本愿意接受少数股权投资与控股型收购等各种灵活的合作方式，发挥自身的行业战略与市场化能力，运用丰富的资本市场运作经验，满足不同企业在不同阶段的战略和发展需求。

（二）激情

中植资本拥有一支由资深行业专家、投资人、新兴技术研究团队、管理咨询专家组成的并购团队，中植资本以敏锐的市场嗅觉、精准的判断力和卓越的创造力帮助合作伙伴实现产业整合、产业复兴的梦想。

（三）共赢

中植资本坚持产业与资本紧密结合的理念，通过股权债权等多种金融手段，为企业提供长期稳定的资本及配套支持，同时辅以高品质的投后管理、并购咨询服务，为合作伙伴持续搭建产业链平台，最终实现各方利益的共赢。

六　全力服务实体经济，中植资本淬火煅造精品
　　投资案例

（一）参与 A＋轮融资，为京东金融回归中国资本市场助力

京东金融成立于 2012 年 9 月，自 2013 年 10 月开始独立运营，京东金

融是京东集团旗下唯一的互联网金融平台，也是新金融板块的稀缺标的；同业综合实力紧随蚂蚁金服，位列第二。京东金融股权架构合理，公司的发展与管理团队的业绩深度绑定。自创立之初，京东金融持续发展其业务板块，形成了供应链金融、消费金融、第三方支付、财富管理、保险经纪、众筹和创新平台七大板块。各大板块快速发展，5 年来保持了季度营业收入复合增长率接近 30% 的好成绩。

正是看到京东金融的快速崛起及清晰的战略布局，中植资本以自身实力跻身京东金融 A + 轮融资，登陆境内资本市场。对比蚂蚁金服，京东金融在拆除 VIE 结构后将进入加速发展轨道。随着互联网金融整合加剧，京东金融作为合作输出型金融科技标杆企业，同业综合实力紧随蚂蚁金服，位列第二；凭借合理的估值以及内资身份扫清申请金融牌照障碍；随着体内、体外渗透率提升，公司具备扭亏为盈的能力，并实现可持续性发展，剑指千亿市值。

京东金融项目，不仅体现了资本市场对于业绩优良的非上市标的公司的认可，也证明了中植资本布局优质资产、抢占头部市场的实力。在激烈的市场竞争中，是"龙头战略"让中植资本快速准确地把握住了优质资产即将腾飞的机会。在 2017 年度投中产业榜颁奖典礼上，该项目一举夺得"2017 年度中国科技金融产业最佳投资案例"奖。

（二）坚持龙头战略，精确瞄准"百果园"

成立于 2001 年的中高端精品水果超市品牌"百果园"，常年雄踞水果连锁企业的龙头地位，且未来业绩增长预期明确。百果园作为细分行业的龙头，深耕行业多年，积累的规模优势及经验遥遥领先行业中的其他同业公司，历次融资均受到了市场投资者的热切追捧。百果园现已在全国 13 大省区、43 个城市开设超过 2800 家连锁门店，以及全球 200 多个水果基地、17 个配送中心，2017 年实现销售额 84 亿元。B 轮融资有助于百果园向平台型公司发展，截至 2019 年 4 月，百果园门店数量已经超过 3700 家，未来将全部以特许经营的方式进行扩张。

在 2018 年的"6·18"互联网购物节中，百果园战绩也让业界瞩目：三天总销售额超 4500 万元，同比增长 328%，订单总量达 72 万单，同比增长 294%；其中，线上销售占比 24.47%。在第三方平台，百果园也取得了不俗的业绩，在京东到家的销售额实现翻番，在美团外卖的销售额同比增加 2 倍，在饿了么的日订单峰值突破 10 万。从第三方的数据上来看，百果园在各大外卖平台水果类目中的销售业绩都占据第一，且遥遥领先。

中植资本理解并充分认可百果园过去的发展成绩及未来的战略规划。同时，投资百果园也是中植资本龙头战略布局的重要一环。2018 年 1 月，中植资本携手中金、深创投等机构参与百果园 B 轮融资。其中，中植资本作为战略投资者参与百果园本轮融资，希望在未来与百果园形成战略及业务协同作用；百果园作为细分行业龙头也通过这次合作表达了对于中植资本的"龙头战略"投资理念的认同。中植资本作为龙头企业的陪伴者，将持续致力于帮助百果园这样的优秀民族企业不断做大做强，陪伴企业及行业的发展，实现共赢。

（三）发挥资本优势拨动半导体行业蝶变

三年前开始布局高端制造业的中植资本在梳理整个行业脉络后发现，资本在中国半导体行业发展中能够发挥作用的空间还很大，于是，试水从半导体封测行业开始了。

恩智浦旗下的 Sigma（标准器件业务部门）是全球半导体分立器件领域的龙头企业，在业界享负盛名。2016 年 6 月 14 日，恩智浦与建广资产达成出售协议，宣布将恩智浦旗下 Sigma 部门（标准件业务）以 27.5 亿美元出售给建广资产，该并购项目获得了国家多部门的支持与肯定，在欧美等国家和地区日趋严格的交易审查甚至收购排斥、国家外汇资金监管收紧等多重环境下，该笔并购案例的成功显得极为难得，也是我国半导体产业有史以来规模最大的一起海外并购。在建广资产完成 Sigma 项目收购后，中植资本通过承接 Sigma 项目境内 LP 额度投资了该项目，并积极参与推动了 Sigma 核心技术在应用层面的落地，以期带动国内半导体相关产业链及其上下游应用企业的升级发展，改变我国半导体产业发展的长期劣势地位。

本次并购交易包括恩智浦的设计部门以及位于英国和德国的两座晶圆制造工厂，位于中国、马来西亚、菲律宾的三座封测厂，位于荷兰的恩智浦工业技术设备中心，以及标准产品业务的全部相关专利和技术储备，涉及约 1.1 万名员工。另外，Sigma 还是全球屈指可数的得到汽车电子零件供应商认证的企业之一，而我国目前尚无企业通过该认证，因此收购 Sigma 对于我国半导体产业意义深远。

（四）多元化形式参与国内外多家芯片企业成长

中植资本一直深耕于半导体行业。除了投资 Sigma 项目之外，中植资本不断尝试以多元化形式参与了国内外多家芯片企业的成长。2017 年 4 月，中植资本参股北京得瑞领新科技有限公司（现更名为：北京紫光得瑞科技有限公司，简称 "DERA"）。DERA 致力于发展半导体存储，紧跟国际行业趋势，配合核心 IP 与主控芯片的强大自研能力来挖掘每一个存储协议里的性能潜力，提供可与国际 Tier1 级别供应商媲美的稳定产品，研发出了国产第一颗企业级固态硬盘（SSD）主控芯片。2017 年底，清华紫光集团控股收购 DERA，中植资本顺利退出。

同样在 2017 年，中植资本参与了半导体芯片企业 DecaWave 的 B 轮融资。DecaWave 是一家总部位于爱尔兰的物联网领域半导体芯片公司；由于其高定位精度、标准规范性（IEEE）、低功耗、抗干扰以及低芯片成本等优势，DecaWave 的产品在市场中居于领先地位。同时，DecaWave 主导了

IEEE 802.15.4 号行业标准的制定，随着其专利数量（已超过 25 项）日益增加，将会持续对超宽频技术的行业标准制定有着很大的影响。DecaWave 持续的产品创新、广泛的产品用例以及领先的渠道合作伙伴帮助它赢得了包括微软、三星、LG、华为、西门子、Intel、宝马、路虎、丰田等在内的顶级客户群和合作伙伴，未来投资回报值得期待。

（五）入股火爆区块链行业热门公司 Ripple，布局全球跨境支付场景

Ripple（瑞波币）是世界上第一个开放式的支付网络，Ripple 协议使银行能够在不同网络之间发送实时国际付款。瑞波币简便、易行、快捷，交易确认能在几秒内完成，而且由于没有跨行异地或是跨国支付费用，手续费用低廉，接近于零。

基于该公司的全球金融结算服务，Ripple 实现以任意币种向商户、消费者与开发者免费支付并提供即时全球支付选择，是全球支付企业区块链解决方案提供商。通过 Ripple 网络，你可以将资金轻松、廉价并安全地转移到互联网上的任何一个人手中，无论这个人在世界上的什么地方。

Ripple 曾入选《麻省理工科技评论》的 2014 年"全球 50 大最聪明公司"榜单；入选的理由是"这家创业公司发明了自己的数字货币，用更低的成本进行跨境交易，尤其是帮助贫困地区的人们参与全球贸易"。从 2018 年开始，Ripple 相继投资了一些开发 Ripple 应用场景的创业企业和技术公司，从市值上来看，因为应用场景的逐渐丰富，其市值直线攀升，甚至有超越比特币的势头。

（六）推动生态园林行业并购整合，践行美丽中国宏伟蓝图

2014 年 12 月，中植资本战略投资西南地区园林行业的龙头企业金点

园林，持有金点园林30%的股份。同时中植资本引荐华夏幸福作为战略投资者对金点园林进行投资，金点园林业务由以地产园林业务为主拓展至市政园林、产业新城园林等领域。

中植资本推动金融平台为金点园林提供市场利率的资金支持，提高金典园林资金流动性，进一步提升了金点园林综合实力；并对金点园林开展精细化的投后管理，提供全面的增值服务，以协助金点园林提高业绩。

（1）为金点园林推荐行业高端人才，以提供战略落地的人才保障；

（2）组织专业人员对金点园林进行管理提升，为金点园林战略规划、人力资源管理、财务管理等领域提供咨询与服务，具体来说：

·通过深入调研走访，结合金点园林战略发展方向，围绕战略规划、经营计划制订、管控机制优化、岗位责任制等关键内容，撰写专业的建议方案，并与金点园林高层充分沟通后，启动"巅峰计划"专项咨询项目；

·开展战略及经营计划相关培训，调动各部门、各分子公司参与战略规划的制订和经营计划的分解工作，切实将公司目标转化为各中层管理者的行动计划；

·在人力资源管理、财务管理和制度流程方面给予专业建议，并通过金点园林内部对接工作组推动建议的持续落地，在过程中也带教、培养了相关人才；

（3）协调自身资源，助力金点业务拓展，并帮助金点园林优化与关键合作方的沟通协作机制，推动战略合作的高效落实；

2016年4月5日美尚生态停牌，公告重大资产重组。2016年8月19日收到中国证券监督管理委员会（以下简称"中国证监会"）的通知，美尚生态与金点园林重组交易事项获得无条件通过。2016年10月14日，收到中国证监会的正式核准文件，标志着中植资本投资的PE项目金点园林实现退出。

中植资本在金点园林项目的"投、融、管、退"全流程中充分凸显了资源整合优势，通过提前布局产业资源，使战略合作效益加速显现。最后的成功退出也表明，作为主导的投资机构，中植资本对于整合双方诉求的精准把握。2017 年，该项目揽获《融资中国》"中国最佳并购投资案例"大奖。

（七）三聚环保：助力细分龙头企业崭露锋芒

三聚环保作为"清洁能源环保"细分行业龙头，深受国家政策鼓励，具有长期、可持续的发展空间，但环保行业是典型的资本推动型行业，在三聚环保发展的过程中离不开各种金融手段及资本的支持。

2015 年，中植资本通过参与三聚环保定向增发成为三聚环保第五大股东，深度介入环保行业，为其提供多种金融工具及服务支持，帮助企业迅速扩大业务规模，巩固行业龙头地位。截至 2018 年 3 月 31 日，三聚环保市值为 586 亿元，投资前市值 179 亿元。

中植资本与三聚环保携手并进，通过金融资本运作助力行业龙头企业驶入发展快车道，深度提升产融合作空间。随着三聚环保市值的起飞，中植资本在挖掘细分龙头时的独到眼光也再次得到证明。

除以上案例外，公司一直秉承行业龙头战略，积极参与多个行业龙头企业的产业资源整合与资本运作；目前在各行业的投资已累计超过 400 亿元人民币。对于国内很多产业来说，能够投出大体量的资金进行整合并购是极大的优势。中植资本不仅拥有一定的资金实力，同时还积极响应国家号召，利用自身在海内外的资源整合优势，全力为"中国制造"和传统制造业转型升级提供金融支持和服务。

首钢基金：
积极构建创投生态
以"+文创"为传统行业转型赋能

一 对文化传媒行业未来的判断

随着我国在工业化、城市化和技术创新的道路上越走越远，人们对于未来美好生活的向往日益增强，对于精神层面的追求十分迫切，因此对文化传媒行业的内容需求是全方位的。此外，互联网的创新无处不在，自媒体传播形式，颠覆了过去传统行业和新兴行业的界限，也颠覆了传统文化传媒的局限，更多样的文化产品得以产生。在这个时代，我们每个人都是用户，都需要高颜值的产品，文创恰恰是这其中的润滑剂。不仅是 TO C 的产业需要，TO B 的产业同样需要。

二 首钢基金 "＋文创" 模式具体做法

作为一家投资机构，首钢基金有其自身的特点，这当然跟它是国企改革的先锋队有关。它和传统的 PE 不一样，重点对实体经济领域进行战略布局，与多家上市公司联合设立产业子公司。愿景是成为顶级的细分领域产业并购基金和卓越的政府基金管理人，构筑以核心产业为基础的 "融资—投资—运营" 的新产业投资控股平台。在平台构建过程中，"＋文创" 的情况屡次出现，现总结如下。

（一）产业 ＋ 文创

1. 停车产业领域实践

首钢基金体系内的停车产业由首长国际（HK 0697）承担，它于 1991 年在香港交易所主板上市，于 1992 年被首钢集团联合长江实业成功收购，是首钢集团在港旗舰上市公司及首批于香港上市的红筹股之一。随着首钢集团战略转型，公司 2016 年完成了钢铁业务剥离，2017 年完成了智慧停车、城市更新业务和团队的注入，实现了向城市综合服务业的转型。

2018 年，新创建集团、欧力士集团和中集集团入股首长国际，成为公司重要战略股东，其中，新创建集团更是在 2018 年 3 月、9 月两次出资，并在 12 月将其在内地深耕多年的富城（北京）停车管理有限公司整体注入首长国际，用以支持首长国际的发展。

2019 年 3 月 19 日获得厚朴投资、经纬中国、彤程投资的战略入股，三家机构以 0.25 港元/股的价格，共完成对首长国际 33.84 亿新股的交割，金额总计 8.46 亿港元。首长国际拟将所得款项用于进一步拓展停车资产经营管理业务及以城市更新为方向的私募基金管理业务，以及为将来其他潜在投资提供资金。

目前，首长国际已获取北京大兴国际机场、上海虹桥机场 T1 航站楼、北京顺义区后沙峪地铁站 P + R 停车综合体、北京站、成都西部智谷园区、北京崇文门新世界中心、北京中日友好医院以及唐山工人医院等的停车场资产经营管理业务。

从停车业务伊始，首长国际便非常重视服务品牌建设，将停车业务品牌命名为 S-PARK，并启动 5S 服务体系，全面提升停车服务品质：Speed——快速，保证停车效率是停车场运营的核心；Serious——认真，停车场管理重在细节；Spa——舒适，停车场与用户一样爱护停放车辆；Safe——安全，安全是一切的前提；Satify——满意，所有努力都是为了让用户满意。品牌口号也是全面提升停车服务品质的展示。S-PARK 正在不断升级车场标识系统，提高停车效率，为车主节约每一秒；注重细节管理，合理规划停车空间，确保车辆进出便捷；高频次保洁车场，确保良好体验；安全压倒一切，摄像头 24 小时确保运作无误，配备 24 小时中控和现场值守人员，第一时间满足客户需要。

除了追求高品质的服务外，S-PARK 也在不断努力以实现打造高颜值停车场的目标。S-PARK 以成都停车场为试点，尝试与先锋艺术家合作，在停车场引入涂鸦元素，使城市地下空间的氛围更加年轻、时尚。据停车场相关运营人员透露，今后不仅成都的停车场，旗下运营的所有停车场都会尝试与不同艺术形式结合，打造独一无二、与众不同的停车品牌。后续将有涂鸦秀、快闪秀、摄影节、音乐节、街头文化展示等一系列活动推出，吸引更多的年轻用户来到这里，营造新的城市时尚文化集聚地。S-PARK 不断探索将停车场从单一的停车空间，向更多元化的城市新空间转变。当其对空间的功能进行重构与融合之后，产品将更加出众，服务将更有温度，未来的价值将成倍叠加。

2. 空间运营产业领域实践

作为首钢基金旗下五大产业公司之一的创业公社，定位于以城市更新为目标的企业级服务和存量资产改造运营商。全国运营空间总面积为 50 万平方米，以北京为核心区域，辐射京津冀重点区域和全国其他地区，输出品牌和理念。产品品牌包含 "创业公社 Vstartup®" "37°公寓®" "37°比邻®"。

其中，37°公寓在运营过程中充分利用了 "文创" 高附加值的特点，通过 "＋文创" 不断丰富公寓的文化氛围，真正做到 "一个有温度的公寓"（见图 1）。除了在公寓 "颜值" 上下功夫外，还通过设置联合办公区、咖啡厅、阅览室、影视活动厅、悦舞舞蹈俱乐部、健身房、共享厨房、共享餐厅，定期举行观影、徒步、参观等活动，为住户提供社交平台。比起一个住所，公寓更希望为住户营造一个良好的居住氛围，给住户一种精致生活的态度。

除了公寓品牌之外，创业公社在全国各地的场地运营过程中，"＋文创" 贯穿在活动、展示中。例如，在唐山路南区创新小镇，与唐山市图书馆合作建立了城市书房（见图 2），并参与举办各类型活动。再比如，创业公社连续三年参与主办中国 VR 创新创业大赛。大赛以 "科技创新，成就未来" 为主题，旨在搭建中国 VR 领域最大的产融对接、项目对接平台，

图1　37°公寓

图2　创业公社唐山创新小镇城市书房一角

支持 VR、人工智能领域中小企业和团队创新创业。大赛设立 VR 产业投资基金，积极推动 VR 技术在文化、娱乐、科研、教育、培训、医疗、航天等领域应用，长期支持我国 VR 产业健康有序发展。

3. 智慧出行产业领域实践

首钢基金投资企业——车和家，成立于 2015 年 7 月，致力于打造全新智能电动交通工具，改变用户传统的出行体验。2019 年 3 月 20 日，车和家创始人、董事长兼 CEO 李想在其微博中宣布，该公司的汽车品牌名称正式更名为 "理想"，同时，首款车型名称也更名为 "理想 ONE"。

也许是因为车和家 CEO 李想拥有丰富的媒体从业经历，他曾创办泡泡网和汽车之家，"理想" 难免自带一定的媒体属性。这一点从理想制造 App 上线便可窥探一二（见图 3），除了满足用户预订需求之外，理想制造

图 3 理想智造 App

App 更多的是打造用户的交流社区，为爱车、爱理想制造的用户们提供更多新鲜、好玩的关于车的资讯，并认真聆听用户的反馈建议，在某一层面上，将之称为另类的汽车资讯平台也不为过。而李想在汽车文化上的创新，也将成为舆论焦点，就如同他在理想发布会上，与韩寒的《飞驰人生》互动一样。

4. 供应链金融领域实践

首钢基金在供应链金融领域，战略投资了深耕钢铁产业场景的互联网 B2B 平台找钢网（见图4）和欧冶云商。

图4　找钢网获 "钢铁行业改革开放 40 周年功勋企业" 称号

随着 2C 领域的消费互联网逐渐成熟，行业格局趋于稳定，其集中度也不断提高。而 B2B 所在的产业互联网则被视为互联网下半场中下一个巨头的诞生地。

2018 年 10 月 22 日，找钢网与腾讯正式达成合作，合资的胖猫云科技公司成立。从天眼查获悉，该公司注册时间为 2018 年 10 月 15 日，其中找钢网持股 60%，腾讯持股 40%，双方将联手在 B2B 领域进行开拓。

作为 B2B 垂直行业电商的代表，找钢网已建立起庞大且不断发展的生态系统，其服务涵盖了物流、仓储、加工、供应链金融、大数据等钢铁贸易价值链上的各个环节。找钢网与腾讯成立的合资公司也将借助腾讯 QQ、腾讯企点及企业 QQ 多年积累的丰富 B2B 客户资源、企业服务经验和开放平台，共同打造交易型 SaaS 应用。

实际上，此次找钢网和腾讯的跨界合作，不仅可以帮助腾讯在 B2B 和产业互联网领域持续扩大影响力，推动相关业务发展，还有望为传统制造业转型升级提供助力。

而由于找钢网强烈的互联网属性，其在品牌传播上也打破了钢铁企业原有的刻板印象，这一点从其吉祥物胖猫便可以看出；而像成立钢铁新媒体联盟、郎永淳到钢厂直播、举办钢铁围棋大赛等，也是找钢网试图将钢铁和文创更加紧密结合的尝试。

5. 医疗健康产业领域实践

在医疗健康领域，首钢基金设立国企改制医院接管平台"首颐医疗"，目前估值已达 10 亿美元，专注国企改制医院及上下游产业的运营管理，将轻、重资产相结合，辐射大健康全产业链，支持医院在学科建设、人才培养、教研水平提升方面的各项需求。目前，旗下拥有首钢医院、水钢医院等大型医院，并投资了药明康德、艺妙神州、汇晨养老等明星项目。

当人们提及医院时，总是感觉冷冰冰的，谈到肿瘤，总是怯生生的；然而，首钢医院的文创实践则破除了这种成见。首钢医院开设了"心音坊"公益项目（见图 5），项目招募医院内外志愿者弹奏钢琴，旨在帮助患者享受音乐，放松心情，以便更好地治疗康复。心音坊的志愿者们，为医院的患者和家属带来了一次又一次特殊的、充满爱意的演出，用音乐传递爱心。

图5 心音坊公益活动

图5 心音坊公益活动

除了在大厅演奏，北京心音坊的志愿者们还会来到安宁病房，这是中国首个设立在三甲医院的临终关怀中心，为这里的患者和家属带来充满爱意和欢乐的表演。志愿者中有长期致力于志愿服务的人们，也有在校大学生，还有一些是曾经患病现在痊愈的病友，他们用优美动听的琴音和富有感染力的歌声，传递着爱心，让患者能平静地面对疾病所带来的痛苦。这也是"医疗健康＋文创"的特殊作用之一。

（二）园区＋文创

首钢老工业区占地8.63平方公里，规划总建筑面积1060万平方米，是北京市区内唯一可大规模联片开发的区域，被列入国家首批城区老工业区改造试点。由于传统老工业区的开发建设存在投资体量巨大、投入产出周期难匹配、规划建设历经时间较长等特点，为解决资金问题、创新融资渠道，首钢基金设立了老工业区基础设施建设投资基金。基金主要用于首钢园区等传统老工业区开发和城市基础设施建设，并适当参与园区优质项目落地与发展，打造首都经济新增长极。园区一期基金与农银汇理合作，规模24亿元；园区二期基金与中国人寿合作，规模72亿元；首钢基金拟与交通银行、光大银行等合作设立园区三期、四期基金，规模120亿元。

之后，随着国家体育产业示范区、国家保险产业园、北京侨梦苑陆续落户首钢园区，首钢基金围绕"新首钢高端产业综合服务区"的定位，充分发挥资本力量，积极推进首钢世界侨商创新中心、冬奥广场、金安桥一体化改造等重大项目建设。其中，首钢世界侨商创新中心为世界级科技创新和研发中心及侨商共享交流中心，首钢基金投资并运营前期启动项目——侨梦苑·北京侨商创新中心，通过对首钢办公大楼的改造，盘活园区存量资源，提升老旧物业的经济价值。目前，海外院士专家北京工作站已正式落地园区，未来将以"侨梦苑"建设为核心，依托紧邻长安街的区位条件，形成有效满足万侨创新创业需求、具有较强专业化服务能力的新型创业服务基地，促进侨商产业总部及研发机构落地，加快形成创新引领、技术密集、价值高端的经济结构，对于加快转变经济发展方式、实现首都城市功能定位，具有十分重要的意义。

在首钢园区的定位中，文创、体育是重点需要引进的产业。由此，首钢基金也专门引入了清华校友创意创新创业大赛文创体育组活动，来自京津冀、粤港澳、长三角、中原、北美5个赛区40多个文创体育项目的创业团队代表齐聚首钢角逐竞赛（见图6）。知名投资机构代表、优秀校友代表、三创大赛组委会成员单位代表等逾百人共同参加。

除此之外，首钢·侨梦苑还吸引了经纬亿万学院、混沌商学院、首钢基金参加学院等高端商学院入驻，旨在为更多商学院搭建交流平台。

另一个值得一提的活动是奔驰的发布会。2018年11月23日，全新梅赛德斯－奔驰长轴距A级轿车中国上市盛典在首钢三高炉博物馆震撼开幕。虽然首钢三高炉整体改造尚未完成，却提前迎来了全球"首秀"，开创了钢铁企业与时尚盛会合作展示的先河。"从首钢走出去的钢又回来了！"，从为奔驰供应钢材，到成为新款奔驰的首秀场地；从曾经辉煌的炼钢厂，到中国城市更新典范；当奔驰遇上首钢，当两种"重生"碰撞到一起时，奔驰的发布会可以称为"工业＋科技风"的极致体现了。

图6　第三届清华校友创意创新创业大赛参赛团队合影

（三）培训＋文创

由于首钢基金同样站在了许多奋斗于创业一线的 VC 机构身后，除了投资它们以外，还将创新教育的新理念、新模式赋能给这些中国顶级的 VC 机构，共同构建更加成熟的中国创新创业生态。因此，除了私募股权基金的核心链条"募投管退"之外，首钢基金还有"育"这一重要环节。

首钢基金运用旗下参加学院的创新教育手段，变低频率投资为高频率服务，支持北京市新产业培育，为新经济企业赋能。参加学院的首期企业家学员的企业估值超 3500 亿元，投资机构学员管理基金规模近 1200 亿元，上市公司 7 家、行业领军独角兽 10 家，持续得到主流机构融资的准独角兽企业近 30 家。

未来，参加学院还将与经纬等一批首钢基金的 FOF 基金合作机构一道，共同开设聚焦于垂直行业的深度创新营，培育有潜力的创业者，共同助力中国创新事业。

首钢基金已经投资了 20 多个股权投资子基金，参加学院的课程可以成为赋能 GP 的重要方式。此外，首钢基金正准备成立规模为 10 亿元的创投基金，投资标的包括但不限于参加学院的学员企业。

2018 年，参加学院有幸与 45 位创始人、CEO、联合创始人和投资人一同开启了一次无界消费探索之旅（见图 7），通过深度思辨、层层递进，共同完成了一次顿悟。2019 年，无界消费创新营二期招募也正式启动了，首钢基金仍然期待和大消费领域最具潜力的 1% 企业家们相遇，一道求知、明理、思辨、成长，一起拥抱无界消费的未来。并且，2019 年 4 月，参加学院于首钢·侨梦苑举办 "消费创新节"，希望通过打造文化节的形式，为学员们提供更生动活泼的交流平台。

图 7　参加学院无界消费创新营一期成员合影

（四）投资＋文创

恒大研究院发布了《中国独角兽报告（2019）》，报告显示，有些独角兽获得资本追捧，大放异彩，甚至大有超越老牌互联网企业之势。其中，首钢基金直接或间接投资了将近 20 家独角兽企业，并与多个投资覆盖独角兽企业的投资机构建立了合作关系。这里面就包括大量文创企业。

根据报告内容，首钢基金相关投资企业情况如下。

首钢基金通过股权直接投资了 3 家独角兽企业，分别是找钢网、车和家和车好多，其中，车好多作为近年来发展较快的独角兽企业，更在投融资市场遇冷的大环境下，在 2019 年 2 月完成了软银愿景基金领投的 D 轮融资。

首钢基金通过母基金投资间接持有 18 家独角兽企业，其中，估值超过 50 亿美元的有 6 家，分别为京东金融、车好多、居然之家、威马汽车、链家网和联影医疗。其他企业为联影医疗、依图科技、车和家、快看漫画、每日优鲜、老虎证券、Momenta、米未传媒、青云、跨越速运、猎聘网、华云数据。

恒大研究院发布的十大覆盖独角兽企业最多的投资机构中，有 5 家机构是首钢基金的合作伙伴，分别是红杉中国、经纬中国、启明创投、顺为资本和真格基金。

根据成立 10 年以内估值超过 10 亿美元的标准进行统计，首钢基金通过母基金投资的宝宝树、信达生物和 Bilibili，虽然在 2018 年已经分别在香港和美国完成 IPO，但其在上市前曾经达到了独角兽企业标准。

2019 年 2 月，北京市发改委发布的新首钢三年行动计划中提到，首钢园区将有承载科技龙头企业、独角兽企业的职能。未来几年，首钢园区将提供金融支持、人才对接、人才补贴、税收减免等优惠政策，帮助独角兽企业解决成长期间所遇问题和难题，为它们提供优质的创新环境，促进企业、高校、政府的知识、技术、人才传播流通，将传统产业升级与新兴产业培育相结合，促进北京的新经济活跃程度提升。

三 优秀案例

（一）猎户星空

豹小秘是首钢基金投资企业——猎户星空推出的优质产品，定位于全球首款五星级接待服务机器人（见图8）。她的功能包括智能引领、服务接待、讲解咨询、语音交互等。

图8 豹小秘

"豹小秘"的"大脑"拥有业内最强的芯片系统；它的"口"来自猎户星空的语音合成技术，被誉为"最温暖的声音"；而"眼睛"则借助猎户星空自主研发的视觉算法，可以分析性别、年龄，支持人脸、人体跟随；它的"耳朵"则是由自主研发的机器人专用麦克风阵列构成，支持360度远近全域识别，并经过了1.5亿次唤醒的实践检验；它的"双腿"是自主研发的室内导航系统，采用多传感器融合，定位准确。

为了满足不同行业和企业的定制化需求，让用户体验更流畅，"豹小秘"采用了高速的can总线系统，反应速度更快；同时集合了行业内高端的硬件芯片平台，数据运算性能更优越。值得一提的是，"豹小秘"的语音视觉、室内导航、算法等核心技术全自研，大大提高了整合能力。

而"豹小秘"目前已经为鸟巢会展中心提供服务，通过人脸识别，判断和寻找游客，为他们提供迎宾接待、路线引领、展品讲解、智能拍照与对话问答服务。这是猎豹移动旗下接待服务机器人与旅游业的一次深度定制合作，也是旅游行业首家落地的AI导览机器人。

游客们可能都遇到过这类情况：置身于卢浮宫、大英博物馆等展馆内，苦于没有人工讲解，需要在网络上查询各类资料，或者询问工作人员。随着旅游业的高速增长，以及大众文化素养的提升，越来越多的游客希望对目的地能有深度的了解，使得导览服务的需求量与日俱增。2011~2015年，导览需求增长了6.5倍，而导游从业人员仅增长了1.2倍。

"豹小秘"将能够解决这一难题。想象一下，未来机器人将作为你的贴身导游出现，她熟悉每个展品的相关知识，不厌其烦地为前来游览的游客讲解，她不推销商品，也不杜撰内容，还能与游客实时交互，满足游客的好奇。这样的场景并不久远了。

除了鸟巢之外，"大师窖藏——齐白石特展"、中国（海南）国际热带农产品冬季交易会（见图9）、首钢·侨梦苑等全国各地都出现"豹小秘"的身影，今后，期待在更多的地方遇见"豹小秘"。

图9　三十台"豹小秘"亮相海南冬交会重要活动现场

四　总结

　　互联网会引发各种小而美的创新。一个城市中的老城、旧城和城中村可能更容易在这样的"颜值革命"中获益。它们蕴含着一种持续演进、自我繁殖、自我更新的能量，它们也是保护城市发展的"湿地"。而不论是首钢园区还是创业公社，在致力于成为城市更新服务商的过程中，也是绕不开"颜值革命"的。这也是首钢基金多次提到"颜值"这个词的原因。不论是 S-PARK 停车场的涂鸦、37°公寓的明亮黄、首钢园区的工业遗址风，无一不是自下而上迎战"颜值革命"的尝试。

　　这是一个新的时代，也是一个旧的时代，新旧势力在实业的框架内冲突、颠覆、建设、重塑，而这一框架本身也在这种冲突、融合中发生变化。渐渐地，我们会察觉到，原来新与旧之间并没有一条清晰的界线。就像我们一直在说创新无止境，殊不知定义创新底线的正是传统。传统教我们如何平衡、妥协和取舍，并保持谦卑与敬畏。所以首钢基金在服务实体经济时，使用"＋文创"的创新方式同样要寻找两者之间微妙的平衡点，在不断变化的经济形势下，随时准备出击。

博将资本：
为价值企业全方位赋能

一 博将资本基本情况

博将资本是一家专注于一级股权市场的国际化投行，于 2005 年 9 月在上海成立，并先后在硅谷、洛杉矶、香港、北京、浙江、深圳等地设立分支机构。

博将资本致力于投资初创期、高速成长期的 TMT、大数据、人工智能、企业服务、金融科技、新材料、文化等领域具有巨大发展潜力或高成长性的高新技术企业，先后投资了极米科技、福米科技、烯湾科技、云嘉、达闼科技、派逸瑞筹、多牛传媒、迈吉客、新译科技、星汉激光、中顺易、地上铁、豆包网、每刻报销、梯影传媒等近 200 家新兴创业企业。

二 博将资本发展历程

（一）从资本到服务，博将资本全方位为企业赋能

博将资本是一家具备募、投、管、退完整投资闭环的金融服务机构，实行全员合伙人制，董事会下设投资决策委员会，负责新投项目的投资决策，基金管理部负责新基金的申报成立，风控部及财务部负责项目尽调。

基金发行方面，博将资本发行了鼎昇系列、创富系列、福睿系列等多只私募股权基金，投资了近 200 家创业企业，其中包括新译科技、梯影传媒、迈吉客等多家文化传媒领域的创业公司。

海外布局方面，博将资本先后在洛杉矶、硅谷成立分公司。博将资本硅谷分公司 Booming Star Partners LLC 发行了美元基金——智创未来美元基

金，投资了 Vicarious、Liberio、Silicon Catalyst 等公司。

政府合作方面，博将资本与杭州经济技术开发区（现钱塘新区）、Silicon Catalyst 孵化器正式签订了共建机器智能孵化器的合作协议，本项目为杭州市钱塘江金融港湾建设重点项目。在由杭州市科学技术委员会、杭州市发展与改革委员会等主办的金芒奖年度创业颁奖盛典上，博将资本获评"2017 十大投资机构"。

投资生态建设方面，博将资本发起成立价值联盟，为博将资本系企业搭建一个信息交流、资源对接、合作共赢的平台，并先后参与发起博将企投家俱乐部、公益金融联盟，通过多渠道资源，为创业企业提供从资金到资源的全方位服务。2018 年，荣获 36 氪发布的 2018 年新经济之王"中国最具成长力私募股权投资机构 TOP10"。

（二）从 VC 时代转向投行时代

经历了十几年的高速发展后，博将资本走向新的发展节点，即从 VC 时代转向投行时代。

投行，包含投资、资产管理、资产运营和战略咨询等业务，更强调对企业的深度服务。

这要求博将资本在投资的时候不仅要从资本增值的角度来考虑投资，更要站在创业公司的角度去考虑；不仅为创业公司解决资金上的难题，同时要在公司未来战略方向、品牌、上市等方面进行辅导。

2018 年，在博将资本发起的价值联盟年会上，近 40 家博将系企业参会，共同分享各自企业的最新发展成果，碰撞跨界合作火花，博将资本价值联盟加强了企业间的沟通合作，给所投项目带来真正的价值和机会。

以投资为入口，为企业进行多方面深度赋能，是新时代下博将资本的战略方针。未来，博将资本会继续在为企业深度服务上深化升级，积极打造一家国际一流的金融服务机构。

三 博将资本投资策略及逻辑

博将资本完整的投资逻辑可以总结为：一个中心，两个维度，三个标准。一个中心是指价值投资；两个维度——TOP1&ONLY1；三个标准——幸福刚需理论、天花板理论、长尾理论。

（一）价值投资

价值投资理念于 20 世纪 30 年代由本杰明·格雷厄姆创立，并经沃伦·巴菲特的使用而发扬光大。博将资本秉持价值投资的理念，以巴菲特为自己的标杆，提出了"美国有巴菲特，中国有博将资本"。

金融是一国重器，投资是侠之大者，为国为民。博将资本的初心是为价值企业赋能，为财富家族赋能，为实体经济提供真正的帮助。多年来，博将资本投资了优美环境——造福缺水地区：在非洲、东南亚或者是我们西部地区，都可以通过环境的改善来获得干净的淡水，进而提升幸福感；投资了视佳科技——改善干眼症人群的生活质量：很多长时间使用电脑、手机的群体都会产生眼部干涩的症状，预计到 2019 年干眼症患者会达到3.6 亿人；此外，还投资了烯湾科技、格瑞实业等几十家真正为社会创造价值的企业。

（二）TOP1&ONLY1

TOP1 是指市场份额、盈利能力等处在行业前列，ONLY1 是指具有很强的技术壁垒，或者拥有独一无二的牌照。博将资本只投资行业第一或唯一，或者有潜力成为第一或唯一的公司。这是因为领头公司的市场优势会越来越明显，资源和资本会越来越集中，马太效应和长尾理论会为企业带来长期和持续的高速发展。

在互联网圈有个 721 定律，指的是一个超级公司会占据市场上 70% 的份额，第二名会占据 20% 左右的份额，剩余 10% 由几家小公司分吃。在中国互联网圈，博将资本也看到了这种情况——BAT 占据了大半壁江山，在巩固自己主营业务的同时，这些超级巨头把触角深入了更多的领域，小公司很难与这些巨头抗衡，最终面临的结局或者被收购，或者被投资。

在一些 To C 的项目里，行业第一更是受到资本的追捧。因为"第一"就意味着标杆，意味着更高的壁垒。在竞争激烈的市场中，如果一个项目不能快速地发展，不能打造极致的用户体验，赶不上第一梯队，那么这个项目可能已经被市场边缘化了，这就意味着项目很可能得不到更多后续资本的支持。

博将资本投资的达闼科技、极米科技、云嘉等公司都是行业的 TOP1 或者是 ONLY1。其中，达闼科技由前美国 UT 斯达康公司 CTO、前中国移动研究院院长黄晓庆先生（Bill Huang）于 2015 年 3 月创立，专注于云端智能机器人技术的研究与开发，致力于发展运营商级别的大型融合智能机器学习和运营平台、安全高速网络，以及服务机器人和其他智能设备；极米科技率先提出了"无屏电视"的产品概念，并在市场上开创了这一新品类，随后一直专注于无屏电视的设计、研发和生产，市场占有率全国第一。

（三）幸福刚需理论、天花板理论、长尾理论

幸福刚需指的是所投项目要满足最广泛的真实需求。在选择项目的时候，要学会分辨是真需求还是伪需求、是真幸福还是伪幸福。什么是真需求？真需求就是实实在在为社会创造价值，是刚需，比如烯湾科技研发的碳纳米管纤维、达闼科技的导盲头盔。而像前几年的各种 O2O 上门服务，如上门洗车、上门理发，看起来是解决了一部分"懒人"的需求，但实际

上这种模式是利用了中国的人力资本还比较低的现状，随着社会发展，根本不能持久。

天花板理论指的是一个项目是否有足够高的行业天花板、是否具备爆发性增长的可能性及潜力。很多公司一直在盈利，但发展前景有限，未来看不到更大的发展空间，不具备高成长性，这类项目投资回报会很小。

长尾理论是指项目是否具有持续创造价值的能力，是否处于行业的发展阶段。

四　文化传媒行业的投资展望

（一）暂时遭遇"寒冬"，二八效应彰显

文化传媒行业在经历了一波投资浪潮之后，在 2018 年逐渐降温。相关数据显示，2018 年全年，文化传媒行业获得 VC/PE 融资案例数量仅 485 起，相比 2017 年 600 起下降 19.17%，比 2016 年数量最高点 741 起下降 34.5%。投资数量降低一方面是因为私募融资领域遭遇"寒冬"，导致全行业投资受到影响；另一方面是由于某些政策原因，如游戏版号暂停审批、某些影视公司的偷税漏税稽查等，对文化传媒行业的投资信心造成了影响。

当然，即便在行情不好的情况下，文化传媒行业的二八效应还是得到彰显，战略投资者入局头部公司带来的大额资金，推动 2018 年文化传媒领域整体融资规模达到 5 年来的最高值，达到 111 亿美元，相比 2017 年翻了 3 倍。尤其是在 2018 年下半年，融资案例虽然较上半年下降 24.9%，但是受到多笔大额融资推动，融资规模反而上涨 17.03%。从轮次上来看，天使轮到 A + 轮的早期案例数量合计下降 27.9%，中后期项目略涨 1.68%；

从融资规模上看，受几个较大项目的影响，Pre‑IPO 涨幅最高，其次是种子轮融资。

虽然文化传媒行业的投资在大环境的影响下暂时陷入低潮，但博将资本认为，随着中国中产阶层的不断扩大，文化传媒领域消费需求会越来越高，而从线下到线上线下的结合，会为文化传媒行业的投资带来更广阔的空间和更广泛的机会。

（二）技术创新是文化传媒领域的核心发展要素

推动文化传媒领域技术创新的核心技术包括 5G、大数据、人工智能、文本识别、语音识别、视频识别等。如今很多门户网站都已经利用人工智能技术智能推送新闻流，并在内容采集、内容生产、内容分发、内容接收和内容反馈五大环节进行融合创新，这在某种程度上已经颠覆了传统的文化传媒发展格局。

大数据和人工智能技术在新闻传媒领域的运用，让传媒工作者从大量繁琐的、程式化的工作中解放出来，通过对技术的便捷使用和灵活把控，将工作的重心放在创意思维、观点解读和创新能力上。传媒产业同互联网、人工智能技术深度融合，形成了信息生产革新、产品形态丰富、商业模式升级等协同创新发展的新业态。

此外，更多的新技术将应用于传媒的服务体验环节，移动终端和 VR/AR 等交互技术的融合，虚实场景的设计、切换和融合，是对用户体验的重要创新。目前，AR/VR 技术多用于影视观看和游戏体验，未来将在新闻传播和活动直播领域有更多的应用和展现。

数字化时代，技术要素占的比重会越来越大。当今，文化传媒行业与数字技术在创新结合上面临新的发展机遇，这就要求文化传媒行业从业人员积极利用数字技术承载优秀的文化内容，推动文化传媒领域高质量地发展。同时，这种创新融合也是资本市场未来中长期投资的主题。

（三）未来将涌现一批具有全球影响力的文化传媒企业

当前，我国的经济总量在全球排名第二，硬实力得到了世界各国的肯定，但软实力还不能匹配中国当前的经济地位。这就需要有实力的文化传媒企业积极"走出去"，在世界上讲好中国故事。如今很多大型的国有文化传媒企业已经在政策的支持下主动出海，如新华社、中央电视台等大型新闻传播机构设立了海外分支机构，影视制作发行公司积极开拓海外市场……这些企业讲述着中国的发展模式、优秀的传统文化和真实的中国面貌，影响着世界对中国的认知。

以电影市场为例，2018 年全国电影总票房是 609.76 亿元，相比 2017 年增长 9.06%，银幕总数现在已经达到了 60079 块，增速超过美国。众所周知，电影具有传递价值观的引领作用，譬如大火的电影作品《红海行动》《战狼Ⅱ》《我不是药神》等，它们通过塑造的生动人物给中国和世界观众展现现时中国的风貌。

博将资本认为，随着中国综合实力的提升，国内将涌现一批具有全球影响力的文化传媒企业，包括影视制作公司、游戏动漫公司及新闻传播机构等，这些企业"走出去"的时候需要投资机构的助力赋能，而博将资本将积极利用自身的海外资源优势，推动优秀的公司更加稳健地"出海"。

五　博将资本在文化传媒行业领域投资策略

（一）重点关注 IP 内容联动开发的头部项目

文化传媒行业的核心竞争力是内容。在移动互联网异军突起的市场环境下，IP 内容从最早期的单线开发发展到影视、音乐、游戏、动漫、文学等多形态的联动开发，放大 IP 整体的价值，为市场激活增量用户，实现可持续、多方面变现。

博将资本 2016 年投资的两点十分就是一家以内容为核心的动漫全产业链整合公司。公司累计发行作品 40 余部，拥有《银之守墓人》《我是江小白》《巨兵长城传》等 100 多个优质 IP，内容涵盖玄幻、都市、校园、悬疑、科幻、热血、纯爱、推理、魔幻、历史、少儿、动作等多个领域。其跟腾讯动漫合作推出《银之守墓人》，漫画上线三年，点击量突破 130 亿，是国内授权给游戏金额最高的漫画作品之一，被改编成动画在中日两国播放，获得了空前的成功。

《我是江小白》是两点十分和江小白酒业合作推出的青春文艺爱情动画，该作品挑战"妖魔鬼怪"题材之外的人群定位，集合了"青春""爱情""悬疑""治愈"等元素，讲述了一个与相遇和重逢有关的，"找寻世界上的另一个我"的探访十年前真相的故事。动漫上线后实现了 B 站 9.6 分、豆瓣 8.1 分、全网总播放量过 3 亿的成绩。在 2018 "金奇力奖"年度评选中，《我是江小白》获得了动画营销案"最佳内容营销案例奖"，两点十分动漫也被誉为"最佳内容营销服务机构"。

《巨兵长城传》由两点十分动漫、优酷和电动画联合出品，两点十分动漫制作的这部电影级全动物三维奇幻动画系列片，于 2019 年 1 月 19 日在卡酷少儿频道和优酷视频上线首播。根据央视索福瑞数据，《巨兵长城传》首轮播出在蝉联收视榜单前三名之后，更是冲出几大国产 IP 的围堵，斩获全国同时段动画收视率 NO.1 的桂冠，中央少儿的《猪猪侠竞球小英雄 3》和湖南金鹰卡通的《新大头儿子和小头爸爸一日成才》分别位居二、三名。自播出以来，凭借媲美电影级的画质、个性鲜明的人设、准确的叙事节奏以及正向的内核表达，《巨兵长城传》收获了 B 站评分 9.7 分、优酷视频评分 8.9 分、全网点击量突破 5 亿的成绩，这些都显示了《巨兵长城传》的精良制作和超高人气！

2017 年，两点十分获得了阿里巴巴数亿元投资，成立了华中地区首只文化产业投资基金——互娱基金，目前已成功投资数十家中国动漫行业的领军企业。

在当前的文化市场上，优质内容稀缺仍然是文化传媒领域最大的痛点，无论渠道如何，内容质量仍旧为变现的核心驱动力。尤其是具有较高的传阅度、作品热度、作品表现力以及作品改编潜力的作品，一旦形成 IP，会立即从单一渠道变现转为多渠道变现，形成长尾效应。两点十分动漫几乎集结了所有能够集结的中国动漫的优秀力量，在内容上坚持一遍遍地推翻、打磨、修改、重演，创作出了一部部对得起观众的动画片，鼓励观众追求梦想。

（二）重点关注颠覆文化传媒领域发展格局的技术创新型企业

互联网领域的频繁跨界和创新，为文化传媒领域带来了活力。作为经济创新的一个重要领域，文化传媒领域的技术创新是博将资本重点投资的方向之一。近年来，博将资本投资了迈吉客、乐播、梯影传媒、新译科技等多家文化传媒创业公司，支持和扶持技术能力强的公司脱颖而出。

2017 年，博将资本投资了迈吉客科技（appMagics）。迈吉客成立于 2014 年，是一家专注于将人工智能技术应用于计算机视觉三维混合现实领域的成长型公司，公司以科技切入文娱领域，实现虚拟和现实的仿真融合。

产品方面，迈吉客研发了混合现实技术引擎——MAGICS。MAGICS 引擎为每个人创造一个与众不同的形象，作为数字世界的载体及化身，在将虚拟世界与现实世界打通的同时，实现影视动漫 CG（计算机动画）技术个人化、个性化。目前，迈吉客科技已将技术应用在影视、传媒、动漫、直播、智能设备等相关领域。

MAGIC 引擎衍生产品线分为 SDK 和内容生产。迈吉客科技的混合现实技术与 IP 的结合，改变了 IP 内容制作方式和过程，把 IP 的内容生产变成实时的、可互动的，甚至实现了边投入边产出模式。

在互联网进入实时视觉化阶段，迈吉客在计算机视觉和图形领域进行技术优化升级，在影视、动画等内容领域拓展更大的发展机会。

融资方面，迈吉客曾在 2015 年 7 月获得数百万元天使轮融资；在 2016 年 4 月和 9 月分别获得数千万元的 A 轮融资以及来自蓝港互动的战略投资；在 2017 年 6 月，迈克客获得华盖资本领投，博将资本和紫辉创投跟投的数千万元 A + 轮融资；在 2018 年 3 月获得盛景追加的新一轮数千万元融资。

（三）重点关注更受年轻人喜欢的游戏动漫产业

游戏动漫产业是文化传媒领域的核心产业之一，涵盖动画、漫画、游戏、制造业等诸多行业。作为继 IT 产业之后的又一大经济增长点，动漫游戏及衍生产品的巨大产值及其迅猛的发展，日益受到世界各国的普遍关注。

2015 年，博将资本投资了厦门市酷游网络科技有限公司（下文简称酷游），酷游成立于 2013 年 8 月，是国家高新技术企业，同时也是一家专注于精品游戏开发的高速发展中的游戏企业。酷游集手游研发、海内外发行、影视动漫 IP 定制与创作、团队孵化于一体，致力成为海峡两岸最具影响力的手游孵化企业。成立 6 年来，酷游先后获得福建省科技小巨人领军企业、厦门市重点软件企业等殊荣。

酷游手游产品有《曹操别跑 OL》《曹操别跑 2》《英雄来挂机》《真后宫无双》《蜀山 H5》《狐尔摩斯》《这就是坦克》等；小程序游戏有《圈羊大作战》《我才是最胖的》《决胜高尔夫》《龙卷风乱斗》等，并为全国各大平台定制游戏。同时，公司拥有国内多款知名 IP 的版权，并拥有成熟的 IP 多维度开发经验。酷游开发的游戏不仅在国内拥有极高的口碑，在越南等海外市场也取得了成功，得到上千万家的认可和支持，并拥有不俗的变现能力。

六　博将资本投资案例

（一）"无屏电视"的开创者——极米科技

成都市极米科技有限公司（以下简称极米科技）成立于 2013 年底，是一家正处于高速成长期的沉浸式互联网公司。极米科技率先提出了"无屏电视"的产品概念，并在市场上开创了这一新品类，随后一直专注于智能投影和激光电视的设计、研发和生产。

根据《IDC 2018 年第四季度中国投影机市场跟踪报告》的数据，2018年中国投影机市场总出货量累计达到 435 万台，同比增长 31.1%。而 2018年投影机市场排名（按销量计算）前五大厂商为极米科技、Epson、BenQ、Sony 和 NEC，国有品牌首次问鼎年度冠军。按照销售金额计算，极米科技则排名第二。

事实上，极米科技的销量一直处于稳步上涨的态势。2017 年度，极米科技出货量为 34.7 万台，市场份额约为 10.5%，排名第二；2018 年，极米科技的出货量为 57.5 万台，同比增长 65.70%，市场份额为 13.20%，位居第一，排名第二的 Epson 出货量为 54.2 万台，市场份额为 12.40%。

极米科技成立以来共完成 4 轮融资，其中超过 70% 的资金都投入了研发。早在 2014 年，极米科技就成立了光学实验室从事投影核心技术——光学技术的底层研发。截至目前，极米科技已建立光学、画质、噪声、可靠性、无线等研发实验室，同时联合百度成立了 AI 无屏实验室，拥有各项专利 400 余件。

（二）机器翻译领域的标杆——新译科技

2017 年下半年，博将资本投资了专注于机器翻译领域的人工智能大数据公司——新译科技。作为机器翻译领域的标杆企业，新译科技自 2014 年成立以来一直致力于机器翻译质量的不断提升和改进，不断为 B 端 G 端用户提供强有力的支撑服务。

当前新译科技已具备了数据、技术、产品和渠道四个核心要素资源，且形成了机器翻译产品和服务与数据间的商业模式闭环，公司拥有多达百亿句对语料数据资产，数据数量、翻译质量在行业内均处于领先地位。

新译科技为用户提供的可供公开使用的产品包括垂直领域机器翻译、辅助翻译系统、机器翻译插件（包括浏览器插件、SDL 翻译插件、OFFICE 办公插件等）、便于用户出行沟通使用的智译 App 等。公司于 2017 年在北京依据科技部《科学技术评价办法》的有关规定，按照科技成果评价的标准和程序，通过了国家科技成果认定，并于 2017 年 10 月获得人工智能最高奖——吴文俊人工智能技术奖。

（三）国内领先的智能媒体集团——多牛传媒

多牛传媒是博将资本 2018 年投资的项目，这是一家国内领先的智能媒体集团，其运用技术驱动内容，聚合多媒体形成用户入口，打造移动互联网媒体矩阵。旗下的移动互联网媒体矩阵在游戏、动漫、电竞、科技等各领域布局（见图 1）。

图1　多牛传媒移动互联网媒体矩阵

多牛传媒的目标是连接人与内容，将包括图、文、音、视频在内的数字内容与亿万互联网用户连接起来，实现这一目标的手段则是大数据、云计算、人工智能等技术。通过人工智能的算法对数以亿计的用户行为、内容进行科学分析，向用户推荐其感兴趣的内容。另外，多牛传媒也为企业服务，通过算法手段为其发掘潜在用户。

2018 年，多牛传媒战略并购人人网相关的社交网络业务，其主要资产包括中国领先的社交网络平台人人网（www. renren. com）、人人直播，以及相关的一揽子业务。截至 2018 年 3 月 31 日，人人网社交网络平台的月独立登录用户数约为 3100 万。自此，人人网成为多牛传媒旗下智能媒体矩阵的重要组成部分，共同服务于中国的 3.5 亿年轻用户。

（四）专注于多屏互动方案的科技公司——乐播

深圳乐播科技有限公司是专注于多屏互动方案提供的科技公司，成立于 2013 年。现已研发出国内领先的多屏互动技术。

经过两年多的努力，产品实现了从手机到大屏的无线互通互联，解决了手机屏幕小的问题，最大限度地满足了用户对大屏的需求。从游戏录制、网络直播分享，到大屏游戏、商务办公等投屏需求都可以一键投屏到电视。市场品牌覆盖率已达到80%，与大屏终端厂商阿里、小米、乐视、康佳、长虹、优酷，及直播平台斗鱼、虎牙、战旗、龙珠直播、大神TV等均达成功能内嵌合作。

同时，产品自推出开始，就以平均每月一更的速度不断创新，攻克难关。在行业里逐渐与其他同类产品拉开差距，领跑投屏，得到越来越多用户的选择并以几何式的方式增长着。2018年，乐播累计TV版用户数1.12亿，手机端SDK+APK用户数1.4亿。

（五）创新楼宇电梯媒体的前瞻性广告公司——梯影传媒

北京北广梯影广告传媒有限公司是创新楼宇电梯媒体的前瞻性广告公司。股东由世界500强、知名传媒集团组成，成立一年内接连受到百度风投、红杉中国、IDG投资。自成立初始，公司即定位成为"高端商务楼宇效果媒体运营商"。公司自主研发并拥有知识产权的电梯投影设备是颠覆现有平面传播介质、实现移动互联、具备程序化下单及大数据分析功能的新型媒体形式。

电梯投影媒体项目以超高到达率及超前的营销方式，帮助广告主建立消费者品牌联想度。同时，加入投影触控、AR增强等领先科技，引领户外媒体的发展趋势。团队方面，公司引进知名传媒公司高管及光学研发团队，坚持"以科技创新为驱动力，以效果营销为导向"的理念，扼守电梯传播场景，融入前沿科技，将户外媒体投放实现精准、分时、实效化。

梯影传媒2018年收入约4060万元；截至2018年底，在全国累计开发3.7万部电梯，其中直营城市约1.85万部，签约广告合同达到1.1亿元，广告发布5458万元；预计2019年底在全国累计开发电梯数量增至10万部，其中直营城市约4.5万部，签约广告合同达5亿元，广告发布3.5亿元，每天影响过亿商务白领。梯影传媒努力成为传媒行业的新势力，构建户外媒体领域新蓝海。

（六）国内领先的在线保险服务运营商——豆包网

豆包网成立于 2015 年，专注于为中介公司、保险机构和体检医疗等第三方服务商提供一体化解决方案。其中，中介核心业务 SaaS 系统打通"业务系统管理、营销队伍支持、客户服务管理"三大模块，提供一揽子智能化解决方案，帮助营销渠道和代理人实现内部管理的精准化和营销服务的智能化。

技术创新是豆包网发展的基石和动能，3 年来已经形成了智能核赔、智能核保两大技术体系，使得几十个产品落地，实现了端到云一体化的全流程解决方案和服务能力。为了形成适应智能投保、智能保后服务需要的基础设施体系，"豆包数云"作为豆包网 2019 年推出的完整的人工智能运营解决方案，采用知识建模、通用问答、保单知识抽取、保单管理、咨询转化等，并以此为基础与业内领先的保险公司、代理公司、经纪公司等建立起战略合作关系，共同推进保险产业创新。

附 录

2018 年中国传媒
行业大事记

1月

1月8日 国家新闻出版广电总局发布《进一步加强广播电视节目备案管理和违规处理的通知》。《通知》显示，凡被总局发现问题、受到总局《收听收看日报》点名批评或被总局以其他形式批评的节目，依据有关条款予以处理。受到总局整改、警告、停播处理的节目，一律不得复播、重播或变相播出，不得通过各种形式转移到互联网新媒体上播出。

1月16日 人民日报社与雄安新区管委会正式签约，共建雄安新区文化传媒平台，雄安媒体中心（中央厨房）同时揭牌运营，"雄安天下"客户端和"人民雄安网"也正式上线。

1月23日 以网络游戏含有禁止内容、网络游戏宣传推广含有禁止内容等违规经营活动为监管执法重点，文化市场综合执法机构共出动执法人员1.2万余人次，检查网络游戏运营单位7820家次，受理举报751件，办结案件252件，责令改正363家次，罚款122万余元。

1月23日 新华社英文客户端（XinhuaNews）在京发布。这是我国主流媒体中第一款实现智能推荐的英文客户端。客户端依托新华社遍布全球的新闻资源和采编网络，原创内容更加丰富，设置"中国新闻""世界动态""高端时政"等栏目，面向全世界英文读者全天候发布新闻资讯。

1月24日 2018年全国广播电视宣传管理工作会议召开，会议强调2018年将继续着重解决明星薪酬过高问题。

1月31日 中国互联网络信息中心（CNNIC）在京发布第41次《中国互联网络发展状况统计报告》。报告显示，截至2017年12月，我国网民规模达7.72亿人，普及率达到55.8%，超过全球平均水平4.1个百分点。全年共计新增网民4074万人，增长率为5.6%。手机网民规模达7.53亿人，较2016年底增加5734万人。

2月

2月2日 国家互联网信息办公室公布《微博客信息服务管理规定》。《规定》自3月20日起施行。国家互联网信息办公室有关负责人表示，出台《规定》旨在促进微博客信息服务健康有序发展，保护公民、法人和其他组织的合法权益，维护国家安全和公共利益。

2月8日 国家新闻出版广电总局通报，总局日前联合地方新闻出版广电局等单位，严肃整治网上近期出现的歪曲演绎红色经典、恶意拼接经典卡通形象散布血腥暴力、低俗炒作明星绯闻隐私和炫富享乐类视听节目。

2月13日 国家工商总局发出关于开展互联网广告专项整治工作的通知，2018年4月到10月底重点整治五类虚假违法互联网广告，涵盖门户网站、搜索引擎、电子商务平台、移动客户端和新媒体账户等。五类虚假违法互联网广告包括：①涉及导向问题、政治敏感性问题、损害国家利益的违法互联网广告；②危害人民群众人身安全和身体健康的食品、保健食品、医疗、药品、医疗器械等虚假违法互联网广告；③含有欺骗误导消费者内容、损害人民群众财产利益的金融投资、收藏品等虚假违法互联网广告；④妨碍社会公共秩序、违背社会良好风尚、造成恶劣社会影响、损害未成年人身心健康的虚假违法互联网广告；⑤社会公众反映强烈的其他虚假违法互联网广告等。

2月15日 央视春晚开播前19点52分开始，8分钟内共计播放广告28个，涉及24个广告主，其中淘宝、古井贡酒、美的、君乐宝均占据2段广告位置。从行业分布看，互联网和快消行业明显占据绝对优势，互联网行业8个广告主9次投放，快消行业8个广告主10次投放，家居行业3个广告主4次投放，而汽车作为广告投放大行业仅有广汽传祺1家。

2月18日 今日头条以3亿美元交易总价，完成了对相机拍照工具

Faceu 激萌的收购。Faceu 激萌的特点在于通过人脸识别技术将"拍摄"与"编辑处理"一步到位。据 AppAnnie 统计，自 2016 年 12 月起，Faceu 曾在 iOS 总榜连续两个月排名第一。

2 月 28 日 北京市新闻出版广电局、北京市文化市场行政执法总队联合约谈新浪微博、新浪视频、凤凰网、秒拍、百思不得姐、水木社区 6 家网站，依法查处上述网站未持有《信息网络视听节目许可证》、擅自从事互联网视听节目服务、涉嫌传播违反《互联网视听节目服务管理规定》第十六条规定的节目，责令上述 6 家网站限期整改。

3 月

3 月 22 日 中共中央印发了《深化党和国家机构改革方案》，涉及传媒领域的机构改革内容主要有：①优化中央网信办职责；②优化中央网络安全和信息化委员会办公室职责；③中宣部统一管理新闻出版及电影工作；④组建国家广播电视总局；⑤撤销央视、央广、国际台建制，组建中央广播电视总台。

3 月 28 日 中国视频弹幕网站哔哩哔哩（B 站）正式登陆纳斯达克，交易代码为"BILI"。当天开盘价报 9.8 美元，较发行价 11.50 美元跌约 14.8%。股票承销商为摩根士丹利、美银美林和摩根大通。

3 月 28 日 电竞平台明日世界进行数千万元 A 轮融资，本轮融资后，明日世界表示会围绕电竞上下游打造核心内容，包括电竞赛事、IP 输出、游戏研发及发行。

3 月 29 日 爱奇艺在美国纳斯达克市场敲钟上市，证券代码为"IQ"，IPO 定价每股 18 美元，开盘价 18.2 美元，较 18 美元的发行价上涨 1.11%。但开盘几分钟后即跌破发行价。收盘报 15.55 美元，较发行价下跌 13.61%。按收盘价，爱奇艺市值为 109.5 亿美元。

3 月 30 日 微信正式宣布小程序广告组件启动内测，内容还包括第三方可以快速创建并认证小程序、新增小程序插件管理接口和更新基础能力，开发者可以通过小程序来赚取广告收入［单日广告收入流水 10 万元以内（含）的部分，开发者可获其中 50%；单日广告收入流水超过 10 万元的部分，开发者可获其中 30%］。

4月

4 月 2 日　人民网研究院发布 2017 年中国媒体融合传播指数报告。报告构建了媒体融合传播指数指标体系，对全国 296 份中央、省级、省会城市及计划单列市的主要报纸、301 个中央及省级广播频率、37 家拥有上星卫视的电视台的融合传播情况进行考察，分析 2017 年媒体融合传播的总体水平和特点。报告显示，2017 年我国媒体融合传播渠道布局日趋完备，融合传播力大幅提升，但"一九"分化格局明显，亟待通过深度融合系统提升传播力。

4 月 24 日　Netflix 宣布将发售 15 亿美元高级债券，用于投资原创内容等一般性企业用途。根据官方声明，债券发行的净收益将用于内容收购、制作和研发，资本开支、投资、运营资金，以及潜在的并购和战略交易的一般性企业用途。

4 月 27 日　爱奇艺（NASDAQ：IQ）公布截至 2018 年 3 月 31 日第一季度未经审计的财务报告。本季度内，爱奇艺总收入为 49 亿元人民币（7.78 亿美元），同比增长 57%；运营亏损为 11 亿元人民币（1.69 亿美元），运营亏损率为 22%，相较 2017 年同期 34% 有所收窄。

4 月 28 日　万达集团董事长王健林斥资 500 亿元投资的全球规模最大的影视综合体——位于山东省青岛市的东方影都开业。山东省副省长于杰、青岛市市长孟凡利、国家电影局副局长李国奇及大连万达集团董事长王健林、融创中国董事长孙宏斌和富士康科技集团创始人、总裁郭台铭出席了开幕仪式。王健林称，"青岛东方影都建成是中国电影工业化的里程碑,它填补了中国重工业电影产业的空白,必将助力中国电影的发展,推动中国电影走向世界"。

5月

5 月 9 日 中国新闻奖自 2018 年起增设媒体融合奖项。该奖项设立 6 个评选项目,分别为短视频新闻、移动直播、新媒体创意互动、新媒体品牌栏目、新媒体报道界面和融合创新,共 50 个奖项。

5 月 11 日 直播平台虎牙直播在纽交所上市,股票代码为"HUYA",发行价为每股 12 美元,开盘价 15.5 美元,成为中国第一家上市的游戏直播平台。上市当天,虎牙报收 16.06 美元,较发行价上涨 33.83%。截至 5 月 31 日,虎牙股价为 25.45 美元,公司总市值超过 51 亿美元。

5 月 17 日 微博近日集中对以侮辱、诽谤或者其他方式侵害英雄烈士姓名、肖像、名誉、荣誉的有害信息进行清理,共关闭暴走漫画、暴走大事件、黄继光砸缸、办公室的董存瑞等严重违规账号 16 个。暴走漫画表示正在与相关部门进行积极沟通,尽快解除误会,且将对今后的节目内容进行更加严格的管理。

5 月 17 日 全球著名的对冲基金投注哔哩哔哩(B 站),监管文件显示,截至第一季度末,老虎环球基金、Point72 资产管理公司和 Millenium Management 持有 B 站股份。老虎环球基金是 B 站美国存托凭证(ADR)最大的持有者,持有比例为 3%。自 3 月 28 日 IPO(首次公开招股)以来,B 站股价上涨 13%。第四季度,B 站平均月用户数为 7180 万,同比增长 45%。

5 月 29 日 优酷正式宣布成为 2018 年世界杯央视指定新媒体官方合作伙伴,并拿到 2018 年俄罗斯世界杯包括赛事直播、视频点播、赛场花絮等在内的多项权益。

5 月 31 日 2017 年度媒体社会责任报告正式对外发布。2017 年度媒体社会责任报告单位增至 40 家，包括 6 家中央媒体、1 家全国性行业类媒体，以及全国 29 个省区市的 33 家地方媒体。

5 月 31 日 "互联网女皇"玛丽·米克尔发布《2018 年互联网趋势报告》，报告指出中国正在成为全球互联网巨头中心，与美国的差距进一步缩小。2017 年全球互联网设备和用户增长继续放缓。2017 年全球智能手机出货量无增长；2017 年全球互联网用户达 36 亿，同比增长 7%，增速大幅放缓；互联网普及率达 49%，2018 年则超过 50%。互联网使用量增长保持稳定。以数字媒体的使用情况为例，2017 年每个成年用户在数字媒体上花费时长为 5.9 小时，同比增长 4%。

6月

6 月 2 日 今日头条指出腾讯利用垄断地位以各种理由、多次进行不正当竞争，要求腾讯立即停止一切不正当竞争的行为，公开赔礼道歉同时赔偿今日头条公司共计 9000 万元人民币的经济损失。

6 月 5 日 快手正式收购中文在线所持 A 站股权，对 A 站估值约 10.37 亿元，较此前中文在线投资 A 站时的 18.5 亿元估值下降近 8 亿元。交易完成后，A 站将保持独立运营，由刘炎焱继续任 CEO。本次收购完成后，快手将取代奥飞董事长蔡东青、中文在线、土豆文化等，成为 A 站最大股东。快手官方表示，未来 A 站将保持由原有团队保持独立运营，而快手会在资金、技术等方面给予 A 站大力支持。

6 月 7 日 腾讯宣布与沃尔玛中国正式结成深度战略合作关系，双方将充分发挥在各自产业的优势，重点围绕购物体验提升、精准市场营销、全面支付服务、强大会籍增值等多个领域开展深入的数字化和智慧化零售合作，共同探讨和开发零售行业全消费场景应用的升级，绘制和打造未来数字化零售的发展蓝图与行业标杆。

6 月 8 日 为更好地扶持优质内容机构，今日头条推出"MCN 合作计划"，对外全面开启 MCN 机构接入合作。平台将为 MCN 机构提供更好的创作环境和更丰富的变现手段，帮助 MCN 更好更快成长。今日头条 MCN 是指有能力管理一定规模头条号账号的机构，内容体裁包括微头条、图文、图集、短视频等。今日头条希望凭借对 MCN 机构规范化的管理和资源倾斜，共同打造出一个良性、活跃的内容生态，与更多领域的 MCN 机构达成深入合作。

6 月 13 日 抖音对外公布了自己的用户数据：截至目前，抖音国内的日活用户突破 1.5 亿，月活用户超过 3 亿。尤其是 2019 年春节期间，抖音的每日活跃用户数经历了一轮"暴涨"，由不到 4000 万上升到了接近 7000 万。

6 月 13 日 人民日报社举办"人民号"上线发布会。发布会上，人民日报宣布与百度达成战略合作，双方将在内容、产品和技术层面共同探索媒体新生态。人民日报内容将入驻百家号，涵盖热点、版面、问政、科技、公益等多个板块。双方将依托百度领先的人工智能技术和搜索引擎基因，以快速、直接的方式，将更多优质、原创新闻内容推荐给更多受众。

6 月 15 日 多家影业公司解散发行团队，包括星美影业、众合千澄、恒业影业在内的多家公司。2018 年起多家电影公司已经开始调整收缩自身发行业务，其中包括星美影业、众合千澄、恒业影业等公司。拥有影城资源的星美影业，以及众合千澄影视在近期已经解散了其发行团队，恒业影业则解散了除北上广深四城以外的其他地区发行团队。

6 月 19 日 太合音乐集团宣布旗下百度音乐正式进行品牌升级，百度音乐将更名为"千千音乐"，同时启用全新的 LOGO 和域名。据悉，升级为千千音乐后，原百度音乐的 App 端及 PC 端等产品功能保持不变。未来千千音乐将推行差异化运营，除提供大众化类型的音乐内容外，还将在细分音乐领域着重发力，整合相关音乐人，进一步拓展垂直用户群体。

6 月 25 日 字节跳动宣布推出 AR 特效平台 BytedEffect。目前该平台面向企业用户免费开放，以帮助相关 App 实现便捷高效的 AR 特效开发，推动 AR 产业的发展及应用。目前，AR 平台已开放人脸检测、美颜、滤镜 3 个模块。

6 月 28 日 快手、有赞达成合作，瞄准"短视频电商导购"。快手称不少用户本身存在电商需求，通过与淘宝、有赞等第三方平台合作，快手对满足条件的用户提供电商卖货功能，初衷是更好地帮助用户解决问题，推动合规化，降低交易互动门槛，让交易双方的利益更有保障。

6 月 29 日 阿拉丁小程序统计平台发布 2018 年上半年小程序生态白皮书。上述白皮书显示，截至目前，微信小程序 C 端用户达到 2.8 亿，小程序数量达到 100 万个，相对于 2018 年 1 月张小龙公布的 58 万个小程序，增幅接近翻倍。

7月

7 月 2 日 阿里大文娱旗下内容创作服务平台大鱼号宣布与视觉中国达成合作，双方合作的内容有关世界杯版权图片素材。据了解，视觉中国向大鱼号平台开放世界杯相关自有和获得合法授权的正版图片，供大鱼号创作者内容创作使用。UC 将对大鱼号创作的高品质原创图文内容进行加权分发。

7 月 8 日 腾讯提交给港交所的一份文件显示，腾讯正计划分拆其在线音乐娱乐业务，并让其在美国独立上市。腾讯音乐拥有 QQ 音乐、酷狗音乐、酷我音乐三大音乐播放器，其中 QQ 音乐与酷狗音乐活跃用户数一直稳居内地音乐 App 第一、第二的位置。2017 年 12 月数据显示，腾讯音乐提供超过 1700 万首歌曲，月活跃用户超过 7 亿，而付费用户高达 1.2 亿。

7 月 10 日 国家广播电视总局办公厅发布《关于做好暑期网络视听节目播出工作的通知》，对暑期相关网络视听节目播出做出几项安排：一是制作传播正能量鲜明的青少年节目；二要保护青少年身心健康，严把节目导向关、内容关。

7 月 12 日　映客正式在香港挂牌上市，公司发行 3. 0234 亿股，IPO 价格定在每股 3. 85 港元，所得款项净额约为 10. 49 亿港元。

7 月 16 日　腾讯游戏宣布与乔治梅森大学的 VSGI 弗吉尼亚功能游戏研究院达成合作，在功能游戏相关领域学生奖学金、教师培训、未来功能游戏新方向探索方面给予支持，VSGI 将提供功能游戏领域理论支持和实践经验。

7 月 18 日　分众传媒拟引入阿里巴巴作为战略投资者，后者将增资至 MMHL（江南春间接控股）10% 的股权，MMHL 间接持有分众 34. 3 亿股，占总股本 23. 34%。未来 12 个月内，在价格合理的前提下，阿里巴巴或将继续增持分众传媒不多于 5% 的股份。

7 月 19 日　阿里巴巴集团正式对外宣布，近期完成对苏宁体育的战略投资。优酷将作为阿里巴巴集团和苏宁体育战略合作的重要载体，与苏宁体育旗下 PP 体育围绕体育内容展开深度合作，合力打造优酷 PP 体育联运平台，并在会员品牌和服务等多个领域进行合作。

7 月 26 日　北京市网信办、市公安局针对脉脉匿名版块存在用户匿名发布谣言侮辱诽谤他人，侵犯他人名誉、隐私等合法权益的问题，依法联合约谈脉脉相关负责人，责令其限期关闭匿名发布信息功能，加强用户管理，全面整改。

7 月 26 日　Facebook 宣布在 2018 年 6 月份，至少有 25 亿人使用了其四大应用中的一款，即 Facebook、Instagram、WhatsApp 或 Messenger。此前，该公司发布财报，称其用户增长速度降至有史以来的最低水平。Facebook 公布这些数据似乎是为了转移人们对其用户数量在欧洲减少、在美国和加拿大持平这一事实的关注，其日活跃用户和月活跃用户增长都异常缓慢。

8月

8 月 1 日　张家界和快手共同对外宣布达成战略合作。快手将通过为张家界定制短视频宣传计划、启动旅游行业"子母号"联动管理平台、实施旅游扶贫计划。这是继与锡林郭勒盟达成战略合作之后，快手与又一地区的合作项目。

8月1日 爱奇艺公布了2018年第二季度财报，从数据来看，爱奇艺2018年第二季度总收入为62亿元人民币（约合9.325亿美元），同比增长51%。会员服务收入为人民币25亿元（约合3.74亿美元），同比增长66%。订阅会员规模达6710万，其中付费会员为6620万，创下历史新高。

8月3日 国家市场监督管理总局网监司牵头召开行政约谈会，要求拼多多平台经营者严格履行主体责任，加强对入驻平台经营者及商品的管理和审核，积极配合各地各级市场监管部门调查检查，维护公平竞争秩序，真正做到为消费者谋福利。

8月6日 爱奇艺与新英体育达成战略合作，双方已成立合资公司——北京新爱体育传媒科技有限公司，并进行版权资源整合。新英体育App已经更名为爱奇艺体育，爱奇艺体育频道网页也完成改版，除了此前拥有的高尔夫、网球等版权资源外，新英体育拥有的2018~2019赛季英超版权、2018~2022年欧足联国家队赛事的新媒体版权等资源也出现在了爱奇艺体育频道中。爱奇艺网球会员已经升级成为体育会员，囊括多项赛事观看权益。

8月12日 三大视频网站及七家影视公司联合发表《关于抑制不合理片酬，抵制行业不正之风的联合声明》。即日起将严格执行有关部门每部电影、电视剧、网络视听节目全部演员、嘉宾的总片酬不得超过总成本的40%，主要演员片酬不得超过总片酬70%的最高片酬限额制度，并且对不合理的演员片酬进行控制。单个演员的单集片酬（含税）不得超过100万元人民币，其总片酬（含税）最高不得超过5000万元人民币。

8月14日 阅文集团加大了对版权改编业务的投资力度，将出资不超过155亿元，全资收购新丽传媒，加速阅文集团旗下高质量原创IP的影视化开发。

8月20日 中国互联网络信息中心（CNNIC）发布第42次《中国互

联网络发展状况统计报告》。报告指出，截至 2018 年 6 月，我国网民规模达 8.02 亿人，上半年新增网民 2968 万人，较 2017 年末增长 3.8%，互联网普及率达 57.7%；手机网民规模达 7.88 亿人，网民通过手机接入互联网的比例高达 98.3%。报告称，我国网民以青少年、青年和中年群体为主。截至 2018 年 6 月，10 岁至 39 岁群体占总体网民的 70.8%。其中，20 岁至 29 岁年龄段的网民占比最高，达 27.9%；30 岁至 49 岁中年网民群体占比由 2017 年末的 36.7% 扩大至 39.9%，互联网在中年人群中的渗透加强。

8 月 23 日 三大运营商已正式确定第一批 5G 网络覆盖城市，中国移动 5 城：杭州、上海、广州、苏州、武汉；中国电信 6 城：雄安、深圳、上海、苏州、成都、兰州；中国联通 16 城：北京、雄安、沈阳、天津、青岛、南京、上海、杭州、福州、深圳、郑州、成都、重庆、武汉、贵阳、广州。以上共计 19 城。

8 月 30 日 根据教育部等八部门关于印发《综合防控儿童青少年近视实施方案》的通知，国家新闻出版署将对游戏实施总量调控，控制新增网络游戏上网运营数量，探索符合国情的适龄提示制度，采取措施限制未成年人使用时间。

8 月 31 日 猫眼微影赴港交表，9 月 3 日挂网，正式启动上市流程。猫眼微影曾获得腾讯 10 亿元融资，此前估值约 200 亿元，最快于 2018 年底正式赴港上市。

9月

9 月 3 日 横店各影视工作室陆续收到税务局通知，终止定期定额征收方式，征收方式将改为查账征收。该通知显示，依据《个体工商户税定期定额征收管理办法》，影视工作室已不符合个体工商户税收定期定额管理条件，2018 年 6 月 30 日起终止定期定额征收方式，要求影视工作室 45

天内，按照定额终止前执行期内每月实际发生的经营额、所得额向主管税务机关进行分月汇总申报，未按规定期限如实申报缴纳税款的，税务机关将依法处理。终止定期定额后，征收方式将改为查账征收。

9月4日 北京新爱体育传媒科技有限公司（爱奇艺体育）获得由华人文化集团公司和红杉资本中国基金联合设立的中国健腾体育产业基金与曜为资本共计3.5亿元人民币投资。

9月6日 喜马拉雅E轮融资投前估值195亿元，投后估值240亿元，约36亿美元。喜马拉雅预计将于2019年上半年在香港上市。喜马拉雅2016年收入2.05亿元，2017年收入7.3亿元，同比增长256%。预计2018年收入达到25亿元。

9月14日 趣头条已将IPO发行价定为7美元，在纳斯达克挂牌交易。根据招股书，趣头条联合创始人、董事会执行主席谭思亮在首次公开募股后将持有公司73.2%的表决权。腾讯附属公司Image FlagInvestment（HK）Limited将持有趣头条5420144股A类普通股，占总股本的7.5%。

9月14日 据手游数据公司AppAnnie统计，国产手游占据了iOS游戏Top10当中的6个位置，这是自2014年AppAnnie统计手游指数以来的最高纪录。六款iOS收入榜Top10的国产手游分别是《王者荣耀》《我叫MT4》《梦幻西游》《圣斗士星矢（腾讯)》《梦幻模拟战》《荒野行动》。

9月25日 百度宣布智能小程序开放申请：即日起开发者只要通过搜索"百度智能小程序"或通过百度App语音搜索"智能小程序学院"就可以找到申请入口，申请成功便可以开发自己的智能小程序了。在过去两个多月的邀请制公测期间，智能小程序已月活过亿。

9月27日 淘宝小程序开始内测，命名为"轻店铺"。轻店铺是一个支持个人或者企业进行开店的工具，具有群聊、发文章、门店导航等功能。目前轻店铺仍处于内测阶段，支持拥有内测资格的个人和企业入驻，要求账号完成实名认证。

10月

10 月 1 日 第三方和影院自有渠道的线上票补取消。这意味着自 2014 年开始影响电影市场的线上票补手段成为历史，诸如 9.9 元、19.9 元的便宜票价将一去不复返。

10 月 3 日 B 站和腾讯宣布，双方已达成协议，腾讯将对 B 站投资共计 3.176 亿美元现金。根据该协议，腾讯将以每股 12.67 美元价格，认购 B 站新发行普通股。交易完成后，腾讯对 B 站持股比例将增至约 12%。

10 月 11 日 国务院办公厅近日印发《完善促进消费体制机制实施方案（2018 ~ 2020 年）》。文件提到，制定实施深化电影院线制改革方案，推动"互联网 + 电影"业务创新，完善规范电影票网络销售及服务相关政策，促进点播影院业务规范发展。拓展数字影音、动漫游戏、网络文学等数字文化内容。完善游戏游艺设备分类，严格设备类型与内容准入。此外，文件强调推进网络游戏转型升级，规范网络游戏研发出版运营。培育形成一批拥有较强实力的数字创新企业。建立健全公共数据资源开放共享体系。

10 月 12 日 阿里巴巴集团宣布正式成立本地生活服务公司，饿了么和口碑会师合并组成国内领先的本地生活服务平台。阿里本地生活服务公司也明确了未来目标——重新定义城市生活。目前口碑和饿了么在 676 个城市服务商家总计达到 350 万家。

10 月 15 日 百度外卖正式更名为"饿了么星选"。饿了么星选将从平台上 200 多万活跃商家中甄选出高品质外卖商家，最终综合得分前 50% 的饿了么商家可入围星选候选，综合得分前 10% 的商户将有机会成为印有星标的星选商户。未来，星选商户将享受优先出餐、优先调度、7 × 24 小时的准时达 plus 服务及专属星选客服，外卖场景甚至都将实现定制。

10 月 15 日 优酷体育宣布成为未来两年 CBA 持权转播商暨新媒体合

作伙伴，可直播所有比赛。优酷体育的 CBA 内容采取直播＋互动＋综艺的模式，直播赛事独家签约著名评论员杨毅担纲解说，邀请王仕鹏、马健等退役 CBA 球员出任嘉宾。同时，王骢、曹芳等街球传奇，杨政、周锐等《这！就是灌篮》中的新锐偶像也会亮相。一些场次的直播还会配备粤语、四川话等版本的方言解说。

10 月 19 日　第七届中国国际版权博览会在苏州举行。国家版权局版权管理司司长于慈珂在介绍中国版权保护工作时介绍，国家版权局直接对 20 家大型视频网站、20 家大型音乐网站、8 家网盘、10 家大型文学网站开展了版权重点监管。

10 月 24 日　字节跳动已完成不低于 25 亿美元的 Pre-IPO 融资，投前估值达 750 亿美元，领投方软银、KKR、春华资本、GA（泛大西洋资本）、阿里系等投资超过 25 亿美元。据融资材料，若 6 年内未 IPO，将按 8% 复利回购。今日头条内部已启动 IPO 相关准备工作，计划 2019 年上市。

10 月 24 日　快手在京召开发布会称，将推出快手营销平台，通过提供商业能力，让用户在快手社区实现更大的价值，相关产品包括信息流广告、品牌标签页广告、粉丝头条、快接单、快手小店、子母矩阵号、商业号等。

11月

11 月 7 日　在第二届数字体育全球峰会上，腾讯企鹅智库主编王冠发布了《2018 中国篮球产业白皮书》。《白皮书》指出，自 2012 年起，我国体育产业总规模逐年增长的态势较为明朗，到 2020 年，整体规模有望突破 3 万亿元。而在中国体育产业中，篮球已经成为第一运动。在 20 岁以下年轻人和 25～35 岁成年人两个典型群体中，反馈身边好友最喜欢篮球的网民分别占 52% 和 40% 左右，在所有运动中排名第一。

11 月 8 日　爱奇艺体育宣布与亚马逊达成内容合作，爱奇艺体育将独家引进亚马逊与曼城合作拍摄的系列纪录片《孤注一掷：曼彻斯特城》。《孤注一掷：曼彻斯特城》讲述了曼城在 2017～2018 赛季的英超征程，该纪录片已经在 2018 年 8 月 17 日在亚马逊 Prime 视频播出，一共八集。此次爱奇艺内容引进，第一集于 11 月 11 日 23：00 上线爱奇艺体育，每周五更新一集，球迷可以免费观看第一、二集。11 月 11 日晚，爱奇艺体育还将与曼城俱乐部在北京主办《孤注一掷：曼彻斯特城》中国首映礼暨德比观赛夜。

11 月 9 日　国家广播电视总局下发了关于进一步加强广播电视和网络视听文艺节目管理的通知，针对一些文艺节目出现的影视明星过多、追星炒星、泛娱乐化、高价片酬、收视率（点击率）造假等问题，提出坚决遏制追星炒星、泛娱乐化等不良倾向，以优质内容取胜，严格控制嘉宾片酬、电视剧网络剧演员片酬、坚决打击收视率（点击率）造假行为等七点举措，以确保广播电视和网络视听文艺节目健康有序发展。

11 月 12 日　网易云音乐完成 B 轮融资，融资额约 20 亿元。投资方除了百度、泛大西洋和博裕资本之外，还有一家唱片公司，这将有利于完善网易云音乐版权。

11 月 29 日　第六届中国网络视听大会在成都举办，国家广播电视总局党组书记聂辰席出席大会开幕式并发表讲话，指出网络视听领域还存在不足和薄弱环节，包括质量良莠不齐、题材同质扎堆和部分节目低俗庸俗媚俗等问题。除此之外，管理中的新问题也不断涌现，包括审核标准不一致和技术手段不足等。对此，聂辰席透露，中国网络视听节目服务协会联合国内主要的视频网站，在广电总局的指导下，制定了《网络短视频平台管理规范》和《网络短视频内容审核标准细则》100 条。新规公布后，将进一步规范短视频传播秩序。

11 月 30 日　《横店工作室会议内容》的通知在影视行业里引起热议，通知显示，影视工作室需对自身缴税情况自查自纠，并启动补税工作，工作室补缴税款需要按工作室总收入的 20% 左右计算。该通知指出，本次自查由税务总局下达浙江税务局，共分为四个阶段：首先是自查自纠阶段，要求截至 12 月 30 日，需补缴费用和滞纳金；第二阶段是约谈补税工作室需要在 12 月 15 日前完成，且已有约 17 位艺人被约谈；此后，自 2019 年 1 月起，至 2019 年 3 月，税务上门进行辅导、检查；最后，从 2019 年 3 月起至 2019 年 6 月，税务会进行重点检查，可能会涉及刑事处罚。

12月

12 月 4 日　国家广播电视总局局长聂辰席表示，要加快推动人工智能同广播电视深度融合，为广播电视高质量发展提供新动能。人工智能是智慧广电建设的关键支撑技术之一，要深入研究把握以人工智能为代表的新一代信息技术，更好地把人工智能运用到打造智慧广电媒体、发展智慧广电网络、建设智慧广电生态、加强智慧广电监管等各方面。

12 月 4 日　根据举报，原阿里大文娱轮值总裁、优酷总裁杨伟东因经济问题，正在配合警方调查，阿里影业董事长樊路远将兼任优酷总裁。

12 月 7 日　在中宣部指导下，网络游戏道德委员会在京成立。网络游戏道德委员负责对可能或者已经产生道德争议和社会舆论的网络游戏及相关服务开展道德评议。网络游戏道德委员会成立后，即对首批存在道德风险的网络游戏作品做出评议。经对网络游戏道德委员会的评议结果进行认真研究，网络游戏主管部门对其中 11 款游戏责成相关出版运营单位认真修改，消除道德风险；对其中 9 款游戏做出不予批准的决定。

12 月 11 日　国家电影局向各省、自治区、直辖市电影主管部门，各电影院线公司下发《关于加快电影院建设促进电影市场繁荣发展的意见》。《意见》指出我国在影院建设快速发展、银幕数量快速增长的同时，影院建设发展不平衡不充分、中西部地区特别是县级城市及以下地区覆盖不足、电影院线制改革亟须深化等问题越来越突出。同时《意见》提出四大措施：加快电影院建设发展、深化电影院线制改革、加快特色院线发展、规范发展点播影院和点播院线。到 2020 年，计划全国加入城市电影院线的电影院银幕总数达到 8 万块以上，电影院和银幕分布更加合理，与城镇化水平和人口分布更加匹配。

12 月 12 日 腾讯音乐娱乐集团 IPO 发行价定为 13 美元，取发行价区间 13 美元到 15 美元下限。腾讯音乐在纽交所挂牌上市，拟募集资金为 10.66 亿美元。招股书还披露了 2018 年第三季度业绩，腾讯音乐第三季度实现收入 135.88 亿元，净利润 27.07 亿元，调整后利润 32.57 亿元。统计显示，腾讯音乐 2018 年第二季总月活用户数超过 8 亿，用户日均使用时长超 70 分钟，远高于行业平均水平（54 分钟）。

12 月 13 日 哔哩哔哩宣布与网易签署收购协议，将对旗下网易漫画的主要资产进行收购，包括 App、网站、部分漫画版权及其相关使用权益。

12 月 20 日 淘宝、B 站正式对外官宣合作，双方将依托各自资源优势，在 B 站自有的 IP 商业化运营、UP 主内容电商等方面开展广泛合作，以更好地打造贯穿线上线下的内容、商品、用户的生态体系。据不完全统计，淘宝上泛二次元人群已经过亿，超五成属于"95 后"和"00 后"。淘宝方面表示，当天下午，淘宝二次元将在杭州举办中国 IP 授权大会。

12 月 27 日 国家互联网信息办公室公布《金融信息服务管理规定》。《规定》明确，金融信息服务是指向从事金融分析、金融交易、金融决策或者其他金融活动的用户提供可能影响金融市场的信息和/或者金融数据的服务。金融信息服务主要是提供包括信息和数据在内的金融信息业务服务，而不是直接提供存贷款、证券交易、购买保险、基金交易、债券交易、外汇买卖等金融业务服务。同时，金融信息服务提供者从事互联网新闻信息服务、法定特许或者应予以备案的金融业务应当取得相应资质，并接受有关主管部门的监督管理。

12 月 31 日 全国电影票房情况出炉。2018 年整体票房增速较 2017 年有所放缓，2018 年，全国电影总票房 609.76 亿元，较上年 559.11 亿元增长 9.06%；观影人数达 17.16 亿人次，同比增长 5.93%；放映场次为

11066.8 万场，同比增长 17.24%；场均 15.5 人次，同比下降 1.7 人次；平均票价 32.95 元，同比提高 0.62 元。国产片是拉动票房增长的核心动力。2018 年共上映国产片 393 部，实现口碑与票房的双丰收。同时，上映进口片数量 122 部，较 2017 年的 98 部大幅增长，但票房同比下滑 10.6%。

图书在版编目（CIP）数据

中国传媒投资发展报告. 2019 / 建投华文投资有限
责任公司，人民日报社企业监管部主编. -- 北京：社会
科学文献出版社，2019.7
　（中国建投研究丛书. 报告系列）
　ISBN 978 - 7 - 5201 - 5052 - 1

　Ⅰ. ①中… 　Ⅱ. ①建… ②人… 　Ⅲ. ①传播媒介 - 投
资 - 研究报告 - 中国 - 2019 　Ⅳ. ①G219.2②F832.48

　中国版本图书馆 CIP 数据核字（2019）第 118425 号

中国建投研究丛书·报告系列
中国传媒投资发展报告（2019）

主　　编／建投华文投资有限责任公司　人民日报社企业监管部

出 版 人／谢寿光
责任编辑／王楠楠

出　　版／社会科学文献出版社·经济与管理分社（010）59367226
　　　　　地址：北京市北三环中路甲 29 号院华龙大厦　邮编：100029
　　　　　网址：www. ssap. com. cn
发　　行／市场营销中心（010）59367081　59367083
印　　装／三河市尚艺印装有限公司

规　　格／开 本：787mm × 1092mm　1/16
　　　　　印 张：29.25　字 数：388 千字
版　　次／2019 年 7 月第 1 版　2019 年 7 月第 1 次印刷
书　　号／ISBN 978 - 7 - 5201 - 5052 - 1
定　　价／168.00 元

本书如有印装质量问题，请与读者服务中心（010 - 59367028）联系